分析化学

李晓燕　张元勤　杨孝容　编

科学出版社

北京

内 容 简 介

本书通过整合理论知识，更新实验内容，将理论与实验有机结合，使理论和实验教学内容同步。同时为了加强基本技能训练，开设了研讨性实验、设计性实验、综合性实验等，将过去整块的实验内容分散到不同的教学内容中去，从而避免了理论与实践脱节现象的发生，达到边学、边做、边思考、边讨论的目的，有利于开展讨论式、研究性教学。本书共分为11章，包括绪论，误差和数据处理，滴定分析法概论，酸碱滴定法，络合滴定法，氧化还原滴定法，沉淀滴定法，重量分析法，吸光光度分析法，分析化学中常用的分离和富集方法，分析试样的采集、处理和分析方法的选择。章节后面有相关思考题与习题，并在每章结束部分作出小结，对刚学过的内容进行巩固。

本书可供高等师范院校化学教育及应用化学专业的学生使用，也可作为综合性大学化学系分析化学课程的教材。

图书在版编目(CIP)数据

分析化学 / 李晓燕, 张元勤, 杨孝容编.—北京：科学出版社，2012.9
(2018.8 重印)

ISBN 978-7-03-035553-9

Ⅰ.①分… Ⅱ.①李… ②张… ③张… Ⅲ.①分析化学-高等学校-教材 Ⅳ.①O65

中国版本图书馆 CIP 数据核字（2012）第 214651 号

责任编辑：郑述方 / 责任校对：冯 铂
责任印制：罗 科 / 封面设计：陈思思

科学出版社 出版
北京东黄城根北街16号
邮政编码：100717
http://www.sciencep.com

成都锦瑞印刷有限责任公司印刷
科学出版社发行 各地新华书店经销

*

2012 年 9 月第 一 版　开本：787×1092 1/16
2018 年 8 月第四次印刷　印张：18
字数：430 千字

定价：38.00 元

前　言

分析化学是化学专业及化学相关专业的一门重要的基础课,通过本课程的学习,要求学生掌握分析化学的基本理论和基本计算,树立"量"的基本概念,掌握定量分析的基本操作技能,培养学生分析问题和解决问题的能力。

本书是在张元勤教授提出"整合理论与实验教学内容,创新化学专业学生三大能力培养的新模式"的省级教学改革课题背景下编写的。分析化学分为化学分析部分和仪器分析部分,本教材主要讲解化学分析部分,其主要内容有"误差和分析数据处理"、"滴定分析法概论"、"酸碱滴定法"、"络合滴定法"、"氧化还原滴定法"、"沉淀滴定法"、"重量分析法"、"吸光光度分析法",简单介绍了"分析化学中常用的分离和富集方法""分析试样的采集、处理和分析方法的选择"。

本书将实验和理论合编成一本书,将实验放在相应的理论后面,使理论和实践紧密结合。其特点有:第一,在书中标注 * 号的内容是重要知识或概念的提示,其目的在于对这些知识或概念进行反复强调。第二,在书中加进了一些最新研究成果,并将参考文献列于书后,引导学生查阅参考文献,初步培养学生科学研究的习惯,提高学生科学研究的兴趣。第三,在书中增加了一些其他知识,如自由基的概念及特性、维生素 C 的用途等,其目的在于扩大学生的视野。第四,在书中增加了大量操作技能的照片,以便学生对照照片改正错误的操作方式,使教材更加实用。第五,列出很多设计性实验题目供教师和学生选择,培养学生分析问题和解决问题的能力。第六,对有些内容作了适当的删减或增加,如在"络合滴定法"一章中,删去了络合滴定误差的计算。在"吸光光度分析法"一章中,因分光光度计的型号种类很多,结构各有不同,所以没有对某一分光光度计的操作方法进行介绍,但介绍了提高分析灵敏度的方法。在氧化还原滴定法中则只介绍了常见的高锰酸钾法、重铬酸钾法和碘量法。第七,在重量分析中晶形沉淀的沉淀条件没有直接写出,而是要求学生在实验后总结,同时在思考题中要求回答问题,其目的在于提高学生分析问题以及归纳总结的能力。

本书由李晓燕(编写章节有:误差和分析数据处理,滴定分析法概论,酸碱滴定法,络合滴定法,氧化还原滴定法,沉淀滴定法,重量分析法和吸光光度分析法,共八章)、杨孝容(编写章节有:绪论,分析化学中常用的分离和富集方法,分析试样的采集、处理和分析方法的选择,共三章)编写。在编写过程中,张元勤教授提出了宝贵的意见和建议。

在此感谢陈禹银教授对本书编写的指点及修改;感谢为本书中的照片拍照的伏秦超和刘凡老师;感谢宋九华老师为本书录入部分表格、分析天平操作步骤的编写工作以及对高锰酸钾吸收曲线的制作;感谢唐星星、李双凤、胡秀艳、谢岁强、刘盼盼和袁康元同学参与附录的编写及教材的校对工作。

本书在编写过程中尽可能吸取其他学校所编教材的优点，力求做到思路清晰，推理严谨。由于成稿仓促，加之编者水平有限，因此本书还存在不少缺点和错误，希望读者批评指正。

编 者
2012 年 6 月

目 录

前言
第一章 绪论 ··· 1
　第一节 分析化学的任务和作用 ·· 1
　第二节 分析方法的分类与选择 ·· 1
　第三节 分析化学的发展简况 ·· 4
第二章 误差和分析数据处理 ·· 6
　第一节 误差及产生的原因 ·· 6
　第二节 测定值的准确度和精密度 ······································ 10
　第三节 分析数据的统计处理与评价 ··································· 14
　第四节 有效数字及其运算规则 ··· 23
　第五节 提高分析结果准确度的方法 ··································· 26
第三章 滴定分析法概论 ··· 30
　第一节 滴定分析的术语、特点和分类 ······························· 30
　第二节 滴定分析中滴定管及操作 ····································· 31
　第三节 滴定分析用的标准溶液 ··· 35
　第四节 分析天平、容量瓶和移液管 ··································· 40
　第五节 滴定分析中容量器皿的校准 ··································· 44
　第六节 实验现象及数据记录 ··· 45
　第七节 滴定分析方式 ··· 47
第四章 酸碱滴定法 ··· 51
　第一节 酸碱质子理论 ··· 51
　第二节 酸碱溶液中氢离子浓度的计算 ······························· 53
　第三节 酸碱缓冲溶液 ··· 64
　第四节 酸碱指示剂 ·· 68
　第五节 酸碱滴定曲线和指示剂的选择 ······························· 72
　第六节 酸碱滴定法的应用 ·· 83
第五章 络合滴定法 ··· 95
　第一节 概述 ··· 95
　第二节 络合物平衡 ·· 97
　第三节 络合滴定中的副反应和条件形成常数 ····················· 99
　第四节 EDTA 滴定曲线 ··· 104
　第五节 络合滴定指示剂 ··· 107
　第六节 准确滴定的条件 ··· 111
　第七节 提高络合滴定的选择性的途径 ······························· 115

第八节 络合滴定的应用 …………………………………………………… 119
第六章 氧化还原滴定法 ……………………………………………………… 125
第一节 氧化还原平衡 …………………………………………………… 125
第二节 氧化还原反应的速率 …………………………………………… 130
第三节 氧化还原滴定曲线 ……………………………………………… 132
第四节 氧化还原滴定中的指示剂 ……………………………………… 136
第五节 氧化还原滴定前的预处理 ……………………………………… 138
第六节 常用的氧化还原滴定法 ………………………………………… 139
第七章 沉淀滴定法 …………………………………………………………… 154
第一节 概述 ……………………………………………………………… 154
第二节 确定终点的方法 ………………………………………………… 154
第八章 重量分析法 …………………………………………………………… 163
第一节 重量分析法的分类和特点 ……………………………………… 163
第二节 沉淀重量分析法的分析过程和对沉淀的要求 ………………… 163
第三节 沉淀的溶解度及其影响因素 …………………………………… 165
第四节 沉淀的类型和沉淀的形成过程 ………………………………… 169
第五节 影响沉淀纯度的因素 …………………………………………… 171
第六节 进行沉淀的条件 ………………………………………………… 175
第七节 重量分析的基本操作 …………………………………………… 177
第八节 重量分析结果的计算 …………………………………………… 179
第九节 重量分析方法的应用 …………………………………………… 181
第九章 吸光光度分析法 ……………………………………………………… 183
第一节 物质对光的选择性吸收 ………………………………………… 183
第二节 光吸收的基本定律 ……………………………………………… 185
第三节 分光光度计结构 ………………………………………………… 190
第四节 显色反应及影响因素 …………………………………………… 191
第五节 提高分析结果准确度的方法 …………………………………… 197
第六节 提高分析灵敏度的方法 ………………………………………… 199
第七节 吸光光度法的应用 ……………………………………………… 200
第八节 双波长吸光光度法简介 ………………………………………… 206
第十章 分析化学中常用的分离和富集方法 ………………………………… 210
第一节 概述 ……………………………………………………………… 210
第二节 沉淀分离法 ……………………………………………………… 210
第三节 溶剂萃取分离法 ………………………………………………… 215
第四节 离子交换分离法 ………………………………………………… 221
第五节 色谱分离法 ……………………………………………………… 226
第十一章 分析试样的采集、处理和分析方法的选择 ……………………… 235
第一节 试样的采集和制备 ……………………………………………… 235
第二节 试样的分解 ……………………………………………………… 239

第三节　分析方法的选择 …………………………………………………… 244
主要参考书目 ……………………………………………………………………… 247
附录一　实验室安全知识 ………………………………………………………… 249
附录二　分析化学实验的一般知识 ……………………………………………… 250
附录三　部分习题参考答案 ……………………………………………………… 254
附录四　物理、物理化学常数 …………………………………………………… 259
附录五　部分演示实验 …………………………………………………………… 275

第一章 绪 论

第一节 分析化学的任务和作用

分析化学(analytical chemistry)是化学学科的一门重要分支学科,它通过发展和应用各种理论、方法、仪器和技术以获取有关物质的组成和性质的信息,又称为分析科学。

分析化学的主要任务是研究物质化学组成和结构信息,即物质中含有哪些组分,各种组分的含量是多少以及这些组分是以怎样的形态构成的。要解决这些问题,就要应用相应的实验方法、实验技术和实验仪器。分析化学还担负着不断建立新的分析方法、开发新的实验技术和研制新的实验仪器的任务。

分析化学作为化学的分支学科,无论是对化学学科本身的发展还是与化学有关的各学科的发展都起着重要的作用,在化学领域被称为"现代化学之母",是一种应用非常广泛的理论与实际紧密结合的学科。同时分析化学与数学、统计学、物理学、生命科学、海洋科学、食品科学、医药科学、计算机科学、信息科学、材料科学、环境科学、能源科学、地球与空间科学等都有密切的联系,它们相互促进、相互交叉、相互渗透。物理学、材料科学、计算机科学、制造学和自动化技术等学科为分析化学开拓新的分析方法、实验技术和仪器设备提供了强有力的保证,而数学、统计学和信息学等学科是处理和分析大量数据所必备的理论工具。分析化学的应用推动了相关学科的发展,而相关学科的发展又给分析化学提出了更高的需求,从而促进了分析化学的发展。

分析化学的应用十分广泛,涉及社会的各个方面,在国民经济的发展、国防科技的进步、环境保护、食品安全和自然资源的开发等各方面都发挥了重大的作用。例如,在工业原料的选择、生产条件的控制、产品质量的检测、"三废"处理、矿产勘探、土壤监测、海洋调查、航空航天、新型材料的研制、医药卫生以及突发环境问题的发现和处理等方面,分析化学都发挥了极其重要的作用。

分析化学是化学、应用化学、环境科学、化工以及再生资源的利用等专业的基础课程。通过对本课程的理论学习和实验技能的训练,学生应掌握分析化学的基本理论和实验方法,准确树立量的概念,培养严谨认真、实事求是的科学态度以及学习能力、实践能力和创新能力,促进知识、能力和素质的协调发展。

第二节 分析方法的分类与选择

根据分析任务、分析对象、测定原理、试样用量与待测组分含量、分析速度、分析程序等标准,分析方法有多种分类方法。

一、定性分析、定量分析和结构分析

根据分析任务可将分析方法分为定性分析（qualitative analysis）、定量分析（quantitative analysis）和结构分析（structure analysis）。

定性分析的任务是鉴定物质由哪些元素、原子团或化合物所组成；定量分析的任务是测定物质中有关组分的含量；结构分析的任务是研究物质的分子结构、晶体结构或综合形态。

二、无机分析和有机分析

根据分析对象可将分析方法分为无机分析（inorganic analysis）和有机分析（organic analysis）。

无机分析的对象是无机物质，有机分析的对象是有机物质。两者分析对象不同，对分析的要求和使用的手段都有所不同。无机物所含的元素种类多，分析结果常以元素、离子、化合物等形式以及它们的相对含量表示；而有机物组成的元素种类虽然较少，但结构复杂，除元素分析（chemical analysis）外，还要进行官能团分析和结构分析。

针对分析对象的不同，还可以进一步分类，如冶金分析、地质分析、土壤分析、环境分析、食品分析、工业分析、药物分析、材料分析和生物分析等。

三、化学分析和仪器分析

根据测定原理可将分析方法分为化学分析法（chemical analysis）和仪器分析（instrumental analysis）法。

以物质的化学反应为基础的分析方法称为化学分析法。许多定性分析中的分离和鉴定反应是利用化学反应生成气体、沉淀和有色物质的性质进行的；定量分析主要有重量分析法和滴定分析法（容量分析法）等。重量分析法是将被测组分以某种形式从试样中分离出来后直接称其质量，是最早使用的定量分析法；滴定分析法是通过滴定的方式测定被测组分的含量。

重量分析法的操作繁琐，分析速度较慢，但其准确度高，至今还是一些组分测定的标准方法；滴定分析法操作简便，条件易于控制，省时快速且测定结果的准确度高（相对误差为$\pm 0.2\%$），是重要的分析方法。化学分析是分析化学的基础，又称经典分析法，适用于待测组分的质量分数在1%以上的常量组分分析。

以物质的物理性质和物理化学性质为基础的分析方法称为物理分析法（physical analysis）和物理化学分析法（physicochemical analysis）。这类方法通过测量物质的物理或物理化学参数来进行，需要较特殊的仪器，通常称为仪器分析。仪器分析伴随着物理学、材料科学、精密仪器制造学、计算机科学以及自动化技术的发展而不断革新，各种仪器分析方法和多种分析方法的联用技术相继建立并不断升级。主要的仪器分析包括光谱分析法、电化学分析法和色谱分析法等。近年来发展迅速的质谱法、核磁共振波谱法、电子显微镜分析法以及色谱-质谱联用技术等使分析化学的分析手段更加强大,仪器分析成为现代分析化学的主体和发展方向。

化学分析法和仪器分析法是分析化学的两大分支,两者互为补充,且化学分析是仪器分析的基础。在仪器分析快速发展的今天,化学分析仍有重要的应用价值,不可忽视。

四、常量分析、半微量分析、微量分析和痕量分析

根据分析过程中所用试样量的多少可将分析方法分为常量分析、半微量分析、微量分析和痕量分析,其具体情况见表1-1。根据被分析组分在试样中的相对含量,可将分析方法分为常量组分分析、微量组分分析、痕量组分分析,如表1-2所示。

表1-1 根据试样用量的分析方法分类

分析方法	试样用量(mg)	试液体积(mL)
常量分析(macro-analysis)	>100	>10
半微量分析(semimicro-analysis)	10~100	1~10
微量分析(micro-analysis)	0.1~10	0.01~1
痕量分析(trace-analysis)	<0.1	<0.01

表1-2 根据被分析组分在试样中的相对含量的分析方法分类

分析方法	被测组分的含量(%)
常量组分分析(macroconstituent analysis)	>1
微量组分分析(microcomponent analysis)	0.01~1
痕量组分分析(trace component analysis)	<0.01

五、例行分析和仲裁分析

根据分析要求把分析方法分为例行分析和仲裁分析。

一般分析实验室对日常生产中原料、中间产品和产品质量以及"三废"进行检查控制的分析称为例行分析(routine analysis)。不同企业部门间对产品质量和分析结果有争议时,请权威的分析测试部门进行裁判的分析称为仲裁分析(arbitral anaiysis)。

六、离线分析和在线分析

根据分析程序的不同把分析方法分为离线分析和在线分析。

通过现场采样,把样品带回实验室进行分析的方法称为离线分析(off-line analysis);采用自动采样系统,将试样自动注入分析仪器进行分析的方法称为在线分析(on-line analysis)。离线分析是传统的分析方法,分析结果滞后于实际生产过程;在工业生产中为了及时准确掌握生产的实际情况需要采用在线分析。

七、快速分析和标准分析

根据完成时间和所起作用不同把分析方法分为快速分析和标准分析。

快速分析(rapid analysis)由于分析速度快,分析误差往往比较大,主要用于工业生产中的车间控制分析(又称中控分析)。

标准分析(standard analysis)采用标准方法进行分析,分析速度较慢,但分析的准确度高,用于原料、半成品和成品分析以及仲裁分析等。标准方法有国际标准、国家标准、行业标准、地方标准和企业标准。

八、分析方法的选择

对分析方法的选择通常应考虑以下几方面的因素。

1)测定的具体要求,待测组分及其含量范围,待测组分的性质。

2)共存组分和共存组分对待测组分的影响,选择合适的分离富集方法,以提高分析方法的选择性。

3)对测定准确度、灵敏度的要求。

4)现有实验条件、测定成本及完成测定的时间要求。

5)从环境保护方面考虑等。

综合以上考虑和查阅有关文献,选择分析方法,拟定分析方案并进行条件实验,借助标准样检测方法的准确度与精密度,再进行试样的分析并对分析结果进行统计处理。

第三节 分析化学的发展简况

分析化学的发展历史悠久,起源可以追溯到数千年前的炼金术、炼丹术和称量技术。燃素说的提出、流行到被推翻是一个从感性认识到定量化认识的过程,为近代定量分析奠定了基础。拉瓦锡用定量化学实验阐述了燃烧的氧化学说,并确立了质量守恒定律,开创了定量分析时代,对元素周期律的发现、相对原子质量的测定、化学基本定律的提出作出了重要贡献,为现代化学的发展奠定了坚实的基础。

分析化学学科的发展经历了三次巨大的变革。第一次变革发生在20世纪初,物理化学溶液平衡理论的发展,为分析化学提供了理论基础,使分析化学由一种技术发展为一门科学。第二次变革发生在20世纪40年代以后,物理学和电子学的发展,促进了各种仪器分析方法的发展,改变了经典分析化学以化学分析为主的局面。20世纪70年代以来,随着生产的发展、科技的进步和人类探索领域的不断延伸,如生命科学、环境科学、材料科学、海洋科学、航天航空工程等新兴科学的不断涌现,给分析化学提出了更高的要求,不仅要测定物质的成分,还需了解其价态、状态和结构;不仅有常量分析,还有微量和痕量分析;不仅要做静态分析还要求做动态分析;不仅有离线分析还有在线分析。

今后分析化学将主要在生命科学、环境科学、材料科学、食品科学、医药科学、国家安全、能源科学等前沿领域,继续朝着高灵敏度(可达原子级、分子级水平)、高选择性(复杂体系)、快速、简便、经济、环保、分析仪器自动化、数字化、智能化、信息化和微型化的纵深方向发展,以解决更多、更新和更为复杂的课题,分析化学也将发挥更加重要的作用。

第二章 误差和分析数据处理

在定量分析中，无论是疾病的诊断、污染物的分析还是产品质量的检验，准确的分析结果都是非常重要的。但是在分析过程中，由于受到各种主客观因素的制约，即使是技术熟练的操作员，采用当前最先进的方法和最精密的仪器，其测定的结果也不可能等于真实值；同一人员在相同条件下对同一样品进行多次测定，结果也不可能完全相同。这是因为误差是客观存在的，是难以避免的。为了提高分析结果的准确度，有必要探讨引起误差的各种原因及减小误差的方法。同时正确地运用科学的方法来表述分析结果并正确评价分析结果的可靠程度也是十分重要的。

第一节 误差及产生的原因

误差*(error)是测定值(measured value)与真值之差。测定值高于真值时，误差为正，反之为负。根据误差产生的原因可以将误差分为系统误差(systematic error)和随机误差(random error)。

1. 系统误差

系统误差**是由某些经常发生的比较固定的原因所造成的，根据误差的来源可将误差分为4种。

1) 方法误差：这是分析方法本身并非理想状态所造成的误差，不管分析工作者如何小心，严格遵守操作规程，仍然无法避免的误差。例如，滴定分析中，可通过指示剂颜色的变化判断滴定终点的到达，但是指示剂变色点与化学反应计量点往往并不完全一致。又如，在沉淀重量分析中，沉淀的溶解、共沉淀现象的存在等都会影响分析结果，使测定结果偏高或偏低。

2) 仪器和试剂误差：如吸量管、滴定管、容量瓶等容量仪器刻度不准确，操作使用的分析天平灵敏度不符合要求，重量分析中使用的坩埚灼烧后失重，分析工作中试剂质量不符合要求等，都会造成系统误差。

3) 操作误差：不属于方法本身，而是由于分析工作者未按正确的操作规程进行操作所造成的误差。例如，沉淀洗涤不足或过度，灼烧温度不恰当，使用容量瓶时温度差别过大等所造成的误差。

4) 主观误差：又称个人误差，这种误差是由分析人员本身的一些主观因素造成的。例如，分析人员在辨别滴定终点的颜色时由于对颜色敏感程度的不同，有人偏深，有人偏浅；在读取滴定管刻度值时，有人偏高，有人偏低[见第三章，图3-13(a)]等都会造成

---

* 误差的客观性体现在测不准原理。

** 系统误差是固定的原因所引起的误差，因此具有"重现性"、"单向性"和"可测性"的特点。

系统误差。

由于系统误差是固定的原因所造成的，因此系统误差数值具有3个特点。

第一，单向性，即对分析结果的影响比较固定，使测定结果系统偏高或系统偏低；

第二，重现性，即对同一样品在相同条件下测定，系统误差会重复出现；

第三，可测性，即可通过引起系统误差的原因测定系统误差的大小，并可通过校正的方法予以减小或消除。

2. 随机误差

随机误差*也称为偶然误差（accident error），是一种由偶然的原因造成的误差。例如，测量时环境条件（温度、湿度和气压）的微小波动，分析人员对各份分析试样处理时的微小差别等不可避免的偶然因素都将使分析结果在一定范围内波动，引起随机误差。由于随机误差是由一些不可确定的偶然因素造成的，因此随机误差具有不确定性，即大小和方向都不固定，也无法测量或校正。对同一样品在相同条件下进行多次测定，由于随机误差的存在使分析结果也不可能完全相同。例如，为校准 5 mL 吸量管的体积，吸取 5 mL 纯水到容量瓶中进行称量，根据水的密度计算水的体积，一共测定了 50 次，结果见表 2-1。由表 2-1 可知，50 个测定值并不完全相同，这是由于随机误差存在。随机误差的出现是否一点规律性都没有呢？为此，运用统计学的方法考察这 50 个测定值有存在的规律。

表 2-1 吸量管体积的测定

序号	体积(mL)	序号	体积(mL)	序号	体积(mL)
1	4.988	18	4.975	35	4.976
2	4.973	19	4.980	36	4.990
3	4.986	20	4.994(最大值)	37	4.988
4	4.980	21	4.992	38	4.971
5	4.975	22	4.984	39	4.986
6	4.982	23	4.981	40	4.978
7	4.986	24	4.987	41	4.986
8	4.982	25	4.978	42	4.982
9	4.981	26	4.983	43	4.977
10	4.990	27	4.982	44	4.977
11	4.980	28	4.991	45	4.986
12	4.989	29	4.981	46	4.978
13	4.978	30	4.969(最小值)	47	4.983
14	4.971	31	4.985	48	4.980
15	4.982	32	4.977	49	4.984
16	4.983	33	4.976	50	4.979
17	4.988	34	4.983		

---

* 随机误差是随机的原因引起的误差，因此不具"重现性"，不能测定的特点，但大量的偶然误差服从正态分布规律。

为便于理解，先简单介绍统计学中的一些基本概念。在统计学中，对于所观察的对象的全体称为总体(population)，又称母体。从总体中随机抽取的一组测定值称为样本(sample)，又称子样。例如，对某一批煤中硫的含量进行分析，首先按照有关部门的规定进行取样，最后制备成一定数量(如500 g)的分析试样，这就是供分析用的总体。如果从中称取10份煤样进行平行测定，得到10个测定值，则这一组测定结果就是该试样总体的一个随机样本，样本容量(sample capacity)为10。

若样本容量为n，平行测定数据为$x_1, x_2, x_3, \cdots, x_n$，则此样本的平均值(average value, mean)可表示为

$$\bar{x} = \frac{1}{n}\sum_{i=1}^{n} x_i$$

当测定次数无限增多时，所得的平均值即为总体平均值(population mean)(μ)

$$\lim_{n\to\infty}\bar{x} = \mu$$

现在考察表2-1中50个测定值的规律，在这50个测定值中，最大值为4.994 mL，最小值为4.969 mL，极差(range)R=4.994－4.969=0.025。将这些数据由大到小排列并分组，将其分为9组(视样本容量的多少分组)，极差除以组数得到组距(组距=0.025/9≈0.003)，即每组数据中最大值与最小值之差约为0.003，统计每组所包含测定值的数，为了保证一个测定值只出现在一组，通常将组界值多取一位，并计算频数(frequency)和相对频数(每组测定值数与总测定值数之比)，分组情况见表2-2。以相对频数为纵坐标，测量值为横坐标，得图2-1的直方图(histogram)。

表2-2　每组数据的频数和相对频数

分组	频数	相对频数
4.9685~4.9715	3	0.06
4.9715~4.9745	1	0.02
4.9745~4.9775	7	0.14
4.9775~4.9805	9	0.18
4.9805~4.9835	12	0.24
4.9835~4.9865	8	0.16
4.9865~4.9895	5	0.1
4.9895~4.9925	4	0.08
4.9825~4.9955	1	0.02
合计	50	1.000

图2-1表明随着测定值x的增大，相对频率先由小到大，再由大到小，在平均值4.982处的相对频率最大；而且测量值在平均值附近的相对频数要比远离平均值处的相对频数大得多，或者说在平均值附近出现的测定值的次数要比远离平均值的测定值出现的次数多得多。可以想象，随着测定值的无限增多，柱状图将变为平滑的曲线，图2-1中的平滑曲线称为高斯分布曲线，也称为正态分布(normal distribution)曲线，其数学表达式为

第二章 误差和分析数据处理

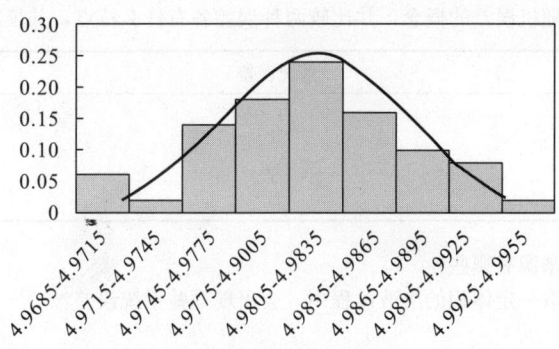

图 2-1 频数分布直方图

$$y = f(x) = \frac{1}{\sigma\sqrt{2\pi}} e^{-\frac{(x-\mu)^2}{2\sigma^2}} \tag{2-1}$$

式中，y 为测定值 x 值出现的概率密度(probability density)；x 为个别测量值；μ 为总体平均值，反映测量值分布的集中趋势，在没有系统误差存在时，μ 即为真值 T；σ 为总体标准偏差，反映测量值分布的分散程度(见第二节)；$(x-\mu)$ 为随机误差。当 $x=\mu$ 时，y 最大；当测定值大于总体平均值时，随机误差为正，反之为负，随机误差的正态分布具有以下特性。

1)对称性：绝对值相等的正负随机误差相等，这是因为大量的偶然事件必然有机会均等的规律。

2)抵偿性：在一定的测量条件下，随机误差的算术平均值随着测定次数的增加而趋于零。

3)单峰性：绝对值小的随机误差比绝对值大的随机误差出现的概率(probability)大。

4)有界性：绝对值很大的随机误差出现的概率近于零，误差的绝对值不会超过某一个界限。

由于随机误差服从正态分布规律，所以在消除系统误差的前提条件下，总体平均值即等于真值*。除了系统误差和随机误差，那些粗心大意的操作，不按操作规程使得测定结果与真实值之间的差值叫过失误差，过失误差可通过提高实验技能和采用严谨态度得以消除，是可以避免的。

思 考 题

1. 用抛硬币的办法证明正态分布规律。具体方法是全班每个同学都用一枚硬币向上抛 10 次，并记录正面向上的次数，将所得数据列入下表中。

正面向上的次数	0	1	2	3	4	5	6	7	8	9	10
人数(频数)											

根据所得数据绘制频率密度直方图，由此可得出什么结论？

2. 随机误差的分布具有哪些性质？

---

* 在消除系统误差的情况下，总体平均值 μ 即是真值。

3. 解释系统误差和随机误差的概念,并比较两种误差各有什么特点,并填写下表。

	系统误差	偶然误差
来源		
性质		
规律		

4. 系统误差的主要来源有哪些?
5. 用吸量管准确吸取一定体积的溶液过程中,会出现哪些系统误差?

第二节 测定值的准确度和精密度

一、准确度与误差

准确度(accuracy)是测定值与真值(true value)接近的程度,用误差衡量。误差越小,即测定值越接近真值,测定结果的准确度越高。

误差分为绝对误差(absolute error,E_a)和相对误差(relative error,E_r),其定义分别为

绝对误差=个别测定值-真实值

即

$$E_a = x - T \tag{2-2}$$

相对误差% = $\frac{绝对误差}{真实值} \times 100\%$

即

$$E_r = \frac{E_a}{T} \times 100\% \tag{2-3}$$

注意,绝对误差和相对误差都有正负之分,正误差表示分析结果偏高,负误差表示分析结果偏低。

例 2-1 用分析天平称量两物体的质量分别为 2.2312 g 和 0.2415 g,假设二物体的真实值分别为 2.2313 g 和 0.2416 g,则两者称量的绝对误差分别为

$$2.2312 - 2.2313 = -0.0001 \text{ g}$$
$$0.2415 - 0.2416 = -0.0001 \text{ g}$$

相对误差为

$$-\frac{0.0001}{2.2313} \times 100\% = -0.004\%$$
$$-\frac{0.0001}{2.2416} \times 100\% = -0.04\%$$

可见绝对误差相等,相对误差不一定相等。相对误差越小,称量单位质量的物体引起误差越小,准确度越高。因此常用相对误差衡量测定结果的准确度。

二、精密度与偏差

精密度(precision)是在相同条件下多次测定结果相互吻合的程度,或者说是单次测

定值与平均值接近的程度。精密度通常用偏差（deviation）来量度。偏差又分为绝对偏差（absolute deviation，d）、平均偏差（average deviation，$\bar{d}$）和相对平均偏差（relative mean deviation，$\bar{d}_r$）。绝对偏差可表示为单次测定值（x_i）与平均值（$\bar{x}$）之差，即

$$d_i = x_i - \bar{x} \quad (i = 1, 2, \cdots, n) \tag{2-4}$$

平均偏差

$$\bar{d}_r = \frac{|d_1| + |d_2| + \cdots + |d_n|}{n} = \frac{1}{n}\sum_{i=1}^{n}|d_i| \tag{2-5}$$

相对平均偏差

$$\bar{d}_r = \frac{\bar{d}}{\bar{x}} \times 100\% \tag{2-6}$$

注意：绝对偏差有正负之分，而平均偏差和相对平均偏差没有正负之分。

例 2-2 比较以下两组平行测定数据的精密度。
(1) 0.1235，0.1237，0.1236；(2) 0.1233，0.1235，0.1238。

解 (1) $\bar{x} = \dfrac{0.1235 + 0.1237 + 0.1236}{3} = 0.1236$

$\bar{d} = \dfrac{|0.1235 - 0.1236| + |0.1237 - 0.1236| + |0.1236 - 0.1236|}{3} = 7 \times 10^{-5}$

$\bar{d}_r = \dfrac{7 \times 10^{-5}}{0.1236} \times 100\% = 0.06\%$

(2) $\bar{x} = \dfrac{0.1233 + 0.1235 + 0.1238}{3} = 0.1235$

$\bar{d} = \dfrac{|0.1233 - 0.1235| + |0.1235 - 0.1235| + |0.1238 - 0.1235|}{3} = 2 \times 10^{-4}$

$\bar{d}_r = \dfrac{2 \times 10^{-4}}{0.1235} \times 100\% = 0.2\%$

计算结果表明第一组数据的精密度比第二组数据的精密度高。

例 2-3 测定某铜合金中铜的质量分数（%），两组测定值分别为
(1) 10.3，9.8，9.6，10.1，10.2，10.4，10.0，9.7，10.2，9.7；
(2) 10.0，10.1，9.3，10.2，9.9，9.8，10.5，9.8，10.3，9.9。
试比较这两组测定值的精密度。

解 两组数据单次测定值偏差为
(1) 0.3，−0.2，−0.4，0.1，0.2，0.4，0，−0.3，0.2，−0.3；
(2) 0.02，0.12，−0.68，−0.22，−0.08，−0.18，0.52，−0.18，0.32，−0.08；
于是可计算得
(1) $\bar{x}_1 = 10.0$，$\bar{d}_1 = 0.24$，$\bar{d}_r = 2.4\%$；
(2) $\bar{x}_2 = 9.98$，$\bar{d}_2 = 0.24$，$\bar{d}_r = 2.4\%$。

从两组数据单次测定结果的偏差可见第二组数据比较分散，精密度不如第一组数据。如果从平均偏差和相对平均偏差来看，两组数据的精密度没有差别，这是因为在一组数据中小偏差是多数，大偏差是少数。但一平均后，大偏差就被掩盖了。

为了更容易反映数据的分散程度的大小，通常采用数理统计方法中的标准偏差（standard deviation）和相对标准偏差（relative standard deviation）衡量测量结果的精密度。

当测定次数趋于无穷大时（一般 $n > 30$），总体标准偏差（population standard deviation)表示为

$$\sigma = \sqrt{\frac{\sum_{i=1}^{n}(x_i-\mu)^2}{n}} \quad (2-7)$$

但是在一般的分析工作中，测定次数通常都小于 20 次，总体平均值 μ 不知道，故用样本标准偏差来衡量数据的精密度

$$s = \sqrt{\frac{\sum_{i=1}^{n}(x_i-\bar{x})^2}{n-1}} = \sqrt{\frac{\sum_{i=1}^{n}d_i^2}{n-1}} \quad (2-8)$$

其中 $n-1$ 称为自由度(degree of freedom)，用 f 表示。统计学上的自由度是计算某一统计量时，取值不受限制的变量个数。例如，有一 4 个数据($n=4$)的样本，其平均值 $\bar{x}$ 等于 5，即受到 $\bar{x}=5$ 的条件限制，在确定 6、4、5 三个数据后，第四个数据只能是 5，否则 $\bar{x}\neq5$。因而这里的自由度 $f=n-1=4-1=3$，其意思是样本中能自由选取的数值。当选到只剩一个时，它不可能再有自由了，所以自由度是 $n-1$。对于一组 n 个测量数据的样本，其偏差$(x_1-\bar{x})$，$(x_2-\bar{x})$，$\cdots$，$(x_{n-1}-\bar{x})$ 都是独立变数，但$(x_n-\bar{x})$不再是独立变数，因为 x_n 这个数将受到 x_n 与前面 $(n-1)$ 个数的制约。如果考虑的不是 x_n 而是其他任何一个数据，情况也是一样。总之，对于一组 n 个测量数据的样本，其偏差的自由度 f 为$(n-1)$，当测定次数非常多时，测定次数 n 与自由度$(n-1)$的区别就变得很小。相对标准偏差(又称变异系数，coefficient of variation)可表示为

$$s_r = \frac{s}{\bar{x}} \times 100\% \quad (2-9)$$

例 2-4 计算例题 2-3 中两组数据的标准偏差和相对标准偏差，并比较两组数据的精密度。

解

$$s_1 = \sqrt{\frac{\sum_{i=1}^{10}(x_i-\bar{x})^2}{n}} = 0.28 \qquad s_2 = \sqrt{\frac{\sum_{i=1}^{10}(x_i-\bar{x})^2}{n}} = 0.33$$

$$s_{r,1} = \frac{0.28}{10} \times 100\% = 2.8\% \qquad s_{r,2} = \frac{0.33}{9.98} \times 100\% = 3.3\%$$

计算结果表明第一组数据的精密度更高，说明用标准偏差和相对标准偏差更能反映测定值的分散程度。

三、平均值的标准偏差

如果从同一总体中随机抽出数个样本(如前面的例子，煤中硫含量的测定，从 500 g 的总体中随机抽出 10 个样本，每个样本的容量为 10)，由此可得到一系列的样本平均值 $\bar{x}_1$，$\bar{x}_2$，$\bar{x}_3$，$\cdots$，$\bar{x}_n$。这些平均值的分散程度比任一样本中单次测定值的分散程度小。描述它们的分散程度用平均值的标准偏差(standard deviation of mean)来衡量。平均值的标准偏差与单次测定结果的偏差有如下关系

$$\sigma_{\bar{x}} = \frac{\sigma}{\sqrt{n}} \quad (n\to\infty) \quad (2-10)$$

当测定次数有限时$(n<20)$

$$s_{\bar{x}} = \frac{s}{\sqrt{n}} \tag{2-11}$$

由于平均值的标准偏差与测定次数的平方根成反比,增加测定次数可以提高测定结果的精密度。图 2-2 表明,随着测定次数的增加精密度迅速提高;当 $n>5$ 时,精密度提高的趋势变慢;当 $n>10$ 时,精密度提高的趋势已不明显,所以适当增加平行测定次数可提高测定结果的精密度,但测定次数增加太多对于进一步提高测定结果的精密度效果不明显,反而给分析工作带来麻烦且浪费试剂,因此通常平行测定三四次即可满足实际工作的要求。

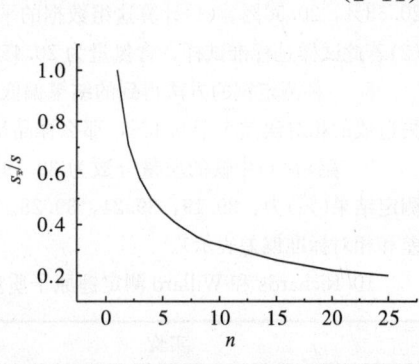

图 2-2 $s_{\bar{x}}$ 与测定次数 n 的关系

四、准确度和精密度的关系[*]

图 2-3 为甲、乙、丙、丁四人所测定的某铜合金中铜的质量分数,平行测定份数为 6,设真值为 10.0%。

从图中发现甲的测定结果虽然精密度很高,但准确度很差。丙的结果精密度差,平均值离真值也较远,乙的结果虽然平均值与真值很近,但这是正负偏差抵消的结果,这样的数据不可靠。只有丁的结果精密度高,准确度也高。

由此说明:精密度高,准确度不一定高,精密度高只能说明随机误差小,但不能表明系统误差小;但准确度高却一定要求精密度高,因为精密度很差,数据十分分散,失去了衡量准确度的前提。

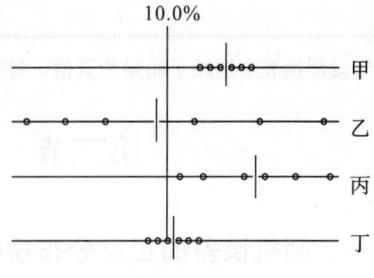

图 2-3 铜合金中铜的测定结果

思考题与习题

1. 什么是样本平均值?什么是总体平均值?
2. 指出绝对误差和相对误差,平均偏差和相对平均偏差,标准偏差和相对标准偏差的区别。
3. 什么是精密度?什么是准确度?请指出精密度与准确度的关系。
4. 请区分样本标准偏差和总体标准偏差。
5. 用丁二酮肟重量法测定钢中 Ni 的含量,得到下列结果:10.48%,10.37%,10.77%,10.43%,10.40%。计算单次测定结果的平均偏差、相对平均偏差、标准偏差和相对标准偏差。
6. 测定铁矿中铁的质量分数,5 次结果分别为:67.48%,67.37%,67.47%,67.43% 和 67.40%。计算:(1)平均偏差;(2)相对平均偏差;(3)标准偏差;(4)相对标准偏差。(5)平均值的标准偏差。

---

[*] 准确度是测定值与真值接近的程度,精密度是测定值与平均值接近的程度,精密度高只能说明随机误差小,所以精密度高不一定准确度高,数据太分散说明结果不可靠,所以准确度高一定要求精密度高。

7. 测定某试样的含氮量，6 次平行测定的结果为 20.48%，20.55%，20.58%，20.60%，20.53%，20.50%。(1)计算这组数据的平均值、中位值、极差、平均偏差、标准偏差和相对标准偏差；(2)若此试样是标准试样，含氮量为 20.45%，计算测定结果的绝对误差和相对误差。

8. 一种测定铜的方法得到的结果偏低 0.5 mg，若用此法分析含铜约 5.0% 的矿石，且要求由此损失造成的相对误差小于 0.1%，那么样品最少应称多少克？

9. 某铁矿石中铁的质量分数为 39.19%，若甲的测定结果(%)是：39.12，39.15，39.18；乙方的测定结果(%)为：39.19，39.24，39.28。试比较甲乙两人测定结果的准确度和精密度(精密度以标准偏差和相对标准偏差表示)。

10. Richards 和 Willard 测定锂原子质量结果为

实验	摩尔质量(g·mol^{-1})
1	6.9391
2	6.9407
3	6.9409
4	6.9399
5	6.9407
6	6.9391
7	6.9406

假设周期表中锂原子质量为真值，计算以上所得平均值的绝对误差和相对误差。

第三节　分析数据的统计处理与评价

一、随机误差的正态分布规律

第一节讨论了随机误差服从正态分布规律，其数学表达式为式 2-1，从数学表达式 2-1 可以看出曲线的位置与形状取决于总体平均值 μ 和总体标准偏差 σ。为讨论问题的方便，令

$$u = \frac{x - \mu}{\sigma} \tag{2-12}$$

此时概率密度函数表达式为

$$y = \phi(u) = \frac{1}{\sqrt{2\pi}} e^{-\frac{u^2}{2}} \tag{2-13}$$

经此变换，曲线形状已与 μ 和 σ 的大小无关，即无论原来正态分布曲线是瘦高的还是扁平的，经过这样的变换后都得到相同的一条标准正态分布曲线。表 2-3 是标准正态分布的概率积分表。标准正态分布曲线与横坐标 u(从 $-\infty$ 至 $+\infty$)之间所夹的总面积，表示来自同一总体的全部测定值或随机误差在上述区间出现概率 P 的总和，其值应为 1。

$$P = \int_{-\infty}^{+\infty} \phi(u) \mathrm{d}u = \frac{1}{\sqrt{2\pi}} \int_{-\infty}^{+\infty} e^{-\frac{u^2}{2}} \mathrm{d}u = 1 \tag{2-14}$$

表 2-3 列出了 u 在 $0 \sim |u|$ 区间的积分值(单侧)。如果要求 $\pm|u|$ 区间的积分值则需乘以 2。

表 2-3 正太分布概率积分表(单侧)

$|u|$	面积	$|u|$	面积	$|u|$	面积
0.0	0.0000	1.0	0.3413	2.0	0.4773
0.1	0.0398	1.1	0.3643	2.1	0.4821
0.2	0.0793	1.2	0.3849	2.2	0.4861
0.3	0.1179	1.3	0.4032	2.3	0.4893
0.4	0.1554	1.4	0.4192	2.4	0.4918
0.5	0.1915	1.5	0.4332	2.5	0.4938
0.6	0.2258	1.6	0.4452	2.6	0.4953
0.7	0.2580	1.7	0.4554	2.7	0.4965
0.8	0.2881	1.8	0.4641	2.8	0.4974
0.9	0.3159	1.9	0.4713	3.0	0.4987

例 2-5 分别求测定值在总体平均值的 $\pm\sigma$，$\pm 2\sigma$ 和 $\pm 3\sigma$ 范围内出现的概率。

解 （1）测定值在总体平均值 $\pm\sigma$ 范围，即在 $\mu\pm\sigma$ 之内。两边界上的测定值为

$$x = \mu \pm \sigma$$

转换成标准正态分布的 u

$$u = \frac{x-\mu}{\sigma} = \pm 1$$

查表(2-3)，当 $|u|=1$ 时，单侧积分值为 0.3413。故 u 在 ± 1 之间，即测定值 $x=\mu\pm\sigma$ 的概率为

$$0.3416 \times 2 = 0.6826$$

（2）同理，当 $x=\mu\pm 2\sigma$，$|u|=2$ 时，单侧积分值为 0.4773。故 u 在 ± 2 之间的测定值，即 $x=\mu\pm 2\sigma$ 的概率为

$$0.4773 \times 2 = 0.9546$$

（3）当 $x=\mu\pm 3\sigma$，$|u|=3$ 时，单侧积分值为 0.4987。故 u 在 ± 3 之间的测定值，即 $x=\mu\pm 3\sigma$ 的概率为

$$0.4987 \times 2 = 0.9974$$

也就是说，总体平均值在 $x\pm\sigma$ 区间的概率是 68.3%，在 $x\pm 2\sigma$ 区间的概率是 95.5%，在 $x\pm 3\sigma$ 区间的概率是 99.7%。

正态分布是无限次测量数据随机误差的分布规律，而在实际分析工作中，测量次数都是有限的，其随机误差的分布不服从正态分布。如何以统计的方法处理有限次测量数据，判断测定结果的可靠性或可信度。

二、有限测定数据的统计处理——t 分布曲线

当测量数据不多时，无法求得总体平均值 μ 和总体标准偏差 σ，只能用样本的标准偏差 s 来估计测量数据的分散情况。用 s 代替 σ 估计包含总体平均值的范围，必然引起误差。为了得到同样的置信度(confidence)(面积)，必须用一个新的因子代替 u。英国统计学家兼化学家威廉·希利·戈塞特（William Sealey Gosset）提出 t 分布（student distribution)规律，t 分布可说明当 n 不大时 $(n<20)$ 随机误差分布的规律性。t 分布曲线的纵坐标仍为概率密度，但横坐标则为统计量 t。图 2-4 为有限次测定数据的随机误差分布规律*。由图可见，t 分布曲线与标准正态分布曲线相似，只是 t 分布曲线随自由度 f 而改变。在 $f<10$ 时，与标准正态分布曲线差别较大；当 $f>20$ 时，与标准正态分布曲线很近似；当 $f\to\infty$ 时，t 分布曲线趋于标准正态分布曲线。

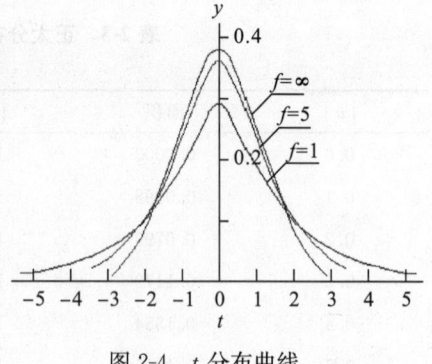

图 2-4　t 分布曲线

t 分布曲线与正态分布曲线一样，曲线下面一定区间内的积分面积即是随机误差在此区间的概率。不同的是，对于标准正态分布曲线，只要 u 值一定，相应的概率也一定；但对于 t 分布曲线，一定 t 值对应的概率还随 f 变化。不同自由度 f 及概率 P（置信度）所对应的 t 值已由统计学家计算出来，表 2-4 列出了常用的部分 $t_{P,f}$ 值。例如，$t_{0.95,5}$ 表示置信度为 95%，自由度为 5 时的 t 值。

表 2-4　$t_{P,f}$ 值表（双边）

f	置信度，显著性水平		
	$P=0.90$　$\alpha^{①}=0.10$	$P=0.95$　$\alpha=0.05$	$P=0.99$　$\alpha=0.01$
1	6.31	12.71	63.66
2	2.92	4.30	9.92
3	2.35	3.18	5.84
4	2.13	2.78	4.60
5	2.02	2.57	4.03
6	1.94	2.45	3.71
7	1.90	2.36	3.50
8	1.86	2.31	3.36
9	1.83	2.26	3.25
10	1.81	2.23	3.17
20	1.72	2.09	2.84
∞	1.64	1.96	2.58

注释：①$\alpha=1-P$ 为显著性水平。置信度是包含总体平均值区间的概率，也就是肯定区域在整个分布中所占的比率，用 P 表示。而否定区域在整个分布中所占的比率称为显著性水平。

三、平均值的置信区间

当测定次数无限多，用单次测定结果 x 来估计总体平均值 μ 的范围时

$$\mu = x \pm u\sigma \tag{2-15}$$

若以样本平均值来估计总体平均值所在的范围，式中单次测定结果的标准偏差则换成平均值的标准偏差，此时有

---

* 当测定次数有限时，随机误差服从的是 t 分布规律。

$$\mu = \bar{x} \pm u \frac{\sigma}{\sqrt{n}} \qquad (2-16)$$

对于有限次测量数据，必须根据 t 分布进行统计处理，于是

$$\mu = \bar{x} \pm t \frac{s}{\sqrt{n}} \qquad (2-17)$$

上式表示在某一置信度 P 下，以测定值的平均值为中心包含总体平均值 μ 的取值范围，称为平均值的置信区间(confidence interval of mean)。

例 2-6 标定 HCl 溶液的浓度时，先标定 3 次，结果为 0.2001 mol·L^{-1}，0.2005 mol·L^{-1} 和 0.2009 mol·L^{-1}；后来又标定 2 次，数据为 0.2004 mol·L^{-1} 和 0.2006 mol·L^{-1}。试分别由 3 次和 5 次标定的结果计算总体平均值 μ 的置信区间，$P=0.95$。

解 标定 3 次时

$$\bar{x} = \frac{0.2001 + 0.2005 + 0.2009}{3} = 0.2005 \text{ mol·L}^{-1}$$

$$s = \sqrt{\frac{(0.2001-0.2005)^2 + (0.2005-0.2005)^2 + (0.2009-0.2005)^2}{3-1}} = 0.0004 \text{ mol·L}^{-1}$$

查表 2-4 知，当 $P=0.95$ 时，$t_{0.95,2}=4.30$

$$\mu = \bar{x} \pm t_{P,f} \frac{s}{\sqrt{n}} = 0.2005 \pm 4.30 \times \frac{0.0004}{\sqrt{3}} = 0.2005 \pm 0.0010$$

即 3 次标定结果表明，总体平均值在 0.2005±0.0010 范围内的置信度是 0.95。

标定 5 次时，有

$$\bar{x} = 0.2005 \text{ mol·L}^{-1} \qquad s = 0.0003 \text{ mol·L}^{-1}$$

查表 2-4 知，当 $P=0.95$ 时，$t_{0.95,4}=2.78$

$$\mu = \bar{x} \pm t_{P,f} \frac{s}{\sqrt{n}} = 0.2005 \pm 2.78 \times \frac{0.0003}{\sqrt{5}} = 0.2005 \pm 0.0004$$

即 5 次标定结果表明，总体平均值在 0.2005±0.0004 范围内的置信度为 0.95。可见增加测定次数，平均值更接近于总体平均值(消除系统误差前提下，即为真值)。

四、显著性检验

用统计的方法检验测定值之间是否存在显著性差异，以此推测它们之间是否存在系统误差，从而判断分析结果或分析方法的可靠性，这一过程称为显著性检验。定量分析中常用的有 t 检验法和 F 检验法。

1. 平均值与标准值的比较（t 检验法*）

检测系统误差中的方法误差，可用建立的新方法分析标准样品或纯物质，然后比较测定值和标准值之间是否存在显著性差异，从而确定是否存在系统误差，这种方法称为 t 检验法。如用已知含量的纯物质或标准试样在相同的条件下作对照分析。设平行测定值的平均值为 $\bar{x}$，标准偏差为 s，根据(2-17)可得到

$$t = \frac{|\bar{x}-\mu|}{\frac{s}{\sqrt{n}}} = \frac{|\bar{x}-\mu|}{s_{\bar{x}}}$$

---

* 用标准样品对照检验方法是否存在系统误差。

式中，μ 为总体平均值。没有系统误差即为真值，在此为标准样品中的标准值，通常用 T 表，于是上式变为

$$t = \frac{|\bar{x} - T|}{s_{\bar{x}}} \tag{2-18}$$

如果算出的 t 值大于从表 2-4 中查出的 $t_{P,f}$ 值，可认为 $\bar{x}$ 与 μ 之间存在显著性差异，说明分析方法存在系统误差，否则则认为 $\bar{x}$ 与 μ 的差异是由随机误差引起的。置信度定得过高或过低都得不到正确的判断结果，为进行合理的判断，在定量分析中，采用 0.95 的置信度。

例 2-8 为确定某一新分析方法是否可靠，用含硫量为 0.123% 的标准煤样进行分析，一共分析了 4 次，4 次测定结果的平均值为 0.116%，标准偏差为 0.003%，试以 95% 的置信度判断这种新方法是否存在明显的系统误差。

解 $$t = \frac{|\bar{x} - T|}{s_{\bar{x}}} = \frac{|0.116\% - 0.123\%|}{\frac{0.003\%}{\sqrt{4}}} = 4.38$$

查表 2-4 知，$t_{0.95,3} = 3.18$。由于

$$t > t_{0.95,3}$$

表明测定值与标准值存在显著性差异，说明新方法存在明显的系统误差。

2. 两组平均值的比较*

如果检验一种新方法是否可靠找不到合适的标准样品时，可用标准方法或已经成熟、公认可靠的方法和新方法进行比较，即用标准方法和新方法对同一样品进行同时测定，然后比较测定结果的平均值 $\bar{x}_1$ 和 $\bar{x}_2$，如果 $\bar{x}_1$ 和 $\bar{x}_2$ 之间不存在显著性差异，则它们之间的差异仅仅是由随机误差引起的，说明新方法可靠。反之如果 $\bar{x}_1$ 和 $\bar{x}_2$ 之间存在显著性差异，则它们之间的差异是由系统误差引起的，说明新方法不可靠。

具体做法分为两步，首先比较两组数据的方差 s^2，以确定两组数据精密度是否存在显著性差异，当精密度无显著性差异的情况下，再用 t 检验法判断两组平均值是否存在显著性差异。

（1）F 检验法

首先计算统计量 F

$$F = \frac{s_{大}^2}{s_{小}^2} \tag{2-19}$$

其中 $s_{大}^2$ 和 $s_{小}^2$ 分别代表方差较大和较小的那组数据的方差。再查一定置信度下的 F 值表（表 2-5），将 $F_{计}$ 和 $F_{表}$ 比较，如果 $F_{计} \leqslant F_{表}$，表明两组数据的精密度没有显著性差异，反之，如果 $F_{计} > F_{表}$，则表示两组数据的精密度存在显著性差异。

应该注意的是，在用 F 检验法来检验两组数据的精密度是否有显著差异时，应首先确定这种检验是属于单边检验还是双边检验。如果检验一组数据的方差是否优于另一组数据，则属于单边检验，应选择置信度为 0.95[显著性水平（significance level）为 $\alpha = 0.05$]。如果是比较两组数据的方差，即不论是甲的结果优于乙的结果，还是乙的结果优于甲的结果，则属于双边检验。这时查置信度为 0.95 的 F 值表时，由于此时显著性水平

---

* 用标准方法或成熟可靠的方法检验方法是否存在系统误差。

为单边检验的 2 倍，因此推断的置信度为 $P=1-2\alpha=0.90$。

表 2-5　F 值表（单边，$P=0.95$）

$F_{s,小}$ \ $F_{s,大}$	2	3	4	5	6	7	8	9	10	∞
2	19.00	19.16	19.25	19.30	19.33	19.36	19.37	19.38	19.39	19.50
3	9.55	9.28	9.12	9.01	8.94	8.88	8.84	8.81	8.78	8.53
4	6.94	6.59	6.39	6.26	6.16	6.09	6.04	6.00	5.96	5.63
5	5.79	5.41	5.19	5.05	4.95	4.88	4.82	4.78	4.74	4.36
6	5.14	4.76	4.53	4.39	4.28	4.21	4.15	4.10	4.06	3.67
7	4.74	4.35	4.12	3.97	3.87	3.79	3.73	3.68	3.63	3.23
8	4.46	4.07	3.84	3.69	3.58	3.50	3.44	3.39	3.34	2.93
9	4.26	3.86	3.63	3.48	3.37	3.29	3.23	3.18	3.13	2.71
10	4.10	3.71	3.48	3.33	3.22	3.14	3.07	3.02	2.97	2.54
∞	3.00	2.60	2.37	2.21	2.10	2.01	1.94	1.88	1.83	1.00

(2) t 检验法

如果 F 检验表明两组数据的精密度没有显著差异，则需进一步用 t 检验法进行判断两组平均值之间是否存在显著差异。

如果 s_1 和 s_2 不存在显著性差异，则按下式计算，合并标准偏差，其中总自由度 $f=n_1+n_2-2$。

$$s_{合}=\sqrt{\frac{偏差平方和}{总自由度}}=\sqrt{\frac{\sum(x_{1,i}-\bar{x}_1)^2+\sum(x_{2,i}-\bar{x}_2)^2}{(n_1-1)+(n_2-1)}} \tag{2-20}$$

或者

$$s_{合}=\sqrt{\frac{s_1^2(n_1-1)+s_2^2(n_2-1)}{n_1+n_2-2}} \tag{2-21}$$

再计算统计量 t 值

$$t=\frac{|\bar{x}_1-\bar{x}_2|}{s}\sqrt{\frac{n_1 n_2}{n_1+n_2}} \tag{2-22}$$

然后由表 2-4 查 $t_{P,(n_1+n_2-2)}$ 值，如果 $t>t_{P,(n_1+n_2-2)}$，可以认为两组分析数据不属于同一总体，即它们之间存在显著性差异，新方法不可靠。反之，两组分析数据属于同一总体，即两组数据之间不存在系统误差，新方法可靠。

例 2-8　为检验新方法测定某试样中葡萄糖含量的可靠性，用新方法与成熟的原方法同时测定同一样品中葡萄糖的含量，分别平行测定 11 次。结果如下，新方法：$\bar{x}_1=10.44$ mg·L^{-1}，$s_1=0.09\%$；原方法 $\bar{x}_2=10.28$ mg·L^{-1}，$s_2=0.1\%$，则置信度为 0.95 时，新方法是否可靠？

解　(1) 先用 F 检验法检验 s_1 和 s_2 是否存在显著性差异

$$F=\frac{s_{大}^2}{s_{小}^2}=\frac{(0.1\%)^2}{(0.09\%)^2}=1.23$$

查表 2-5，$F_{表}=2.97$，$F_{计}<F_{表}$，说明 s_1 和 s_2 不存在显著性差异，由于原方法成熟可靠，故其测量的精密度不会比新方法差，属于单边检验，所以获得这一结论的置信度是 0.95。

(2) 再用 t 检验法检验 $\bar{x}_1$ 和 $\bar{x}_2$ 之间是否存在显著性差异。根据

$$s_{合}=\sqrt{\frac{s_1^2(n_1-1)+s_2^2(n_2-1)}{n_1+n_2-2}}$$

得

$$s_{合}=\sqrt{\frac{(0.09\%)^2(11-1)+(0.1\%)^2(11-1)}{11+11-2}}=0.095\%$$

再根据

$$t=\frac{|\bar{x}_1-\bar{x}_2|}{s}\sqrt{\frac{n_1 n_2}{n_1+n_2}}$$

得

$$t=\frac{|10.44\%-10.28\%|}{0.095\%}\sqrt{\frac{11\times 11}{11+11}}=3.95$$

查表 2-4，知

$$t_{0.95,20}=2.09$$

因为 $t>t_{P,(n_1+n_2-2)}$，说明 $\bar{x}_1$ 和 $\bar{x}_2$ 之间存在显著性差异，新方法不可靠。

例 2-9 用两种方法分别对同一钢样中的铬含量进行测定，结果如下，甲：$\bar{x}_1=9.425\%$，$s_1=0.023\%$，$n_1=5$；乙：$\bar{x}_2=9.440\%$，$s_2=0.017\%$，$n_2=4$。两种方法之间是否有显著性差异（置信度 0.90）？

解 （1）先用 F 检验法检验 s_1 和 s_2 是否存在显著性差异

$$F=\frac{s_{大}^2}{s_{小}^2}=\frac{(0.023\%)^2}{(0.017\%)^2}=1.83$$

查表 2-5，$F_{表}=9.12$，$F_{计}<F_{表}$，说明 s_1 和 s_2 不存在显著性差异。即在 0.95 的置信水平上，两种方法的精密度之间不存在显著性差异，继续对两组平均值进行 t 检验。

（2）再用 t 检验法检验 $\bar{x}_1$ 和 $\bar{x}_2$ 之间是否存在显著性差异。根据

$$s_{合}=\sqrt{\frac{s_1^2(n_1-1)+s_2^2(n_2-1)}{n_1+n_2-2}}$$

得

$$s_{合}=\sqrt{\frac{(0.023\%)^2(5-1)+(0.017\%)^2(4-1)}{5+4-2}}=0.021\%$$

再根据

$$t=\frac{|\bar{x}_1-\bar{x}_2|}{s}\sqrt{\frac{n_1 n_2}{n_1+n_2}}$$

得

$$t=\frac{|9.425\%-9.440\%|}{0.021\%}\sqrt{\frac{5\times 4}{5+4}}=1.06$$

查表 2-4，知

$$t_{0.95,7}=2.36$$

因为 $t<t_{P,(n_1+n_2-2)}$，说明 $\bar{x}_1$ 和 $\bar{x}_2$ 之间不存在显著性差异，因此两种方法之间没有显著性差异。

五、可疑测定值的取舍

为了减小偶然误差，对于同一样品应该在相同条件下多次测定取其平均值。但有时在一系列的平行测定数据中可能有个别数据与其他数据相差较远。如果不舍弃这一数据，有可能影响分析结果的准确度。我们把这一偏离较远的数据称为可疑值或异常值（也称离

群值 outlier、极端值)。之所以称为可疑值,是因为不知道这一偏离较远的值是属于偶然误差范围内的值,还是因为由于操作过失而引起的偏差。若是属于偶然误差范围内的值应保留,若为过失引起的偏离,就必须舍弃。统计学中对可疑值的取舍有几种方法,以下介绍处理方法较简单的 Q 检验法和较准确的格鲁布斯检验法。

1. Q 检验法

其判断的步骤为:
1)将测定值按其大小排成顺序。
2)可疑值与邻近值的差值除以最大值与最小值之差(极差),得商值 Q

$$Q = \frac{x_n - x_{n-1}}{x_n - x_1} \quad \text{或} \quad Q = \frac{x_2 - x_1}{x_n - x_1} \tag{2-23}$$

3)根据测定次数 n 和所要求的置信度 P(常用 0.90)查 $Q_{P,n}$ 值表(表 2-6),若 $Q > Q_{P,n}$,则舍弃,反之则保留。

表 2-6 Q 值表

P \ 测定次数 n	3	4	5	6	7	8	9	10
0.90	0.94	0.76	0.64	0.56	0.51	0.47	0.44	0.41
0.95	0.98	0.85	0.73	0.64	0.59	0.54	0.51	0.48
0.99	0.99	0.93	0.82	0.74	0.68	0.63	0.60	0.57

例 2-10 分析方解石中 CaO 的含量,6 次测定结果分别为 55.93%,55.98%,56.00%,56.04%,56.08% 和 56.23%。则置信度为 0.90 时,可疑值 56.23% 是否应该舍弃?

解
$$Q = \frac{56.23\% - 56.08\%}{56.23\% - 55.93\%} = 0.50$$

查表 2-6,得置信度为 0.90,$n = 6$ 时

$$Q_{\text{表}} = 0.56$$

因为 $Q < Q_{\text{表}}$,所以 56.23% 不应该舍弃。

例 2-11 测定某种镍的含量,3 次结果分别为 2 mg·L^{-1},3 mg·L^{-1},9 mg·L^{-1}。可疑值 9 mg·L^{-1} 应否舍弃?

解
$$Q = \frac{x_n - x_{n-1}}{x_n - x_1} = \frac{9-3}{9-2} = 0.88$$

当置信度要求为 0.90 时,查表 2-6 知

$$Q_{P,n} = 0.94$$

因为 $Q < Q_{P,n}$,所以 9 mg·L^{-1} 不应该舍弃。

但是若将 9 mg·L^{-1} 保留,其平均值也不合理。此时应补充测定一两个数据,再进行判断,如上例中再一次测得数据为 2 mg·L^{-1},此时 $Q_{0.90,4} = 0.76$,$Q > Q_{0.90,4}$,故 9 mg·L^{-1} 应舍弃。如果没有条件再做实验,则采用中位值(median)代替平均值,因为如果保留可疑值,其平均值为 4.7 mg·L^{-1},中位值为 3 mg·L^{-1}。如果舍弃可疑值,其平均值为 2.5 mg·L^{-1},中位值为 2.5 mg·L^{-1}。可疑值舍与不舍,对平均值影响很大,但对于中位值影响较小。

2. 格鲁布斯(Grubbs)法

设有 n 个测定数据,其递增顺序为:$x_1, x_2, \cdots, x_n$。其中 x_1 或 x_n 可能为可疑数

据。设 x_1 为可疑数据，计算统计量 G 为

$$G = \frac{\bar{x} - x_1}{s} \tag{2-24}$$

若 x_n 为可疑数据，统计量 G 为

$$G = \frac{x_n - \bar{x}}{s} \tag{2-25}$$

查表 2-7，如果 $G \geqslant G_{P,n}$，则可疑值应舍弃，否则，应保留。

表 2-7 G 值表

测定次数 n	置信度(P)		测定次数 n	置信度(P)	
	0.95	0.99		0.95	0.99
3	1.15	1.15	12	2.29	2.55
4	1.46	1.49	13	2.33	2.61
5	1.67	1.75	14	2.37	2.66
6	1.82	1.94	15	2.41	2.71
7	1.94	2.10	16	2.44	2.75
8	2.03	2.22	17	2.47	2.79
9	2.11	2.32	18	2.50	2.82
10	2.18	2.41	19	2.53	2.85
11	2.23	2.48	20	2.56	2.88

该方法由于引入了 t 分布表中最基本的两个参数 $\bar{x}$ 和 s，故方法的准确度比 Q 检验法高。

例 2-12 用 Na_2CO_3 作基准物质，对盐酸溶液进行标定，共标定了 6 次，其浓度(mol·L^{-1})分别为：0.5050，0.5052，0.5063，0.5094，0.5055，0.5053，用 Grubbs 法检验法判断，置信度为 0.95 时，是否有应该舍弃的可疑值？

解 首先将 6 次测定结果由小到大顺序排列：0.5050，0.5052，0.5053，0.5055，0.5063，0.5094，设 0.5094 为可疑值，6 次测定结果的平均值 $\bar{x} = 0.5061$，$s = 0.0017$，那么

$$G = \frac{x_n - \bar{x}}{s} = \frac{0.5094 - 0.5061}{0.0017} = 1.94$$

查表 2-7，当 $P = 0.95$，$n = 6$ 时

$$G_\text{表} = 1.82$$

因为 $G > G_\text{表}$，所以 0.5094 应该舍弃。

思考题与习题

1. 有限次测定数据的随机误差服从什么规律？
2. 何谓平均值的置信区间？为什么不能说置信区间是总体平均值在一定置信度下落在某一区间的概率？
3. 为什么 5 次测定结果的置信区间比 3 次测定结果的置信区间小？
4. 总体平均值就是真值，这句话正确吗？
5. 什么是离群值？

6. 为什么用 Grubbs 法判断可疑值的取舍比 Q 值检验法效果好？

7. 什么是单边检验和双边检验？

8. 用 Q 值检验法判断下列数据中有无应舍弃的数据，置信度选为 0.90。
   (1) 24.26,　24.50,　24.73,　24.63；
   (2) 6.400,　6.416,　6.222,　6.408。

9. 测定土壤中 SiO_2 的质量分数，6 次平行测定结果为：28.62%, 28.59%, 28.51%, 28.48%, 28.52%, 28.63%。求平均值、标准偏差和置信度分别为 0.90 和 0.95 时平均值的置信区间。计算结果说明什么问题？

10. 测定钢中铬的质量分数，5 次测定结果的平均值为 1.13%，标准偏差为 0.02%。计算：(1) 平均值的标准偏差；(2) μ 的置信区间；(3) 如使 μ 的置信区间为 1.13%±0.01%，则至少应平行测定多少次？置信度均为 0.95。

11. 某分析人员提出一个测定氯的方法，并用标准试样进行测定，4 次测定结果平均值为 16.72%，标准偏差为 0.08%，标准试样的标准值是 16.62%，用置信度为 0.95 判断新方法是否可靠。

12. 测定患者血糖含量，10 次结果的平均值为 7.6 mmol·L^{-1}，$s=0.084$ mmol·L^{-1}。求相对标准偏差及置信度为 0.95 时平均值的置信区间。此结果与正常人血糖含量 6.7 mmol·L^{-1} 比较，是否有显著性差异？

13. 下列两组实验数据的精密度有无显著性差异（置信度为 0.90）？
    (1) 9.56, 9.49, 9.62, 9.51, 9.58, 9.63；
    (2) 9.33, 9.51, 9.49, 9.51, 9.56, 9.40。

14. 用标准方法测定某混合气中 CO 的含量，其标准偏差由大量测定数据得出（可认为无限多次），其值为 0.21。现用两种改进了的方法各测定 13 次，标准偏差分别为 0.15 及 0.12。两种改进的方法是否比原方法的精密度有明显提高？两种新方法之间有无显著性差异？

15. 用某法分析烟道气中 SO_2 的质量分数，得到下列结果：4.88%, 4.92%, 4.90%, 4.88%, 4.86%, 4.85%, 4.71%, 4.86%, 4.87%, 4.99%。用 Q 检验法判断有无异常值需舍去（置信度为 0.90）。

16. 测定某试样中铁的含量，平行测定 10 次，其 10 次测定结果（%）分别为：40.11, 40.12, 40.10, 40.14, 40.18, 40.16, 40.15, 40.20, 40.18, 40.17。请用 Grubbs 法判断上述数据中是否有应该舍弃的可疑值，并报告分析结果（$P=0.95$）。

第四节　有效数字及其运算规则

一、有效数字的意义及位数

所谓有效数字（significant figure）即是分析工作中实际能测得到的数字。如用万分之一分析天平称量物体质量时，已知分析天平能称准至（以克为单位）小数后第三位，则在称量过程中还可以估计一位，记录数据时应记录至小数后第四位。设有人称得该物体的质量为 13.345 g，应记录为 13.3450 g（6 位有效数字），若记录为 13.345（5 位有效数字）就错了，这表明此分析天平只能称准至小数后第 2 位，第三位是估计数字。同理普通托盘天平具有±0.1 g 的误差，若有人称取某试样质量并记录为 12.10 g（4 位有效数字）是不正确的，只能记录为 12.1 g。

所以在记录数据时应该保留几位数字需根据测定方法和使用仪器的准确度来确定，

使得保留的数字中,最后一位且只有最后一位是不准确的数字。在计算有效数字的位数时,数字中间的"0"是有效数字。例如,用万分之一分析天平称得某试样的质量为 0.2051 g,为四位有效数字;数字后面的"0"是有效数字;例如,滴定管终读数为 21.20 mL,有四位有效数字,万分之一分析天平称得某试样的质量为 0.0450 g,为 3 位有效数。数字前面的"0"不是有效数字,例如,将 0.0540 g 换算成 54.0 mg,前面的"0"便消失了,可见数字前的"0"与测定值所采用的单位有关。如果仅写数字 100,无法确定其有效数字位数,因为有可能是自然数,如果是 3 位有效数字,应表达为 1.00×10^2。

分析化学中还经常遇到 pH,pM,pK 等对数值,其有效数字的位数仅仅取决于小数点后的数字位数。因为其整数部分只与真数的指数有关。如将 pH=10.10,换算为 [H^+] 浓度时,其 [H^+]=7.9×10^{-11} mol·L^{-1},有效数字的位数是 2 位,而不是 4 位。

二、有效数字运算规则

1. 数字修约规则

有效数字进行运算后需要根据有效数字的运算规则保留适当位数的数字,多余的数字需要舍弃,这一过程称为数字的修约。有效数字修约的基本原则是:四舍六入。5 后面的数不是"0"就进一,5 后没数或后面的数是"0"看单双,进上去是双数就进,进上去是单数则舍。

例如,将下列各有效数字修约为 2 位有效数字。

修约前	修约后
3.123	3.1
4.245	4.2
4.352	4.4
1.050	1.0
1.0502	1.1
0.2150	0.22
0.4253	0.43

2. 有效数字相加减

如:0.0235+15.28+1.013=16.32,按照数学上加减运算规则

$$
\begin{array}{r}
0.0235? \\
15.28? \\
1.013? \\
\hline
16.3165 \\
???
\end{array}
$$

以上"?"为不确定的数字,设有±1 的绝对误差。显然有效数字相加减时应以小数点后

位数最少的数为依据，最后保留到小数后第二位，为 16.32。

3. 有效数字相乘除

例如
$$\frac{0.0423 \times 5.320 \times 45.006}{140.1} = 0.072291 \approx 0.0723$$

设最后一位数字有±1 的绝对误差，各数字的相对误差为

$$0.0423: \pm \frac{0.0001}{0.0423} \times 100\% = \pm 0.2\%$$

$$5.320: \pm \frac{0.001}{5.320} \times 100\% = \pm 0.02\%$$

$$45.006: \pm \frac{0.001}{45.006} \times 100\% = \pm 0.002\%$$

$$140.1: \pm \frac{0.1}{140.1} \times 100\% = \pm 0.07\%$$

可见有效数字位数越多，其相对误差越小，因此有效数字相乘除应以有效数字位数最少的数为依据。即计算结果应保留 3 位有效数字。又如

$$\frac{9.0 \times 0.251}{3.125} = 0.7228 \approx 0.723$$

计算式中有效数字位数最少的是 9.0，按运算规则其结果应保留 2 位有效数字，但由于 9.0 中的 9 接近 10，运算时多算一位有效数字位数。所以上式计算结果应保留 3 位有效数字。

凡是像这种有效数字相乘除运算中，第一位等于或大于 8 的有效数字，其有效数字位数可多算一位。

计算结果是表示准确度或精密度，在大多数情况下只取一位数字即可，最多取两位有效数字。

思考题与习题

1. 下列数据各包含了几位有效数字？
 (1)0.0234；(2)0.0120；(3)3.150；(4)6.2×10^{-3}；(5)pH=9.12；(6)pK_a=4.74。
2. 将下列有效数字修约为 3 位有效数字
 (1)2.3456；(2)6.7894；(3)5.1234；(4)4.23542；(5)4.24652。
3. 用加热挥发法测定 $BaCl_2 \cdot H_2O$ 中结晶水的质量分数时，使用万分之一的分析天平，称样 0.5000 g，问测定结果应以几位有效数字报出？
4. 两位分析者同时测定某一试样中硫的质量分数，称取试样均为 3.23 g，分别报告结果如下：(1) 0.0432%，0.0433%，0.0434%；(2)0.04321%，0.04342%，0.04333%。问哪一份报告是合理的，为什么？
5. 根据有效数字运算规则计算下列结果
 (1)7.9996+0.8762−5.02；
 (2)0.0456×5.105×7.2890÷32.14；
 (3)(2.776×0.0050)−6.7×10^{-3}+(0.0036×0.0271)；

(4)pH= 4.05,求 [H$^+$]。

第五节　提高分析结果准确度的方法

一、减小随机误差

根据随机误差服从正态分布的规律,增加平行测定次数可提高测定结果的精密度,但图 2-2 表明测定次数超过 5 次,精密度提高已经不明显,超过 10 次,精密度变化就更小,反而造成时间和试剂的浪费,因此在一般的化学分析中,对于同一试样,通常平行测定三四次即可。

二、减小系统误差的方法

由于系统误差是固定原因所引起的误差,因此数值比较恒定,且可测定和想办法消除或减小,通常采用以下方法检验和减小系统误差。

1. 对照试验

对照试验(contrast test)一般分为两种:第一种是用已知结果的试样与被测试样一起进行对照试验。通常用的是标准试样,因为标准试样的分析结果比较可靠。进行对照试验时尽量选择与试样组成相近的标准试样进行对照分析。并对结果进行显著性检验,如判断测定值与标准值之间存在显著性差异,表明有系统误差存在,则需要找原因并予以校正;第二种方法是用其他公认的可靠的分析方法(国家颁布的标准分析方法)或经典的分析方法进行对照试验。有时也采取不同分析人员、不同实验室用同一方法进行对照,也可以将试样分发给不同的分析工作者进行对照分析,或将一部分样品给外单位的分析工作者分析以对照是否可能存在系统误差。

当对试样的组成不清楚时,对照试验也难以检查出系统误差的存在,这时可采用"加标回收法"进行试验,这种方法是向试样中加入已知量的待测组分,然后进行对照试验,计算回收率以确定加入的待测组分是否被定量回收,从而判断分析过程是否存在系统误差。对回收率的要求主要根据待测组分的含量而异,对常量组分回收率要高,一般为 99% 以上,对微量组分回收率可要求在 90%~110%。

2. 校准仪器

当分析结果的允许相对误差较小时,应对测量仪器如滴定管、移液管、容量瓶体积等进行校正,并将校正值应用到分析结果的计算中。

3. 改进分析方法或采用辅助方法校正测定结果

分析方法的不够完善是引起系统误差的主要因素,应该尽可能找出原因并采取一定的措施加以减免。另外,有些分析方法上的系统误差,可以由其他方法校正。如重量分析中没有完全沉淀的被测组分,可以用分光光度法测定出,然后将这个测定结果加到重量分析的结果中。

4. 空白试验

由蒸馏水、试剂和仪器带进杂质所造成的系统误差，一般可作空白试验(blank test)来消除，即用蒸馏水代替试样，按试样分析的同样操作规程和条件进行分析，所得结果即为空白值，从样品的分析结果中扣除空白值，即得到比较可靠的分析结果。但是空白值一般不应很大，否则扣除空白会引起较大的误差。空白值较大时，只能从提纯试剂、重配试剂、换蒸馏水、更换合适的仪器等方面考虑。

三、选择适当的分析方法

分析方法的选择应根据实际工作的需要来考虑，化学分析法中的滴定分析法和重量分析法准确度高，但灵敏度低，适用于常量组分的分析；而仪器分析法灵敏度高，但准确度较低，适用于微量组分的测定。

此外，还要考虑试样的组成，尽可能选择干扰较小、分析步骤简单、快速的分析方法。还需考虑试剂是否容易获得、价格是否便宜等因素。

四、减小测量的相对误差

根据滴定分析仪器的准确度，想办法减小滴定分析中每一过程中可能引起的误差。例如，用万分之一分析天平称量试样时，通常会引起±0.0002 g 的绝对误差，欲使由分析天平绝对误差所引起称量试样的相对误差≤±0.1%，即 $\pm\dfrac{0.0002}{m}\leqslant 0.1\%$，则 $m\geqslant 0.2$ g，即称取试样的质量不得少于 0.2 g。又如滴定管通常具有±0.02 mL 读数的绝对误差，欲使由滴定管读数所引起体积的相对误差≤±0.1%，滴定时所消耗滴定剂的体积需要在 20 mL 以上，但消耗体积也不能太大，若超出了滴定管的读数范围，将增加读数次数而引起误差积累，若使用 50 mL 滴定管一般应该将滴定剂体积控制在 20~30 mL。

要保证分析结果的准确性，还需要正确地记录和计算数据。

思考题与习题

1. 如何检验和减小系统误差？
2. 为减小系统误差，为什么通常对同一样品平行测定 2~4 次？
3. 标定浓度约为 0.1 mol·L^{-1} 的 NaOH，欲消耗 NaOH 溶液 20 mL 左右，应称取 H$_2$C$_2$O$_4$·2H$_2$O 基准物质多少克？其称量的相对误差能否达到 0.1%？若不能，可以用什么方法予以改善？若改用邻苯二甲酸氢钾为基准物，结果又如何？
4. 如果分析天平的称量误差是±0.2 mg，分别计算称取样品的质量为 0.7 g，0.45 g，0.250 g 和 0.04 g 时所引起的相对误差，并指出相对误差的大小说明什么问题。
5. 滴定管具有±0.02 mL 的读数误差，分别计算滴定时消耗滴定剂的体积为 2.00 mL，10.0 mL 和 25.00 mL 所引起的相对误差，并指出相对误差的大小说明什么问题。

本章小结

1. 实验数据中的误差

误差是测定值与真实值之差,测定值大于真实值时误差为正,反之则为负。误差又分为系统误差和随机误差。系统误差是由某些经常发生的比较固定的原因所造成的误差,系统误差具有单向性、重现性、可测性和可减小的性质。随机误差是因为随机的因素所引起的误差,具有不固定、不可测定的性质,但在相同条件下测定多次后,其随机误差服从正态分布规律,误差的出现具有对称性、抵偿性、单峰性和有界性的性质。

2. 测定值的准确度和精密度

准确度表示分析结果与真值的接近程度,用误差衡量。精密度表示平行测定值相互接近的程度,用偏差衡量。误差分为绝对误差和相对误差。

绝对误差:分析结果与真值之差($E_a = x - T$)。

相对误差:绝对误差与真值的百分比率[$E_r = (E_a/T) \times 100\%$]。

精密度与准确度的关系:精密度高不一定准确度高,准确度高一定要求精密度高。

偏差分为绝对偏差、平均偏差和相对平均偏差,以数理统计评价的标准偏差和相对标准偏差。

绝对偏差:单次测定值与平均值之差($d_i = x_i - \bar{x}$)。

平均偏差

$$\bar{d} = \frac{|d_1| + |d_2| + \cdots + |d_n|}{n} = \frac{1}{n}\sum_{i=1}^{n}|d_i|$$

相对平均偏差

$$\bar{d}_r = \frac{\bar{d}}{\bar{x}} \times 100\%$$

样本标准偏差

$$s = \sqrt{\frac{\sum_{i=1}^{n}(x_i - \bar{x})^2}{n-1}} = \sqrt{\frac{\sum_{i=1}^{n}d_i^2}{n-1}}$$

相对标准偏差(变异系数)

$$s_r = \frac{s}{\bar{x}} \times 100\%$$

平均值的标准偏差

$$s_{\bar{x}} = \frac{s}{\sqrt{n}}$$

3. 分析数据的统计处理与评价

当平行测定值很多时($n > 20$),随机误差服从正态分布规律;当平行测定值较少时($n < 20$)时,随机误差服从 t 分布规律。

以样本标准偏差估计总体平均值所在范围时,平均值的置信区间为 $\mu = \bar{x} \pm t \dfrac{s}{\sqrt{n}}$。

平均值与标准值间是否具有显著性差异用 t 检验法判断: $t = \dfrac{|\bar{x} - T|}{s_{\bar{x}}}$,若 $t_{计算} \leqslant t_{表}$,平均值与标准值之间无显著性差异,反之则有显著性差异。

两组数据精密度之间是否有显著性差异的用 F 检验法判断:$F = \dfrac{s_{大}^2}{s_{小}^2}$。

若 $F_{计算} \leqslant F_{表}$,两组数据精密度之间无显著性差异,反之则有显著性差异。当两组数据精密度无显著性差异时,再用 t 检验法判断两组数据的平均值是否有显著性差异。

4. 可疑测定值的取舍

一组平行测定数据,将偏离其他数据较远的数据称为可疑值(离群值、极端值)。可疑值的取舍通常用 Q 值检验法和格鲁布斯检验法判断。

Q 值检验法:$Q=\dfrac{x_n-x_{n-1}}{x_n-x_1}$ 或 $Q=\dfrac{x_2-x_1}{x_n-x_1}$

若 $Q_{计算}>Q_{表}$,则舍弃,反之保留。

格鲁布斯检验法:$G=\dfrac{\bar{x}-x_1}{s}$ 或 $G=\dfrac{x_n-\bar{x}}{s}$

若 $G_{计算}>G_{表}$,则舍弃,反之保留。

5. 有效数字及运算规则

有效数字即是在分析工作中能实际测得到的数字,在有效数字中最后一位是不准确的估计数字,有效数字相加减其保留位数以小数后位数最少的数为基准,有效数字相乘除保留位数以有效数字位数最少的数为基准,对多余的数字进行修约,修约的原则是四舍六入,5 后面的数不是"0"就进一,5 后没数或后面的数是"0"看单双,进上去是双就进,进上去是单则舍。

6. 提高分析结果准确度的方法

1)增加平行测定次数减小随机误差。通过对照试验、校准仪器、改进分析方法、空白试验等检验和减小系统误差。

2)选择适当的分析方法。

3)通过增大滴定体积或增加称量质量减小相对误差。

第三章 滴定分析法概论

滴定分析法(titrimetric analysis，titrimetry)是化学分析法中最重要的方法之一，也是应用最广泛的分析方法。

第一节 滴定分析的术语、特点和分类

一、滴定分析的术语、特点

滴定分析法也叫容量分析法(volumetric analysis，volumetry)，其分析过程是将已知准确浓度的溶液从滴定管滴加到被测溶液中，当滴定反应完全时停止滴定，根据滴定剂的浓度、消耗的滴定剂体积和滴定分析反应中化学计量关系，算出被测组分含量的方法。分析化学将已知准确浓度的溶液叫"标准溶液(standardized solution)"，将标准溶液滴加到被测溶液中的过程叫"滴定(titration)"，当两者按照一定的化学反应方程式的计量关系完全反应时称达到"化学计量点*(stoichiometric point)"。由于滴定反应通常没有外观特征的变化，因此常采用其他方式指示计量点的到达，如在被测定溶液中加入一种在化学计量点附近变色的指示剂(indicator)，滴定到指示剂变色时停止滴定，此时称为"滴定终点**(titration end point)。滴定终点与化学计量点往往不同，由此所引起的误差称为"终点误差***(end point error，E_t)"也称为滴定误差(titration error)。

滴定分析方法是化学分析方法中最经典的分析方法之一，适用于含量在1%以上各组分的测定，具有快速、准确度高、仪器设备简单、价格低廉和应用广泛的特点。

根据滴定反应类型的不同，滴定分析方法可分为酸碱滴定法(acid-base titration)、络合滴定法(complexometric titration)、沉淀滴定法(precipitation titration)、氧化还原滴定法(redox titration)。

二、滴定分析对化学反应的要求

能用于滴定分析的化学反应必须满足以下条件。

1)反应必须定量地完成。即反应是按照一定化学反应式进行的，无副反应且反应完全程度达到99.9%以上，这是定量计算的基础。

2)反应速率要快。如果速度较慢，可通过加热或加入催化剂加快反应速度。

3)能用比较简单的方法确定滴定终点。

---

* 化学计量点是滴入标准溶液的量恰好与被测组分的量完全反应的那一点。
** 滴定终点是将标准溶液滴定到指示剂变色的那一点。
*** 终点误差是滴定终点消耗标准溶液体积V_{ep}与滴定到计量点消耗标准溶液体积V_{sp}不同所引起的误差$E_t = V_{ep} - V_{sp}$。

思 考 题

1. 解释以下名词术语：滴定分析法，标准溶液，化学计量点，滴定终点，终点误差。
2. 能用于滴定分析的化学反应必须符合哪些条件？为什么必须符合这些条件？

第二节 滴定分析中滴定管及操作

1. 滴定管简介

滴定管是一种具有准确刻度且内径均匀的细长管状玻璃量器（图 3-1），主要用于滴定时准确测量流出溶液的体积。常量分析滴定用的滴定管其标称容量有 50 mL 和 25 mL，其分度值为 0.1 mL，可估读至 0.01 mL。体积读数误差一般为 ±0.02 mL。此外，还有 10 mL，5 mL，2 mL 和 1 mL 的半微量及微量滴定管。

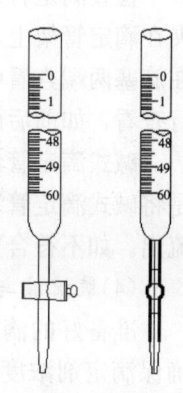

(a)酸式 (b)碱式
图 3-1 滴定管

滴定管一般分酸式滴定管和碱式滴定管两种，酸式滴定管下端有玻璃旋塞开关[图 3-1(a)]，用于装酸性溶液或氧化性溶液，但不适于装碱性溶液，因为碱性溶液会腐蚀玻璃旋塞和旋塞套，使旋塞难以转动；碱式滴定管的下端连接一段乳胶管[图 3-1(b)]，管内有玻璃珠以控制溶液的流出，管下端再连接一尖嘴玻璃管，用于装碱性溶液，不能装能够与乳胶管发生反应的氧化性溶液（如 $KMnO_4$，$K_2Cr_2O_7$，I_2 等溶液），否则会改变溶液的浓度或损坏乳胶管。

2. 滴定管使用前的准备

(1) 洗涤

1) 酸式滴定管：对于不太脏的滴定管可以用肥皂水或洗涤剂洗涤，对于比较脏且不容易洗净的滴定管用铬酸洗液洗涤。每次倒入洗液 10～15 mL 于滴定管中，两手平端滴定管并不断转动直至洗液布满全管为止（附录五，图 1），洗净后将一部分洗液从管口放回原瓶，然后打开旋塞，将剩余的洗液从出口放回原瓶，然后先用自来水冲洗滴定管，再用蒸馏水润洗几次（润洗方式同附录五，图 1）。洗净的滴定管的内壁应被水均匀润湿且不挂水珠。

2) 碱式滴定管：需要洗液洗涤时，要注意铬酸洗液不能直接接触乳胶管，因此将乳胶管取下，将碱式滴定管倒立夹在滴定管架上，管口插入装有洗液的烧杯中，用洗耳球在滴定管上端反复吸取洗液（附录五，图 2），然后用自来水冲洗滴定管，并用蒸馏水润洗几次。

(2) 涂油

酸式滴定管使用前应检查旋塞是否转动灵活，与滴定管是否密合。如不符合要求，则取下旋塞，用滤纸擦干净旋塞和旋塞槽，用手指蘸少许凡士林在旋塞孔的两旁涂上薄薄的一层（附录五，图 3），以免堵塞旋塞孔，如果凡士林堵塞小孔，可用细铜丝将其轻轻捅出，把旋塞直接插入旋塞槽内，插入时，旋塞孔应与滴定管平行，径直插入旋塞槽（附录五，图 4），然后向同一方向不断旋转旋塞，直至旋塞和旋塞槽上的油脂全部透明为止。旋转时应有一定的力向旋塞小头方向挤，以免来回移动旋塞使孔受堵，最后用小乳胶圈套在小头旋塞槽上以免塞子滑出而损坏。经上述处理后，旋塞应转动灵活，油脂层没有纹路，旋塞呈均匀状态。

(3) 试漏

检查滴定管是否漏水时，可将酸式滴定管关闭，用水充满至零刻度，把滴定管直立夹在滴定管架上，静置 2 min，观察滴定管下端管口及旋塞两端是否有水渗出，可用滤纸在旋塞两端查看（附录五，图 5），并观察刻度线液面是否下降，将旋塞转动 180°，再进行查看，如前后两次均无水渗出，旋塞转动也灵活即可使用，如漏水则需重新涂油。

碱式滴定管使用前应检查乳胶管是否老化变质，玻璃珠大小是否合适。查漏的方式是将碱式滴定管装满水后置于滴定架上直立静置 2 min，仔细观察滴定管下端管口有无水流出。如不符合要求则重新装配。

(4) 装溶液与赶气泡

准备好的滴定管需要用滴定剂润洗 3 次，润洗的目的是除去滴定管里残留的水分，确保滴定剂浓度不变。装溶液的方法是将滴定剂直接转移至滴定管中，如用小试剂瓶倾倒溶液，可用右手握住瓶身，标签向着手心，倾倒溶液于管中，此时，左手持滴定管上部无刻度处，手稍微倾斜（附录五，图 6），如用大试剂瓶，则放在桌上，手拿瓶颈，慢慢倾斜，让溶液沿滴定管内壁慢慢流下（附录五，图 7），第一次注入操作溶液 10 mL 左右，然后两手平端滴定管慢慢转动，一定要使溶液布满全管内壁，并使溶液接触管壁 1~2 min，先从上管口放出部分溶液，再打开旋塞冲洗出口管，将润洗溶液从出口管放出，并尽量将残留液放尽。第二、三次各用操作溶液 5 mL 左右，同样以上述方法润洗。

酸式滴定管赶气泡时，将溶液充满酸式滴定管，将旋塞打开，让溶液冲出排除气泡，在使用碱管时应将其垂直夹在滴定管架上，左手拇指和食指拿住玻璃珠所在部位，并使乳胶管向上弯曲，然后在玻璃珠部位往旁轻轻捏挤胶管，使溶液从管口喷出（附录五，图 8），气泡即随之排除，再一边捏乳胶管一边将乳胶管放直，注意当乳胶管放直后再松开拇指和食指，否则出口仍会有气泡，排除气泡后，装入操作溶液于零刻度以上，并调节液面处于 0.00 mL 处备用。

3. 滴定管的使用

(1) 滴定管的操作

进行滴定时应将滴定管垂直地夹在滴定管架上。酸式滴定管使用时，左手的无名指和小指向手心弯曲，轻轻地贴着出口管，用其余的三指控制旋塞的转动（附录五，图 9），但要注意不要向外拉旋塞，以免推出旋塞造成漏液，也不要过分往里扣，以免旋塞转动困难而不能操作自如。使用碱管时，左手无名指和小指夹在出口管，拇指和食指在玻璃珠所在部位往一旁捏挤乳胶管，玻璃珠移动至手心一侧，使溶液从玻璃珠的缝隙中流出（图 3-2）。注意，不要用力捏玻璃珠，也不能使玻璃珠上下移动，不要捏到玻璃珠下部乳胶管，以免空气进入而形成气泡影响读数；停止滴定时应先松开拇指和食指，最后才松开无名指和小指，无论使用哪种滴定管都必须掌握 3 种滴液方法。

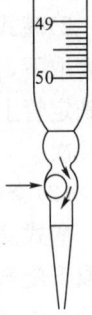

图 3-2 碱式滴定管的操作

1)一般的滴定速度需控制为每秒 3~4 滴。
2)要做到需加一滴就只加一滴的熟练操作。
3)使液滴悬而不落,即只加半滴或不到半滴的方法。

(2)滴定操作

滴定操作一般在锥形瓶中进行,也可以在烧杯中进行,滴定开始前用洁净烧杯内壁轻碰滴定管尖端以把悬在滴定管尖端的液滴除去,在锥形瓶中滴定时,用右手前三指拿住瓶颈,其余两指辅助锥形瓶,利用腕力摇动锥形瓶,使溶液向同一方向做圆周运动,调节滴定管高度,使瓶底离滴定台约 2~3 cm,使滴定管的下端深入瓶口约 1 cm,左手按前述方法控制滴定管旋塞滴加溶液,边滴加边摇动,使溶液随时混合均匀,反应及时进行完全。若使用碘量瓶等具塞锥形瓶滴定时,瓶塞要被夹在右手的中指与无名指之间,不要放在其他地方以免玷污(附录五,图 10)。滴定操作应注意以下几点。

1)摇瓶时应微动腕关节,使溶液向同一方向做圆周运动,但不要使瓶口接触滴定管。
2)摇瓶时不得前后上下震荡,以免溶液溅出。
3)滴定时手不能离开旋塞,让溶液自行流下。
4)滴定时不要去看滴定管上面的体积而不顾下面锥形瓶里溶液的反应情况。
5)滴定速度不能过快,不要滴成水流,以免溶液局部过浓,反应不完全。
6)开始时应边摇动边滴加,滴定速度控制为每秒 3~4 滴,接近终点时改为加一滴,摇动几下,最后为加半滴就摇动几下。加半滴的方法是,微微转动旋塞使溶液挂在出口管嘴上,有时还可以不到半滴,用锥形瓶内壁将其粘落,然后用洗瓶使少量的蒸馏水将溶液冲洗到锥形瓶中。用碱管滴定时,应先松开拇指和食指,将悬挂在滴定管尖端的溶液粘在锥形瓶内壁上,以避免出口管尖端出现气泡
7)近终点时注意观察溶液落点周围的颜色,直至溶液出现明显的颜色变化,到达终点为止。
8)在烧杯中进行滴定时将烧杯放在白瓷板上,调节滴定管高度,使滴定管伸入烧杯内 1 cm 左右,滴定管下端在烧杯中心后方处,但不要靠烧杯太近,右手持玻璃棒在右前方搅拌溶液,左手滴加溶液的同时,搅拌棒应做圆周运动,但不要接触烧杯壁和烧杯底,当加半滴溶液时用搅拌棒承接下端悬挂的溶液,不要接触滴定管尖端(附录五,图 11)。
9)每次滴定最好都从 0.00 mL 处开始,或从 0 刻度附近的某一固定刻度开始,这样可以固定使用滴定管的某一段,减少体积误差。

4. 滴定管的读数

滴定管读数不准确是滴定分析误差的主要来源之一,因此滴定管读数必须遵循以下原则。

1)装满溶液后必须等 1~2 min,待附着在内壁上的溶液流下后再进行读数,每次读数前要检查管壁是否挂水珠、管尖是否有气泡,若挂水珠或有气泡则无法准确读数。
2)读数时应将滴定管从滴定管架上取下,用右手拇指和食指捏住滴定管上部无刻度处,使滴定管保持垂直,然后读数(附录五,图 12)。
3)由于水的内聚力和附着力的作用,滴定管液面呈弯月面,读数时,应读取弯月面下沿实线的最低点,即视线在弯月面最低点且与液面呈水平标线相切的刻度[图 3-3(a)]。

4) 为了便于读数可以在滴定管后面衬一黑白两色的读数卡,读数时使黑色部分在弯月面下沿 1 cm 左右,弯月面的反射层即全部为黑色,读此黑色弯月面下沿最低点。对于深色溶液可以用白色卡作背景,必须读液面两侧最高点,即视线与液面两侧最高点呈水平[图 3-3(c)]。

5) 使用蓝带滴定管时,液面呈现三角交叉点,读取交叉点与刻度相交点的读数[图 3-3(b)]。滴定结束后滴定管内剩余的溶液应弃去,不得倒回原试剂瓶中,以免污染整瓶操作溶液。随即洗净滴定管,倒置在滴定管架上。

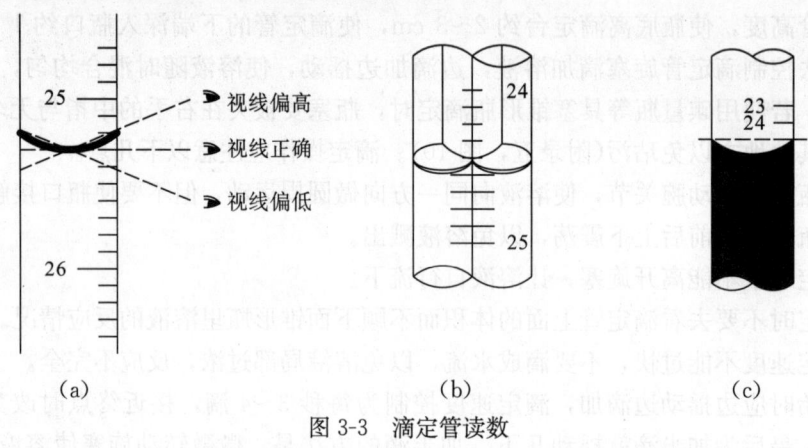

图 3-3 滴定管读数

实验 1 滴定分析操作练习

仪器和试剂

酸式滴定管(50 mL),碱式滴定管(50 mL),烧杯(250 mL),锥形瓶(250 mL),滴定管架。

NaOH 溶液(0.1 mol·L^{-1}),HCl 溶液(0.1 mol·L^{-1}),酚酞指示剂(2 g·L^{-1}乙醇溶液),甲基橙指示剂(1 g·L^{-1}水溶液)。

实验步骤

1. 以酚酞为指示剂,用 0.1 mol·L^{-1} NaOH 溶液滴定 HCl

从酸式滴定管放出约 10 mL HCl 于锥形瓶中,加 10 mL 纯水,1~2 滴酚酞指示剂,在不断摇动下,用 NaOH 溶液滴至微红色 30 s 内不褪色即为终点。又由酸式滴定管放入 1~2 mL HCl,再用 NaOH 溶液滴定至终点,如此反复练习滴定,终点判断及读数的操作。

2. 以甲基橙为指示剂,用 0.1mol·L^{-1} HCl 溶液滴定 NaOH

从碱式滴定管放出约 10 mL NaOH 于锥形瓶中,加 10 mL 纯水,1~2 滴甲基橙指示剂,在不断摇动下,用 0.1mol·L^{-1} HCl 溶液滴至溶液由黄色恰呈橙色即为终点。又由碱式滴定管放入 1~2 mL NaOH,再用 HCl 溶液滴定至终点,如此反复练习滴定、终点判断及读数的操作。

思 考 题

1. 滴定管为什么分为酸式滴定管和碱式滴定管?

2. 滴定分析中滴定管使用前为什么需要用所盛溶液洗涤 3 次? 锥形瓶是否也需要用所盛溶液洗涤或烘干? 为什么?

3. 滴定至临近终点时加入半滴的操作是怎样进行的?

4. 请指出以下操作是否正确,如果不正确,请予以指正。

(1)读取滴定管读数时,将滴定管夹在滴定管架上。

(2)在滴定管中装入溶液时,将溶液转移到烧杯中加入,或者用漏斗加入。

第三节 滴定分析用的标准溶液

一、标准溶液浓度的表示法

1. 物质的量浓度

物质的量浓度指单位体积溶液中所含溶质 B 的物质的量(amount of substance),用符号 c 表示。

$$c_B = \frac{n_B}{V}$$

物质的量的 SI 单位是 mol,体积的单位是 m^3,物质的量浓度的单位是 $mol \cdot m^{-3}$。在滴定分析中常用的单位是 $mol \cdot L^{-1}$,即表示每升溶液中含溶质 B 的物质的量。

例 3-1 计算将 2 g NaOH 溶解后,用蒸馏水稀释到 500 mL,计算该 NaOH 溶液的物质的量浓度 (NaOH 的摩尔质量为 $40 \text{ g} \cdot \text{mol}^{-1}$)。

解
$$n_{NaOH} = \frac{m_{NaOH}}{M_{NaOH}} = \frac{2 \text{ g}}{40 \text{ g} \cdot \text{mol}^{-1}} = 0.05 \text{ mol}$$

$$c_{NaOH} = \frac{0.05 \text{ mol}}{500 \times 10^{-3} \text{ L}} = 0.1 \text{ mol} \cdot \text{L}^{-1}$$

2. 滴定度

滴定度(titer)是每毫升标准溶液 B 相当于被测物质 A 的质量(单位:$g \cdot mL^{-1}$ 或 $mg \cdot mL^{-1}$),以符号 $T_{A/B}$ 表示。例如,1.00 mL H_2SO_4 标准溶液恰好能与 0.06230 g NaOH 完全反应,则此 H_2SO_4 标准溶液对 NaOH 的滴定度为 $T_{NaOH/H_2SO_4} = 0.06230 \text{ g} \cdot \text{mL}^{-1}$。又如,$T_{KMnO_4/Fe} = 0.004825 \text{ g} \cdot \text{mL}^{-1}$,表示 1 mL $KMnO_4$ 相当于 0.004825 g Fe。在生产单位的例行分析中,标准溶液浓度常用滴定度表示,因为可以简化计算。如用浓度为 $T_{NaOH/H_2SO_4} = 0.06230 \text{ g} \cdot \text{mL}^{-1}$ 的 H_2SO_4 标准溶液滴定烧碱溶液,设滴定时用去 21.50 mL,则此试样中 NaOH 的质量为

$$m_{NaOH} = 0.06230 \text{ g} \cdot \text{mL}^{-1} \times 21.50 \text{ mL} = 1.339 \text{ g}$$

3. 滴定度与物质的量浓度之间的换算

例 3-2 计算 $0.01700 \text{ mol} \cdot \text{L}^{-1}$ $K_2Cr_2O_7$ 溶液对 Fe 和 Fe_2O_3 的滴定度。

解 滴定反应方程式为

$$6Fe^{2+} + Cr_2O_7^{2-} + 14H^+ = 6Fe^{3+} + 2Cr^{3+} + 7H_2O$$

根据反应物物质的量关系有

$$\frac{m_{Fe}}{M_{Fe}} = 6 \times c_{K_2Cr_2O_7} \times V_{K_2Cr_2O_7}$$

$$T_{Fe/K_2Cr_2O_7} = \frac{m_{Fe}}{V_{K_2Cr_2O_7}} = 6 \times c_{K_2Cr_2O_7} \times M_{Fe}$$
$$= 6 \times 0.01700 \text{ mol} \cdot \text{L}^{-1} \times 55.85 \text{ g} \cdot \text{mol}^{-1} = 0.005697 \text{ g} \cdot \text{mL}^{-1}$$

由于
$$1K_2Cr_2O_7 \backsim 6Fe^{2+} \backsim 3Fe_2O_3$$
$$T_{Fe_2O_3/K_2Cr_2O_7} = 3 \times c_{K_2Cr_2O_7} \times M_{Fe}$$
$$= 3 \times 0.01700 \text{ mol} \cdot \text{L}^{-1} \times 55.85 \text{ g} \cdot \text{mol}^{-1} = 0.002848 \text{ g} \cdot \text{mL}^{-1}$$

例 3-3 要加多少毫升纯水到 1.000×10^3 mL 0.2500 mol $\cdot$ L^{-1} HCl 溶液中,才能使稀释后的 HCl 标准溶液对 $CaCO_3$ 的滴定度为 $T_{CaCO_3/HCl} = 0.01001$ g $\cdot$ mL^{-1}?

解 滴定分析反应为
$$CaCO_3 + 2HCl == CaCl_2 + CO_2 + H_2O$$
$$T_{CaCO_3/HCl} = \frac{1}{2} \times c_{HCl} \times M_{CaCO_3} \times 10^{-3} \text{ g} \cdot \text{mL}^{-1}$$
$$c_{HCl} = \frac{2 \times T_{CaCO_3/HCl}}{M_{CaCO_3} \times 10^{-3}} = \frac{2 \times 0.01001 \text{ g} \cdot \text{L}^{-1}}{100.09 \text{ g} \cdot \text{mol}^{-1} \times 10^{-3}} = 0.2000 \text{ mol} \cdot \text{L}^{-1}$$

设需要加入 V mL 纯水到 1.000×10^3 mL 0.2500 mol $\cdot$ L^{-1} HCl 溶液中,则根据稀释前后溶质的物质的量不变的原则有

$$1.000 \times 10^3 \text{ mL} \times 0.25000 \text{ mol} \cdot \text{L}^{-1} = (1.000 \times 10^3 \text{ mL} + V \text{ mL}) \times 0.2000 \text{ mol} \cdot \text{L}^{-1}$$
$$V = 250.0 \text{ mL}$$

二、标准溶液的配制和浓度的标定

标准溶液配制方法有直接法和间接法两种。

1. 直接配制法

直接准确称取一定量的基准物质,用少量的水溶解后定容于容量瓶中,根据基准物质的质量和溶液的体积,直接算出标准溶液浓度的方法。基准物质(primary matter)必须满足以下条件*。

1)纯度高,杂质含量不超过 0.1%。

2)组成恒定,物质的组成与化学式完全符合。如果含有结晶水,如硼砂($Na_2B_4O_7 \cdot 10H_2O$),其结晶水含量也应与化学式完全一致。

3)性质稳定。干燥时不分解,称量时不吸收空气中的水分,不吸收空气中的 CO_2,不被空气氧化等。

4)试剂的摩尔质量尽可能大。

滴定分析中常用的基准物质见表 3-1。

---

* 只有基准物质才可以用直接法配制标准溶液。

第三章 滴定分析法概论

表 3-1 滴定分析常用基准物质

应用范围	标定对象	化学式	干燥条件(℃)
酸碱滴定	HCl	无水 Na_2CO_3	270~300
	HCl	$Na_2B_4O_7 \cdot 10H_2O$	放置装有 NaCl 和蔗糖饱和溶液的干燥器中
	NaOH	$KHC_8H_4O_4$（简写为 KHP）	105~110
	NaOH	$H_2C_2O_4 \cdot 2H_2O$	室温空气干燥
络合滴定	EDTA	$CaCO_3$	110
		Zn	室温干燥器中保存
		ZnO	800
氧化还原滴定	$KMnO_4$	$Na_2C_2O_4$	105
	$Na_2S_2O_3$	$K_2Cr_2O_7$	120
	$Na_2S_2O_3$	KIO_3	180
	$Na_2S_2O_3$	Cu	室温干燥器中保存
沉淀滴定	$AgNO_3$	NaCl	500~550
		KCl	500~550

例 3-4 欲配制 250.0 mL 浓度为 0.01700 mol·L^{-1} 的 $K_2Cr_2O_7$ 标准溶液，应称取 $K_2Cr_2O_7$ 多少克？如何配制？

解 $K_2Cr_2O_7$ 为一基准物质，因此用直接方法配制。设应称取基准物质 $K_2Cr_2O_7$ m g

配制前 $K_2Cr_2O_7$ 物质的量为：$\dfrac{m}{M_{K_2Cr_2O_7}} = \dfrac{m \text{ g}}{294.18 \text{ g} \cdot \text{mol}^{-1}}$

配制后 $K_2Cr_2O_7$ 物质的量为：0.01700 mol·$L^{-1} \times 250.0 \times 10^{-3}$ L

根据配制前后溶质的物质的量不变的原则

$$\dfrac{m \text{ g}}{294.18 \text{ g} \cdot \text{mol}^{-1}} = 0.01700 \text{ mol} \cdot L^{-1} \times 250.0 \times 10^{-3} \text{ L}$$

$$m = 1.2503 \text{ g}$$

配制方法是在分析天平上准确称取基准物质 $K_2Cr_2O_7$ 1.2503 g，置于小烧杯中，用少量蒸馏水溶解后定量转移到 250 mL 容量瓶中，加水稀释到刻度，摇匀即可。

2. 间接配制法

不符合上述条件的非基准物质只能用间接配制的方法*。即先配制成近似的所需要浓度的溶液，再用基准物质或另一种物质的标准溶液来确定它的准确浓度。利用基准物质来确定标准溶液浓度的操作过程，称为"标定(standardization)"，而用另一种物质的标准溶液确定浓度的过程称为"浓度的比较"，前一方法其准确度更高。

例 3-5 欲配制 0.1 mol·L^{-1} NaOH 溶液 500 mL，应称取 NaOH 多少克？如何配制？怎样确定其准确浓度？

解（1）因 NaOH 易吸收空气中水和 CO_2，所以只能用间接法配制。设应称取 NaOH m g

配制前 NaOH 物质的量为：$\dfrac{m}{M_{NaOH}} = \dfrac{m \text{ g}}{40 \text{ g} \cdot \text{mol}^{-1}}$

---

* 非基准试剂只能用间接法配制标准溶液，即粗配所需要的浓度，然后用基准试剂确定其准确浓度。

配制后 NaOH 物质的量为：$0.1 \text{ mol} \cdot \text{L}^{-1} \times 500 \times 10^{-3} \text{ L}$

根据配制前后溶质的物质的量不变的原则，有

$$\frac{m \text{ g}}{40 \text{ g} \cdot \text{mol}^{-1}} = 0.1 \text{ mol} \cdot \text{L}^{-1} \times 500 \times 10^{-3} \text{ L}$$

$$m = 2.0 \text{ g}$$

配制方法是在台秤上称取 NaOH 2.0 g，置于小烧杯中，用蒸馏水溶解后转移至 500 mL 试剂瓶中，加水稀释至约 500 mL，摇匀即可得到浓度大约为 $0.1 \text{ mol} \cdot \text{L}^{-1}$ 的 NaOH 溶液，然后用基准试剂确定其准确浓度。如用邻苯二甲酸氢钾作为基准试剂，具体做法是在分析天平上准确称取一定质量的邻苯二甲酸氢钾两三份于锥形瓶中，蒸馏水溶解后用 NaOH 溶液滴定，设其中 1 份邻苯二甲酸氢钾的质量为 0.4235 g，滴定时用去 NaOH 21.20 mL，有滴定反应方程式

$$\text{KHP} + \text{NaOH} = \text{KNaP} + \text{H}_2\text{O}$$

根据反应物之间物质的量关系得到

$$c_{\text{NaOH}} V_{\text{NaOH}} = \frac{m_{\text{KHP}}}{M_{\text{KHP}}}$$

$$c_{\text{NaOH}} \times 21.20 \times 10^{-3} \text{ L} = \frac{0.4235 \text{ g}}{204.22 \text{ g} \cdot \text{mol}^{-1}}$$

$$c_{\text{NaOH}} = 0.09782 \text{ mol} \cdot \text{L}^{-1}$$

几次标定结果的平均值即为 NaOH 的准确浓度。

例 3-6 (1) 配制 $0.1 \text{ mol} \cdot \text{L}^{-1}$ HCl 溶液 500 mL，需要量取密度为 $1.19 \text{ g} \cdot \text{mL}^{-1}$，其中 HCl 含量约为 37% 的浓盐酸多少毫升？(2) 用无水 Na_2CO_3 标定 HCl 溶液的浓度，称取 0.1128 g 无水 Na_2CO_3，滴定至终点时消耗 HCl 溶液 25.20 mL，计算 HCl 溶液的浓度。

解 (1) 设需要量取浓盐酸 V mL，则

$$\text{配制前 } n_{\text{HCl}} = \frac{V \text{ mL} \times 1.19 \text{ g} \cdot \text{mL}^{-1} \times 37\%}{36.46 \text{ g} \cdot \text{mol}^{-1}}$$

$$\text{配制后 } n_{\text{HCl}} = 0.1 \text{ mol} \cdot \text{L}^{-1} \times 500 \times 10^{-3} \text{ L}$$

根据溶液配制前后溶质的物质的量相等的原则

$$\frac{V \times 1.19 \text{ g} \cdot \text{mL}^{-1} \times 37\%}{36.46 \text{ g} \cdot \text{mol}^{-1}} = 0.1 \text{ mol} \cdot \text{L}^{-1} \times 500 \times 10^{-3} \text{ L}$$

$$V = 4.1 \text{ mL}$$

(2) 滴定反应式为

$$\text{Na}_2\text{CO}_3 + 2\text{HCl} = 2\text{NaCl} + \text{CO}_2 + \text{H}_2\text{O}$$

根据滴定反应中反应物之间的物质的量关系得

$$c_{\text{HCl}} V_{\text{HCl}} = 2 \times \frac{m_{\text{Na}_2\text{CO}_3}}{M_{\text{Na}_2\text{CO}_3}}$$

$$c_{\text{HCl}} \times 25.20 \times 10^{-3} \text{ L} = 2 \times \frac{0.1128 \text{ g}}{105.99 \text{ g} \cdot \text{mol}^{-1}}$$

$$c_{\text{HCl}} = 0.08446 \text{ mol} \cdot \text{L}^{-1}$$

例 3-7 要求在标定时消耗 $0.1 \text{ mol} \cdot \text{L}^{-1}$ NaOH 溶液 20~25 mL，应称取基准物质邻苯二甲酸氢钾 ($\text{KHC}_8\text{H}_4\text{O}_4$) 多少克？如果改用草酸 ($\text{H}_2\text{C}_2\text{O}_4 \cdot 2\text{H}_2\text{O}$) 作基准物质，又应称取多少克？若分析天平的称量误差为 ± 0.2 mg，以上两种试剂称量的相对误差各为多少？计算结果说明什么？

解 用基准物质邻苯二甲酸氢钾标定 NaOH 时，有滴定反应式

$$\text{KHP} + \text{NaOH} = \text{KNaP} + \text{H}_2\text{O}$$

根据反应物之间物质的量关系得到

$$\frac{m_{\text{KHP}}}{M_{\text{KHP}}} = c_{\text{NaOH}} V_{\text{NaOH}}$$

当 $V=20$ mL 时，有

$$\frac{m_{\text{KHP}}\,\text{g}}{204.22\,\text{g}\cdot\text{mol}^{-1}}=0.10\,\text{mol}\cdot\text{L}^{-1}\times 20\times 10^{-3}\,\text{L}$$

$$m_{\text{KHP}}=0.41\,\text{g}$$

当 $V=25$ mL 时，有

$$\frac{m_{\text{KHP}}\,\text{g}}{204.22\,\text{g}\cdot\text{mol}^{-1}}=0.10\,\text{mol}\cdot\text{L}^{-1}\times 25\times 10^{-3}\,\text{L}$$

$$m_{\text{KHP}}=0.51\,\text{g}$$

如果用 $H_2C_2O_4\cdot 2H_2O$ 作基准物质，滴定反应式

$$H_2C_2O_4 + 2NaOH =\!=\!= Na_2C_2O_4 + 2H_2O$$

$$2\times\frac{m_{H_2C_2O_4\cdot 2H_2O}}{M_{H_2C_2O_4\cdot 2H_2O}}=c_{\text{NaOH}}V_{\text{NaOH}}$$

当 $V=20$ mL 时，有

$$2\times\frac{m_{H_2C_2O_4\cdot 2H_2O}\,\text{g}}{126.07\,\text{g}\cdot\text{mol}^{-1}}=0.10\,\text{mol}\cdot\text{L}^{-1}\times 20\times 10^{-3}\,\text{L}$$

$$m_{H_2C_2O_4\cdot 2H_2O}=0.13\,\text{g}$$

当 $V=25$ mL 时，有

$$2\times\frac{m_{H_2C_2O_4\cdot 2H_2O}}{126.07\,\text{g}\cdot\text{mol}^{-1}}=0.10\,\text{mol}\cdot\text{L}^{-1}\times 25\times 10^{-3}\,\text{L}$$

$$m_{Na_2C_2O_4\cdot 2H_2O}=0.16\,\text{g}$$

若分析天平的称量误差为 ± 0.2 mg，用基准物质邻苯二甲酸氢钾（$KHC_8H_4O_4$）标定 NaOH，称取 0.40 g 基准物质时，分析天平称量的相对误差为

$$E_r=\pm\frac{0.2\times 10^{-3}\,\text{g}}{0.40\,\text{g}}\times 100\%=\pm 0.05\%$$

以 $H_2C_2O_4\cdot 2H_2O$ 为基准物质标定 NaOH，称取 0.13 g 基准物质时，分析天平称量的相对误差为

$$E_r=\pm\frac{0.2\times 10^{-3}\,\text{g}}{0.13\,\text{g}}\times 100\%=\pm 0.15\%$$

可见基准物质的摩尔质量越大，标定溶液时需要称取的基准物质的质量越多，由称量所引起的误差越小，分析结果的准确度越高。故用基准物质标定溶液的浓度时，为了提高分析结果的准确度，应尽可能选摩尔质量大的基准物质。

思 考 题

1. 解释以下名词术语：基准物质、标定、物质的量浓度、滴定度。
2. 化学分析中所用的基准物质应具备什么条件？
3. 用基准物质 Na_2CO_3 标定 HCl 溶液时，下列情况会对 HCl 的浓度产生何种影响（偏高、偏低或没有影响）？
   (1) 滴定时速度太快，附在滴定管壁的 HCl 来不及流下就读取滴定体积；
   (2) 在将 HCl 标准溶液倒入滴定管之前，没有用 HCl 溶液润洗滴定管；
   (3) 锥形瓶中的 Na_2CO_3 用蒸馏水溶解时，多加了 50 mL 蒸馏水；
   (4) 称取 Na_2CO_3 时，少量 Na_2CO_3 撒在天平盘上；
   (5) 配制 NaOH 溶液时没有混匀；
   (6) 滴定管旋塞漏出 HCl 溶液；
   (7) 称量时，承接试样的锥形瓶潮湿。

4. 基准试剂(1)$H_2C_2O_4 \cdot 2H_2O$ 因保存不当而部分风化；(2)Na_2CO_3 因吸潮带有少量湿存水。用(1)标定 NaOH [或用(2)标定 HCl] 溶液的浓度时，结果是偏高还是偏低？用此 NaOH(HCl)溶液测定某有机酸(有机碱)的摩尔质量时，结果偏高还是偏低？

5. 下列物质中哪些可以用直接法配制标准溶液，哪些只能用间接法配制？
H_2SO_4，KOH，$KMnO_4$，$K_2Cr_2O_7$，KIO_3，$Na_2S_2O_3$。

6. 取分析纯试剂 $K_2Cr_2O_7$ 14.709 g，配成 500.0 mL 溶液，试计算
(1)$K_2Cr_2O_7$ 溶液的物质的量浓度；
(2)$K_2Cr_2O_7$ 溶液对 Fe 和 Fe_2O_3 的滴定度。

7. 需加多少毫升水到 1 L 0.0002 mol·L^{-1} 溶液中，才能使稀释后的 HCl 溶液对 CaO 的滴定度 $T_{HCl/CaO}=0.005000$ g·mL^{-1}。

8. 已知浓硫酸的相对密度为 1.84，其中 H_2SO_4 含量约为 96%，如欲配制 1 L 0.20 mol·L^{-1} H_2SO_4 溶液，应取这种浓硫酸多少毫升？如何配制？

9. 有一 NaOH 溶液，其浓度为 0.5450 mol·L^{-1}，取该溶液 100.0 mL，需加水多少毫升方能配成 0.5000 mol·L^{-1} 的溶液？

10. 欲配制 0.2500 mol·L^{-1} HCl 溶液，现有 0.2120 mol·L^{-1} HCl 溶液 1 000 mL，那么应加入 1.121 mol·L^{-1} HCl 溶液多少毫升？

11. 欲使滴定时消耗 0.10 mol·L^{-1} HCl 溶液 20~25 mL，问应称取基准试剂 Na_2CO_3 多少克？此时称量误差能否小于 0.1‰？若不能怎么办？

12. 在标定 HCl 溶液时，准确称取硼砂($Na_2B_4O_7 \cdot 10H_2O$)0.5130 g，溶解后，用 HCl 溶液滴定到终点时，用去 HCl 25.70 mL。计算 HCl 溶液物质的量浓度。若此 HCl 溶液与 Na_2CO_3 作用生成 CO_2，计算它对 Na_2CO_3 的滴定度。

第四节 分析天平、容量瓶和移液管

一、分析天平及使用方法介绍

分析天平是比台秤更为精密的称量仪器，按分度值大小可分为常量(0.1 mg)、半微量(0.01 mg)、微量(0.001 mg)等。即对于常量分析天平可以称量至 0.0001 g，其读数的绝对误差为±0.0001 g。

目前使用的分析天平有机械式分析天平和电子分析天平。

1. 机械式分析天平

机械式分析天平又分为等臂天平、不等臂天平和扭力天平，最常用的是等臂天平，附录五中图 13 为半自动机械加码电光分析天平。根据杠杆原理，当天平梁处于平衡位置时，左盘中物体的质量等于右盘中砝码的质量。

2. 电子分析天平

由于电子天平所具有的优越性能，使它在分析化学实验中的应用越来越广泛，故本书着重介绍电子天平的使用。

电子天平称量原理是电磁力平衡原理。当把通电导线放在磁场中时，导线将产生磁

力,当磁场强度不变时,力的大小与流过线圈电流的强度成正比。如物体的重力方向向下,电磁力方向向上,二者相平衡,则通过导线的电流与被称物体的质量成正比。

电子天平的种类、型号繁多,常用的是上皿式电子天平。附录五中的图 14 为瑞士 Mettler-Toledo(梅特勒-托利多)天平,其最大载荷有 51 g,110 g,210 g 等,可读性为 0.1 mg。不同种类的电子天平,使用方法大同小异。

Mettler-Toledo(梅特勒-托利多)EL 系列电子天平的称量操作步骤如下。

(1)检查

通过观察天平背后下部的水平泡以判断天平是否处于水平(见图 3-4),若水平泡偏离中心,则调整天平底部的水平调节脚。

(2)预热

为了保证获得准确的称量结果,首次称量前必须先通电预热 1 h 以上以达到工作温度。

(3)开机

接通外电路,天平自检结束(出现"OFF"字样)后,单击开关键(ON/OFF 键),稍待天平进行显示自检,出现称量模式"0.0000 g"后,一般即可进行称量。

(4)校准

应经常校准天平,特别是首次使用天平称量之前或改变放置位置之后,必须进行校准。按住 CAL 键不放,直至显示屏出现"CAL"字样后松开该键。所需的校准砝码值会在显示屏上闪烁。放上校准砝码(在秤盘的中心位置),天平自动地进行校准。当"0.0000 g"闪烁时,移去砝码。当在显示屏上闪现信息"CAL done",紧接着又出现"0.0000 g"时,天平校准结束,可进行称量。

(5)称量

1)直接称量法:此法用于直接称量物体的质量。称量方法为轻按 ON 键,几秒钟后进入称量模式,在天平显示"0.0000 g"时,将称重样品放于盘中央,同时关上玻璃移门,待稳定状态探测符"。"消失后,显示的数值即为称样质量。

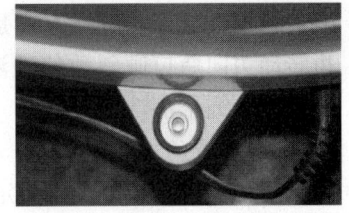

图 3-4 天平处于水平状态

2)固定质量称量法:此法用于称量不易吸水,在空气中稳定的粉末状或小颗粒并且指定一定质量的试样。例如,称取 0.2530 g 基准物一份,其操作方法如下:将称量纸或表面皿等容器置于称盘上,关上天平门,稍待显示屏左下角的稳定状态探测符"。"消失后,天平显示出容器的质量。点击去皮键(→O/T←键),消零去皮重,天平显示"0.0000 g"后,用药匙将试样逐渐加到容器中,直至天平显示的数字为 0.2350 g 即可。此时的读数即为称取的基准物质的质量。

3)递减(差减)称量法:当被测物质易吸水、易氧化或与二氧化碳反应时,应采用减量法称量,此法用于称量一定范围质量的样品或试剂。称量方法是将试样装入称量瓶(图 3-5)中,用洁净的纸条折叠成约 1 cm 左右宽的纸带套在称量瓶上,左手拿着纸带尾部将称量瓶放到天平盘的中央,待稳定状态探测符"。"消失(天平显示待称物的质量)后,点击去皮键清零(天平显示"0.0000 g"),然后取出称量瓶,将称量瓶放到接收器锥形瓶的上方，将瓶身慢慢向下倾斜，用瓶盖轻轻敲击瓶口上沿，使称量瓶中的试样慢慢落入接收器中(附录五，图15)，接近需要量时，通常从体积上估计，一边用瓶盖轻轻敲击瓶口，一边逐渐将瓶身竖直。使粘在瓶口附近的试样落入瓶中，盖好瓶盖，再将称量瓶放回天平盘中，天平显示的负读数(如−0.5126 g)，即为所得试样的质量。也可以由不作清零的两次称量读数相减而得试样的质量。

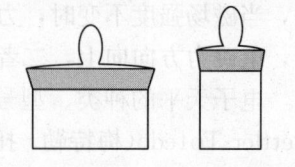

a. 扁形称量瓶　b. 高形称量瓶

图 3-5　称量瓶

二、容量瓶的构造及使用方法

容量瓶是一种带有磨口玻璃塞(或塑料塞)的细颈梨形平底玻璃瓶(图3-6)，其颈部有一环状刻度线，一般表示20 ℃时，瓶内液体充满到这一刻度线时的准确体积。容量瓶主要用于准确配制一定体积的标准溶液或试液，常与分析天平、移液管等配合使用。容量瓶的常见规格有50 mL，100 mL，250 mL，500 mL，1000 mL 等，其基本操作如下。

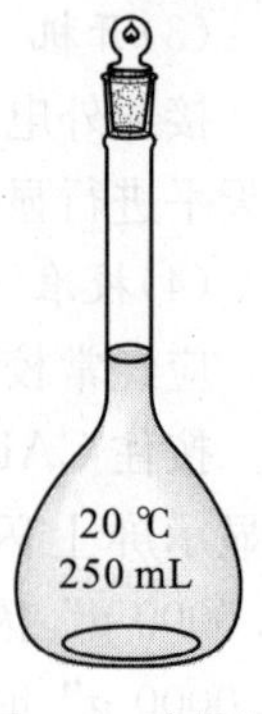

(1) 检漏和洗涤

使用前应先检查容量瓶瓶塞是否密合，为此可在瓶内装自来水到标线附近，盖上瓶塞，用手按住塞子倒立容量瓶，观察瓶口是否有水渗出(附录五，图16)，如果不漏，把瓶直立后转动瓶塞约180°后，再倒立试一次。不漏水的容量瓶才能使用。

检查瓶塞不漏水后，按常规操作洗净容量瓶。一般是先用自来水冲洗干净后，再用适量的去离子水润洗两三次。不能洗净时，可用铬酸洗液进行浸洗处理，洗涤方式是，尽量倒空瓶内的水，加入 10~20 mL 洗液，盖上瓶塞，边转动边向瓶口倾斜致使洗液布满全瓶，静置数分钟，倒出洗液，用自来水充分洗涤，然后用蒸馏水润洗 3 次。

图 3-6　容量瓶

(2) 溶液的转移

若将固体物质配制成一定体积的溶液，通常是将固体物质放在小烧杯中，用水溶解后，再定量地转移到容量瓶中，转移时将玻璃棒插入容量瓶内，烧杯嘴紧靠玻璃棒，使溶液沿玻璃棒慢慢流入(附录五，图17)，待溶液流完后，将烧杯向玻璃棒方向稍微向上提，同时直立，使附着在烧杯嘴上的一滴溶液流回烧杯中，残留在烧杯中的少许溶液可用少量蒸馏水洗涤三四次。洗涤液按上述方法转移合并到容量瓶中。

(3) 稀释

溶液转入容量瓶后加蒸馏水稀释到约三分之二体积时，将容量瓶平摇几次(注意不能加盖瓶塞，更不能倒转容量瓶)，作初步混匀并可避免混合后体积的改变，然后继续加入蒸馏水至标线附近，再用洁净的胶头滴管逐滴加入蒸馏水直至溶液弯月面的下沿实线最低处与标线相切。最后，盖紧塞子。

(4) 摇匀

右手按住瓶塞，左手指尖顶住瓶底边沿，将容量瓶倒转180°，使气泡上升至顶部并来回震荡几次(附录五，图18)，再倒转回来(附录五，图19)，如此反复震荡10次后，再转动瓶塞 180°,再按上述方法摇匀 5 次后即可混匀。

在对容量瓶进行操作时,需要注意以下几点。

1)不要用容量瓶长期存放配好的溶液,配好的溶液如果需要长期存放需要转入干净的磨口试剂瓶中。

2)容量瓶长期存放应该洗净,用纸片将塞子垫上,以防时间久后塞子打不开。

三、移液管和吸量管

移液管是中间有一球部的玻璃管[见图 3-7(a)],也称之为无分度吸量管,常用的移液管有 5 mL,10 mL,15 mL,20 mL,25 mL,50 mL,100 mL 等规格,吸量管又称分度吸管,是具有分刻度的玻璃管[见图 3-7(b)],常用的吸量管有 1 mL,2 mL,5 mL,10 mL,25 mL 等规格。移液管或吸量管的操作如下。

(1)洗涤

移液管和吸量管均可用自来水洗涤,再用蒸馏水洗净,较脏时内壁会挂水珠,此时可用铬酸洗液洗净,洗涤方法是,右手拿移液管或吸量管,管的下口插入洗液中,左手拿洗耳球,先把球内空气压出,右手的拇指和中指捏住移液管或吸量管的上部,然后把洗耳球的尖端接在移液管或吸量管的上口,慢慢松开左手手指,将洗液吸入移液管或吸量管中(附录五,图 20),当吸入移液管或吸量管容量的三分之一左右时,用右手食指按住管口,取出,平端,并慢慢旋转移液管或吸量管,使洗液接触到刻度以上的部位(附录五,图 21),并将洗液从上管口和下管口放回原瓶中,沥尽洗液,用自来水冲洗,再用蒸馏水淋洗,洗净的标志是干净而不挂水珠。洗净的移液管或吸量管应放在干净的移液管架上。

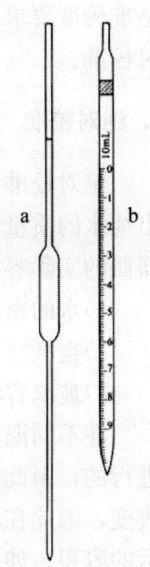

图 3-7 移液管和吸量管

(2)吸取溶液

将容量瓶中待取溶液倒入小烧杯中少许,用移液管或吸量管吸取溶液至容量的三分之一左右,横置并转动移液管或吸量管,使溶液至刻度以上,以置换内壁的水分,然后将溶液从移液管或吸量管的下管口放出,同时洗涤小烧杯,如此反复用待吸取溶液淋洗 3 次后即可吸取溶液,吸取溶液至刻度以上,立即用右手食指压紧管口,将移液管或吸量管向上提,并离开液面,左手用滤纸将插入溶液的移液管或吸量管的外壁擦干。

(3)调节液面

左手用一洁净的小烧杯,将移液管或吸量管的下端靠在小烧杯内壁上,移液管或吸量管保持垂直,使移液管或吸量管与小烧杯保持 45°,略微放松食指,有时可微微转动移液管或吸量管,使溶液慢慢从下面流出,直至液面的弯月面底面与标线相切,立即用食指压紧管口。

(4)移入容器

将准备接受溶液的容器倾斜成 45°,把移液管移入容器中,移液管保持竖直,管尖靠着容器内壁,放开食指,让溶液自由流出,见附录五,图 22。

第五节 滴定分析中容量器皿的校准

由于温度的变化，试剂的侵蚀等原因，容量器皿的实际容积与它所标示的容积往往不完全相符，甚至其误差可以超过分析所允许的误差范围。因此，在容量分析中，特别是准确度要求较高的分析工作中，必须对容量器皿进行校准。校准方法有绝对校准和相对校准。

1. 绝对校准

绝对校准即是测定容量器皿的实际容积。采用称量法，即称量容量器皿所容纳或放出纯水的质量，根据测量温度下水的密度 ρ，公式 $V=m/\rho$ 计算出水的体积，即为容量器皿的实际容积。但校准时必须注意以下三方面因素的影响。

1）水的密度随温度而改变。
2）空气浮力对称量水质量的影响。
3）玻璃容器的容积随温度而改变。

在不同温度下查得水的密度均为真空中水的质量，而实际称量水质量时是在空气中进行的，因此必须将水的密度进行空气浮力的校正。由于玻璃容器亦随着温度的改变而改变，因此在容量器皿上都刻着标准温度（20 ℃），表明在 20 ℃ 时正好等于容器上所标示的容积。如果校对时不是 20 ℃，还必须加以玻璃容器随温度变化的校正值。

考虑以上三方面的影响因素，得到校正后 1 mL 水的质量(g)，见表3-2。根据表3-2，可以方便地将水的质量换算成测试温度下的体积。例如，在 22 ℃ 时从滴定管中放出纯水 20.07 mL，其质量为 19.99 g，这段滴定管的实际体积为 19.99/0.99680＝20.05 mL，故滴定管这段容积的校准值为 20.07－20.05＝0.02 mL。

表 3-2　充满在 1 mL(20 ℃)玻璃器皿中的纯水质量（在空气中用黄铜砝码称量）

温度(℃)	1 mL 水的质量(g)	温度(℃)	1 mL 水的质量(g)	温度(℃)	1 mL 水的质量(g)
10	0.99839	17	0.99766	24	0.99638
11	0.99832	18	0.99757	25	0.99617
12	0.99823	19	0.99735	26	0.99593
13	0.99814	20	0.99718	27	0.99569
14	0.99804	21	0.99696	28	0.99544
15	0.99793	22	0.99680	29	0.99518
16	0.99780	23	0.99660	30	0.99491

2. 相对校准

当要求两种容量器皿之间有一定的比例关系时，采用相对校准方法。例如，用 25 mL 移液管量取液体的体积应等于 250 mL 容量瓶量取体积的 1/10。

实验 2 容量器皿的校准

仪器

分析天平，滴定管，容量瓶，移液管，锥形瓶。

实验步骤

1. 滴定管的校准（称量法）

将已洗净的滴定管盛满纯水，调至零刻度后，从滴定管中放出一定体积的纯水于已称重（准确至小数点后第二位，为什么？）的且外壁干净的 50 mL 带磨口塞的锥形瓶中，盖紧塞子，称出"瓶+水"的质量（准确称至小数后第几位？），此两次质量之差即为放出水的质量。照此方法，每次以 5 mL 为一段进行校准。根据称量的水的质量计算实际容积，求出校准值。并计算总校准值（见表 3-3），即校准值的累计数，同时作出校准曲线，即以滴定管读数为横坐标，以总校准值为纵坐标作图。表 3-3 为校准滴定管的一个实例。

表 3-3 50 mL 滴定管的校准实例（水温 25 ℃，1 mL 水的质量＝0.9961 g）

滴定体积读数	表观体积(mL)	瓶和水质量(g)	水的质量(g)	实际容积(mL)	校正值(mL)	总校正值(mL)
0.00		29.20				
10.10	10.10	39.28	10.08	10.12	+0.02	+0.02
20.07	9.97	49.19	9.91	9.95	−0.02	0.00
30.14	10.07	59.27	10.08	10.12	+0.05	+0.05
40.17	10.03	69.24	9.97	10.01	−0.02	+0.03
49.96	9.79	79.07	9.83	9.87	+0.08	+0.11

2. 容量瓶和移液管的相对校准

由于移液管与容量瓶经常配合使用，所以其体积相对校准比绝对校准更重要。校准方法是：用 25 mL 移液管移取蒸馏水于干净且干燥的 250 mL 容量瓶中，到第 10 次后，观察瓶颈处水的弯月面是否恰好与标线相切。若不相切，则应在瓶颈另作一记号为标线，以后实验中，此容量瓶和移液管则配套使用，并以此新记号为容量瓶的标线。

思 考 题

1. 校准滴定管时，为什么锥形瓶和水的质量只需要准确至 0.01 g？
2. 为什么滴定分析要用同一支滴定管或移液管？为什么滴定时滴定管的初读数每次都应从零刻度或零刻度以下附近开始？
3. 为什么对移液管和容量瓶常作相对校准？

第六节 实验现象及数据记录

在分析化学实验中，需要准备一本记录本，以记录实验现象和实验数据，记录数据时应注意以下几点。

1）记录本的开始几页不要记录数据，留作以后编写目录用。

2)记录本不要记录得太拥挤，每次实验内容应放在新的一页。

3)记录本上应编写页码，不可以随便撕去任意一页。

4)必须将观察到的所有实验现象及实验数据及时并如实记录到记录本中，不能因为为了保持笔记本的整洁，而将数据记录在一张纸上再抄写到笔记本上，也不可以将数据从一个笔记本抄至另一个笔记本上，以免发生抄写错误。

5)应保证所记录的每一个数据的来源都十分清楚，例如，空坩埚的质量：12.4789 g。

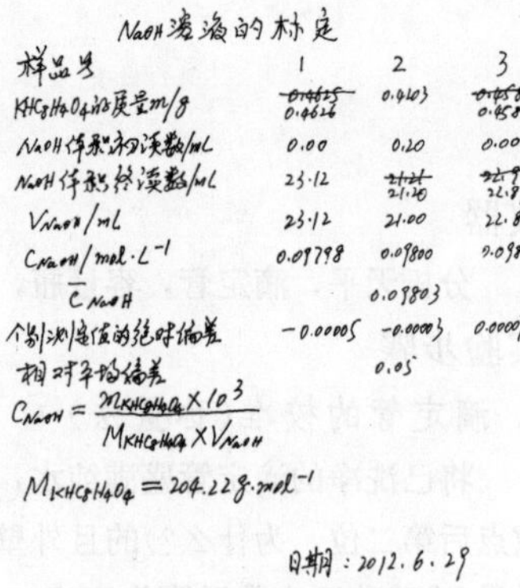

NaOH溶液的标定

样品号	1	2	3
$KHC_8H_4O_4$的质量m/g	~~0.4625~~ 0.4626	0.4103	~~0.4587~~ 0.4586
NaOH体积初读数/mL	0.00	0.20	0.00
NaOH体积终读数/mL	23.12	~~21.21~~ 21.20	~~22.90~~ 22.89
V_{NaOH}/mL	23.12	21.00	22.89
c_{NaOH}/mol·L⁻¹	0.09798	0.09800	0.09810
$\bar{c}_{NaOH}$		0.09803	
个别测定值的绝对偏差	−0.00005	−0.00003	0.00007
相对平均偏差		0.05	

$$c_{NaOH}=\frac{m_{KHC_8H_4O_4}\times 10^3}{M_{KHC_8H_4O_4}\times V_{NaOH}}$$

$$M_{KHC_8H_4O_4}=204.22\ g\cdot mol^{-1}$$

日期：2012.6.29

图 3-8　数据记录及计算

6)不要在笔记本上随意涂改，如果不正确，可以在不正确的数字上划一条水平的单一线，更不能随便撕去某一页，如果这一页都不要，则划斜线表示除去，应保持整个笔记本页数的完整。

7)每次记录现象或数据时，都应记下日期、时间。

8)实验记录的形式可以是多种多样，图 3-8 为一参考形式。

实验 3　标准溶液的配制及标定

仪器与试剂

分析天平，量筒，台秤，试剂瓶，锥形瓶(250 mL)，容量瓶(250 mL)。

浓盐酸(ρ=1.19 g·mL^{-1}，HCl含量约为37%)，NaOH(固体)，酚酞(2 g·L^{-1}乙醇溶液)，甲基橙(1 g·L^{-1}水溶液)。

实验步骤

量取需要量的浓盐酸(ρ=1.19 g·mL^{-1}，HCl含量约为37%)，倒入500 mL试剂瓶中，然后用蒸馏水稀释至500 mL，充分摇匀。

称取需要量的NaOH置于小烧杯中，加入少量蒸馏水溶解后，转入试剂瓶中，然后加水至500 mL。用橡皮塞塞好瓶口，充分摇匀。

1. 0.10 mol·L^{-1} NaOH 溶液浓度的标定

称取一定范围的基准试剂邻苯二甲酸氢钾于250 mL锥形瓶中，加20～30 mL水，温热使之溶解，冷却后加入1～2滴酚酞指示剂，用0.1 mol·L^{-1} NaOH溶液滴定至溶液呈微红色，半分钟不褪色即为终点，平行测定(parallel determination)3份，计算NaOH标准溶液的浓度，其相对平均偏差应不大于0.2%。

2. 0.10 mol·L^{-1} HCl 溶液浓度的标定

称取一定质量范围的Na_2CO_3基准试剂于小烧杯中，用少量蒸馏水溶解后，转移至250 mL容量瓶中，用水稀释至标线，摇匀。

取20.00 mL Na_2CO_3溶液于锥形瓶中，加1～2滴甲基橙，用0.1 mol·L^{-1} HCl溶液滴定至溶液由黄色变为橙色即为终点，平行测定3份，计算HCl标准溶液的浓度，其相对平均偏差应不大于0.2%。

思　考　题

1. 实验3中，量取浓盐酸用量筒还是用吸量管，为什么？

2. 实验3中，称取氢氧化钠固体是用台秤还是用分析天平，为什么？

3. 实验3中，配制 0.1 mol·L^{-1} NaOH 和 0.10 mol·L^{-1} HCl 溶液时，加入水的体积是否需要很准确，为什么？

4. 如何确定所称取的邻苯二甲酸氢钾和碳酸钠的质量范围？

5. 为什么标定盐酸时，采用将 Na_2CO_3 定容于 250 mL 容量瓶中的方法，而标定 NaOH 时却不采用这种方法？

6. 溶解基准物质加入 20~30 mL 水，是用量筒量取还是用移液管量取，为什么？

7. 如果基准物质未烘干，将使标准溶液浓度的标定结果偏高还是偏低？

8. 为什么移液管使用前需要用所移取的溶液润洗？

第七节 滴定分析方式

根据被滴定组分的性质不同，滴定分析通常有以下3种方式。

一、直接滴定法

用适当的标准溶液直接滴定被测组分的方法称为直接滴定法(direct titration)。能用于直接滴定分析的化学反应必须符合以下要求。

1) 反应必须完全。在计量点时反应的完全程度一般应在 99.9% 以上。

2) 反应物间有着确定的计量关系。

3) 反应必须迅速。

4) 滴定终点与计量点不一致所引起的误差不超过 0.1%。

例3-8 含硫有机试样 0.471 g，在氧气中燃烧，使硫氧化为 SO_2，用预中和过的 H_2O_2 将 SO_2 吸收，全部转化为 H_2SO_4，以 0.108 mol·L^{-1} KOH 标准溶液滴定至化学计量点，消耗 28.20 mL。求试样中硫的质量分数。

解 滴定分析反应为
$$H_2SO_4 + 2KOH = K_2SO_4 + 2H_2O$$

$$w_S = \frac{\frac{1}{2}c_{KOH}V_{KOH}M_s}{m_s} = \frac{\frac{1}{2} \times 0.108 \text{ mol·L}^{-1} \times 28.2 \times 10^{-3} \text{ L} \times 32.07 \text{ g·mol}^{-1}}{0.471 \text{ g}} = 0.104$$

二、返滴定法

当试液中待测物质与滴定剂(titrant)反应很慢，或者用滴定剂直接滴定固体试样时，反应不能立即完成时，则不能用直接滴定法进行滴定。此时可采用返滴定法(back titration)，也叫剩余滴定法。其方法为先在待测溶液中准确地加入过量标准溶液，使其与试液中的待测物质或固体试样进行反应，待反应完成后，再用另一种标准溶液滴定剩余的标准溶液。

例3-9 称取 0.5000 g $CaCO_3$ 试样，准确加入 50.00 mL 0.2120 mol·L^{-1} HCl 溶液，待 $CaCO_3$ 与 HCl 反应完全，再用 0.2126 mol·L^{-1} NaOH 溶液滴定过量的 HCl，用去 NaOH 标准溶液 10.10 mL，计算试样中 $CaCO_3$ 的质量分数。

解 反应式为

$$CaCO_3 + 2HCl(过量) = CaCl_2 + CO_2\uparrow + H_2O$$
$$NaOH + HCl(剩余) = NaCl + H_2O$$

根据反应物之间物质的量的关系得

$$w_{CaCO_3} = \frac{\frac{1}{2}(n_{总HCl} - n_{余HCl})M_{CaCO_3}}{m_s} = \frac{\frac{1}{2}(c_{HCl}V_{HCl} - c_{NaOH}V_{NaOH})M_{CaCO_3}}{m_s}$$

$$= \frac{\frac{1}{2}(0.2120 \text{ mol·L}^{-1} \times 50.00 \times 10^{-3} \text{ L} - 0.2126 \text{ mol·L}^{-1} \times 10.10 \times 10^{-3} \text{ L}) \times 100.09 \text{ g·mol}^{-1}}{0.5000 \text{ g}}$$

$$= 0.8460$$

三、置换滴定法

当被测组分的反应没有定量关系或伴随有副反应时,可先加入一种试剂与待测组分定量反应,生成另一种可滴定的物质,再用标准溶液滴定生成的产物,然后根据反应过程中各组分的计量关系求得被测组分的含量,这种方法称为置换滴定法(replacement titration或 displacement titration)。例如,确定 $Na_2S_2O_3$ 的浓度时,不能用强氧化剂 $K_2Cr_2O_7$ 直接进行滴定,因为在酸性介质中强氧化剂将 $S_2O_3^{2-}$ 氧化为 $S_4O_6^{2-}$ 和 SO_4^{2-} 等混合物,没有确定的计量关系,因此常采用置换滴定法确定 $Na_2S_2O_3$ 的准确浓度。

例 3-10 准确称取基准物 $K_2Cr_2O_7$ 1.2520 g 溶于水,定容至 250.0 mL,取该溶液 25.00 mL,加入 H_2SO_4 酸化及过量的 KI 溶液,用待标定的 $Na_2S_2O_3$ 溶液滴定至终点,共消耗 $Na_2S_2O_3$ 23.50 mL,计算溶液的准确浓度。

解 滴定分析反应为

$$Cr_2O_7^{2-} + 6I^- + 14H^+ = 2Cr^{3+} + 3I_2 + 7H_2O$$
$$2S_2O_3^{2-} + I_2 = S_4O_6^{2-} + 2I^-$$

因为

$$1Cr_2O_7^{2-} \backsim 3I_2 \backsim 6S_2O_3^{2-}$$

所以

$$c_{Na_2S_2O_3} V_{Na_2S_2O_3} = 6 \times \frac{m_{K_2Cr_2O_7}}{M_{K_2Cr_2O_7}}$$

$$c_{Na_2S_2O_3} \times 23.50 \times 10^{-3} \text{ L} = 6 \times \frac{\frac{1}{10} \times 1.2520 \text{ g}}{294.19 \text{ g·mol}^{-1}}$$

$$c_{Na_2S_2O_3} = 0.1087 \text{ mol·L}^{-1}$$

四、间接滴定法

当被测组分不能直接与滴定剂发生化学反应时,但可以通过与之相关的定量化学反应进行间接测定,这种滴定方式称为间接滴定法(indirect titration)。例如,用高锰酸钾为滴定剂测定钙的含量,由于 Ca^{2+} 在溶液中没有可变的价态,所以不能直接用氧化还原法滴定,而是先将 Ca^{2+} 沉淀为 CaC_2O_4,过滤分离出 CaC_2O_4 用稀 H_2SO_4 溶解后,用 $KMnO_4$ 标准溶液滴定生成的 $H_2C_2O_4$,从而求得钙的含量。

例 3-11 欲用氧化还原滴定法测定大理石中 $CaCO_3$ 的质量分数，称取大理石试样 0.2303 g 溶于酸中，调节酸度后加入过量 $(NH_4)_2C_2O_4$ 溶液，使 Ca^{2+} 沉淀为 CaC_2O_4。过滤、洗净，将沉淀溶于稀硫酸中。溶解后的溶液用浓度为 0.04024 mol·L^{-1} $KMnO_4$ 标准溶液滴定，消耗 22.30 mL，计算大理石中 $CaCO_3$ 的质量分数。

解 反应式为

$$Ca^{2+} + C_2O_4^{2-} \Longrightarrow CaC_2O_4$$

$$CaC_2O_4 + 2H^+ \Longrightarrow Ca^{2+} + H_2C_2O_4$$

$$5H_2C_2O_4 + 2MnO_4^- + 6H^+ \Longrightarrow 2Mn^{2+} + 10CO_2 + 8H_2O$$

由以上反应式可知

$$1CaCO_3 \Leftrightarrow 1CaC_2O_4 \Leftrightarrow 1H_2C_2O_4 \Leftrightarrow \frac{2}{5}MnO_4^-$$

于是

$$w_{CaCO_3} = \frac{\frac{5}{2} c_{KMnO_4} V_{KMnO_4} M_{CaCO_3}}{m_s}$$

$$= \frac{\frac{5}{2} \times 0.04024 \text{ mol·L}^{-1} \times 22.30 \times 10^{-3} \text{ L} \times 100.09 \text{ g·mol}^{-1}}{0.2303 \text{ g}} = 0.9750$$

由于返滴定法、置换滴定法、间接滴定法的应用，大大扩展了滴定分析的应用范围。

习 题

1. 为了分析食醋中 HAc 的含量，移取试样 10.00 mL，用 0.3024 mol·L^{-1} NaOH 标准溶液滴定，用去 20.17 mL。已知食醋的密度为 1.055 g·mL^{-1}，计算 HAc 的质量分数。

2. 用 0.1018 mol·L^{-1} NaOH 标准溶液测定草酸试样的纯度，为避免计算，欲直接用所消耗 NaOH 溶液的体积(单位：mL)来表示试样中 $H_2C_2O_4$ 的质量分数(%)，问应称取试样多少克？

3. 称取 0.4396 g $BaCO_3$ 试样溶于 25.00 mL 0.2506 mol·L^{-1} HCl 溶液中，剩余的酸用 10.52 mL NaOH 溶液返滴定至终点。已知 $T_{NaOH/H_2C_2O_4} = 0.009017$ g·mL^{-1})，求试样中 $BaCO_3$ 的质量分数。

4. 准确吸取某可溶性钙盐溶液 25.00 mL，加入适当过量的 $Na_2C_2O_4$ 溶液，使所含 Ca^{2+} 完全以 CaC_2O_4 形式沉淀出来，将沉淀过滤洗净，再以 6 mol·L^{-1} H_2SO_4 溶液将沉淀完全溶解。此时以 0.1000 mol·L^{-1} $KMnO_4$ 标准溶液滴定 CaC_2O_4 溶解时所产生的 $H_2C_2O_4$。滴定至终点时，消耗 $KMnO_4$ 标准溶液 24.00 mL。求钙盐试样中 Ca^{2+} 的浓度。

本章小结

1. 滴定分析的术语、特点和分类

将已知准确浓度的溶液滴定到被测溶液中，直至滴定剂与被测溶液完全反应，停止滴定，这个过程称为"滴定"。已知准确浓度的溶液称为"标准溶液"。将标准溶液滴定到与被测溶液完全反应而停止滴定的时刻称为"化学计量点"。将标准溶液滴定到指示剂变色而停止滴定的时刻称为"滴定终点"。

滴定分析方法有：酸碱滴定法、络合滴定法、氧化还原滴定法和沉淀滴定法。

滴定分析对化学反应的要求是：第一，反应必须定量完全。第二，反应速率要快。第三，能用比较简单的方法确定滴定终点的到达。

2. 滴定分析中滴定管及操作

滴定管分为酸式滴定管和碱式滴定管，滴定管的操作包括洗涤、涂油（酸式滴定管）或换玻璃珠（碱式滴定管）、试漏、装溶液、赶气泡和滴定等环节。本节介绍了滴定管的正确操作方法。

3. 滴定分析用的标准溶液

标准溶液的浓度表示方法有物质的量浓度和滴定度。物质的量浓度是指单位体积的溶液中所含溶质的物质的量 $c_B = \dfrac{n_B}{V}$，滴定度是指每毫升标准溶液 B 相当于被测物质 A 的质量 $T_{B/A}$（$g \cdot mL^{-1}$ 或 $mg \cdot mL^{-1}$）。滴定度和物质的量浓度之间可以相互换算。

标准溶液的配制方法有直接配制法和间接配制法两种。直接配制法是在分析天平上直接准确称取固体试剂溶于少量水后，定容到容量瓶中得到准确浓度的溶液的方法，只有基准物质可以用直接方法配制一定浓度的溶液。间接配制法是将所配溶液先配成近似所需浓度的溶液，然后用基准物质确定（标定）其准确浓度。

基准物质必须满足以下条件：第一，纯度高，杂质含量不超过 0.1%。第二，组成恒定，物质的组成与化学式完全符合。如果含有结晶水，如硼砂（$Na_2B_4O_7 \cdot 10H_2O$），其结晶水含量也应与化学式完全一致。第三，性质稳定。干燥时不分解，称量时不吸收空气中的水分，不吸收空气中的 CO_2，不被空气氧化等。第四，试剂的摩尔质量尽可能大。

4. 分析天平、容量瓶和移液管

分析天平有机械天平和电子天平。机械天平又称等臂天平，基于杠杆原理设计，天平梁处于平衡状态时，左盘中物体的质量等于右盘中砝码的质量。电子天平根据电磁力原理设计，介绍了梅特勒－托利多电子天平的称量方法。

容量瓶的操作包括：检漏、洗涤、溶液的转移和稀释步骤。

本节还介绍了移液管的正确操作。

5. 实验现象及数据记录

介绍了记录现象和数据中应注意的事项，要求严谨，尊重事实，不得随意涂改。

6. 滴定分析方式

滴定分析中有 4 种滴定方式：直接滴定法、返滴定法、置换滴定法和间接滴定法。满足滴定分析条件的用直接滴定法，当试液中待测物质与滴定剂反应很慢时，反应不能立即完成，采用返滴定法或剩余滴定法。当被测组分没有合适的化学反应可应用于直接滴定或返滴定时，采用间接滴定法，即通过被测组分与其他试剂发生反应生成能用标准溶液直接滴定的产物进行滴定的方式。当被测组分的反应无定量关系式伴有副反应时，可采用置换滴定法。

第四章 酸碱滴定法

酸碱滴定法(acid-base titration)是以酸碱反应为基础的滴定分析方法。

第一节 酸碱质子理论

酸碱质子理论(布朗斯特－劳里酸碱理论)是丹麦化学家布朗斯特和英国化学家汤马士·马丁·劳里于1923年各自独立提出的一种酸碱理论。酸碱质子理论*指出，凡是能给出质子的物质是酸，凡是能得到质子的物质是碱。一种酸失去质子后变成其共轭碱，一种碱得到质子后变成其共轭酸，其关系为

$$HB \rightleftharpoons B^- + H^+$$
（酸） （碱）

HB-B$^-$ 称为共轭酸碱对(conjugate acid-base pair)。因此质子理论的酸碱可以是分子，也可以是阴离子和阳离子，见表4-1。

表 4-1 酸碱共轭关系

酸碱共轭关系	共轭酸碱对
$HAc \rightleftharpoons Ac^- + H^+$	$HAc\text{-}Ac^-$
$NH_4^+ \rightleftharpoons NH_3 + H^+$	$NH_4^+\text{-}NH_3$
$H_2PO_4^- \rightleftharpoons HPO_4^{2-} + H^+$	$H_2PO_4^-\text{-}HPO_4^{2-}$
$HPO_4^{2-} \rightleftharpoons PO_4^{3-} + H^+$	$HPO_4^{2-}\text{-}PO_4^{3-}$

由表4-1还可以看出，质子理论的酸碱具有相对性，如 HPO_4^{2-} 在不同的共轭关系中表现出不同的酸碱性。

由于质子的半径极小，电荷密度极高，它不可能在水溶液中独立存在(或者说只能瞬间存在)，因此当一种酸给出质子时，溶液中必定有一种碱来接受。许多溶剂分子都是质子供体或接受体，因此酸或碱在溶剂中的解离实质都是与溶剂分子之间的质子转移反应。如 HAc 在水溶液中的解离，实质上是 HAc 分子和 H_2O 分子质子之间的传递反应

$$HAc + H_2O \rightleftharpoons Ac^- + H_3O^+$$
（酸1）（碱2） （碱1）（酸2）

即 H_2O 作为质子的接受体，HAc 的解离才能实现。在此 HAc 是酸，失去质子后得到其共轭碱 Ac^-，H_2O 是碱，获得质子后得到其共轭酸水合质子 H_3O^+。同理，NH_3 在水中的解离实质是 NH_3 和 H_2O 分子之间的质子传递反应

$$NH_3 + H_2O \rightleftharpoons NH_4^+ + OH^-$$
（碱1）（酸2） （酸1）（碱2）

---

* 酸碱的认识过程是由表及里，并在科学发展过程中不断更新的。

在此 NH_3 是碱，获得质子后得到其共轭酸 NH_4^+，H_2O 是酸，失去质子后得到其共轭碱 OH^-。并且可以得出结论，酸碱反应的实质是质子的传递反应。

溶剂分子既能给出质子起酸的作用，也能接受质子起碱的作用。因此在溶剂分子之间也会发生质子转移反应。

$$H_2O + H_2O \rightleftharpoons H_3O^+ + OH^-$$

$$CH_3OH + CH_3OH \rightleftharpoons CH_3OH_2^+ + CH_3O^-$$

这种仅仅在溶剂分子之间发生的质子传递作用，称为溶剂的质子自递反应。反应的平衡常数称为溶剂的质子自递平衡常数(K_s)。水的质子自递常数又称为水的活度积(K_w)，即

$$a_{H^+} a_{OH^-} = K_w = 1.0 \times 10^{-14} \quad (25\ ℃) \tag{4-1}$$

所有酸碱反应的程度都可以用相应的平衡常数的大小来衡量。例如，弱酸 HA 的解离反应，即 HA 与 H_2O 分子之间质子的传递反应

$$HA + H_2O \rightleftharpoons A^- + H_3O^+$$

$$K_a = \frac{a_{A^-} a_{H^+}}{a_{HA}} \tag{4-2}$$

弱碱 A^- 在水溶液中的解离反应，即 A^- 与 H_2O 分子之间的质子传递反应为

$$A^- + H_2O \rightleftharpoons HA + OH^-$$

$$K_b = \frac{a_{HA} a_{OH^-}}{a_{A^-}} \tag{4-3}$$

K_a 和 K_b 称为酸碱的活度常数。在水溶液中共轭酸碱对的 K_a 和 K_b 有如下关系

$$K_a K_b = \frac{a_{A^-} a_{H^+}}{a_{HA}} \cdot \frac{a_{HA} a_{OH^-}}{a_{A^-}} = a_{H^+} a_{OH^-} = K_w \tag{4-4}$$

即共轭酸碱的解离平衡常数的乘积等于水的质子自递常数(autoprotolysis constant)。将(4-4)两边取负对数值得

$$pK_a + pK_b = pK_w = 14.00 \tag{4-5}$$

(4-4)表明共轭酸碱对中，酸的酸性越强，其共轭碱的碱性越弱，反之，碱的碱性越强，其共轭酸的酸性越弱。

在其他溶剂中，仍然有 $K_a K_b = K_s$，即在任何溶剂中，其共轭酸碱的解离平衡常数的乘积都等于该溶剂的质子自递常数 K_s。

活度常数及水的活度积(activity product)表达式中的 a 是指各组分的活度(activity)，即各组分的有效浓度，与溶液的离子强度(ionic strength)有关，某组分 A 的活度与平衡浓度(equilibrium concentration)之间有如下关系式

$$a = \gamma [A]$$

比例系数 γ 称为活度系数(activity coefficient)，它反映实际溶液与理想溶液之间偏差的大小，于是

$$K_a = \frac{a_{A^-} a_{H^+}}{a_{HA}} = \frac{\gamma_{A^-} \gamma_{H^+}}{\gamma_{HA}} \cdot \frac{[A^-][H^+]}{[HA]}$$

$$K_a^c = \frac{[A^-][H^+]}{[HA]} = \frac{\gamma_{HA}}{\gamma_{A^-} \gamma_{H^+}} K_a \tag{4-6}$$

同理

$$K_b = \frac{a_{HA} a_{OH^-}}{a_{A^-}} = \frac{\gamma_{HA} \gamma_{OH^-}}{\gamma_{A^-}} \cdot \frac{[HA][OH^-]}{[A^-]}$$

$$K_b^c = \frac{[HA][OH^-]}{[A^-]} = \frac{\gamma_{A^-}}{\gamma_{HA} \gamma_{OH^-}} K_b \tag{4-7}$$

K_a^c 和 K_b^c 称为浓度常数(concentration constant)，浓度常数不仅受温度的影响，还随离子强度的大小而改变。由于分析化学中的反应经常在较稀溶液中进行，离子之间的距离比较大，可以认为它们相互间的作用力小，因此常不考虑离子强度的影响，认为浓度常数近似等于活度常数，以平衡浓度近似处理溶液中的平衡关系。

思 考 题

1. 酸碱质子理论与阿伦尼乌斯提出酸碱电离理论有什么不同，人类对酸和碱有着怎样的认识过程。
2. 共轭酸碱之间有什么关系，SO_4^{2-} 是否是 H_2SO_4 的共轭碱？
3. 指出下列物质哪些是酸，哪些是碱，哪些既是酸又是碱(两性物质)，并写出他们对应的共轭酸或共轭碱的形式。

H_2CO_3 ；H_2O ；$H_2PO_4^-$ ；NH_2CH_2COONa ；$[Fe(H_2O)_6]^{3+}$ 。

4. 为什么某酸越强，其共轭碱越弱，或某酸越弱，其共轭碱越强？共轭酸碱对的 K_a 与 K_b 之间有何定量关系？
5. 已知 H_3PO_4 的 $pK_{a_1}=2.12$，$pK_{a_2}=7.20$，$pK_{a_3}=12.36$。求其共轭碱 PO_4^{3-} 的 pK_{b_1}，HPO_4^{2-} 的 pK_{b_2} 和 $H_2PO_4^-$ 的 pK_{b_3}。

第二节 酸碱溶液中氢离子浓度的计算

在滴定分析中，为减小滴定误差，正确选择指示剂是非常关键的，要正确选择指示剂，就必须计算滴定过程中溶液 pH 值的变化，计算溶液中的氢离子浓度的方法有代数法和图解法，本书主要介绍代数法。在导出氢离子浓度的计算式时会经常遇到有关溶液平衡的计算问题，处理水溶液中酸碱平衡(acid-base equilibrium)的方法有物料平衡(mass balance)、电荷平衡(charge balance)和质子平衡(proton balance)。

一、分析浓度、平衡浓度

在弱酸或弱碱溶液的平衡体系中，溶质可能以多种型体(species)出现，例如，HAc 溶液中有未解离的 HAc 和解离生成的 Ac^-。而 H_3PO_4 在水溶液中以 H_3PO_4、$H_2PO_4^-$、HPO_4^{2-}、PO_4^{3-} 型体存在。平衡时，各型体的浓度称为该型体的平衡浓度，用 [ ] 表示，单位为 $mol \cdot L^{-1}$。各型体平衡浓度之和称为分析浓度(analytical concentration)(即总浓度或标签浓度)，用 c 表示，单位为 $mol \cdot L^{-1}$。

二、物料平衡、电荷平衡、质子条件*

1. 物料平衡

在一个化学平衡体系中,溶质的各型体的平衡浓度之和等于溶质的总浓度或分析浓度。这种平衡关系称为物料平衡(material balance),或质量平衡(mass balance)。其数学表达式称为物料平衡方程式,简写为 MBE(mass balance equation)。例如,c mol·L^{-1} 的 HAc 水溶液,其物料平衡为

$$c = [\text{HAc}] + [\text{Ac}^-]$$

2. 电荷平衡

电解质溶液处于平衡状态时,各种阳离子所带正电荷的总浓度必然等于各种阴离子所带负电荷的总浓度,即溶液呈电中性。其数学表达式称为电荷平衡式,简写为 CBE(charge balance equation)。

例如,在 Na$_2$CO$_3$ 水溶液中,存在如下解离平衡

$$\text{Na}_2\text{CO}_3 \rightleftharpoons 2\text{Na}^+ + \text{CO}_3^{2-}$$
$$\text{CO}_3^{2-} + \text{H}_2\text{O} \rightleftharpoons \text{HCO}_3^- + \text{OH}^-$$
$$\text{HCO}_3^- + \text{H}_2\text{O} \rightleftharpoons \text{H}_2\text{CO}_3 + \text{OH}^-$$
$$\text{H}_2\text{O} \rightleftharpoons \text{H}^+ + \text{OH}^-$$

CBE: $[\text{H}^+] + [\text{Na}^+] = [\text{OH}^-] + [\text{HCO}_3^-] + 2[\text{CO}_3^{2-}]$

3. 质子平衡(质子条件)

酸碱反应达到平衡时,酸失去的质子数等于碱得到的质子数,酸碱之间质子转移的这种等恒关系式称为质子平衡,也叫质子条件(proton condition),质子平衡方程式用 PBE(proton balance equation)表示。例如,HAc 水溶液中存在以下质子间的转移反应

$$\text{HAc} + \text{H}_2\text{O} \rightleftharpoons \text{Ac}^- + \text{H}_3\text{O}^+$$
$$\text{H}_2\text{O} + \text{H}_2\text{O} \rightleftharpoons \text{H}_3\text{O}^+ + \text{OH}^-$$

Ac$^-$ 和 OH$^-$ 为失质子产物,H$_3$O$^+$ 为得质子产物,得失质子数应该相等,于是其 PBE 为

$$[\text{H}_3\text{O}^+] = [\text{Ac}^-] + [\text{OH}^-]$$

HAc 水溶液中质子之间的转移比较简单,但是如果讨论 Na$_2$CO$_3$ 水溶液的质子条件,则比较复杂。此时可以用物料平衡和电荷平衡写出质子条件,但推导过程仍然比较复杂,为此介绍一种简单的书写质子条件的办法。即通过选取质子参考水准和质子得失示意图列出质子条件,方法要点如下。

1)从酸碱平衡体系中选取质子参考水准(proton reference level),它是溶液中大量存在并与质子转移有关的物质。

2)给出质子得失示意图。

---

* 物料平衡、电荷平衡和质子条件是处理水溶液中酸碱平衡的基本方法,在推导酸碱平衡体系氢离子浓度计算中起着重要的作用。

3) 根据得失质子的量相等的原则写出 PBE。

例 4-1 写出 HAc 水溶液的 PBE。

解 HAc 水溶液中大量存在且与质子转移有关的物质是 HAc 和 H_2O,其质子得失示意图见图 4-1,于是其 PBE 有

$$[H_3O^+] = [Ac^-] + [OH^-]$$

可简化为

$$[H^+] = [Ac^-] + [OH^-]$$

例 4-2 写出 Na_2CO_3 水溶液的 PBE。

解 Na_2CO_3 水溶液中大量存在且与质子转移有关的物质是 CO_3^{2-} 和 H_2O,其质子得失示意图见图 4-2,于是其 PBE 有

$$[H_3O^+] + [HCO_3^-] + 2[H_2CO_3] = [OH^-]$$

简化为

$$[H^+] + [HCO_3^-] + 2[H_2CO_3] = [OH^-]$$

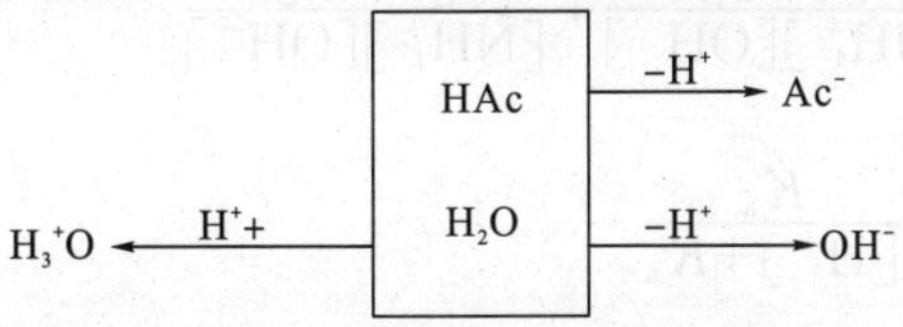

图 4-1 HAc 水溶液中质子得失示意图

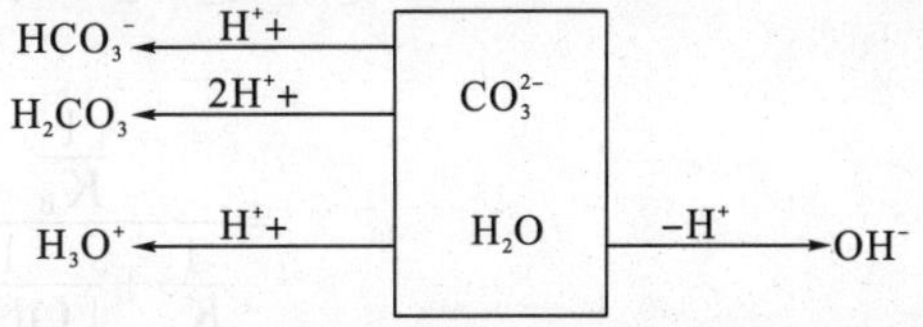

图 4-2 Na_2CO_3 水溶液中质子得失示意图

三、酸碱溶液中各型体的分布

某一型体 i 的平衡浓度在其分析浓度 c 中所占的分数称为分布分数*(distribution fraction),以 δ_i 表示。

1. 一元弱酸(碱)溶液中各型体的分布分数

以浓度为 c $mol \cdot L^{-1}$ 的 HA 平衡为例,讨论一元弱酸溶液中各型体的分布分数。在水溶液中到达解离平衡后,存在两种型体 HA 和 A^-,各型体的分布分数分别为

$$\delta_{HA} = \frac{[HA]}{c} = \frac{[HA]}{[HA]+[A^-]} = \frac{[HA]}{\frac{[HA]}{[H^+][A^-]} + \frac{[A^-]}{[H^+][A^-]}} = \frac{\frac{1}{K_a}}{\frac{1}{K_a} + \frac{1}{[H^+]}} = \frac{[H^+]}{[H^+]+K_a} \quad (4-8)$$

$$\delta_{A^-} = \frac{[A^-]}{c} = \frac{[A^-]}{[HA]+[A^-]} = \frac{[A^-] \cdot \frac{[H^+]}{[HA]}}{[HA] \cdot \frac{[H^+]}{[HA]} + [A^-] \cdot \frac{[H^+]}{[HA]}} = \frac{K_a}{[H^+]+K_a} \quad (4-9)$$

$$\delta_{HA} + \delta_{A^-} = 1 \quad (4-10)$$

并且从以上讨论知分布分数与弱酸的解离常数(dissociation constant)和 H^+ 浓度有关。若以不同 pH 值为横坐标,以各型体的分布分数为纵坐标作图,所得曲线称为分布曲线

---

* 分布分数的计算不仅能了解一定 pH 条件下各型体存在情况,在推导酸碱溶液氢离子浓度计算公式中也起着重要的作用。

(distribution curve)。图 4-3 为 HAc 水溶液中各型体的分布曲线图。由图 4-3 可见,HAc 的分布分数值随 pH 的增大而减小,而 Ac^- 的分布分数值则相反。当 $pH=pK_a=4.74$ 时,$\delta_{HAc}=\delta_{Ac^-}=0.50$,即溶液中 [HAc] 和 [$Ac^-$] 各占一半。

同理,可以推导出一元弱碱溶液中各型体的分布分数,例如,c mol·L^{-1} 的 NH_3 在水溶液中存在以下解离平衡

$$NH_3+H_2O \rightleftharpoons NH_4^+ + OH^-$$

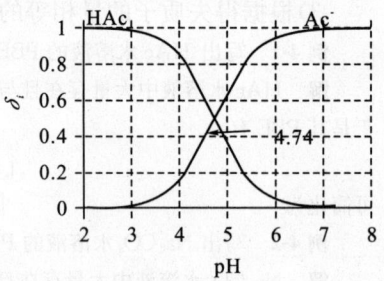

图 4-3 HAc 各型体的 δ_i-pH 曲线

$$\delta_{NH_3}=\frac{[NH_3]}{c}=\frac{[NH_3]}{[NH_3]+[NH_4^+]}=\frac{\dfrac{[NH_3]}{[NH_4^+][OH^-]}}{\dfrac{[NH_3]}{[NH_4^+][OH^-]}+\dfrac{[NH_4^+]}{[NH_4^+][OH^-]}}$$

$$=\frac{\dfrac{1}{K_b}}{\dfrac{1}{K_b}+\dfrac{1}{[OH^-]}}=\frac{K_a}{[H^+]+K_a}$$

同理

$$\delta_{NH_4^+}=\frac{K_b}{K_b+[OH^-]}=\frac{[H^+]}{K_a+[H^+]}$$

$$\delta_{NH_3}+\delta_{NH_4^+}=1$$

由此可见,无论是弱酸还是弱碱,作为共轭酸碱对型体的分布分数的计算式都是 [H^+] 的函数。

2. 多元弱酸(碱)溶液中各型体的分布分数

例如,在 $H_2C_2O_4$ 水溶液达到解离平衡后,存在 3 种型体:$H_2C_2O_4$,$HC_2O_4^-$,$C_2O_4^{2-}$,设其分析浓度为 c,则

$$\delta_{H_2C_2O_4}=\frac{[H_2C_2O_4]}{c}=\frac{[H_2C_2O_4]}{[H_2C_2O_4]+[HC_2O_4^-]+[C_2O_4^{2-}]}$$

$$=\frac{1}{1+\dfrac{[HC_2O_4^-]}{[H_2C_2O_4]}+\dfrac{[C_2O_4^{2-}]}{[H_2C_2O_4]}}=\frac{1}{1+\dfrac{K_{a_1}}{[H^+]}+\dfrac{K_{a_1}K_{a_2}}{[H^+]^2}}$$

$$\delta_{H_2C_2O_4}=\frac{[H^+]^2}{[H^+]^2+K_{a_1}[H^+]+K_{a_1}K_{a_2}} \tag{4-11}$$

同理可以得出

$$\delta_{HC_2O_4^-}=\frac{K_{a_1}[H^+]}{[H^+]^2+K_{a_1}[H^+]+K_{a_1}K_{a_2}} \tag{4-12}$$

$$\delta_{C_2O_4^{2-}}=\frac{K_{a_1}K_{a_2}}{[H^+]^2+K_{a_1}[H^+]+K_{a_1}K_{a_2}} \tag{4-13}$$

$$\delta_{H_2C_2O_4}+\delta_{HC_2O_4^-}+\delta_{C_2O_4^{2-}}=1 \tag{4-14}$$

$H_2C_2O_4$ 水溶液中各型体的分布曲线如图 4-4,当 $pH=pK_{a_1}$ 时,$\delta_{H_2C_2O_4}=\delta_{HC_2O_4^-}=0.5$;当

pH=pK_{a_2}时，$\delta_{HC_2O_4^-}=\delta_{C_2O_4^{2-}}=0.5$。在 pH=2.5～3.3 有 3 种型体共存。

图 4-5 为 H_2CO_3 水溶液中各型体的分布分数曲线δ_i-pH 曲线。

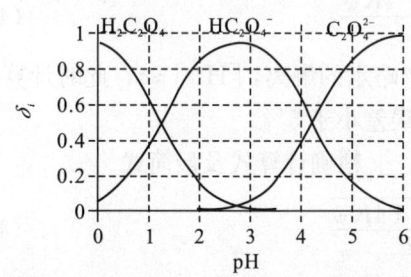
图 4-4 $H_2C_2O_4$ 各型体的 δ_i-pH 曲线

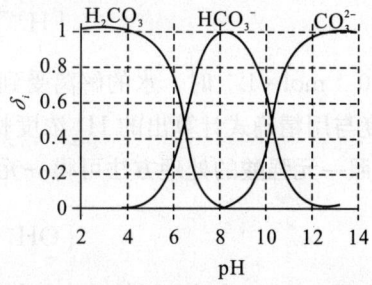
图 4-5 H_2CO_3 各型体的 δ_i-pH 曲线

同理可得到 H_3PO_4 水溶液中各型体的分布分数

$$\delta_{H_3PO_4}=\frac{[H^+]^3}{[H^+]^3+K_{a_1}[H^+]^2+K_{a_1}K_{a_2}[H^+]+K_{a_1}K_{a_2}K_{a_3}} \tag{4-15}$$

$$\delta_{H_2PO_4^-}=\frac{K_{a_1}[H^+]^2}{[H^+]^3+K_{a_1}[H^+]^2+K_{a_1}K_{a_2}[H^+]+K_{a_1}K_{a_2}K_{a_3}} \tag{4-16}$$

$$\delta_{HPO_4^{2-}}=\frac{K_{a_1}K_{a_2}[H^+]}{[H^+]^3+K_{a_1}[H^+]^2+K_{a_1}K_{a_2}[H^+]+K_{a_1}K_{a_2}K_{a_3}} \tag{4-17}$$

$$\delta_{PO_4^{3-}}=\frac{K_{a_1}K_{a_2}K_{a_3}}{[H^+]^3+K_{a_1}[H^+]^2+K_{a_1}K_{a_2}[H^+]+K_{a_1}K_{a_2}K_{a_3}} \tag{4-18}$$

其分布曲线如图 4-6。

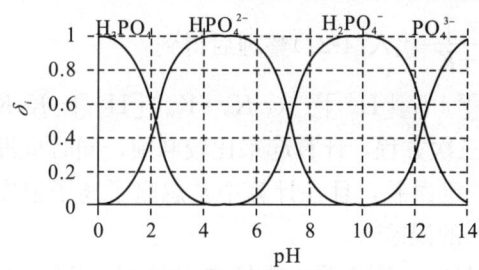
图 4-6 H_3PO_4 各型体的 δ_i-pH 曲线

四、酸碱溶液中氢离子浓度的计算[*]

1. 一元强酸(碱)溶液中 H^+ 浓度的计算

一元强酸以 c mol·L^{-1} HCl 为例。在 HCl 水溶液中存在以下质子转移反应

$$HCl+H_2O \Longrightarrow Cl^-+H_3O^+$$
$$H_2O+H_2O \Longrightarrow H_3O^++OH^-$$

于是有 PBE

---

[*] 推导酸碱平衡体系氢离子浓度计算公式为计算酸碱滴定过程中溶液的氢离子浓度作必要的准备。

$$[H^+]=[Cl^-]+[OH^-]=c+\frac{K_w}{[H^+]}$$

$$[H^+]=\frac{c+\sqrt{c^2+4K_w}}{2} \tag{4-19}$$

当 $c\geqslant 10^{-6}$ mol·L^{-1}时，水的解离受到抑制，可忽略水的解离，$[H^+]\approx c$，此时计算出的 H^+ 浓度与用精确式计算出的 H^+ 浓度相比较，其误差小于 5%。

按照一元强酸的处理方法可得一元强碱 $[OH^-]$ 精确计算式及最简式

$$[OH^-]=\frac{c+\sqrt{c^2+4K_w}}{2} \tag{4-20}$$

当 $c\geqslant 10^{-6}$ mol·L^{-1}时，可忽略水的解离，$[OH^-]\approx c$。

2. 一元弱酸(碱)溶液中 H$^+$ 浓度的计算

设有 c mol·L^{-1} 一元弱酸 HA，其质子条件为

$$[H_3O^+]=[OH^-]+[A^-]$$

简写为

$$[H^+]=[OH^-]+[A^-]$$

$$[H^+]=\frac{K_w}{[H^+]}+\frac{K_a[HA]}{[H^+]}$$

整理得

$$[H^+]=\sqrt{K_a[HA]+K_w} \tag{4-21}$$

将 $[HA]=c\delta_{HA}=\dfrac{c[H^+]}{[H^+]+K_a}$ 代入(4-21)整理后得到

$$[H^+]^3+K_a[H^+]^2-(cK_a+K_w)[H^+]-K_aK_w=0 \tag{4-22}$$

(4-22)是 $[H^+]$ 的一元三次方程，计算起来比较麻烦，同时也没有必要。因为计算中所采用的解离常数本身有一定误差，且在计算中常忽略了离子强度的影响，因此，进行这类计算时一般允许有±5%的误差[1]。

1) 如果 $[A^-]>20[OH^-]$，则表明由水解离出的 H$^+$ 不足 5%，可忽略水的解离。由 $[A^-]>20[OH^-]$ 得

$$[H^+][A^-]>20[OH^-][H^+]$$

$$[HA]K_a>20K_w$$

当 HA 的浓度不太小时

$$[HA]\approx c$$

于是

$$cK_a>20K_w$$

即只要满足 $cK_a>20K_w$，则水的解离可以忽略不计，当只考虑 HA 的解离时，有

$$HA+H_2O\rightleftharpoons A^-+H_3O^+$$

$$K_a=\frac{[H^+][A^-]}{[HA]}$$

因忽略水的解离，$[A^-]\approx[H^+]$，$[HA]\approx c-[H^+]$

$$K_a = \frac{[H^+]^2}{c-[H^+]}$$

整理后得近似式

$$[H^+] = \frac{-K_a + \sqrt{K_a^2 + 4cK_a}}{2} \quad (4\text{-}23)$$

2) 当满足 $cK_a > 20K_w$，水的解离可以忽略，如果同时还满足 $c > 20[A^-]$，即表明弱酸解离出的 H^+ 浓度不足分析浓度的 5%。由 $c > 20[A^-]$ 得

$$c > 20\frac{K_a[HA]}{[H^+]}$$

$$\frac{c}{K_a} > 20\frac{[HA]}{[H^+]} = 20 \times \frac{1}{0.05} = 400$$

即当满足 $c/K_a > 400$ 时，$c - [H^+] \approx c$

$$K_a = \frac{[H^+]^2}{c-[H^+]} \approx \frac{[H^+]^2}{c}$$

整理得最简式

$$[H^+] = \sqrt{cK_a} \quad (4\text{-}24)$$

此条件下用最简式计算出的氢离子浓度，其误差不会超过 5%。

3) 当 $cK_a < 20K_w$，不能忽略水的解离，但 $c/K_a > 400$，表明弱酸解离出的氢离子浓度远远小于弱酸的分析浓度，由 (4-21) 得

$$[H^+] = \sqrt{K_a[HA] + K_w}$$

得

$$[H^+] = \sqrt{cK_a + K_w} \quad (\text{近似式}) \quad (4\text{-}25)$$

按照一元弱酸的处理方法可得一元弱碱 $[OH^-]$ 的近似计算式及最简式。

当 $cK_b > 20K_w$，$c/K_b > 400$ 时，有

$$[OH^-] = \sqrt{cK_b} \quad (4\text{-}26)$$

当 $cK_b > 20K_w$，$c/K_b < 400$ 时，有

$$[OH^-] = \frac{-K_b + \sqrt{K_b^2 + 4cK_b}}{2} \quad (4\text{-}27)$$

当 $cK_b < 20K_w$，$c/K_b > 400$ 时，有

$$[OH^-] = \sqrt{cK_b + K_w} \quad (4\text{-}28)$$

例 4-3 计算 $0.1\ \text{mol} \cdot \text{L}^{-1}$ HAc 水溶液的 pH 值，已知 HAc 的 $K_a = 1.8 \times 10^{-5}$。

解 因为

$$cK_a = 0.1 \times 1.8 \times 10^{-5} = 1.8 \times 10^{-6} > 20K_w$$

$$\frac{c}{K_a} = \frac{0.1}{1.8 \times 10^{-5}} = 5.6 \times 10^3 > 400$$

所以

$$[H^+] = \sqrt{cK_a} = \sqrt{0.1 \times 1.8 \times 10^{-5}} = 1.3 \times 10^{-3}\ \text{mol} \cdot \text{L}^{-1}$$

$$\text{pH} = 2.87$$

例 4-4 计算 $1.0 \times 10^{-4}\ \text{mol} \cdot \text{L}^{-1}$ 的 NH_4Cl 水溶液的 pH 值，已知 NH_3 的 $K_b = 1.8 \times 10^{-5}$。

解 根据共轭酸碱对其 $K_a \cdot K_b = K_w$，计算出 NH_4^+ 的 K_a。

因为
$$K_a = \frac{K_w}{K_b} = \frac{1.0 \times 10^{-14}}{1.8 \times 10^{-5}} = 5.6 \times 10^{-10}$$
$$cK_a = 1.0 \times 10^{-4} \times 5.6 \times 10^{-10} = 5.6 \times 10^{-14} < 20K_w$$
$$\frac{c}{K_a} = \frac{1.0 \times 10^{-4}}{5.6 \times 10^{-10}} = 1.8 \times 10^5 > 400$$

所以
$$[H^+] = \sqrt{cK_a + K_w}$$
$$= \sqrt{1.0 \times 10^{-4} \times 5.6 \times 10^{-10} + 1.0 \times 10^{-14}} = 2.6 \times 10^{-7} \text{ mol} \cdot \text{L}^{-1}$$
$$pH = 6.59$$

3. 多元弱酸(碱)溶液 H^+ 浓度的计算

多元弱酸溶液以 c mol·L^{-1} 的二元弱酸 H_2A 为例,其质子条件(PBE)为
$$[H^+] = [HA^-] + 2[A^{2-}] + [OH^-]$$
将各型体的分布分数、c 代入 PBE 式为 $[H^+]$ 的一元四次方程,精确求解很困难,需要做近似处理。当 $cK_{a_1} > 20K_w$ 时,水离解可以忽略,质子条件变为
$$[H^+] = [HA^-] + 2[A^{2-}]$$
此式为 $[H^+]$ 的一元三次方程,数学处理仍然十分复杂。如果忽略第二级解离,则可简化为一元弱酸进行计算,如果
$$\frac{2[A^{2-}]}{[HA^-]} = \frac{2\delta_{A^{2-}}}{\delta_{HA^-}} = \frac{2K_{a_2}}{[H^+]} \approx \frac{2K_{a_2}}{\sqrt{cK_{a_1}}} < 0.05 \quad (4\text{-}29)$$
表明第二级解离的作用小于第一级解离的 5%,故可以忽略不计。将(4-29)进一步整理,得
$$\sqrt{cK_{a_1}} > \frac{2K_{a_2}}{0.05} = 40K_{a_2} \quad (4\text{-}30)$$
此时,可按一元弱酸计算溶液的 pH 值。

例 4-5 室温时,H_2CO_3 饱和溶液的浓度约为 0.040 mol·L^{-1},计算溶液的 pH 值。已知 $K_{a_1} = 4.2 \times 10^{-7}$,$K_{a_2} = 5.6 \times 10^{-11}$。

解 因为
$$\sqrt{cK_{a_1}} = \sqrt{0.040 \times 4.2 \times 10^{-7}} = 1.3 \times 10^{-4} > 40K_{a_2}$$
故可以忽略第二级解离而按一元弱酸计算。
又因为
$$cK_a = 0.040 \times 4.2 \times 10^{-7} = 1.7 \times 10^{-8} > 20K_w$$
$$\frac{c}{K_{a_1}} = \frac{0.040}{4.17 \times 10^{-7}} > 400$$
得
$$\sqrt{cK_{a_1}} = \sqrt{0.040 \times 4.2 \times 10^{-7}} = 1.3 \times 10^{-4}$$
$$pH = 3.89$$

例 4-6 计算 0.10 mol·L^{-1} H_3PO_4 溶液中 H^+ 的浓度和各型体的浓度。已知 $K_{a_1} = 7.6 \times 10^{-3}$,$K_{a_2} = 6.3 \times 10^{-8}$,$K_{a_3} = 4.4 \times 10^{-13}$。

解 因为
$$\sqrt{cK_{a_1}} = \sqrt{0.10 \times 7.6 \times 10^{-3}} = 2.8 \times 10^{-2} > 40K_{a_2}$$
故可以忽略第二级解离而按一元弱酸计算。
又因为
$$cK_a = 0.10 \times 7.6 \times 10^{-3} = 7.6 \times 10^{-4} > 20K_w$$

$$\frac{c}{K_{a_1}}=\frac{0.10}{7.6\times10^{-3}}=13<400$$

得

$$[H^+]=\frac{-K_{a_1}+\sqrt{K_{a_1}^2+4cK_{a_1}}}{2}$$

$$=\frac{-7.6\times10^{-3}+\sqrt{(7.6\times10^{-3})^2+4\times0.1\times7.6\times10^{-3}}}{2}$$

$$=2.4\times10^{-2}\text{ mol}\cdot\text{L}^{-1}$$

因忽略第二、三级解离，故 $[H_2PO_4^-]\approx[H^+]=2.4\times10^{-2}$ mol·L^{-1}。

根据

$$H_2PO_4^-\rightleftharpoons HPO_4^{2-}+H^+$$

$$K_{a_2}=\frac{[HPO_4^{2-}][H^+]}{[H_2PO_4^-]}$$

$$[HPO_4^{2-}]=K_{a_2}=6.3\times10^{-8}\text{ mol}\cdot\text{L}^{-1}$$

又根据

$$HPO_4^{2-}\rightleftharpoons PO_4^{3-}+H^+$$

$$K_{a_3}=\frac{[PO_4^{3-}][H^+]}{[HPO_4^{2-}]}$$

$$[PO_4^{3-}]=\frac{K_{a_3}[HPO_4^{2-}]}{[H^+]}=\frac{4.4\times10^{-13}\times6.3\times10^{-8}}{2.4\times10^{-2}}=1.2\times10^{-10}\text{ mol}\cdot\text{L}^{-1}$$

$$[H_3PO_4]=c-[H_2PO_4^-]-[HPO_4^{2-}]-[PO_4^{3-}]$$

$$=0.10-2.4\times10^{-2}-6.3\times10^{-8}-1.2\times10^{-10}$$

$$=7.6\times10^{-2}\text{ mol}\cdot\text{L}^{-1}$$

对于 K_{a_1} 和 K_{a_2} 之间差别不太大的某些有机弱酸，由于不能忽略第二级解离，可采用迭代法计算[2]。

同理，对于多元弱碱，可用同样方法处理，当 $\sqrt{cK_{b_1}}>40K_{b_2}$ 时，可按一元弱碱计算溶液的 pH 值。

例 4-7 求 0.10 mol·L^{-1} Na$_2$C$_2$O$_4$ 溶液的 pH 值。

解 查附录四，表 1 知 H$_2$C$_2$O$_4$ 的 $K_{a_1}=5.9\times10^{-2}$，$K_{a_2}=6.4\times10^{-5}$。

则 C$_2$O$_4^{2-}$ 的 K_{b_1} 和 K_{b_2} 分别为

$$K_{b_1}=\frac{K_w}{K_{a_2}}=\frac{1.0\times10^{-14}}{6.4\times10^{-5}}=1.6\times10^{-10}$$

$$K_{b_2}=\frac{K_w}{K_{a_1}}=\frac{1.0\times10^{-14}}{5.9\times10^{-2}}=1.7\times10^{-13}$$

因为

$$\sqrt{cK_{b_1}}=\sqrt{0.10\times1.6\times10^{-10}}=4.0\times10^{-6}>40K_{b_2}$$

所以可以忽略第二级解离而按一元弱碱计算。

又因

$$cK_{b_1}=0.10\times1.6\times10^{-10}=1.6\times10^{-11}>20K_w$$

$$\frac{c}{K_{b_1}}=\frac{0.10}{1.6\times10^{-10}}>400$$

得

$$\sqrt{cK_{b_1}}=\sqrt{0.10\times1.6\times10^{-10}}=4.0\times10^{-6}\text{ mol}\cdot\text{L}^{-1}$$

$$pOH=5.40,\ pH=14.00-5.40=8.60$$

4. 两性物质溶液 H^+ 浓度的计算

两性物质(amphoteric substance)指既能失去质子又能得到质子的物质，例如，H_2O、多元弱酸的酸式盐($NaHCO_3$)、弱酸弱碱盐(NH_4Ac)等都是两性物质。以 $NaHA$ 水溶液为例，质子条件为

$$[H_2A] + [H^+] = [A^{2-}] + [OH^-]$$

$$\frac{[H^+][HA^-]}{K_{a_1}} + [H^+] = \frac{K_{a_2}[HA^-]}{[H^+]} + \frac{K_W}{[H^+]}$$

整理得到

$$[H^+] = \sqrt{\frac{K_{a_1}(K_{a_2}[HA^-] + K_W)}{K_{a_1} + [HA^-]}} \tag{4-31}$$

一般情况下，HA^- 的给出质子与接受质子的能力都比较弱，则 $[HA^-] \approx c$，于是得近似计算式

$$[H^+] = \sqrt{\frac{K_{a_1}(cK_{a_2} + K_W)}{K_{a_1} + c}} \tag{4-32}$$

为简化计算，还可作适当的近似处理，当 $cK_{a_2} > 20 K_W$，$c < 20 K_{a_1}$ 时，(4-32)中的 K_W 可忽略，于是(4-32)变为

$$[H^+] = \sqrt{\frac{cK_{a_1}K_{a_2}}{K_{a_1} + c}} \tag{4-33}$$

当 $cK_{a_2} < 20K_W$，$c > 20 K_{a_1}$ 时，(4-32)分母中的 K_{a_1} 可忽略，(4-32)则变为

$$[H^+] = \sqrt{\frac{K_{a_1}(cK_{a_2} + K_W)}{c}} \tag{4-34}$$

如果同时满足 $cK_{a_2} > 20 K_W$，$c > 20 K_{a_1}$，则(4-32)变为

$$[H^+] = \sqrt{K_{a_1}K_{a_2}} \tag{4-35}$$

(4-35)为最简式。其他类型的两性物质，其溶液的 H^+ 浓度的计算式可依此类推。

例 4-8 计算 0.10 mol·L^{-1} 氨基乙酸溶液的 pH 值。已知：$K_{a_1} = 4.5 \times 10^{-3}$，$K_{a_2} = 2.5 \times 10^{-10}$。

解 氨基乙酸[*]在水溶液中以偶极离子形式存在，存在以下平衡

$$NH_2CH_2COOH \rightleftharpoons {}^+NH_3CH_2COO^-$$

在水溶液中既可以失去质子，也可以得到质子

$${}^+NH_3CH_2COO^- + H_2O \rightleftharpoons NH_2CH_2COO^- + H_3O^+$$

$${}^+NH_3CH_2COO^- + H_2O \rightleftharpoons {}^+NH_3CH_2COOH + OH^-$$

所以氨基酸(amino acid)是一种两性物质，通常将氨基酸的以下解离作为第一级解离

$${}^+NH_3CH_2COOH + H_2O \rightleftharpoons {}^+NH_3CH_2COO^- + H_3O^+$$

第二级解离为

$${}^+NH_3CH_2COO^- + H_2O \rightleftharpoons NH_2CH_2COO^- + H_3O^+$$

因为

$$cK_{a_2} = 0.10 \times 2.5 \times 10^{-10} > 20 K_W, \quad 20 K_{a_1} = 20 \times 4.5 \times 10^{-3} = 0.09 < c$$

---

[*] 氨基酸是指含有氨基的羧酸，氨基乙酸也称为甘氨酸，是人体非必需氨基酸。甘氨酸是中枢神经系统的抑制性神经递质。因此，已建议作为一种可能的中枢神经系统如多发性硬化症和癫痫等疾病的治疗剂。

$$[H^+]=\sqrt{K_{a_1}K_{a_2}}=\sqrt{4.5\times10^{-3}\times2.5\times10^{-10}}=1.0\times10^{-6}\text{ mol}\cdot\text{L}^{-1}$$
$$\text{pH}=6.00$$

5. 混合酸和混合碱溶液 H^+ 浓度的计算

混合酸以 c_1 mol·L^{-1} 的强酸与 c_2 mol·L^{-1} 的弱酸(解离常数为 K_a)的混合溶液为例，如 HCl 和 HA 的混合酸，其 PBE 条件为

$$[H^+]=[Cl^-]+[A^-]+[OH^-]$$
$$[H^+]=c_1+[A^-]+[OH^-]$$

由于溶液呈酸性，故忽略水的离解，于是

$$[H^+]=c_1+[A^-]$$
$$[H^+]=c_1+\frac{c_2 K_a}{[H^+]+K_a}$$

整理得

$$[H^+]=\frac{(c_1-K_a)+\sqrt{(c_1-K_a)^2+4(c_1+c_2)K_a}}{2} \tag{4-36}$$

如果 $c_1>20[A^-]$，表明弱酸解离出的氢离子部分与强酸解离出的氢离子浓度相比不足 5%，因此

$$[H^+]\approx c_1 \tag{4-37}$$

例 4-9 计算 0.10 mol·L^{-1} HAc($K_a=1.8\times10^{-5}$) 和 0.010 mol·L^{-1} HCl 混合溶液的 pH 值。

解 先用最简式计算

$$[H^+]\approx0.010\text{ mol}\cdot\text{L}^{-1}$$

再判断用最简式计算是否合理

$$[Ac^-]=c\delta_{Ac^-}=\frac{cK_a}{[H^+]+K_a}=\frac{0.10\times1.8\times10^{-5}}{0.010+1.8\times10^{-5}}=1.8\times10^{-4}\text{ mol}\cdot\text{L}^{-1}$$

由于 $c_1>20[Ac^-]$，故采用最简式计算是合理的，于是得

$$\text{pH}=2.00$$

混合碱可以按同样方法处理。

思考题与习题

1. 文献[3]利用 H_3PO_4 的电离度-pH 曲线讨论了磷酸在糖汁清净中的作用机理，试用分布分数曲线讨论。

2. 试从 HCN 的分布分数曲线图讨论用 KCN 作掩蔽剂时，溶液的 pH 值至少应大于多少？为什么？

3. 已知琥珀酸$(CH_2COOH)_2$(以 H_2A 表示)的 $pK_{a_1}=4.19$，$pK_{a_2}=5.57$。试计算在 pH 值为 4.88 和 5.0 时 H_2A、HA^- 和 A^{2-} 的分布分数 δ_2、δ_1 和 δ_0。若该酸的总浓度为 0.01 mol·L^{-1}，求 pH=4.88 时的三种形式的平衡浓度。

4. 解热镇痛药阿司匹林(乙酰水杨酸)是一元酸，其 $pK_a=3.50$，患者先服用了调节胃酸的药物，设胃内容物的酸性保持为 pH=2.95，此时再吃两片阿司匹林，共计含阿司匹林 0.65 g。假如，服后阿司匹林可立即溶解，且不改变胃内容物的酸性，未解离的分子型体可完全被胃吸收。问此时能被吸收的阿司匹林有多少克？

5. 人体血液的 pH 为 7.40，H_2CO_3、HCO_3^- 和 CO_3^{2-} 在其中的分布分数各为多少？

6. 写出下列物质水溶液的质子条件式：(1)NH_3；(2)Na_2S；(3)$NaNH_4HPO_4$；(4)NH_3-NH_4Cl。

7. 计算下列各溶液的 pH 值。

(1) 2.0×10^{-7} mol·L^{-1} HCl；

(2) 0.10 mol·L^{-1} NH_4Cl；

(3) 1.0×10^{-4} mol·L^{-1} 乙胺；

(4) 1.0×10^{-4} mol·L^{-1} HCN；

(5) 0.10 mol·L^{-1} NH_4CN；

(6) 0.010 mol·L^{-1} KHP；

(7) 0.10 mol·L^{-1} H_2SO_4；

(8) 0.1 mol·L^{-1} H_3A($pK_{a_1}=3.96$, $pK_{a_2}=6.00$, $pK_{a_3}=10.02$)；

(9) 0.010 mol·L^{-1} Na_2H_2Y($pK_{a_1}\sim pK_{a_6}$ 分别为 0.9, 1.6, 2.0, 2.67, 6.16, 10.26)。

第三节 酸碱缓冲溶液

酸碱缓冲溶液(acid-base buffer solution)是一类能抵抗少量的外来酸或外来碱，或对其稍加稀释仍能保持溶液 pH 值基本不变的溶液。因此酸碱缓冲溶液在化学工业、分析化学、生物化学和临床医学中有十分重要的作用，例如在解热镇痛药阿司匹林中包含了缓冲剂，以防止药物中的羧酸对胃的刺激。酸碱缓冲溶液通常由弱酸及其共轭碱或弱碱及其共轭酸组成，如 HAc-NaAc、NH_3-NH_4Cl 等。

一、缓冲溶液 pH 值的计算

以 HA-NaA 为例，设 HA 的分析浓度为 c_{HA}，NaA 的分析浓度为 c_{NaA}。该溶液的物料平衡式有

$$[Na^+] = c_{NaA} \tag{4-38}$$

$$[HA] + [A^-] = c_{HA} + c_{NaA} \tag{4-39}$$

电荷平衡式为

$$[Na^+] + [H^+] = [A^-] + [OH^-] \tag{4-40}$$

将(4-38)代入(4-40)得

$$[A^-] = c_{NaA} + [H^+] - [OH^-] \tag{4-41}$$

将(4-41)代入(4-39)得

$$[HA] = c_{HA} - [H^+] + [OH^-] \tag{4-42}$$

又由

$$K_a = \frac{[H^+][A^-]}{[HA]}$$

得

$$[H^+] = \frac{[HA]}{[A^-]}K_a = \frac{c_{HA}-[H^+]+[OH^-]}{c_{A^-}+[H^+]-[OH^-]}K_a \tag{4-43}$$

此式为 $[H^+]$ 的一元三次方程，运算比较复杂，为此作如下近似处理。

1) 如果缓冲溶液在酸性范围内(pH≤6)起缓冲作用，$[H^+]\gg[OH^-]$，(4-43)可简

化为如下近似式

$$[H^+]=\frac{c_{HA}-[H^+]}{c_{A^-}+[H^+]}K_a \tag{4-44}$$

2)如果缓冲溶液在碱性范围内(pH≥8)起缓冲作用,[OH$^-$]≫[H$^+$],(4-43)简化为如下近似式

$$[H^+]=\frac{c_{HA}+[OH^-]}{c_{A^-}-[OH^-]}K_a \tag{4-45}$$

3)如果c_{HA},c_{NaA}远远大于溶液中[H$^+$],[OH$^-$](均大于20倍以上)时,(4-43)简化为如下最简式

$$[H^+]=\frac{c_{HA}}{c_{A^-}}K_a \tag{4-46}$$

两边取负对数得

$$pH=pK_a+\lg\frac{c_{A^-}}{c_{HA}} \tag{4-42}$$

例 4-10 0.20 mol·L^{-1} NH$_3$-0.30 mol·L^{-1} NH$_4$Cl 溶液,往 400 mL 该缓冲溶液中(1)加入 100 mL 0.050 mol·L^{-1} NaOH 溶液,(2)加入 100 mL 0.050 mol·L^{-1} HCl 溶液,溶液的 pH 各改变了多少?已知,NH$_4^+$ 的 pK_a=9.26。

解 由于 c_{NH_3} 和 $c_{NH_4^+}$ 均较大,因此采用最简式计算

$$pH=pK_a+\lg\frac{c_{NH_3}}{c_{NH_4^+}}=9.26+\lg\frac{0.20}{0.30}=9.08$$

$$[H^+]=10^{-9.08},[OH^-]=10^{-4.92}$$

c_{NH_3},$c_{NH_4^+}$ ≫ [H$^+$],[OH$^-$],因此计算合理。

(1)往 400 mL 该缓冲溶液中加入 100 mL 0.050 mol·L^{-1} NaOH 溶液,得

$$c_{NH_3}=\frac{400\ mL\times0.20\ mol·L^{-1}+100\ mL\times0.050\ mol·L^{-1}}{400\ mL+100\ mL}=0.17\ mol·L^{-1}$$

$$c_{NH_4^+}=\frac{400\ mL\times0.20\ mol·L^{-1}-100\ mL\times0.050\ mol·L^{-1}}{400\ mL+100\ mL}=0.23\ mol·L^{-1}$$

$$pH=pK_a+\lg\frac{c_{NH_3}}{c_{NH_4^+}}=9.26+\lg\frac{0.17}{0.23}=9.13$$

溶液的 pH 值增大了 9.13-9.08=0.05 个 pH 单位。

(2)往 400 mL 该缓冲溶液中加入 100 mL 0.050 mol·L^{-1} HCl 溶液,得

$$c_{NH_3}=\frac{400\ mL\times0.20\ mol·L^{-1}-100\ mL\times0.050\ mol·L^{-1}}{400\ mL+100\ mL}=0.15\ mol·L^{-1}$$

$$c_{NH_4^+}=\frac{400\ mL\times0.20\ mol·L^{-1}+100\ mL\times0.050\ mol·L^{-1}}{400\ mL+100\ mL}=0.25\ mol·L^{-1}$$

$$pH=pK_a+\lg\frac{c_{NH_3}}{c_{NH_4^+}}=9.26+\lg\frac{0.15}{0.25}=9.04$$

溶液的 pH 值减小了 9.08-9.04=0.04 个 pH 单位。

计算结果表明,酸碱缓冲溶液可抵抗少量的外来酸或外来碱,保持溶液 pH 值基本不变。

二、缓冲容量与缓冲范围

缓冲溶液的缓冲能力是有限的,只能在一定条件下具有缓冲能力。缓冲溶液缓冲能

力的大小可用缓冲容量(buffer capacity)衡量，缓冲容量的定义为

$$\beta = \frac{db}{dpH} = -\frac{da}{dpH} \tag{4-48}$$

其中，β 为缓冲容量(缓冲指数，buffer index)；db 为加入强碱物质的量；da 为加入强酸物质的量；dpH 为 pH 改变量。其物理意义是使 1 L 溶液的 pH 增加 dpH 单位时需要加入强碱的量为 db(mol)，或使 1 L 溶液的 pH 减少 dpH 单位需要加入强酸的量为 da(mol)，由于加入强酸使溶液的 pH 减小，为保持 β 为正，故在 da/dpH 前加一负号。显然 β 越大，缓冲溶液的缓冲能力越强。缓冲容量的大小与共轭酸碱对的浓度和其比值有关，缓冲容量与组分比和总浓度的关系为

$$\beta = 2.3c\delta_{HA}\delta_{A^-} \tag{4-49}$$

可见，缓冲溶液的总浓度越大，缓冲容量越大，总浓度一定时，缓冲组分的浓度比 c_{A^-}/c_{HA} 越接近于 1，缓冲容量越大。

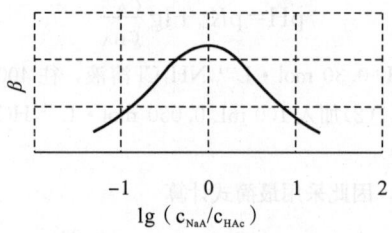

图 4-7　缓冲容量与组分比的关系

由图 4-7 可见，缓冲组分的浓度比 c_{A^-}/c_{HA} 离 1 越远，缓冲容量越小，甚至可能失去缓冲作用，通常当组分比 c_{A^-}/c_{HA} 在 1/10~10 范围内时，缓冲溶液具有有效的缓冲作用，超出这个范围基本上失去缓冲能力。这个有效的 pH 范围叫做缓冲范围(buffer range)。它大约在 pK_a 两侧各一个 pH 单位之内。即

$$pH = pK_a \pm 1 \tag{4-50}$$

例如，HAc-NaAc 缓冲溶液，pK_a=4.74，其缓冲范围为 pH=4.74±1，即：3.74~5.74。

又如，NH_3-NH_4Cl 缓冲溶液，pK_b=4.74，其共轭酸的 pK_a=14-4.74=9.26，其缓冲范围为 pH=9.26±1，即：8.26~10.26。

三、缓冲溶液的选择和配制

选择和配制缓冲溶液应遵循以下基本原则。

1) 选择缓冲溶液时，应使其中酸组分的 pK_a 等于或接近于所需要控制的 pH 值。这是因为缓冲组分浓度比越接近 1:1，缓冲能力越强。例如，要配制 pH=5 的缓冲溶液，可选择 HAc-NaAc(HAc，pK_a=4.74)。同样，pH=9 的缓冲溶液可选择 NH_3-NH_4Cl(NH_4^+，pK_a=9.26)缓冲溶液。由于强酸或强碱具有一定的缓冲能力，因此当要控制溶液的 pH<2 或 pH>12 时，可采用强酸或强碱直接来控制，与缓冲溶液不同的是这类溶液被稀释时，溶液的 pH 将发生显著的变化。

2) 缓冲溶液总浓度应比较大，一般总浓度在 0.01~1.0 mol·L^{-1}。

3)缓冲溶液的酸碱组分对分析过程没有副反应或其他影响。

常见缓冲溶液见表4-2。

表 4-2 部分常用的缓冲溶液

缓冲体系	酸的存在形式	碱的存在形式	pK_a
氨基乙酸-HCl	$^+NH_3CH_2COOH$	$^+NH_3CH_2COO^-$	2.35
乙酸-乙酸钠	CH_3COOH	CH_3COO^-	4.74
六次甲基四胺-HCl	$(CH_2)_6N_4H^+$	$(CH_2)_6N_4$	5.15
NaH_2PO_4-Na_2HPO_4	NaH_2PO_4	Na_2HPO_4	7.20
三羟甲基氨基甲烷(Tris)-HCl	$^+NH_3C(CH_2OH)_3$	$NH_2C(CH_2OH)_3$	8.21
$Na_2B_4O_7$-NaOH	H_3BO_3	$H_2BO_3^-$	9.24
NH_3-NH_4Cl	NH_4^+	NH_3	9.26
$NaHCO_3$-Na_2CO_3	$NaHCO_3$	Na_2CO_3	10.25

四、标准缓冲溶液

标准缓冲溶液是一类 pH 值稳定性很高，pH 值经过准确实验测得的缓冲溶液。用 pH 计测定缓冲溶液的 pH 值时常用标准缓冲溶液校准仪器。表 4-3 列出的为几种最常用的标准缓冲溶液。

表 4-3 标准 pH 缓冲溶液

pH 标准缓冲溶液	pH 标准值(25 ℃)
0.034 mol·L^{-1} 饱和酒石酸氢钾	3.56
0.05 mol·L^{-1} 邻苯二甲酸氢钾	4.01
0.025 mol·L^{-1} KH_2PO_4-0.025 mol·L^{-1} Na_2HPO_4	6.86
0.01 mol·L^{-1} 硼砂	9.18

思考题与习题

1. 当往缓冲溶液中加入大量的酸或碱时，pH 值是否仍保持不变？说明其原因。
2. 分析化学中选择缓冲溶液的原则是什么？
3. 缓冲溶液的缓冲容量大小与哪些因素有关？
4. 将六次甲基四胺配成缓冲溶液，其 pH 缓冲范围是多少？
5. 欲配制 pH=5 的缓冲溶液，可以选用以下何种物质所组成的缓冲体系？
(1)HCOOH；(2)六次甲基四胺；(3)NH_3；(4)HAc。
6. 若配制 pH=10.0 的缓冲溶液 1.0 L，用去 15 mol·L^{-1} 氨水 350 mL，问需要 NH_4Cl 多少克？
7. 20 g $(CH_2)_6N_4$(六次甲基四胺)，加浓 HCl(密度 1.18 g·mL^{-1}，含量为 37%)4.0 mL，稀释至 100 mL，溶液的 pH 值是多少？此溶液是否为缓冲溶液？
8. 需要 pH=4.1 的缓冲溶液，分别以醋酸-醋酸钠和苯甲酸-苯甲酸钠配制，若两种缓冲溶液的酸的浓度都为 0.1 mol·L^{-1}，试通过计算说明哪种缓冲溶液更好。
9. 某弱酸 HA 的 $K_a=2.0\times10^{-5}$，若需要配制 pH=5.00 的缓冲溶液，与 100 mL 1.00 mol·L^{-1} NaA 相混合的 1.00 mol·L^{-1} HA 的体积是多少？
10. 欲使 100 mL 0.10 mol·L^{-1} HCl 溶液的 pH 值从 1.00 增加至 4.44，需加入固体 NaAc 多少克

(忽略溶液体积的变化)?

11. 欲配制 pH 值为 3.0 和 4.0 的 HCOOH-HCOONa 缓冲溶液，应分别往 200 mL 0.20 mol·L^{-1} HCOOH 溶液中加入多少毫升 1.0 mol·L^{-1} NaOH 溶液?

第四节 酸碱指示剂

一、酸碱指示剂变色原理

酸碱指示剂(acid-base indicator)是有机弱酸或弱碱，由于其共轭酸碱对的结构不同从而导致颜色不同，当溶液的 pH 发生变化时，指示剂便会从一种结构变为另一种结构，从而颜色发生变化。例如，酚酞指示剂(见图 4-8)，在弱酸及中性溶液中，酚酞分子具有内酯结构，在弱碱性溶液中，酚酞转化为红色的醌式，当溶液呈强碱性时，酚酞又进一

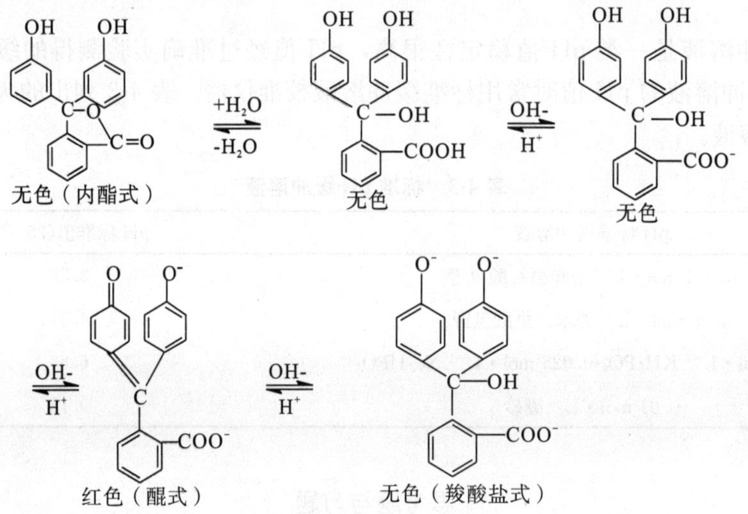

图 4-8 酚酞指示剂结构

步转化为无色羧酸式盐[4]。当用 NaOH 标准溶液滴定 HCl 溶液时，酚酞在 HCl 溶液中以无色的酸式型体结构存在，随着 NaOH 标准溶液的加入，溶液的 pH 值逐渐增大，平衡向右移动，变为红色的碱式型体结构。

假设用 HIn 表示酸碱指示剂的酸式结构的化学式，In$^-$ 表示碱式结构的化学式。在水溶液中存在以下解离平衡

$$HIn \rightleftharpoons In^- + H^+$$

$$K_{HIn} = \frac{[In^-][H^+]}{[HIn]} \qquad \frac{[In^-]}{[HIn]} = \frac{K_{HIn}}{[H^+]}$$

等式两边取负对数值，得

$$pH = pK_{HIn} + \lg\frac{[In^-]}{[HIn]} \tag{4-51}$$

显然溶液的颜色决定于 [In$^-$]/[HIn] 的比值，K_{HIn} 为指示剂的解离平衡常数，在一定条件下为常数，因此，[In$^-$]/[HIn] 仅为 [H$^+$] 的函数，即 [H$^+$] 发生变

化，$[In^-]/[HIn]$ 比值也发生变化，由于人的眼睛辨色能力的限制，通常当 $[In^-]/[HIn] \leqslant 1/10$ 时，只能观察到酸式结构的颜色，当 $[In^-]/[HIn] \geqslant 10$ 时，只能观察到碱式结构的颜色。只有 $[In^-]/[HIn]$ 比值在 $10\sim1/10$ 变化时，才能观察到指示剂颜色的变化，即 pH 值在 $pK_{HIn}\pm1$ 范围内变化才能观察到指示剂颜色的变化。$pH=pK_{HIn}\pm1$ 称为指示剂 pH 理论变色范围。当指示剂的 $[In^-]=[HIn]$ 时，$pH=pK_{HIn}$，这一点称为指示剂的理论变色点。

由于人的眼睛对不同颜色敏感程度不同，实际变色范围与理论变色范围有一定的差别。如甲基橙的 $pK_{HIn}=3.4$，理论变色范围应为 $2.2\sim4.4$，而实际变色范围是：$3.1\sim4.4$（红－黄），这是因为人眼对红色比对黄色敏感。要看到碱式结构的黄色，其共轭碱的浓度必须是共轭酸的 10 倍，而共轭酸的浓度仅仅是共轭碱的 2 倍，就能观察到酸式结构的红色。常用的酸碱指示剂列于表 4-4 中。

表 4-4 常用的酸碱指示剂

指示剂	pH 变色范围	颜色变化	pK_{HIn}	浓度	每 10 mL 试液用量/滴
百里(香)酚兰(第一变色点)(thymol blue)	1.2～2.8	红－黄	1.7	0.1%的 20%的乙醇	1～2
甲基黄(methyl yellow, MY)	2.9～4.0	红－黄	3.3	0.1%的 90%的乙醇	1
甲基橙(methyl orange, MO)	3.1～4.4	红－黄	3.4	0.05%的水	1
溴酚蓝(bromophenol blue)	3.0～4.6	黄－紫	4.1	0.1%的 20%的乙醇或其钠盐水溶液	1
溴甲酚绿(bromocresol green)	4.0～5.6	黄－蓝	5.0	0.1%的 20%的乙醇或其钠盐水溶液	1～2
甲基红(methyl red, MR)	4.4～6.2	红－黄	5.0	0.1%的 60%的乙醇或其钠盐水溶液	1
溴百里酚蓝(bromothymol Blue)	6.2～7.6	黄－蓝	7.3	0.1%的 20%的乙醇或其钠盐水溶液	1
中性红(neutral red)	6.8～8.0	红－黄橙	7.4	0.1%的 60%的乙醇	1
苯酚红(phenol red)	6.8～8.4	黄－红	8.0	0.1%的 60%的乙醇或其钠盐水溶液	1
酚酞(phenolphthalein)	8.0～9.6	无－红	9.1	0.1%的 90%的乙醇	1～2
百里酚兰(第二变色点)(thymol blue)	8.0～9.6	黄－蓝	8.9	0.1%的 20%的乙醇	1～4
百里酚酞(thymolphthalein)	9.4～10.6	无－蓝	10.0	0.1%的 90%的乙醇	1～2

二、影响指示剂变色范围的因素

1. 指示剂的浓度

对于双色指示剂来说，颜色的变化取决于 $[In^-]/[HIn]$ 的比值，因而与指示剂的浓度无关。但指示剂的用量过多,色调变化不明显,变色不敏锐。并且指示剂本身也要消耗一些滴定剂,会带来误差。但对于单色指示剂,指示剂浓度将影响指示剂的变色范围。如酚酞的酸式结构为无色,碱式结构为红色,在一定体积的溶液中,人眼睛感觉到酚酞红色的 In^- 的最低浓度为一固定值。设酚酞浓度为 c_{HIn},则

$$[In^-]=\delta_{In^-} c_{HIn}=\frac{K_{HIn}}{[H^+]+K_{In}} c_{HIn}$$

若指示剂浓度过高,由于 K_{HIn} 是一常数,若要使 $[In^-]$ 保持最低可觉察浓度,则溶液中 $[H^+]$ 必然要增大,即变色范围向 pH 低的方向发生移动。请用实验证明(见实验1)。

2. 温度

因 K_{HIn} 受温度的影响,所以测定温度的变化,指示剂的变色范围也会随之变化。例如,18 ℃时,甲基橙的变色范围是:3.1～4.4,而 100 ℃时,则为 2.5～3.7。故一般酸碱滴定都在室温下进行,如果有必要加热,则需要冷却至室温再滴定。

3. 盐类

盐类的存在影响指示剂的离解常数 K_{HIn},从而影响指示剂的变色范围。另外,由于盐类具有吸收不同波长光的性质,还会影响指示剂颜色的深度,从而影响指示剂变色的敏锐性。

4. 溶剂

在不同的溶剂中具有不同的 K_{HIn} 值,例如,甲基橙在水溶液中的 $pK_{HIn}=3.4$,在甲醇中则为 3.8,故溶剂不同,酸碱指示剂的变色范围不同。

5. 表面活性剂

实验研究表明表面活性剂对指示剂的解离平衡常数也有极大的影响,因此加入表面活性剂可以改变酸碱指示剂的变色范围,且使变色范围变得更加狭窄,如百里香酚蓝在水溶液中的变色范围为 8.00(黄)～9.60(蓝),如果在 CTAB 的溶液中,其变色范围变为 7.80(黄)～8.60(蓝),在 SDS 的溶液中,其变色范围变为 9.00(黄)～9.60(蓝),在 Triton X-100 的溶液中,其变色范围变为 9.20(黄)～10.40(蓝)[5]。

实验1 指示剂变色范围与指示剂用量的关系

仪器和试剂

碱式滴定管(50 mL),pH 计或精密 pH 试纸,0.1%酚酞。

实验步骤

在 50～100 mL 0.10 mol·L^{-1} HCl 溶液中加入 2～3 滴 0.1%酚酞,用 0.10 mol·L^{-1} NaOH 滴定至出现红色时,测定溶液 pH 值,在相同条件下,加入 10～15 滴酚酞,测定呈现红色时的 pH 值,比较测定结果及消耗滴定剂的体积,并解释现象。

在 50～100 mL 0.10 mol·L^{-1} NaOH 溶液中加入 2～3 滴 0.1%的甲基橙,用 0.10 mol·L^{-1} HCl 滴定至出现橙色时,测定溶液 pH 值,在相同条件下,加入 10～15 滴甲基橙,测定呈现橙色时的 pH

值,比较测定结果及消耗滴定剂的体积,并解释现象。

三、混合指示剂

混合指示剂(mixed indicator)是由一种不随 H^+ 浓度变化而改变颜色的染料和一种指示剂混合而成,或者是由两种或两种以上的指示剂混合而成。混合指示剂由于颜色的互补作用,因此具有变色敏锐,变色范围狭窄的特点。例如,甲基橙和靛蓝组成的混合指示剂,其颜色变化见表 4-5。

表 4-5 甲基橙和靛蓝组成的混合指示剂

溶液的酸度	甲基橙的颜色	甲基橙+靛蓝的颜色
pH≥4.4	黄色	绿色
pH=4.0	橙色	浅灰色
pH≤3.1	红色	紫色

又如,溴甲酚绿和甲基红两种指示剂所组成的混合指示剂其颜色变化见表 4-6。

表 4-6 溴甲酚绿和甲基红组成的混合指示剂

溶液的酸度	溴甲酚绿的颜色	甲基红的颜色	混合色
pH<4.0	黄色	红色	酒红
pH=5.1	多呈绿色	多呈橙色	灰色
pH>6.2	蓝色	黄色	绿色

表 4-7 为常用的酸碱混合指示剂。

表 4-7 常用的酸碱混合指示剂

指示剂溶液的组成	变色点 pH	颜色变化 酸色	颜色变化 碱色	备注
1 份 1 g·L^{-1} 甲基黄乙醇溶液,1 份 1 g·L^{-1} 次甲基蓝乙醇溶液	3.25	蓝紫	绿	pH=3.2 蓝紫色,pH=3.4 绿色
4 份 2 g·L^{-1} 溴甲酚绿乙醇溶液,1 份 2 g·L^{-1} 二甲基黄乙醇溶液	3.9	橙	绿	变色点黄色
1 份 2 g·L^{-1} 甲基橙溶液,1 份 2.8 g·L^{-1} 靛蓝(二磺酸)乙醇溶液	4.1	紫	黄绿	调节两者的比例,直至终点敏锐
1 份 1 g·L^{-1} 溴百里酚绿钠盐水溶液,1 份 2 g·L^{-1} 甲基橙水溶液	4.3	黄	蓝绿	pH=3.5 黄色,pH=4.0 黄绿色,pH=4.3 绿色
3 份 1 g·L^{-1} 溴甲酚绿乙醇溶液,1 份 2 g·L^{-1} 甲基红乙醇溶液	5.1	酒红	绿	
1 份 2 g·L^{-1} 甲基红乙醇溶液,1 份 1 g·L^{-1} 次甲基蓝乙醇溶液	5.4	红紫	绿	pH=5.2 红紫,pH=5.4 暗蓝,pH=5.6 绿
1 份 1 g·L^{-1} 溴甲酚绿钠盐水溶液,1 份 1 g·L^{-1} 氯酚红钠盐水溶液	6.1	黄绿	蓝紫	pH=5.4 蓝绿,pH=5.8 蓝,pH=6.2 蓝紫

续表

指示剂溶液的组成	变色点 pH	颜色变化 酸色	颜色变化 碱色	备注
1份 1 g·L^{-1}溴甲酚紫钠盐水溶液,1份 1 g·L^{-1}溴百里酚蓝钠盐水溶液	6.7	黄	蓝紫	pH=6.2 黄紫,pH=6.6 紫,pH=6.8 蓝紫
1份 1 g·L^{-1}中性红乙醇溶液,1份 1 g·L^{-1}次甲基蓝乙醇溶液	7.0	蓝紫	绿	pH=7.0 蓝紫
1份 1 g·L^{-1}溴百里酚蓝钠盐水溶液,1份 1 g·L^{-1}酚红钠盐水溶液	7.5	黄	紫	pH=7.2 暗绿,pH=7.4 淡紫,pH=7.6 深紫
1份 1 g·L^{-1}甲酚红 50%乙醇溶液,6份 1 g·L^{-1}百里酚蓝 50%乙醇溶液	8.3	黄	紫	pH=8.2 玫瑰色,pH=8.4 紫色,变色点微红色

思 考 题

1. 酸碱指示剂指示酸碱滴定终点的基本原理是什么?
2. 为什么酸碱指示剂的实际变色范围与理论变色范围不完全相同?
3. 影响酸碱指示剂变色范围的因素有哪些?
4. 混合指示剂有什么优点?

第五节 酸碱滴定曲线和指示剂的选择

一、强碱滴定强酸或强酸滴定强碱

以 0.1000 mol·L^{-1} NaOH 滴定 20.00 mL 0.1000 mol·L^{-1} HCl 为例讨论强碱滴定强酸过程中溶液的 pH 值变化,整个过程可以分为 4 个阶段考虑。

1. 滴定之前

溶液的 pH 值主要决定于 HCl 的起始浓度

$$[H^+]=0.1000 \text{ mol·L}^{-1}$$
$$pH=1.00$$

2. 滴定开始至化学计量点之前

其滴定反应式为

$$HCl+NaOH=\!=\!=NaCl+H_2O$$

溶液的 pH 值取决于剩余的 HCl 的浓度

$$[H^+]=\frac{c_{HCl}V_{HCl}-c_{NaOH}V_{NaOH}}{V_{HCl}+V_{NaOH}}$$

如加入 NaOH 体积为 19.98 mL 时

$$[H^+]=\frac{0.1000 \text{ mol·L}^{-1}\times 20.00 \text{ mL}-0.1000 \text{ mol·L}^{-1}\times 19.98 \text{ mL}}{20.00 \text{ mL}+19.98 \text{ mL}}$$

$$=5.00\times10^{-5}\text{ mol}\cdot\text{L}^{-1}$$
$$\text{pH}=4.30$$

3. 滴定至化学计量点时

滴定至计量点时,产物为 NaCl 的水溶液,呈中性
$$\text{pH}=7.00$$

4. 化学计量点之后

NaOH 过量,溶液的 pH 值主要决定于过量的 NaOH 的浓度

$$[\text{OH}^-]=\frac{c_{\text{NaOH}}V_{\text{NaOH}}-c_{\text{HCl}}V_{\text{HCl}}}{V_{\text{HCl}}+V_{\text{NaOH}}}$$

如加入 NaOH 体积为 20.02 mL 时

$$[\text{OH}^-]=\frac{0.1000\text{ mol}\cdot\text{L}^{-1}\times20.02\text{ mL}-0.1000\text{ mol}\cdot\text{L}^{-1}\times20.00\text{ mL}}{20.00\text{ mL}+20.02\text{ mL}}$$
$$=5.00\times10^{-5}\text{ mol}\cdot\text{L}^{-1}$$
$$\text{pOH}=4.30\quad\text{pH}=14-4.30=9.70$$

按照上述方法逐一计算出滴定过程中各阶段溶液 pH 变化的情况,结果列于表 4-8 中。

表 4-8 0.1000 mol·L^{-1} NaOH 滴定 20.00 mL 同浓度 HCl 溶液的 pH 变化(室温下)

加入 NaOH 溶液的体积 V_{NaOH}(mL)	HCl 被滴定的百分数(%)	剩余 HCl 溶液的体积 V_{HCl}(mL)	过量 NaOH 溶液的体积 V_{NaOH}(mL)	[H$^+$] (mol·L^{-1})	pH 值	
0.00	0.00	20.00		1.00×10^{-1}	1.00	
18.00	90.00	2.00		5.26×10^{-3}	2.28	
19.80	99.00	0.20		5.02×10^{-4}	3.30	
19.96	99.80	0.04		1.00×10^{-4}	4.00	
19.98	99.90	0.02		5.00×10^{-5}	4.30	突跃范围
20.00	100.0	0.00		1.00×10^{-7}	7.00	
20.02	100.1		0.02	2.00×10^{-10}	9.70	
20.04	100.2		0.04	1.00×10^{-10}	10.00	
20.20	101.0		0.20	2.00×10^{-11}	10.70	
22.00	110.0		2.00	2.10×10^{-12}	11.70	
40.00	200.0		20.00	3.00×10^{-13}	12.50	

按照文献[6]用 Excel 计算加入不同体积 NaOH 溶液时的 pH 值,并作滴定曲线(titration curve)图,见图 4-9。由表 4-8 及图 4-9,可以看出从滴加 NaOH 不足 0.02 mL,即不足 0.1% 到滴加 NaOH 过量 0.02 mL,即过量 0.1%,溶液的 pH 值从 4.30 增大到 9.70,形成一明显的突跃,分析化学上把计量点前后±0.1%相对误差范围内溶液 pH 值的变化范围称为酸碱滴定的 pH 突跃范围,简称突跃范围。

选择指示剂时,只要选择的指示剂在突跃范围内变色,就能保证滴定终点误差不超

过±0.1‰*。因此,可选择甲基橙、甲基红、酚酞等指示剂。

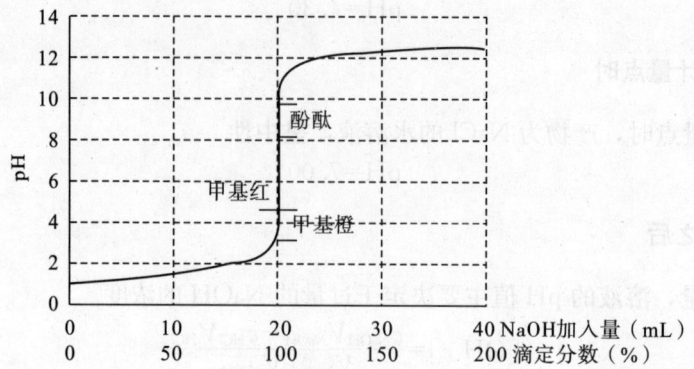

图 4-9 0.1000 mol·L^{-1} NaOH 滴定 20.00 mL 同浓度 HCl 溶液的滴定曲线

用强酸滴定强碱,可按上述方法进行计算,例如,用 0.1000 mol·L^{-1} HCl 滴定 20.00 mL 0.1000 mol·L^{-1} NaOH,其突跃范围为 9.70~4.30,可选择甲基红、酚酞等指示剂。

讨论:若选用甲基橙作指示剂,由黄色滴定到橙色(pH=4.0),将有 0.2‰以上的误差。为消除这种误差,可进行指示剂校正,如何校正?

计算表明当用 0.1000 mol·L^{-1} NaOH 滴定 0.1000 mol·L^{-1} HCl 时,滴定的突跃范围是 4.3~9.7(5.4 个 pH 单位);如果用 1.000 mol·L^{-1} NaOH 滴定 1.000 mol·L^{-1} HCl,其突跃范围为 3.3~10.7(7.4 个 pH 单位);如果用 0.01000 mol·L^{-1} NaOH 滴定 0.01000 mol·L^{-1} HCl,其突跃范围为 5.3~8.7(3.4 个 pH 单位)。可见浓度降低 10 倍,突跃范围减小 2 个 pH 单位;浓度越小,突跃范围越小,可供选择的指示剂越少,甚至没有合适的指示剂,但是浓度太大,需要的试剂量增加,因此通常所用的标准溶液的浓度约为 0.1 mol·L^{-1}。

二、强碱滴定一元弱酸或强酸滴定一元弱碱

以 0.1000 mol·L^{-1} NaOH 滴定 20.00 mL 0.1000 mol·L^{-1} HAc 为例讨论强碱滴定弱酸过程中溶液 pH 值的变化,整个过程可以分为 4 个阶段考虑。

1. 滴定之前

滴定前溶液中只有 HAc,按一元弱酸进行计算。

$$K_a = 1.8 \times 10^{-5}, \quad cK_a > 20 K_w, \quad c/K_a > 400$$

则

$$[H^+] = \sqrt{cK_a} = \sqrt{0.10 \times 1.8 \times 10^{-5}} = 1.3 \times 10^{-3} \text{ mol·L}^{-1}$$

$$pH = 2.89$$

---

* 选择酸碱指示剂的原则是指示剂变色时的 pH 值在滴定曲线的 pH 突跃范围之内。

2. 滴定开始至化学计量点前

这阶段溶液中存在未反应的弱酸 HAc 与反应产物 NaAc，按缓冲溶液公式计算。

$$pH = pK_a + \lg \frac{c_{NaAc}}{c_{HAc}}$$

$$c_{NaAc} = \frac{c_{NaOH} V_{NaOH}}{V_{HAc} + V_{NaOH}}, \quad c_{HAc} = \frac{c_{HAc} V_{HAc} - c_{NaOH} V_{NaOH}}{V_{HAc} + V_{NaOH}}$$

$$pH = pK_a + \lg \frac{V_{NaOH}}{V_{HAc} - V_{NaOH}}$$

如当 $V_{NaOH} = 19.98$ mL 时，pH = 7.74。

3. 化学计量点时

化学计量点时，NaOH 和 HAc 完全反应生成 NaAc。

$$c_{NaAc} = 0.050 \text{ mol} \cdot \text{L}^{-1}, \quad K_b = K_w/K_a = 5.6 \times 10^{-10}$$

因

$$cK_b > 20K_w, \quad c/K_b \gg 400,$$

所以

$$[OH^-] = \sqrt{c_{Ac^-} K_b} = 5.3 \times 10^{-6} \text{ mol} \cdot \text{L}^{-1}$$

$$pOH = 5.28 \quad pH = 8.72$$

4. 化学计量点后

计量点后的溶液由 NaOH 和 NaAc 组成，即为强碱与弱碱的混合溶液。由于 NaOH 过量，Ac^- 的解离受到抑制，溶液的 pH 值主要由过量 NaOH 决定。

$$[OH^-] = \frac{c_{NaOH} V_{NaOH} - c_{HAc} V_{HAc}}{V_{HAc} + V_{NaOH}}$$

当 $V_{NaOH} = 20.02$ mL 时，$[OH^-] = 5.0 \times 10^{-5}$ mol·L^{-1}，pOH = 4.30，pH = 9.70

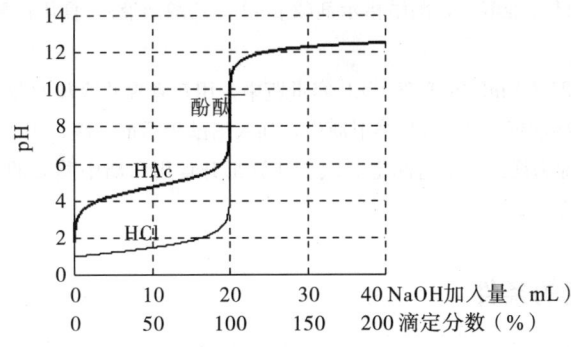

图 4-10 0.1000 mol·L^{-1} NaOH 滴定 20.00 mL 同浓度 HAc 溶液的滴定曲线

表 4-9 及图 4-10 为滴定过程中溶液 pH 值的变化和滴定曲线图。由表 4-9 和图 4-10 可见，与强酸强碱相互滴定相似，强碱滴定一元弱酸在计量点前后±0.1%相对误差范围

内同样有明显的 pH 突跃,其滴定 pH 突跃范围为 7.74~9.70*。根据选择指示剂的原则,显然甲基橙和甲基红都不适合,应该选择在碱性范围内变色的酚酞等指示剂。

对于强酸滴定一元弱碱,滴定过程中 pH 值可按同样方法进行计算,如 0.1000 mol·L^{-1} HCl 滴定 20.00 mL 0.1000 mol·L^{-1} NH$_3$,由于反应产物是 NH$_4^+$,故计量点时溶液呈弱酸性(pH=5.28),滴定 pH 突跃范围在 4.3~6.3,只能选择在酸性范围内变色的指示剂如甲基红。

表 4-9 用 0.1000 mol·L^{-1} 的 NaOH 溶液滴定 20.00 mL 同浓度 HAc 时溶液的 pH 值(室温下)

加入 NaOH 溶液的体积 V_{NaOH}(mL)	HA 滴定的百分数(%)	剩余 HAc 溶的体积 V_{HAc}(mL)	过量 NaOH 溶液的体 V_{NaOH}(mL)	[H$^+$] (mol·L^{-1})	pH 值
0.00	0.00	20.00		1.29×10^{-3}	2.89
10.00	50.00	10.00		2.00×10^{-5}	4.70
18.00	90.00	2.00		2.00×10^{-6}	5.70
19.80	99.00	0.20		1.86×10^{-7}	6.74
19.98	99.90	0.02		1.82×10^{-8}	7.74 ⎫
20.00	100.0	0.00		1.91×10^{-9}	8.72 ⎬ 突跃范围
20.02	100.1		0.02	2.00×10^{-10}	9.70 ⎭
20.20	101.0		0.20	2.00×10^{-11}	10.70
22.00	110.0		2.00	2.00×10^{-12}	11.70
40.00	200.0		20.00	3.16×10^{-13}	12.50

实验 2 食醋中醋酸含量的测定

仪器与试剂

分析天平,碱式滴定管(50 mL),锥形瓶(250 mL),移液管(25 mL)。

0.1 mol·L^{-1} NaOH 标准溶液,酚酞指示剂(2 g·L^{-1}乙醇溶液),食用白醋试液。

实验步骤

准确移取食用白醋 25.00 mL 置于 250 mL 容量瓶中,用新煮沸并冷却的蒸馏水稀释至刻度,摇匀。用 25 mL 移液管取上述溶液置于 250 mL 锥形瓶中,加入酚酞指示剂 2 滴,用 NaOH 标准溶液滴定至微红色在半分钟内不褪色即为终点,平行测定 3 次。计算每升食用白醋中醋酸的质量(g·L^{-1}),分析结果的相对平均偏差应小于 0.2%。

三、直接准确滴定的条件

强碱滴定一元弱酸或强酸滴定一元弱碱与强酸强碱相互滴定相似,曲线的突跃范围与浓度有关(见图 4-11),此外,还与酸碱强弱有关(见图 4-12),并且是影响突跃范围大小的主要因素。当 c 和 K_a 小到一定程度时,滴定曲线便没有 pH 突跃,若用指示剂指示

---

* 强碱滴定一元弱酸,pH 突跃范围在碱性范围;强酸滴定一元弱碱,其 pH 突跃范围在酸性范围。

终点,则滴定曲线必须有一定的 pH 突跃范围,才能保证滴定的终点误差不超过 ±0.1%。设指示剂恰好在计量点变色,但由于人对指示剂实际变色点的判断通常至少有± 0.2 个 pH 单位误差,因此要求滴定突跃不得小于 0.4 个 pH 单位。要达到这一要求,须满足以下条件。

对于强碱滴定一元弱酸

$$c_{sp}K_a \geqslant 10^{-8} \tag{4-52}$$

对于强酸滴定一元弱碱

$$c_{sp}K_b \geqslant 10^{-8} \tag{4-53}$$

其中 c_{sp} 是按计量点时溶液的体积计算的被滴定物质的分析浓度。

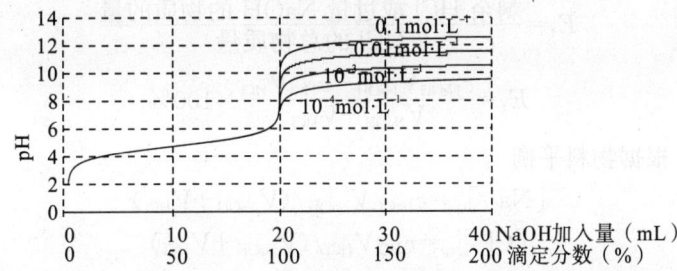

图 4-11 0.1000 mol·L^{-1} NaOH 滴定不同浓度 HAc 溶液的滴定曲线

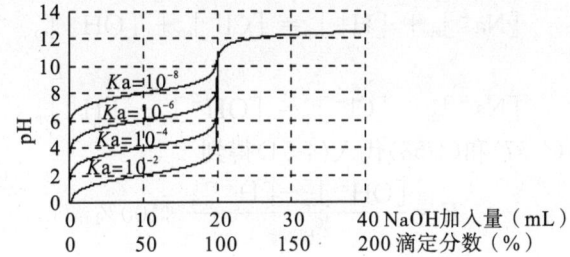

图 4-12 0.1000 mol·L^{-1} NaOH 滴定不同 K_a 值弱酸溶液的滴定曲线

实验 3 甲醛法测定铵盐中氮的含量

原理

NH_4^+ 为一元弱酸,其 $K_a = 5.6 \times 10^{-10}$,不满足 $c_{sp}K_a \geqslant 10^{-8}$ 的条件,因此不能用 NaOH 标准溶液直接滴定 NH_4^+,可采用将铵盐和甲醛作用,按化学计量关系定量生成 H^+ 和质子化的六亚甲基四胺

$$4NH_4^+ + 6HCHO = (CH_2)_6N_4H^+ + 3H^+ + 6H_2O$$

生成的 H^+ 和 $(CH_2)_6N_4H^+$($K_a = 7.1 \times 10^{-6}$)可用 NaOH 标准溶液滴定,计量点时产物为 $(CH_2)_6N_4$,其水溶液显微碱性,可选酚酞作指示剂。

仪器和试剂

分析天平,碱式滴定管(50 mL),锥形瓶(250 mL)。

0.1 mol·L^{-1} NaOH 标准溶液,酚酞指示剂(2 g·L^{-1} 乙醇溶液)。

实验步骤

准确称取 $(NH_4)_2SO_4$ 0.13~0.16 g 于 250 mL 锥形瓶中[①],加入 20~30 mL 水使之溶解,加入 5 mL 中性甲醛溶液[②],1~2 滴酚酞,摇匀,静置 1 min 后,用 0.10 mol·L^{-1} NaOH 标准溶液滴定至溶液呈

淡红色且半分钟不褪色为终点,平行测定3次。计算试样中的含氮量(w_N)及相对平均偏差。

注释:①如果铵盐中含有游离酸,应事先中和除去,先加甲基红指示剂,用NaOH溶液滴定至橙色,然后再加入甲醛进行测定;②甲醛中常含有微量甲酸,应预先以酚酞为指示剂,用NaOH标准溶液中和至溶液呈淡红色以除去。

四、终点误差

1. 强酸强碱相互滴定

以NaOH滴定HCl为例。

$$E_t = \frac{剩余HCl或过量NaOH的物质的量}{HCl的总物质量}$$

$$E_t = \frac{c_{NaOH}V_{NaOH} - c_{HCl}V_{HCl}}{V_{NaOH} + V_{HCl}} \times 100\% \tag{4-54}$$

滴定至终点时,根据物料平衡

$$[Na^+]_{ep} = c_{NaOH}V_{NaOH}/(V_{NaOH} + V_{HCl}) \tag{4-55}$$

$$[Cl^-]_{ep} = c_{HCl}V_{HCl}/(V_{NaOH} + V_{HCl}) \tag{4-56}$$

$$c_{HCl,ep} = c_{HCl}V_{HCl}/(V_{NaOH} + V_{HCl}) \tag{4-57}$$

又由电荷平衡

$$[Na^+]_{ep} + [H^+]_{ep} = [Cl^-]_{ep} + [OH^-]_{ep}$$

整理得

$$[Na^+]_{ep} - [Cl^-]_{ep} = [OH^-]_{ep} - [H^+]_{ep} \tag{4-58}$$

将(4-55)、(4-56)、(4-57)和(4-58)代入(4-54)得到

$$E_t = \frac{[OH^-]_{ep} - [H^+]_{ep}}{c_{HCl,ep}} \times 100\% \tag{4-59}$$

若计量点之后变色,则$[OH^-]_{ep} > [H^+]_{ep}$,误差为正;若计量点之前变色,$[OH^-]_{ep} < [H^+]_{ep}$,误差为负。

2. 强碱(酸)滴定一元弱酸(碱)

以NaOH滴定HA为例。

$$E_t = \frac{剩余HA或过量NaOH的物质的量}{HA总物质的量}$$

$$E_t = \frac{c_{NaOH}V_{NaOH} - c_{HA}V_{HA}}{V_{NaOH} + V_{HA}} \times 100\% \tag{4-60}$$

滴定至终点时,根据物料平衡

$$[Na^+]_{ep} = c_{NaOH}V_{NaOH}/(V_{NaOH} + V_{HA}) \tag{4-61}$$

$$[HA]_{ep} + [A^-]_{ep} = c_{HA}V_{HA}/(V_{NaOH} + V_{HA}) \tag{4-62}$$

$$c_{HA,ep} = c_{HA}V_{HA}/(V_{NaOH} + V_{HA}) \tag{4-63}$$

又由电荷平衡

$$[Na^+]_{ep} + [H^+]_{ep} = [A^-]_{ep} + [OH^-]_{ep}$$

整理得

$$[Na^+]_{ep} = [A^-]_{ep} + [OH^-]_{ep} - [H^+]_{ep} \quad (4-64)$$

将(4-61)、(4-62)、(4-63)和(4-64)代入(4-60)得到

$$E_t = \left(\frac{[OH^-]_{ep} - [H^+]_{ep}}{c_{HA,ep}} - \delta_{HA,ep} \right) \times 100\% \quad (4-65)$$

五、多元酸或多元碱的滴定

多元酸(polyfunctional acid)或多元碱(polyfunctional base)在水溶液中存在分级解离的现象，以二元弱酸 H_2A 为例，H_2A 在水溶液中有两级解离

$$H_2A \rightleftharpoons HA^- + H^+$$
$$HA^- \rightleftharpoons A^{2-} + H^+$$

欲使两级解离出的 H^+ 能被直接准确滴定，首先必须满足条件：$c_{sp_1} K_{a_1} \geqslant 10^{-8}$，$c_{sp_2} K_{a_2} \geqslant 10^{-8}$，但仅仅满足 $c_{sp_1} K_{a_1} \geqslant 10^{-8}$ 不能保证在第一计量点有突跃，只有 K_{a_1} 和 K_{a_2} 相差比较大才可能在第一计量点产生突跃。由于在第一计量点的滴定产物 HA^- 是两性物质，具有一定的缓冲作用，所以第一计量点附近的 pH 突跃范围较一元弱酸小得多，因此很难保证滴定误差小至 $\pm 0.1\%$。当采用指示剂目测终点时，如果检测终点的不确定性仍为 ± 0.2pH，要保证滴定终点误差不超过 $\pm 0.3\%$，则要求 $K_{a_1}/K_{a_2} \geqslant 10^5$ 才能满足分步滴定的要求。

强酸滴定多元碱的情况相似。

例 4-11 用 $0.1000 \text{ mol} \cdot L^{-1}$ NaOH 标准溶液滴定 $0.10 \text{ mol} \cdot L^{-1}$ H_3PO_4（$K_{a_1} = 7.6 \times 10^{-3}$，$K_{a_2} = 6.3 \times 10^{-8}$，$K_{a_3} = 4.4 \times 10^{-13}$），试判断有几个突跃，是否能分别滴定几步解离出的氢离子，各选用什么指示剂？

解 因为

$$c_{sp_1} K_{a_1} = \frac{0.10}{2} \times 7.6 \times 10^{-3} > 10^{-8}$$

$$c_{sp_2} K_{a_2} = \frac{0.10}{3} \times 6.3 \times 10^{-8} = 0.2 \times 10^{-8} \approx 10^{-8}$$

$$c_{sp_3} K_{a_3} = \frac{0.10}{4} \times 4.4 \times 10^{-13} < 10^{-8}$$

$$\frac{K_{a_1}}{K_{a_2}} = \frac{7.6 \times 10^{-3}}{6.3 \times 10^{-8}} = 1.2 \times 10^5 > 10^5$$

$$\frac{K_{a_2}}{K_{a_3}} = \frac{6.3 \times 10^{-8}}{4.4 \times 10^{-13}} = 1.4 \times 10^5 > 10^5$$

所以能分步滴定第一、二级解离出的氢离子。

第一计量点时，溶液中存在的组分 $H_2PO_4^-$ 为一两性物质，溶液的 pH 值用两性物质的公式计算，得

$$[H^+] = \sqrt{\frac{K_{a_1}(cK_{a_2} + K_w)}{K_{a_1} + c}}$$

因 $cK_{a_2} = 0.050 \times 6.3 \times 10^{-8} = 3.2 \times 10^{-9} > 20 K_w$

$$c < 20 K_{a_1}$$

所以 $[H^+] = \sqrt{\frac{cK_{a_1} K_{a_2}}{K_{a_1} + c}} = \sqrt{\frac{7.6 \times 0.05 \times 6.3 \times 10^{-8}}{7.6 \times 10^{-3} + 0.05}} = 2.0 \times 10^{-5} \text{ mol} \cdot L^{-1}$

$$pH = 4.70$$

可选用甲基橙作指示剂,终点由红变黄,如果采用同浓度的 NaH_2PO_4 的溶液作参比,其终点误差可减小到约 -0.5%。

第二计量点时,溶液中的组分为 HPO_4^{2-},有

$$[H^+]=\sqrt{\frac{K_{a_2}(cK_{a_3}+K_W)}{K_{a_2}+c}}$$

因为
$$cK_{a_3}=\frac{0.1}{3}\times 4.4\times 10^{-13}=1.5\times 10^{-14}<20K_W$$

$$c>20K_{a_2}$$

所以
$$[H^+]=\sqrt{\frac{K_{a_2}(cK_{a_3}+K_W)}{c}}$$

$$[H^+]=\sqrt{\frac{6.3\times 10^{-8}\times (0.033\times 4.4\times 10^{-13}+1.0\times 10^{-14})}{0.033}}$$
$$=2.2\times 10^{-10}\,mol\cdot L^{-1}$$
$$pH=9.66$$

可选酚酞作指示剂[8.0(无色)~9.6(红色)],终点由无色变微红,pH 为 9,终点过早出现,有较大误差。但如果选用百里酚酞[9.4(无色)~10.6(蓝色)],终点由无色变浅蓝色,误差小些,约为 0.5%。图 4-13 为 $0.1000\,mol\cdot L^{-1}$ NaOH 标准溶液滴定 $0.10\,mol\cdot L^{-1}$ H_3PO_4 的滴定曲线。

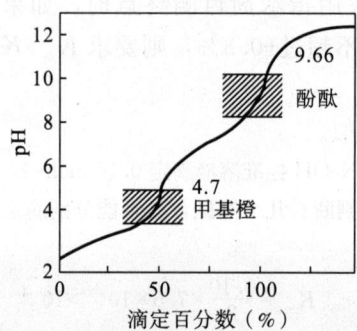

图 4-13 $0.1000\,mol\cdot L^{-1}$ NaOH 滴定同浓度 H_3PO_4 溶液的滴定曲线

例 4-12 用 $0.1000\,mol\cdot L^{-1}$ HCl 滴定 $0.10\,mol\cdot L^{-1}$ Na_2CO_3,(已知 H_2CO_3 的 $K_{a_1}=4.2\times 10^{-7}$,$K_{a_2}=5.6\times 10^{-11}$),问能否分别滴定两步解离出的 OH^-,选用什么指示剂?

解
$$K_{b_1}=\frac{K_W}{K_{a_2}}=\frac{1.0\times 10^{-14}}{5.6\times 10^{-11}}=1.8\times 10^{-4}$$

$$K_{b_2}=\frac{K_W}{K_{a_1}}=\frac{1.0\times 10^{-14}}{4.2\times 10^{-7}}=2.4\times 10^{-8}$$

$$c_{sp_1}K_{b_1}=\frac{0.10}{2}\times 1.8\times 10^{-4}=8.9\times 10^{-6}>10^{-8}$$

$$c_{sp_2}K_{b_2}=\frac{0.10}{3}\times 2.4\times 10^{-8}=7.9\times 10^{-10}<10^{-8}$$

$$\frac{K_{b_1}}{K_{b_2}}=\frac{1.8\times 10^{-4}}{2.4\times 10^{-8}}=7.5\times 10^3\approx 10^4$$

由于 K_{a_1} 和 K_{a_2} 相差不够大,加上第一计量点溶液中存在形态 HCO_3^- 为一两性物质,具有缓冲性质。故第一计量点突跃不明显,用指示剂的办法指示终点时其误差将达到 1%。

第一计量时,有

$$[H^+]=\sqrt{\frac{K_{a_1}(cK_{a_2}+K_W)}{K_{a_1}+c}}$$

因

$$cK_{a_2} = \frac{0.1}{2} \times 5.6 \times 10^{-11} = 2.8 \times 10^{-11} > 20 K_w$$

$$c > 20 K_{a_1}$$

所以 $[H^+] = \sqrt{\dfrac{cK_{a_1}K_{a_2}}{c}} = \sqrt{K_{a_1}K_{a_2}} = \sqrt{4.2 \times 10^{-7} \times 5.6 \times 10^{-11}} = 4.8 \times 10^{-9}\ \text{mol} \cdot L^{-1}$

$$\text{pH} = 8.32$$

可选酚酞为指示剂（变色范围 9.6~8.0），终点由红色变为无色，其误差可达 1%。若选用甲酚红与百里酚酞混合指示剂（变色 pH 范围为 8.2~8.4，颜色为粉红~紫），并将同浓度的 $NaHCO_3$ 作参比，终点误差可减小到 0.5%。

第二计量点时由于 $c_{sp_2}K_{b_2}$ 不够大，因此第二计量点时突跃不明显。但由于第二计量点时形成的是 H_2CO_3，可通过加热和剧烈摇动加速 H_2CO_3 的分解，从而提高其滴定的准确度。已知 25 ℃下 H_2CO_3 饱和溶液中的 H_2CO_3 浓度为 0.040 mol·L^{-1}。

$$[H^+] = \sqrt{cK_{a_1}} = \sqrt{0.04 \times 4.2 \times 10^{-7}} = 1.3 \times 10^{-13}\ \text{mol} \cdot L^{-1}$$

$$\text{pH} = 3.89$$

可选择甲基橙作指示剂，滴定终点（橙色）时溶液 pH 约为 4.0。图 4-14 为 0.1000 mol·L^{-1} NaOH 标准溶液滴定 0.10 mol·L^{-1} Na_2CO_3 的滴定曲线。

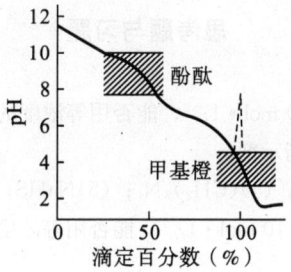

图 4-14 0.1000 mol·L^{-1} HCl 滴定同浓度 Na_2CO_3 溶液的滴定曲线

六、混合酸或混合碱的滴定

对于一元强酸和一元弱酸（HB）的混合酸，当 $c_{sp}K_{a(HB)} < 10^{-8}$ 时，不能滴定混合酸的总量；当 $pK_a > 9$ 时，相当于单独滴定强酸；如果 $pK_a < 5$，就无法准确滴定混合酸中的强酸。

对于两种弱酸的混合酸，当 $c_{sp(HA)}K_{a(HA)} \geqslant 10^{-8}$，$c_{sp(HB)}K_{a(HB)} \geqslant 10^{-8}$，$K_{a(HA)}/K_{a(HB)} > 10^5$，才能分别滴定两种弱酸。

混合碱的情况与之相似。

七、酸碱滴定中 CO_2 的影响

在酸碱滴定中，空气中的 CO_2 会溶解于蒸馏水、标准溶液和被滴定的溶液中，CO_2 溶解于水形成 H_2CO_3，溶解于 NaOH 的水溶液中形成 Na_2CO_3，因此吸收的 CO_2 会参与酸碱反应，从而影响滴定分析的准确度。

选择不同指示剂，CO_2 影响程度不同。选择在酸性范围内变色的指示剂如甲基橙等，

由各种途径引入的 CO_2 基本上都不参与反应(见图 4-14),即使碱标准溶液吸收的 CO_2 形成的 Na_2CO_3 参与了酸碱反应,但是最终都转化成 H_2CO_3,补偿了由于吸收 CO_2 所造成的损失,并不影响滴定分析的结果。若选择在碱性范围内变色的指示剂如酚酞,滴定终点 pH 值约为 9,此时溶液中溶解的 CO_2 所形成的 H_2CO_3 将被滴定到 HCO_3^-,碱标准溶液吸收 CO_2 后形成的 Na_2CO_3 滴定终点时转为 HCO_3^-,不能完全补偿由于吸收 CO_2 引起的损失,CO_2 的影响将不可忽视。

为减小 CO_2 对酸碱滴定的影响,可采用以下措施减小溶液中 CO_2 的量。

1)用不含 Na_2CO_3 的 NaOH 配制标准溶液。

2)利用 Na_2CO_3 在浓 NaOH 溶液中溶解度小,先将 NaOH 配成浓溶液,取上层清液,用除去 CO_2 的蒸馏水稀释成稀溶液。

3)在较浓的 NaOH 溶液中加入 $BaCl_2$ 以沉淀 CO_3^{2-},然后取上层清液稀释成所需要浓度的溶液。

4)配制 NaOH 时,将固体 NaOH 用煮沸的蒸馏水迅速冲洗表面,然后溶解,稀释成一定浓度的溶液。

思考题与习题

1. 下列酸或碱溶液浓度均为 $0.10\ mol \cdot L^{-1}$,能否用等浓度的滴定剂滴定?如能滴定,计算化学计量点的 pH,并指出滴定时应选用的指示剂。

(1)NaAc;(2)HCOOH;(3)HF;(4)$(CH_2)_6N_4$;(5)NaHS;(6)NH_4Cl;(7)KHP;(8)羟胺。

2. 下列多元酸或碱的浓度均为 $0.10\ mol \cdot L^{-1}$,能否用等浓度的滴定剂直接滴定?有几个突跃,滴定时应选用的指示剂是什么。

(1)H_3AsO_4;(2)$H_2C_2O_4$;(3)H_2SO_4;(4)Na_3PO_4;(5)Na_2CO_3;(6)联胺;(7)H_2SO_4;(8)HCl-HAc;(9)$HCl-H_3PO_4$;(10)HAc-HF。

3. 为什么中和甲醛试剂中的甲酸以酚酞为指示剂,而中和铵盐试剂中的游离酸则以甲基红作指示剂?

4. 判断下列情况对测定结果的影响。

(1)以 $H_2C_2O_4 \cdot 2H_2O$ 作基准物质,用来标定 NaOH 溶液的浓度,但因保存不当,草酸失去部分结晶水。

(2)NaOH 标准溶液在保存过程中吸收了少量空气中的 CO_2,用它来比较滴定 HCl 溶液的浓度,分别以甲基橙和酚酞作指示剂。

(3)标定 NaOH 溶液时,邻苯二甲酸氢钾中混有邻苯二甲酸。

5. 用 $0.1000\ mol \cdot L^{-1}$ HCl 溶液滴定同浓度的 NaOH 溶液时,分别采用甲基橙和酚酞作指示剂,各引起什么误差(正误差或负误差),哪种指示剂引起的误差更小。

6. HCl 与 HAc 的混合溶液(浓度均为 $0.10\ mol \cdot L^{-1}$),能否以甲基橙为指示剂,用 $0.1000\ mol \cdot L^{-1}$ NaOH 溶液直接滴定其中的 HCl?此时有多少 HAc 参与了反应?

7. 有人试图用酸碱滴定法来测定 NaAc 的含量,先向溶液中加入一定量过量的标准 HCl 溶液,然后 NaOH 标准溶液返滴定过量的 HCl。上述设计是否正确?试简述其理由。

8. 今有 H_2SO_4 和 $(NH_4)_2SO_4$ 的混合溶液,浓度均为 $0.050\ mol \cdot L^{-1}$,欲用 $0.1000\ mol \cdot L^{-1}$ NaOH 溶液滴定,试问:(1)能否准确滴定其中的 H_2SO_4?为什么?采用什么指示剂?(2)如何用酸碱滴定法测定混合溶液中$(NH_4)_2SO_4$ 的含量?指示剂又是什么?

9. 某生以甲基橙为指示剂用 HCl 标准溶液确定含 CO_3^{2-} 的 NaOH 溶液,然后用此 NaOH 测定试样中 HAc 的含量时，HAc 含量测定结果将偏高还是偏低，或者无影响？

10. 配制的 NaOH 溶液未除尽 CO_3^{2-}，若以 $H_2C_2O_4$ 标定 NaOH 浓度后，用于测定 HAc 含量，其结果是偏高还是偏低，还是无影响？

11. 以 $0.1000 \text{ mol} \cdot L^{-1}$ NaOH 标准溶液滴定 20.00 mL $0.1000 \text{ mol} \cdot L^{-1}$ 乳酸[$CH_3CH(OH)COOH$]。试求：(1)滴定前；(2)滴加 NaOH 19.98 mL 时；(3)化学计量点时；(4)滴加 NaOH 20.02 mL时，滴定液的 pH 值。如果以酚酞为指示剂，终点误差是多少？

12. 用 $0.1000 \text{ mol} \cdot L^{-1}$ HCl 滴定 50.00 mL $0.0500 \text{ mol} \cdot L^{-1}$ 某弱碱(NaB, $pK_b=4.05$)，计算加入 HCl 体积分别为(1)0.00 mL；(2)10.00 mL；(3)23.00 mL；(4)26.00 mL时溶液的 pH 值。

13. 某一元弱酸 HA 试样 1.250 g 用水溶解后稀释至 50.00 mL，可用 41.20 mL $0.09000 \text{ mol} \cdot L^{-1}$ NaOH 滴定至计量点。当加入 8.24 mL NaOH 时溶液的 pH=4.30。(1)求该弱酸的摩尔质量；(2)计算弱酸的解离常数 K_a 和计量点的 pH；(3)选择何种指示剂？

14. 取 25.00 mL 苯甲酸溶液，用 20.00 mL $0.1000 \text{ mol} \cdot L^{-1}$ NaOH 溶液滴定至计量点。(1)计算苯甲酸溶液的浓度；(2)求化学计量点的 pH；(3)应选择哪种指示剂？

15. 称取不纯的未知一元弱酸 HA(摩尔质量为 $82.00 \text{ g} \cdot \text{mol}^{-1}$)试样 1.600 g，溶解后稀释至 60.00 mL，以 $0.2500 \text{ mol} \cdot L^{-1}$ NaOH 进行电位滴定。已知 HA 被中和一半时溶液的 pH=5.00，而中和至计量点时溶液的 pH=9.00。计算试样中 HA 的质量分数。

第六节 酸碱滴定法的应用

酸碱滴定法广泛应用于工农业生产和医药卫生等各方面。如重要的化工原料三酸(硫酸、盐酸和硝酸)、二碱(纯碱和烧碱)主要成分含量的测定。钢铁及某些原材料中碳、硫、磷、硅和氮等元素的测定，临床检验中尿液、胃液及其他体液的酸度的测定。药品检验如阿司匹林含量的测定等均可采用酸碱滴定法。

一、酸碱标准溶液的配制与标定

1. 酸标准溶液的配制与标定

酸碱滴定中最常用的酸标准溶液是盐酸*，有时也用硫酸和硝酸作标准溶液，但是硫酸有时可能与试样中的共存离子形成沉淀干扰滴定，硝酸具有氧化性。由于浓盐酸具有挥发性，所以只能采用间接配制方法配制盐酸标准溶液，标定 HCl 的基准物质有无水 Na_2CO_3、硼砂。

(1)用无水 Na_2CO_3 进行标定

当用无水 Na_2CO_3 标定盐酸标准溶液时，由图 4-14 可见，滴定曲线有两个突跃，两个突跃都很小，但第二计量点时形成的碳酸可以通过加热煮沸溶液使 H_2CO_3 的过饱和部分不断分解逸出而减小误差，达到标 HCl 溶液浓度的目的。其标定反应为

$$Na_2CO_3 + 2HCl = 2NaCl + H_2O + CO_2\uparrow$$

化学计量点时，为 H_2CO_3 的饱和溶液，pH 为 3.89，以甲基橙为指示剂滴定溶液呈橙色时为终点。

---

* 酸碱滴定中通常都用强酸或强碱作标准溶液，因为弱酸弱碱滴定分析样品时可能没有 pH 突跃范围。

(2) 用硼砂($Na_2B_4O_7 \cdot 10H_2O$)进行标定

硼砂($Na_2B_4O_7 \cdot 10H_2O$)具有易制得纯品，吸湿性小，摩尔质量大的优点。但由于含有结晶水，当空气中相对湿度小于39%时，有明显的风化而失水的现象，常保存在相对湿度为60%的恒湿器(下置饱和的蔗糖和食盐溶液)中。其标定反应为

$$Na_2B_4O_7 + 2HCl + 5H_2O \Longrightarrow 4H_3BO_3 + 2NaCl$$

产物为 H_3BO_3，其水溶液的 pH 约为 5.1，可用甲基红作指示剂。

2. 碱标准溶液的配制与标定

酸碱滴定中最常用的碱标准溶液是 NaOH，因为 NaOH 容易吸收空气中的水分和 CO_2，因此 NaOH 标准溶液只能采用间接法配制。标定 NaOH 的基准物质有邻苯二甲酸氢钾($KHC_8H_4O_4$)和草酸($H_2C_2O_4 \cdot 2H_2O$)。

(1) 用邻苯二甲酸氢钾($KHC_8H_4O_4$)进行标定

因邻苯二甲酸氢钾容易制得纯品，在空气中不吸水、容易保存、摩尔质量较大($204.2 \text{ g} \cdot \text{mol}^{-1}$)，所以是理想的基准试剂。其标定反应如下

$$\text{邻苯二甲酸氢钾} + NaOH \Longrightarrow \text{邻苯二甲酸钾钠} + H_2O$$

产物为二元弱碱，在水溶液中呈微碱性，可选用酚酞作指示剂。

(2) 用草酸($H_2C_2O_4 \cdot 2H_2O$)进行标定

草酸($H_2C_2O_4 \cdot 2H_2O$)在相对湿度为 5%～95% 时不会风化失水，故需要将其保存在磨口玻璃瓶中。标定 NaOH 溶液的反应如下

$$H_2C_2O_4 + 2NaOH \Longrightarrow Na_2C_2O_4 + 2H_2O$$

反应产物为二元弱碱，在水溶液中呈微碱性，可选用酚酞作指示剂。

二、酸碱滴定的应用

酸碱滴定法可以用于测定具有酸或碱性的各种无机物、有机物和生物物质等，有些没有酸碱性质的物质通过特定的反应生成酸或碱，也可以用酸碱滴定法进行测定。

1. 元素分析

如 C、N、Cl、Br、F 等非金属元素可通过一定的化学反应转变成无机酸或碱，然后用酸碱滴定法进行测定。

(1) 氮

工业和农业生产中有许多重要的含氮化合物，如氨基酸、蛋白质、肥料、合成药物和染料等。测定土壤和有机氮最常用的方法是先将试样经过一定的化学处理后(在无水 $CuSO_4$、硒或其他催化剂存在下，将试样在浓硫酸中加热硝化)，使各种含氮化合物分解并定量转变成铵盐，然后测定含氮量。

由于 NH_4^+ 是很弱的酸($K_a = 5.6 \times 10^{-10}$)，不能直接用碱标准溶液准确滴定，可采用蒸馏法测定。向铵盐试样的溶液中加入过量的浓碱溶液，加热使 NH_3 逸出，并导入过量的 H_3BO_3 溶液中使之完全被吸收，然后用 HCl 标准溶液滴定 H_3BO_3 吸收液

第四章 酸碱滴定法

$$NH_4^+ + OH^- \stackrel{\triangle}{=\!=\!=} NH_3 \uparrow + H_2O$$
$$NH_3 + H_3BO_3 =\!=\!= NH_4^+ + H_2BO_3^-$$
$$H^+ + H_2BO_3^- =\!=\!= H_3BO_3$$

终点产物为 H_3BO_3 和 NH_4^+,pH ≈ 5,可选用甲基红作指示剂,氮含量为

$$w_N = \frac{c_{HCl} V_{HCl} M_N}{m_s}$$

如果是测定蛋白质的含量,由于蛋白质含氮量比较恒定,理想状态下蛋白质中氮含量为 16%,因此测定值乘以 6.25 即为蛋白质含量,由于这种方法是丹麦化学家凯耶达尔(J. Kjeldahl)于 1883 年发明的,所以称为凯氏定氮法(Kjeldahl method)。

除硼酸外,还可用过量的盐酸或硫酸标准溶液吸收 NH_3,然后以甲基红(橙)为指示剂,再用 NaOH 标准溶液返滴定过量的酸。

蒸馏法虽然比较准确,但是比较麻烦和费时。所以对于测定含氮量较高的样品时,常采用甲醛法测定。

例 4-13 称取 0.2500 g 食品试样,采用凯氏定氮法测定蛋白质的含量。以 0.1000 mol·L⁻¹ HCl 标准溶液滴定吸收氨的硼酸溶液至终点,消耗 21.20 mL,计算食品中蛋白质的含量(已知将氮的质量换算为蛋白质的换算因数为 6.250)。

解

$$w_{蛋白质} = \frac{0.1000 \text{ mol·L}^{-1} \times 21.20 \times 10^{-3} \text{ L} \times 14.01 \text{ g·mol}^{-1} \times 6.250}{0.2500 \text{ g}} = 0.7425$$

(2) 硫

有机物和生物样品中的硫通常采用在氧气流中燃烧,使 S 转变为 SO_2,然后将生成的 SO_2 通入 H_2O_2 的稀溶液中

$$SO_2(g) + H_2O_2 =\!=\!= H_2SO_4$$

生成的硫酸用标准碱溶液滴定。

(3) 其他元素

表 4-10 列出一些基于酸碱滴定的元素分析。

表 4-10 基于酸碱滴定的元素分析

元素	转变成形式	吸收或沉淀产物	滴定方式
C	CO_2	$CO_2(g) + Ba(OH)_2 \longrightarrow Ba(CO)_3(s) + H_2O$	过量的 $Ba(OH)_2$ 用 HCl 标准溶液滴定
Cl(Br)	HCl	$HCl(g) + H_2O \longrightarrow Cl^- + H_3O^+$	用 NaOH 标准溶液滴定
F	SiF_4	$SiF_4(g) + H_2O \longrightarrow H_2SiF_6$	用 NaOH 标准溶液滴定
P	H_3PO_4	$12H_2MoO_4 + 3NH_4^+ + H_3PO_4 \longrightarrow$ $(NH_4)_3PO_4 \cdot 12MoO_3(s) + 12H_2O + 3H^+$ $(NH_4)_3PO_4 \cdot 12MoO_3(s) + 26OH^- \longrightarrow$ $HPO_4^{2-} + 12MoO_4^{2-} + 14H_2O + 3NH_3(g)$	过量的 NaOH 用 HCl 标准溶液滴定

2. 混合碱的分析

(1) 双指示剂法

利用两种指示剂指示不同终点的到达,根据不同终点消耗标准溶液的体积从而计算

各组分含量的方法。测定时,先在混合碱试液中加入酚酞,用浓度 c mol·L^{-1} 的 HCl 标准溶液滴定至终点,消耗的体积为 V_1;再加入甲基橙并继续滴定至第二终点,消耗的体积为 V_2。如混合碱为 NaOH 和 Na_2CO_3,其关系如图 4-15 所示。

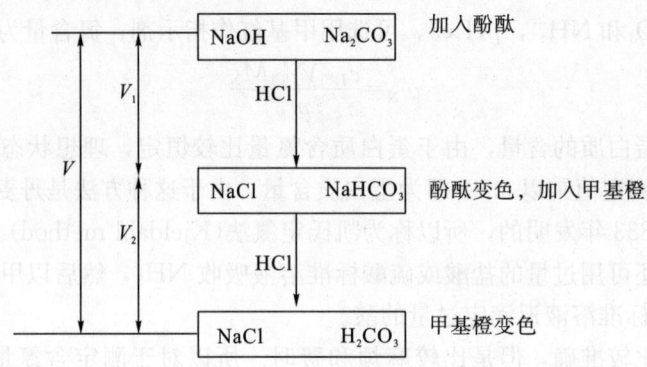

图 4-15 双指示剂在 NaOH 和 Na_2CO_3 混合碱中的应用

由图 4-15 可知,$V_1 > V_2$,滴定 NaOH 用去 HCl 溶液的体积为 $V_1 - V_2$,滴定 Na_2CO_3 用去的体积为 $2V_2$。则

$$w_{NaOH} = \frac{[(V_1 - V_2)c]_{HCl} M_{NaOH}}{m_s}$$

$$w_{Na_2CO_3} = \frac{\frac{1}{2}(2V_2 c)_{HCl} M_{Na_2CO_3}}{m_s}$$

如混合碱为 Na_2CO_3 和 $NaHCO_3$,其关系如图 4-16 所示。

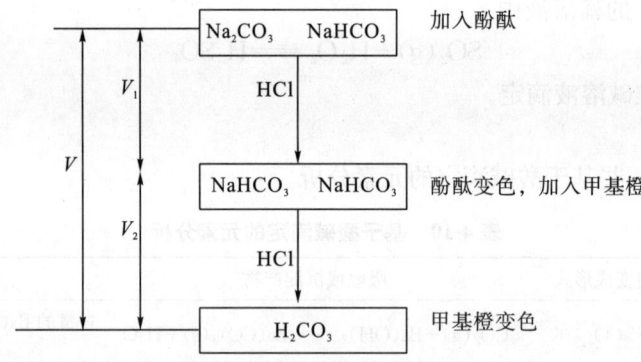

图 4-16 双指示剂在 Na_2CO_3 和 $NaHCO_3$ 混合碱中的应用

由图 4-16 可知,此时消托 HCl 溶液的体积是 $V_2 > V_1$,

$$w_{Na_2CO_3} = \frac{\frac{1}{2}(2V_1 c)_{HCl} M_{Na_2CO_3}}{m_s}$$

$$w_{NaHCO_3} = \frac{[(V_2 - V_1)c]_{HCl} M_{NaHCO_3}}{m_s}$$

实验4 用双指示剂法测定烧碱或纯碱中各组分的含量

仪器与试剂

酸式滴定管(50 mL)，移液管(25 mL)，锥形瓶(250 mL)。

0.1 mol·L^{-1} HCl标准溶液，酚酞指示剂(2 g·L^{-1}乙醇溶液)，甲基橙指示剂(1 g·L^{-1})。

实验步骤

用移液管吸取混合碱液试样25 mL置于250 mL锥形瓶中，加酚酞指示剂1~2滴，用HCl标准溶液滴定至酚酞恰好褪色为止，记下HCl标准溶液的消耗量V_1，接着在溶液中再加入1~2滴甲基橙指示剂，此时溶液呈黄色，继续用HCl标准溶液滴定至溶液呈橙色为止，记下HCl标准溶液的消耗量V_2。平行测定3份，计算各组分的质量浓度(g·L^{-1})及相对平均偏差。

注意事项

滴定到达第二计量点时，由于易形成CO_2过饱和溶液，滴定过程中生成的H_2CO_3慢慢地分解出CO_2，使溶液的酸度稍有增大，终点出现过早，因此在终点附近应剧烈摇动溶液。

例4-14 某混合碱试样1.000 g溶解于水后，以酚酞为指示剂，消耗0.2500 mol·L^{-1} HCl溶液20.40 mL；再以甲基橙为指示剂，继续用0.2500 mol·L^{-1} HCl溶液滴定，共耗去48.86 mL，求试样中各组分的相对含量。

解 $V_1 = 20.40$ mL，$V_2 = 48.86$ mL $- 20.40$ mL $= 28.46$ mL

所以混合碱的组成为Na_2CO_3和$NaHCO_3$，那么

$$w_{Na_2CO_3} = \frac{\frac{1}{2}(2V_1 c)_{HCl} M_{Na_2CO_3}}{m_s}$$

$$= \frac{\frac{1}{2} \times 2 \times 0.2500 \text{ mol·L}^{-1} \times 20.40 \times 10^{-3} \text{ L} \times 105.99 \text{ g·mol}^{-1}}{1.000 \text{ g}}$$

$$= \frac{\frac{1}{2} \times 2 \times 0.2500 \text{ mol·L}^{-1} \times 20.40 \times 10^{-3} \text{ L} \times 105.99 \text{ g·L}^{-1}}{1.000 \text{ g}}$$

$$= 0.5405$$

$$w_{NaHCO_3} = \frac{[(V_2 - V_1)c]_{HCl} M_{NaHCO_3}}{m_s}$$

$$= \frac{0.2500 \text{ mol·L}^{-1} \times (28.46 - 20.40) \times 10^{-3} \text{ L} \times 84.007 \text{ g·mol}^{-1}}{1.000 \text{ g}}$$

$$= 0.1693$$

双指示剂法虽然操作简便，但因在第一计量点时突跃不明显以及指示剂变色不好控制，往往有1%左右的误差。若要求提高测定的准确度，可改用氯化钡法。

(2) 氯化钡法

对于NaOH和Na_2CO_3的混合试样可先取一份试样溶液，以甲基橙作指示剂，用HCl标准溶液滴定至橙色，测得的是碱的总量，另取等体积试液，加入$BaCl_2$溶液，待$BaCO_3$沉淀析出后，以酚酞作指示剂，用HCl标准溶液滴定至终点，根据两次消耗HCl的体积即可计算各组分含量。

对于NaOH和$NaHCO_3$的混合试样，首先加入过量的NaOH标准溶液，将试液中的$NaHCO_3$完全转变成Na_2CO_3，然后用$BaCl_2$溶液沉淀$BaCO_3$，再以酚酞为指示剂，用

HCl 标准溶液滴定剩余的 NaOH；另取等体积试液，以甲基橙为指示剂用 HCl 标准溶液滴定碱的总量，根据两次消耗 HCl 的体积即可计算各组分含量。

氯化钡法尽管繁琐，但准确度较双指示剂法高。

3. 有机物分析

(1) 含羧基和磺酸基的有机物

4 个碳以下的羧酸和磺酸均能溶于水，且磺酸是一种强酸，羧酸的 K_a 都在 $10^{-4} \sim 10^{-6}$ 之间，因此可以直接用标准碱溶液进行滴定，如乙酸(CH_3COOH，$pK_a=4.74$)。有一些羧酸难溶于水或微溶于水，但可以溶解于过量的标准碱溶液中，然后用标准酸溶液返滴定剩余的碱，例如乙酰水杨酸。

实验 5　阿司匹林药片中乙酰水杨酸含量的测定

实验原理

阿司匹林是一种解热镇痛药，它的主要成分是乙酰水杨酸。乙酰水杨酸是有机弱酸($K_a=1.0\times10^{-3}$)，其结构为

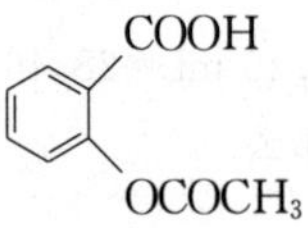

乙酰水杨酸的摩尔质量为 180.16 g·mol^{-1}，微溶于水，易溶于乙醇。在强碱性溶液中溶解并分解为水杨酸(邻羟基苯甲酸)和乙酸盐，反应式如下

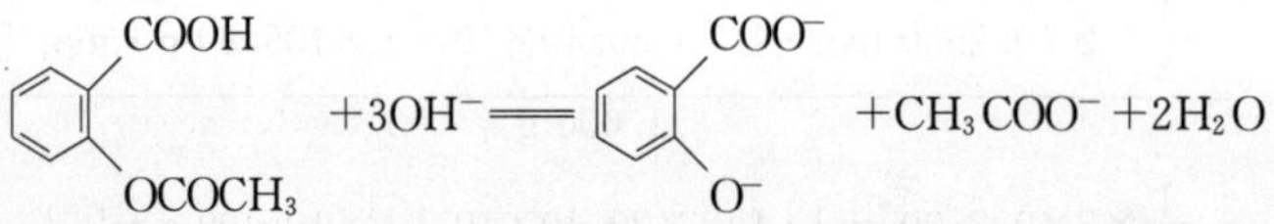

因此可以将药片研磨成粉状后加入过量的 NaOH 标准溶液，加热使其水解完全，再用 HCl 标准溶液返滴定过量的 NaOH，即可计算出药片中乙酰水杨酸的含量。

仪器与试剂

分析天平，酸式滴定管(50 mL)，锥形瓶(250 mL)，移液管(25.00 mL)，容量瓶(250.00 mL)，表面皿，研钵，烧杯(100 mL)。

1 mol·L^{-1} NaOH 标准溶液，0.1 mol·L^{-1} HCl 标准溶液，酚酞指示剂(2 g·L^{-1} 乙醇溶液)，阿司匹林药片。

实验步骤

将阿司匹林药片研成粉末后，准确称取约 0.6 g 左右药粉于干燥的 100 mL 烧杯中，用移液管准确加入 25.00 mL 1 mol·L^{-1} NaOH 标准溶液后，加水 30 mL 盖上表面皿，轻摇几下，水浴加热 15 min，迅速用流水冷却，将烧杯中的溶液定量转移至 100 mL 容量瓶中。用蒸馏水稀释至刻度线，摇匀。

准确移取上述试液 10.00 mL 于 250 mL 锥形瓶中，加水 20~30 mL，加入 2~3 滴酚酞指示剂，用 0.1 mol·L^{-1} HCl 标准溶液滴至红色刚刚消失即为终点。根据所消耗的 HCl 溶液的体积计算药片中乙酰水杨酸的质量分数及每片药剂中乙酰水杨酸的质量(g/片)。

(2) 含羟基和羰基等的有机物

此外，酸碱滴定分析方法还可用于带羟基和羰基等的有机物，如醛、酮、醇和酯等。测定醛酮时，可将醛或酮与过量的盐酸羟胺反应

$$R-\underset{H}{\overset{H}{C}}=O + NH_2OH \cdot HCl \rightleftharpoons R-\underset{H}{\overset{H}{C}}=NOH + HCl + H_2O$$

$$R-\underset{R}{\overset{H}{C}}=O + NH_2OH \cdot HCl \rightleftharpoons R-\underset{R}{\overset{H}{C}}=NOH + HCl + H_2O$$

然后用标准碱滴定反应生成的 HCl。为避免滴定剂与过量的 $NH_2OH \cdot HCl$ 反应,应选择变色范围在酸性范围内的指示剂,如溴酚蓝指示滴定终点。

测定酯时采用皂化反应,即在含酯的试样中加过量 NaOH 标准溶液,加热回流,使酯皂化,其反应如下

$$RCOOCH_2CH_3 + NaOH \xrightarrow{\triangle} RCOONa + CH_3CH_2OH$$

剩余的碱用标准 HCl 溶液返滴定,即可测得酯的含量。

设计性实验

请采用酸碱滴定法设计测定下列混合液中各组分浓度的方案。
(1)HCl-NH_4Cl; (2)NH_3-NH_4Cl; (3)Na_2HPO_4-NaH_2PO_4; (4)HCl-H_3PO_4; (5)HCl-H_3BO_3(提示:H_3BO_3 可与多元醇如甘油或甘露醇反应生成一种其 $K_a \approx 10^{-6}$ 的络合酸,甘油硼酸);(6)酸碱滴定法测定维生素 C[7];(7)食醋中总酸量和氨基酸态氮的测定;(8)测定由 Na_3PO_4,Na_2CO_3 及其他非酸碱性物质组成的混合物中 Na_3PO_4 与 Na_2CO_3 的质量分数;(9)$Na_2B_4O_7$-H_3BO_3。

$$2\begin{matrix}H_2C-OH\\HC-OH\\H_2C-OH\end{matrix} + H_3BO_3 \rightleftharpoons \begin{matrix}H_2C-OH & HO-CH\\HC-O & O-CH\\ & B & \\H_2C-O & O-CH_2\end{matrix}$$

甘油　　　　　　　甘油硼酸

思考题与习题

1. 双指示剂法不仅可用于混合碱的定量分析,还可用于混合碱的定性分析,根据前面所学知识填充下表。

样品的组成	V_1 和 V_2 的关系
NaOH	
Na_2CO_3	
$NaHCO_3$	
NaOH,Na_2CO_3	
Na_2CO_3,$NaHCO_3$	

注:V_1 为酚酞终点消耗 HCl 标准溶液的体积,V_2 为甲基橙终点消耗 HCl 标准溶液的体积。

2. 一试液可能是 NaOH、$NaHCO_3$、Na_2CO_3 或它们的固体混合物的溶液。用 20.00 mL 0.1000 mol·L^{-1} HCl 标准溶液,以酚酞为指示剂可滴定至终点。问在下列情况下,继续以甲基橙作指示剂滴定至终点,还需

加入多少毫升 HCl 标准溶液？第三种情况试液的组成如何？

(1)试液中所含 NaOH 与 Na_2CO_3 物质的量比为 3∶1。

(2)原固体试样中所含 $NaHCO_3$ 和 NaOH 的物质的量比为 2∶1。

(3)加入甲基橙后滴加半滴 HCl 标准溶液，试液即呈终点颜色。

3. 称取 Na_2CO_3 和 $NaHCO_3$ 的混合试样 0.6850 g，溶于适量水中。以甲基橙为指示剂，用 0.200 mol·L^{-1} HCl 溶液滴定至终点时，消耗 50.0 mL。如改用酚酞为指示剂，用上述 HCl 溶液滴定至终点时，需消耗多少毫升？

4. 称取含硼酸及硼砂的试样 0.6010 g，用 0.1000 mol·L^{-1} HCl 标准溶液滴定，以甲基红为指示剂，消耗 HCl 20.00 mL；再加甘露醇强化后，以酚酞为指示剂，用 0.2000 mol·L^{-1} NaOH 标准溶液滴定消耗 30.00 mL。计算试样中硼砂和硼酸的质量分数。

5. 某试样中含有 NaOH 和 Na_2CO_3。称取 0.3720 g 试样用水溶解后，以酚酞为指示剂，消耗 0.1500 mol·L^{-1} HCl 溶液 40.00 mL；问还需多少毫升 HCl 溶液达到甲基橙的变色点？

6. 某试样可能是：NaOH，Na_2CO_3，$NaHCO_3$，NaOH 与 Na_2CO_3 或 Na_2CO_3 与 $NaHCO_3$ 的混合物。当称取 0.2208 g 试样，溶解后，用双指示剂法以 0.1062 mol·L^{-1} HCl 标准溶液进行滴定，滴至以酚酞为指示剂的终点时，需 30.74 mL HCl 标准溶液，然后加入甲基橙指示剂，再滴定至终点时，又需 12.86 mL HCl 标准溶液，说明样品是哪一种碱，并求其质量分数。

7. 称取 3.000 g 磷酸盐试样溶解后，用甲基红作指示剂，以 14.10 mL 0.5000 mol·L^{-1} HCl 溶液滴定至终点；同样质量的试样，用酚酞作指示剂，需 5.00 mL 0.6000 mol·L^{-1} NaOH 溶液滴定至终点。(1)试样的组成如何？(2)计算试样中 P_2O_5 的质量分数。

8. 食用肉中蛋白质含量的测定，是将按下法测得的 N 的质量分数乘以因数 6.25 即得结果。称 2.000 g 干肉片试样用浓 H_2SO_4（汞为催化剂）煮解，直至存在的氮完全转化为硫酸氢铵。再用过量的 NaOH 处理，放出的 NH_3 吸收于 50.00 mL H_2SO_4（1.00 mL 相当于 0.01860 g Na_2O）中。过量的酸需要 28.80 mL NaOH（1.00 mL 相当于 0.1266 g 邻苯二甲酸氢钾）返滴定。计算肉片中蛋白质的质量分数。

参考文献

1. 武汉大学.分析化学.第五版，北京：高等教育出版社，2006.
2. 华中师范大学，东北师苑大学，陕西师范大学，等.分析化学.第四版，北京：高等教育出版社，2011.
3. 刘慧霞.磷酸的 α-pH 曲线及其糖汁清净中的作用.广西大学学报（自然科学版），1993，18(2)：16-22.
4. 童沈阳，金霞.酚酞的变色机理.化学通报，1988，(8)：52-54.
5. Y. Q. Zhang, F. Liu, X. Y. Li, et al. The effect of surfactant micelles on the dissociation constants and transition points and transition intervals of acid-base indicators. Talanta, 2002, 56：705-710.
6. 岳宣峰，张延妮，卢樱，等. Excel 软件在酸碱滴定分析教学中的应用.计算机与应用化学，2006，23(11)：1153-1155.
7. 叶青，江志波.酸碱滴定法与碘滴定法测定维生素 C.理化检验（化学分册），2007，43(5)：410-412.

本章小结

1. 酸碱质子理论

凡是能给出质子的物质是酸，凡是能得到质子的物质是碱。一种酸失去质子后变成其共轭碱，一种碱得到质子后变成其共轭酸。酸碱反应的实质是质子间的转移。

溶剂分子间质子转移反应称溶剂的自递反应，水的质子自递常数称水的活度积。

$$a_{H^+} \cdot a_{OH^-} = K_w = 1.0 \times 10^{-14} \quad (25\ ℃)$$

弱酸 HA 的解离反应即是 HA 与 H_2O 分子之间质子的传递反应

$$HA + H_2O \rightleftharpoons A^- + H_3O^+$$

$$K_a = \frac{a_{A^-} a_{H^+}}{a_{HA}}$$

弱碱 A^- 在水溶液中的水解反应即是 A^- 与 H_2O 分子之间的质子传递反应

$$A^- + H_2O \rightleftharpoons HA + OH^-$$

$$K_b = \frac{a_{HA} a_{OH^-}}{a_{A^-}}$$

K_a 和 K_b 称为酸碱的活度常数。

共轭酸碱对的 K_a 和 K_b 有如下关系

$$K_a K_b = K_w$$

$$K_a^c = \frac{[A^-][H^+]}{[HA]} = \frac{\gamma_{HA}}{\gamma_{A^-} \gamma_{H^+}} K_a$$

$$K_b^c = \frac{[HA][OH^-]}{[A^-]} = \frac{\gamma_{A^-}}{\gamma_{HA} \gamma_{OH^-}} K_b$$

K_a^c 和 K_b^c 称浓度常数，一般忽略离子强度的影响。

2. 酸碱溶液中氢离子浓度的计算

(1) 基本概念和平衡关系式

平衡浓度：平衡时，各型体的浓度称为该型体的平衡浓度，用 [ ] 表示，单位为 $mol \cdot L^{-1}$。

分析浓度(总浓度或标签浓度)：各型体平衡浓度之和，用 c 表示，单位为 $mol \cdot L^{-1}$。

物料平衡：在一个化学平衡体系中，溶质的各型体的平衡浓度之和等于溶质的总浓度或分析浓度。这种平衡关系称为物料平衡，也称为质量平衡。其数学表达式称为物料平衡式，简写为 MBE(mass balance equation)。

电荷平衡：电解质溶液处于平衡状态时，各种阳离子所带正电荷的总浓度必然等于各种阴离子所带负电荷的总浓度，即溶液呈电中性。其数学表达式称为电荷平衡式，简写为 CBE(charge balance equation)。

质子平衡(质子条件)：酸碱反应达到平衡时，酸失去的质子数等于碱得到的质子数，酸碱之间质子转移的这种等恒关系式称为质子平衡，也叫质子条件，用 PBE(proton balance equation)。

(2) 酸碱溶液中各型体的分布

分布分数：某一型体 i 的平衡浓度在其分析浓度 c 中所占的分数称为分布分数。

一元弱酸 HA 溶液中各型体的分布分数

$$\delta_{HA} = \frac{[HA]}{c} = \frac{[HA]}{[HA]+[A^-]} = \frac{[H^+]}{[H^+]+K_a}$$

$$\delta_{A^-} = \frac{[A^-]}{c} = \frac{[A^-]}{[HA]+[A^-]} = \frac{K_a}{[H^+]+K_a}$$

$$\delta_{HA} + \delta_{A^-} = 1$$

多元弱酸如 H_3PO_4 的分布分数

$$\delta_{H_3PO_4} = \frac{[H^+]^3}{[H^+]^3 + K_{a_1}[H^+]^2 + K_{a_1}K_{a_2}[H^+] + K_{a_1}K_{a_2}K_{a_3}}$$

$$\delta_{H_2PO_4^-} = \frac{K_{a_1}[H^+]^2}{[H^+]^3 + K_{a_1}[H^+]^2 + K_{a_1}K_{a_2}[H^+] + K_{a_1}K_{a_2}K_{a_3}}$$

$$\delta_{HPO_4^{2-}} = \frac{K_{a_1}K_{a_2}[H^+]}{[H^+]^3 + K_{a_1}[H^+]^2 + K_{a_1}K_{a_2}[H^+] + K_{a_1}K_{a_2}K_{a_3}}$$

$$\delta_{PO_4^{3-}} = \frac{K_{a_1}K_{a_2}K_{a_3}}{[H^+]^3 + K_{a_1}[H^+]^2 + K_{a_1}K_{a_2}[H^+] + K_{a_1}K_{a_2}K_{a_3}}$$

(3) 酸碱溶液中氢离子浓度的计算

1) 一元强酸(碱)溶液中 H^+ (OH^-) 浓度的计算

一元强酸：$[H^+] = \dfrac{c + \sqrt{c^2 + 4K_w}}{2}$，当 $c \geqslant 10^{-6}$ mol·L^{-1} 时，有

$$[H^+] \approx c$$

一元强碱：$[OH^-] = \dfrac{c + \sqrt{c^2 + 4K_w}}{2}$，$c \geqslant 10^{-6}$ mol·L^{-1} 时，有

$$[OH^-] \approx c$$

2) 一元弱酸(碱)溶液中 H^+ 浓度的计算

一元弱酸 HA：$[H^+] = \sqrt{K_a [HA] + K_w}$

当 $cK_a \geqslant 20K_w$，$c/K_a < 400$ 时，有

$$[H^+] = \dfrac{-K_a + \sqrt{K_a^2 + 4cK_a}}{2}$$

当 $cK_a \geqslant 20K_w$，$c/K_a > 400$ 时，有

$$[H^+] = \sqrt{cK_a}$$

当 $cK_a < 20K_w$，$c/K_a > 400$ 时，有

$$[H^+] = \sqrt{cK_a + K_w}$$

一元弱碱 B：

当 $cK_b \geqslant 20K_w$，$c/K_b < 400$ 时，有

$$[OH^-] = \dfrac{-K_b + \sqrt{K_b^2 + 4cK_b}}{2}$$

当 $cK_b \geqslant 20K_w$，$c/K_b > 400$ 时，有

$$[OH^-] = \sqrt{cK_b}$$

当 $cK_b < 20K_w$，$c/K_b > 400$ 时，有

$$[OH^-] = \sqrt{cK_b + K_w}$$

3) 多元弱酸(碱)溶液 pH 的计算

当 $\sqrt{cK_{a_1}} > 40 K_{a_2}$ 时，可忽略第二级解离，按只有第一级解离的一元弱酸进行计算。

4) 两性物质溶液 pH 计算

$$[H^+] = \sqrt{\dfrac{K_{a_1}(cK_{a_2} + K_w)}{K_{a_1} + c}}$$

当 $cK_{a_2} > 20K_w$，$c > 20K_{a_1}$ 时，有

$$[H^+] = \sqrt{K_{a_1} K_{a_2}}$$

5) 混合酸和混合碱溶液 pH 值的计算

以 c_1 mol·L^{-1} 的强酸与 c_2 mol·L^{-1} 的弱酸(解离常数为 K_a)的混合溶液为例

$$[H^+] = \dfrac{(c_1 - K_a) + \sqrt{(c_1 - K_a)^2 + 4(c_1 + c_2)K_a}}{2}$$

当 $c_1 > 20 [A^-]$ 时，有

$$[H^+] \approx c_1$$

3. 酸碱缓冲溶液

(1) 缓冲溶液

一类能抵抗少量的外来酸或外来碱，或对其稍加稀释仍能保持溶液 pH 值基本不变的溶液，常由弱酸及其共轭碱或弱碱及其共轭酸组成。

第四章 酸碱滴定法

(2) pH值计算

$$[H^+] = \frac{[HA]}{[A^-]} K_a = \frac{c_{HA} - [H^+] + [OH^-]}{c_{A^-} + [H^+] - [OH^-]} K_a$$

如果缓冲溶液在酸性范围内（pH≤6）起缓冲作用，有

$$[H^+] = \frac{c_{HA} - [H^+]}{c_{A^-} + [H^+]} K_a$$

如果缓冲溶液在碱性范围内（pH≥8）起缓冲作用，有

$$[H^+] = \frac{c_{HA} + [OH^-]}{c_{A^-} - [OH^-]} K_a$$

如果 c_{HA}，c_{NaA} 远远大于溶液中 $[H^+]$，$[OH^-]$（均大于20倍以上）时，有

$$[H^+] = \frac{c_{HA}}{c_{A^-}} K_a$$

(3) 缓冲容量

$$\beta = \frac{db}{dpH} = -\frac{da}{dpH}$$

缓冲溶液的总浓度越大，缓冲容量越大，总浓度一定时，缓冲组分的浓度比值越接近于1:1，缓冲容量越大。

(4) 有效 pH 缓冲范围

$$pH = pK_a \pm 1$$

选择和配制缓冲溶液的原则：①选择缓冲溶液时，应使其中酸组分的 pK_a 等于或接近于所需要控制的 pH 值。②所配制的缓冲溶液总浓度应比较大，一般总浓度在 0.1~1.0 mol·L^{-1}。③所配制缓冲溶液的酸碱组分对分析过程没有副反应或其他影响。

(5) 标准缓冲溶液

用于测定溶液 pH 时校正仪器用的缓冲溶液，其 pH 是经过准确实验测定，且 pH 值稳定性高。

4. 酸碱指示剂

1) 变色原理：酸碱指示剂是一种有机的弱酸或弱碱，由于其共轭酸碱对的结构不同从而颜色不同，当溶液的 pH 发生变化时，指示剂会从一种结构变为另一种结构，从而颜色发生变化。

2) 理论变色范围：$pH = pK_{HIn} \pm 1$，理论变色点：$pH = pK_{HIn}$。

3) 影响指示剂变色范围的因素：①指示剂的浓度。②温度。③盐类。④溶剂。⑤表面活性剂。

4) 混合指示剂：由一种不随 pH 变化而改变颜色的染料和一种指示剂混合而成，或者是由两种或两种以上的指示剂混合而成的指示剂。具有变色敏锐，变色范围狭窄的特点。

5. 酸碱滴定曲线和指示剂的选择

(1) 一元酸的滴定

无论是强酸强碱的相互滴定，还是强碱滴定弱酸或强酸滴定弱碱，在滴定化学计量点附近±0.1%的相对误差范围内都可能出现明显的突跃，称为 pH 突跃范围。只要选择在 pH 突跃范围内变色的指示剂，即可保证滴定终点的误差不超过±0.1%。只有满足 $c_{sp} K_a \geq 10^{-8}$ 或 $c_{sp} K_b \geq 10^{-8}$，滴定曲线才有明显的突跃范围。

(2) 多元酸的滴定

直接准确滴定的条件：对于如二元弱酸 H_2B，当 $c_{sp_1} K_{a_1} \geq 10^{-8}$，$c_{sp_2} K_{a_2} \geq 10^{-8}$，$K_{a_1}/K_{a_2} \geq 10^5$ 时，第一、二计量点均有突跃，但突跃不明显，可引起至少±0.3%的误差。

(3) 混合酸或混合碱的滴定

对于一元强酸和一元弱酸（HB）的混合酸，当 $c_{sp} K_{a(HB)} < 10^{-8}$ 时，则不能滴定混合酸的总量，当 $pK_a > 9$ 时，相当于单独滴定强酸。如果 $pK_a < 5$，就无法准确滴定混合酸中的强酸。

对于两种弱酸的混合酸，当 $c_{sp(HA)} K_{a(HA)} \geq 10^{-8}$，$c_{sp(HB)} K_{a(HB)} \geq 10^{-8}$，$K_{a(HA)}/K_{a(HB)} > 10^5$，才能分

别滴定两种弱酸。

(4) 酸碱滴定中 CO_2 的影响

溶液中吸收的 CO_2 将参与酸碱反应,当采用不同 pH 范围变色的指示剂时,CO_2 的影响不同,在酸性范围变色的指示剂如甲基橙,不影响分析结果。可以采取一些措施减小 CO_2 的浓度,从而减小 CO_2 对反应的影响。

6. 酸碱滴定法的应用

1) 酸碱标准溶液的配制和标定:NaOH 和 HCl 均采用间接配制方法,然后用基准物质进行标定。

2) 铵盐中氮的测定可用蒸馏法和甲醛法测定。

3) 混合碱分析可采用双指示剂法和氯化钡法进行测定。

第五章 络合滴定法

络合滴定法(complexometric titration)是以络合反应为基础的滴定分析法。

第一节 概　　述

一、络合滴定中常用的络合剂

络合剂分为单齿配位体和多齿配位体。单齿配位体*和中心离子形成简单络合物(complex)。例如

$$Cd^{2+} + CN^- \rightleftharpoons CdCN^+ \quad K_1 = 3.5 \times 10^5$$
$$CdCN^+ + CN^- \rightleftharpoons Cd(CN)_2 \quad K_2 = 1.0 \times 10^5$$
$$Cd(CN)_2 + CN^- \rightleftharpoons Cd(CN)_3^- \quad K_3 = 5.0 \times 10^4$$
$$Cd(CN)_3^- + CN^- \rightleftharpoons Cd(CN)_4^{2-} \quad K_4 = 3.5 \times 10^3$$

络合反应存在分级络合的现象，从各级稳定常数看，形成的络合物稳定性不高且稳定常数相差不大，难以满足滴定分析对化学反应的要求，所以，极少用作络合滴定分析中的滴定剂。常用作掩蔽剂(masking agent)和防止金属离子水解的辅助络合剂。

多齿配体**(也称为螯合剂)与中心离子所形成的环状结构络合物，也称螯合物(chelate)。螯合物具有化学计量关系明确，络合反应完全，稳定性高的特点，因而能满足滴定分析对化学反应的要求。络合滴定中用得最多的滴定剂是氨羧络合剂，自1945年瑞士苏黎世工业大学化学家施瓦岑巴赫(Gerold Schwarzenbach)首次发现氨羧络合剂可满足滴定分析的要求后，各种氨羧络合剂的合成与研究使得络合滴定法得到了迅速的发展，由于它能直接滴定碱土金属、铝及稀土元素等，于是利用氨羧络合剂的滴定法受到了普遍的欢迎，很快在黑色金属、有色金属、硬质合金、耐火材料、硅酸盐、炉渣、矿石、化工材料、水质、电镀液的分析中得到推广应用。

氨羧络合剂是含有氨氮 $:N-$ 和羧氧 $\left[\begin{array}{c}O\\ \|\\ -C-O^-\end{array}\right]$ 的一类有机络合剂，较常用的氨羧络合剂有氨三乙酸(NTA)、乙二胺四乙酸(EDTA)、环己烷二胺四乙酸(DCTA)、三乙四胺五乙酸(DTPA)、乙二醇二乙醚二胺四乙酸(EGTA)。其中最常用的是乙二胺四乙酸。

---

* 具有一个配位原子的配体称为单齿配体。
** 具有两个或两个以上配位原子的配体称多齿配体。

二、乙二胺四乙酸的分析特征

1. 乙二胺四乙酸及其二钠盐的性质

乙二胺四乙酸(ethylene diamine tetraacetic acid)简称 EDTA。其结构式为

用 H_4Y 表示。它在水中的溶解度较小($0.02\ g/100\ g\ H_2O$,22 ℃),且难溶于酸和一般的有机溶剂中,易溶于氨水和 NaOH 溶液生成相应盐,常用的是市售二钠盐(水中溶解度为 $11.1\ g/100\ g\ H_2O$,22 ℃),也称 EDTA 或 EDTA 二钠盐,用 $Na_2H_2Y \cdot H_2O$ 表示。

EDTA 在水溶液中,会发生分子内的质子转移,分子中互为对角线的两个羧基上的 H^+ 会转移到两个氮原子上,形成双偶极离子。它的两个羧酸根可再接受 H^+ 形成六元酸

(H_6Y^{2+}),因此,EDTA 在水溶液中能以 H_6Y^{2+},H_5Y^+,H_4Y,H_3Y^-,H_2Y^{2-},HY^{3-},Y^{4-} 7 种型体存在,其六级解离平衡常数 pK_{a_1},pK_{a_2},pK_{a_3},pK_{a_4},pK_{a_5},pK_{a_6} 分别为:0.9,1.6,2.00,2.67,6.16,10.26,各种型体的分布分数曲线如图5-1。在上述各种型体中,以 Y^{4-} 与金属离子形成的络合物最为稳定。

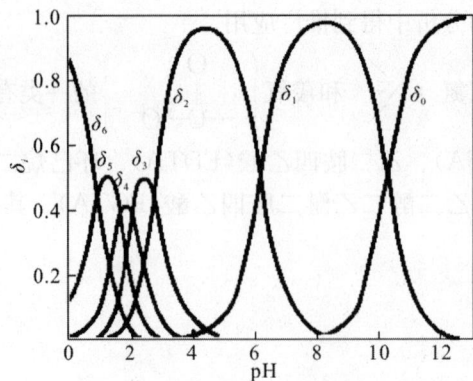

图 5-1 EDTA 各种型体分布曲线图

(图中 $\delta_0 \cdots \delta_6$ 分别表示 $Y^{4-} \cdots H_6Y^{2+}$ 的分布分数)

2. EDTA 与金属离子形成络合物的特点

(1) 普遍性

由于 EDTA 分子含有 4 个羧氧，2 个氨氮，共 6 个配位原子，具有很强的配位能力，因此除碱金属外，EDTA 几乎能与所有金属离子配位。

(2) 稳定性

EDTA 中的 6 个配位原子能与金属离子形成具有 5 个五元环的螯合物，如图 5-2。由于五元环和六元环是很稳定的环状结构，同时类似笼状的结构使金属离子能与溶剂分子有效隔离开。因此 EDTA 与金属离子形成的络合物通常都很稳定，但不同的金属离子与 EDTA 形成的螯合物其稳定性差别也比较大。

(3) 络合比简单

EDTA 与大部分金属离子形成的络合物的配位比为 1∶1，化学计量关系非常简单。

(4) 可溶性

EDTA 与金属离子形成的络合物大多都带有电荷，所以水溶性较好。一般无色离子形成无色的络合物，有色离子形成颜色更深的络合物。如水合铜离子为蓝色，则 CuY^{2-} 为深蓝色。

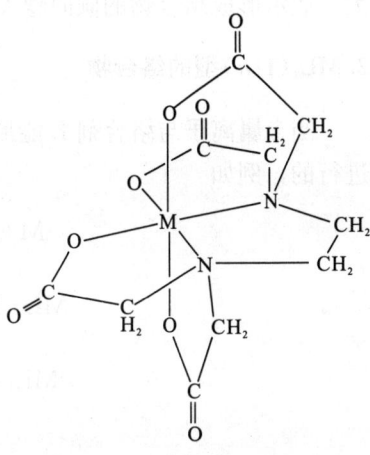

图 5-2 M 与 EDTA 形成螯合物的立体结构示意图

EDTA 与金属离子形成络合物的特点除用于络合滴定外，还可以用作食品和生物样品的防腐剂[1,2]，因为在制备食品和生物样品过程中常引入痕量的金属离子（通过与金属制品的接触），而痕量的金属离子可起到催化食品或生物样品的空气氧化的作用。

思 考 题

1. 为什么多齿配体比单齿配体更适合作络合滴定剂？
2. Cu^{2+}、Zn^{2+}、Ni^{2+}、Cd^{2+} 等离子均能与 NH_3 形成络合物，为什么不能以氨水为滴定剂来实现对这些离子进行络合滴定。
3. EDTA 具有什么性质，它与金属离子形成的络合物有什么特点？为什么络合滴定中常用 EDTA 作为络合滴定剂？

第二节 络合物平衡

一、络合物的稳定常数

1. ML(1∶1) 型络合物

为方便讨论，忽略离子电荷，用 M 代表金属离子，用 L 代表络合剂。当体系的离子强度在 $0.1 \sim 0.5 \text{ mol} \cdot \text{kg}^{-1}$，体系中各型体的活度系数变化很小，可忽略离子强度的影

响，对于络合反应

$$M + L \rightleftharpoons ML$$

达到平衡状态时

$$K_{ML} = \frac{[ML]}{[M][L]}$$

K_{ML}为络合物的形成常数(formation constant)或稳定常数(stability constant)，K_{ML}值越大，表示形成络合物的倾向越大，络合物越稳定。

2. ML_n(1∶n)型的络合物

当金属离子与络合剂 L 能形成络合比为 1∶n 的络合物(ML_n)时，其络合反应是逐级进行的，例如

$$M + L \rightleftharpoons ML \quad K_1 = \frac{[ML]}{[M][L]}$$

$$ML + L \rightleftharpoons ML_2 \quad K_2 = \frac{[ML_2]}{[ML][L]}$$

$$ML_2 \rightleftharpoons ML_3 \quad K_3 = \frac{[ML_3]}{[ML_2][L]}$$

$$\cdots$$

$$ML_{n-1} + L \rightleftharpoons ML_n \quad K_n = \frac{[ML_n]}{[ML_{n-1}][L]}$$

K_1，K_2，K_3，K_4为逐级形成常数(stepwise formation constant)或逐级稳定常数。

$$\beta_1 = K_1 = \frac{[ML]}{[M][L]}$$

$$\beta_2 = K_1 \cdot K_2 = \frac{[ML_2]}{[M][L]^2}$$

$$\beta_3 = K_1 \cdot K_2 \cdot K_3 = \frac{[ML_3]}{[M][L]^3}$$

$$\cdots$$

$$\beta_n = K_1 \cdot K_2 \cdot K_3 \cdots K_n = \frac{[ML_n]}{[M][L]^n}$$

β_1，β_2，β_3，$\cdots$，β_n为各级累积形成常数(overall formation constants)或各级累积稳定常数，最后一级累积形成常数又称为总形成常数。

二、溶液中各级络合物型体的分布

设溶液中金属离子的分析浓度为 c_M，当络合反应达到平衡时，溶液中游离络合剂的平衡浓度为[L]，则由物料平衡得

$$c_M = [M] + [ML] + [ML_2] + [ML_3] + \cdots + [ML_n]$$
$$= [M] + \beta_1[M][L] + \beta_2[M][L]^2 + \beta_3[M][L]^3 + \cdots + \beta_n[M][L]^n$$
$$= [M](1 + \beta_1[L] + \beta_2[L]^2 + \beta_3[L]^3 + \cdots + \beta_n[L]^n)$$

按照分布分数的定义

$$\delta_0 = \delta_M = \frac{[M]}{c_M} = \frac{1}{1+\beta_1[L]+\beta_2[L]^2+\beta_3[L]^3+\cdots+\beta_n[L]^n} \tag{5-1}$$

$$\delta_1 = \delta_{ML} = \frac{[ML]}{c_M} = \frac{\beta_1[L]}{1+\beta_1[L]+\beta_2[L]^2+\beta_3[L]^3+\cdots+\beta_n[L]^n} \tag{5-2}$$

$$\delta_2 = \delta_{ML_2} = \frac{[ML_2]}{c_M} = \frac{\beta_2[L]^2}{1+\beta_1[L]+\beta_2[L]^2+\beta_3[L]^3+\cdots+\beta_n[L]^n} \tag{5-3}$$

$$\cdots$$

$$\delta_n = \delta_{ML_n} = \frac{[ML_n]}{c_M} = \frac{\beta_n[L]^n}{1+\beta_1[L]+\beta_2[L]^2+\beta_3[L]^3+\cdots+\beta_n[L]^n} \tag{5-4}$$

由此可见，δ_i 值的大小与络合物的累积稳定常数（稳定性）及[L]的大小有关。

思考题与习题

1. 比较络合物各组分的分布分数计算式与弱酸弱碱溶液中各型体的分布分数计算式有什么异同。

2. Zn^{2+} 与 NH_3 形成络合物的各级累积形成常数分别（$\beta_1 \sim \beta_4$）为：$10^{2.27}$，$10^{4.61}$，$10^{7.01}$，$10^{9.06}$，若其溶液中$[NH_3]=10^{-4}$ mol·L^{-1}，$c_{Zn}^{2+}=1.0\times10^{-7}$ mol·L^{-1}，求在该溶液中 Zn^{2+} 与 NH_3 形成络合物各型体的平衡浓度。

第三节　络合滴定中的副反应和条件形成常数

在络合滴定中，除被测金属离子 M 与配位剂 Y 的主反应外，反应物 M 和 Y 及反应产物 MY 都可能因溶液的酸度、试样中共存的其他金属离子、为掩蔽干扰组分加入的掩蔽剂或其他辅助配位剂的存在而发生副反应，从而影响主反应的进行。如下式所示

$$\begin{array}{c}
M(OH)_n \\
\vdots \\
M(OH)_2 \\
M(OH) \quad NY \qquad\qquad M(OH)Y \\
{}_{OH^-}\updownarrow \quad {}_N\updownarrow \qquad\qquad {}_{OH^-}\updownarrow \\
M \;+\; Y \;\rightleftharpoons\; MY \\
\updownarrow_L \quad \updownarrow_{H^+} \qquad\qquad \updownarrow_{H^+} \\
ML \quad HY \qquad\qquad MHY \\
ML_2 \quad H_2Y \\
\vdots \quad \vdots \\
ML_n \quad H_6Y
\end{array}$$

一、络合滴定中的副反应和副反应系数

1. 滴定剂 Y 的副反应和副反应系数

（1）EDTA 的酸效应和酸效应系数 $\alpha_{Y(H)}$

EDTA 各型体的分布分数曲线图表明只有在 pH>10.26 条件下，EDTA 才主要以 Y（Y^{4-}）型体存在，随着溶液中氢离子浓度的增大，平衡浓度[Y]亦逐渐减小，这种由于滴定剂 Y 与氢离子的副反应使得 Y 参与主反应能力降低的现象称为酸效应（acidic effect），

其副反应程度的大小用酸效应系数(acidic effective coefficient)$\alpha_{Y(H)}$来量度。

如果用$[Y']$表示有酸效应存在时,未参加主反应的 EDTA 各种型体平衡浓度之和,则

$$[Y']=[Y]+[HY]+[H_2Y]+[H_3Y]+[H_4Y]+[H_5Y]+[H_6Y]$$

Y 的各级质子化产物的形成常数可通过 EDTA 弱酸的各级解离平衡常数计算,各级质子化常数表达式为

$$Y+H \rightleftharpoons HY \quad K_1=\frac{[HY]}{[H][Y]}=\frac{1}{K_{a_6}}$$

$$HY+H \rightleftharpoons H_2Y \quad K_2=\frac{[H_2Y]}{[H][HY]}=\frac{1}{K_{a_5}}$$

$$\cdots$$

$$H_5Y+H \rightleftharpoons H_6Y \quad K_6=\frac{[H_6Y]}{[H][H_5Y]}=\frac{1}{K_{a_1}}$$

各级累积质子化常数为

$$\beta_1^H=K_1=\frac{[HY]}{[H][Y]}$$

$$\beta_2^H=K_1\cdot K_2=\frac{[H_2Y]}{[H]^2[Y]}$$

$$\cdots$$

$$\beta_6^H=K_1\cdot K_2\cdots K_6=\frac{[H_6Y]}{[H]^6[Y]}$$

酸效应系数定义为

$$\alpha_{Y(H)}=\frac{[Y']}{[Y]}=\frac{[Y]+[HY]+[H_2Y]+[H_3Y]+[H_4Y]+[H_5Y]+[H_6Y]}{[Y]}$$

$$=1+\frac{[HY]}{[Y]}+\frac{[H_2Y]}{[Y]}+\frac{[H_3Y]}{[Y]}+\frac{[H_4Y]}{[Y]}+\frac{[H_5Y]}{[Y]}+\frac{[H_6Y]}{[Y]}$$

$$\alpha_{Y(H)}=1+\beta_1^H[H^+]+\beta_2^H[H^+]^2+\beta_3^H[H^+]^3$$
$$+\beta_4^H[H^+]^4+\beta_5^H[H^+]^5+\beta_6^H[H^+]^6 \tag{5-5}$$

由上式可知,EDTA 的酸效应系数$\alpha_{Y(H)}$是溶液中$[H^+]$的函数,pH 值越小,氢离子浓度越大,$\alpha_{Y(H)}$越大,表示 EDTA 与氢离子副反应越严重。当$\alpha_{Y(H)}=1$时,$[Y']=[Y]$,表示 EDTA 未与氢离子发生副反应,全部以Y^{4-}形式存在,这种情况只有在 pH>12.26 时才可能出现。

例 5-1 计算 pH=2.00 时,EDTA 的酸效应系数及其对数值。

解 已知 EDTA 的各级累积质子化常数$\lg\beta_1^H\sim\lg\beta_6^H$分别为 10.26,16.42,19.09,21.09,22.69,和 23.59

$$\alpha_{Y(H)}=1+\beta_1^H[H^+]+\beta_2^H[H^+]^2+\beta_3^H[H^+]^3+\beta_4^H[H^+]^4+\beta_5^H[H^+]^5+\beta_6^H[H^+]^6$$
$$=1+10^{10.26}\times 10^{-2.00}+10^{16.42}\times(10^{-2.00})^2+10^{19.09}\times(10^{-2.00})^3+10^{21.09}\times(10^{-2.00})^4+10^{22.69}\times(10^{-2.00})^5+10^{23.59}\times(10^{-2.00})^6$$
$$=10^{13.51}$$

$$\lg\alpha_{(H)}=13.51$$

EDTA 在不同 pH 的$\lg\alpha_{Y(H)}$值列入附录四之表 4 中,附录四之表 5 中还列出了部分络合剂在不同 pH 的酸效应系数$\lg\alpha_{L(H)}$值。

(2) EDTA 与共存离子的副反应——共存离子效应

当金属离子 M 与络合剂 Y 发生络合反应时,如有其他金属离子 N 共存,则 Y 亦可与 N 发生副反应生成 NY 络合物。这类由于滴定剂 Y 与金属离子 N 的副反应使得 Y 参与主反应能力降低的现象称为共存离子效应,其副反应程度的大小用共存离子效应系数 $\alpha_{Y(N)}$ 来量度。

$$\alpha_{Y(N)} = \frac{[Y']}{[Y]} = \frac{[Y]+[NY]}{[Y]} = 1 + \frac{[NY]}{[Y]} = 1 + K_{NY}[N] \tag{5-6}$$

可见,游离的 N 离子的平衡浓度愈大,NY 络合物越稳定,N 离子对主反应的影响越严重。

如果溶液中有多种离子 N_1,N_2,…,N_n 与 M 共存,则

$$\alpha_{Y(N)} = \alpha_{Y(N_1)} + \alpha_{Y(N_2)} + \cdots + \alpha_{Y(N_n)} - (n-1) \tag{5-7}$$

(3) EDTA 的总副反应系数

当体系中既有共存离子效应又有酸效应时,Y 的总副反应系数为

$$\alpha_{Y(N)} = \frac{[Y']}{[Y]} = \frac{[Y]+[HY]+[H_2Y]+[H_3Y]+[H_4Y]+[H_5Y]+[H_6Y]+[NY]}{[Y]}$$

$$= \frac{[Y]+[HY]+[H_2Y]+[H_3Y]+[H_4Y]+[H_5Y]+[H_6Y]}{[Y]} + \frac{[NY]+[Y]}{[Y]} - 1$$

$$\alpha_Y = \alpha_{Y(H)} + \alpha_{Y(N)} - 1 \tag{5-8}$$

例 5-2 用 EDTA 滴定含 Mg^{2+} 的 Zn^{2+} 溶液(Mg^{2+} 和 Zn^{2+} 浓度均为 $0.010\ \text{mol}\cdot\text{L}^{-1}$),在 pH=5.0 条件下,计算 α_Y 和 $\lg\alpha_Y$ 值。

解 查附录四之表 4,当 pH=5 时

$$\lg\alpha_{Y(H)} = 6.45$$

查附录四之表 3 可知

$$\lg K_{ZnY} = 16.50,\quad \lg K_{MgY} = 8.7$$

由于络合物的形成常数相差很大,可以认为 EDTA 与 Zn^{2+} 的反应完成时,溶液中 MgY 的浓度非常低,$[Mg] \approx 0.010\ \text{mol}\cdot\text{L}^{-1} = 10^{-2.00}\ \text{mol}\cdot\text{L}^{-1}$,

$$\alpha_{Y(Mg)} = 1 + K_{NY}[Mg] = 1 + 10^{8.7} \times 10^{-2.00} = 10^{6.7}$$

$$\alpha_Y = \alpha_{Y(H)} + \alpha_{Y(Mg)} - 1 = 10^{6.45} + 10^{6.7} - 1 \approx 10^{6.9}$$

$$\lg\alpha_Y = 6.9$$

2. 金属离子 M 的副反应和副反应系数

(1) M 的络合效应和络合效应系数

为了控制滴定酸度加入的缓冲剂组分,防止 M 离子水解所加的辅助络合剂,消除干扰而加的掩蔽剂等,都可能与 M 离子发生络合反应,使得 M 参与主反应的能力降低,这类由于金属离子 M 与其他辅助络合剂 L 的副反应使得 M 参与主反应能力降低的现象称为络合效应(complex effect),其副反应程度的大小用络合效应系数 $\alpha_{M(L)}$ 来量度。

设有络合物效应存在时溶液中未参与主反应的金属离子 M 各型体的总浓度为 $[M']$,则

$$\alpha_{M(L)} = \frac{[M']}{[M]} = \frac{[M]+[ML]+[ML_2]+\cdots+[ML_n]}{[M]}$$

$$\alpha_{M(L)} = 1 + \beta_1[L] + \beta_2[L]^2 + \beta_3[L]^3 + \cdots + \beta_n[L]^n \tag{5-9}$$

由此可见，络合效应系数 $\alpha_{M(L)}$ 与溶液中游离配位体浓度和形成的络合物的稳定性有关，[L]愈大，形成的络合物越稳定，$\alpha_{M(L)}$ 值愈大，M 的络合效应越严重。

如果溶液中有多种络合剂存在，则

$$\alpha_{M(L)} = \alpha_{M(L_1)} + \alpha_{M(L_2)} + \cdots + \alpha_{M(L_n)} - (n-1)$$

(2)金属离子的水解效应和水解效应系数

金属离子在一定 pH 条件下会发生水解而形成各种氢氧基络合物，由此引起的副反应称为水解效应，其副反应程度的大小用水解效应系数 $\alpha_{M(OH)}$ 来量度。

$$\alpha_{M(OH)} = \frac{[M']}{[M]} = \frac{[M] + [M(OH)] + [M(OH)_2] + \cdots + [M(OH)_n]}{[M]}$$

$$\alpha_{M(OH)} = 1 + \beta_1[OH^-] + \beta_2[OH^-]^2 + \cdots + \beta_n[OH^-]^n \tag{5-10}$$

式中，$\beta_1, \beta_2, \cdots, \beta_n$ 分别是金属离子氢氧基络合物的各级累积形成常数。附录四表 6 中列出了部分金属离子的 $\lg\alpha_{M(OH)}$ 值。

(3)金属离子的总副反应系数

金属离子 M 同时发生络合效应和水解效应时，其总副反应系数为

$$\alpha_M = \frac{[M']}{[M]}$$

$$= \frac{[M] + [ML] + [ML_2] + \cdots + [ML_n] + [M(OH)] + [M(OH)_2] + \cdots + [M(OH)_n]}{[M]}$$

$$= 1 + \beta_1[L] + \beta_2[L]^2 + \cdots + \beta_n[L]^n + 1 + \beta_1[OH^-] + \beta_2[OH^-]^2 + \cdots + \beta_n[OH^-]^n - 1$$

$$\alpha_M = \alpha_{M(L)} + \alpha_{M(OH)} - 1 \tag{5-11}$$

例 5-3 在 0.10 mol·L^{-1} NH$_3$-0.18 mol·L^{-1} NH$_4$Cl 缓冲溶液中(均为平衡浓度)，用 EDTA 滴定 Zn^{2+}，其 Zn^{2+} 的总副反应系数 α_{Zn} 是多少？

解 已知锌氨络合物的各级累积形成常数 $\lg\beta_1 \sim \lg\beta_4$ 分别为 2.27，4.61，7.01 和 9.06，NH$_3$ 的 $pK_b = 4.74$，

$$pH = pK_a + \lg\frac{[NH_3]}{[NH_4^+]}$$

$$= pK_w - pK_b + \lg\frac{[NH_3]}{[NH_4^+]}$$

$$= 14.00 - 4.74 + \lg\frac{0.10}{0.18}$$

$$= 9.00$$

查附录四之表 6 知，pH=9.0 时，$\alpha_{Zn(OH)} = 0.2$，根据(5-9)得

$$\alpha_{Zn(NH_3)} = 1 + \beta_1[NH_3] + \beta_2[NH_3]^2 + \beta_3[NH_3]^3 + \beta_4[NH_3]^4$$

$$= 1 + 10^{2.27} \times 10^{-1.00} + 10^{4.61} \times (10^{-1.00})^2 + 10^{7.01} \times (10^{-1.00})^3 + 10^{9.06} \times (10^{-1.00})^4$$

$$= 10^{5.10}$$

$$\alpha_{Zn} = \alpha_{Zn(NH_3)} + \alpha_{Zn(OH)} - 1 = 10^{5.10} + 10^{0.2} - 1 \approx 10^{5.10}$$

3. 络合物 MY 的副反应

当溶液的酸度较高(pH<3)或碱性较强(pH>11)时，MY 络合物与溶液中的 H$^+$ 或 OH$^-$ 发生副反应，但因这些酸式络合物和碱式络合物与 MY 相比大多稳定性不高，故常常不作考虑。

二、MY 络合物的条件形成常数

当络合反应到达平衡状态时，其生成物与反应物的平衡浓度之比称为绝对稳定常数或绝对形成常数

$$M+Y \rightleftharpoons MY$$

$$K_{MY}=\frac{[MY]}{[M][Y]} \tag{5-12}$$

附录四中表 3 列出了 EDTA 与各种金属离子所形成的螯合物的 $\lg K_{MY}$ 值。如果络合反应没有副反应发生，则 K_{MY} 可衡量络合物的稳定性大小，K_{MY} 越大，形成的络合物 MY 越稳定。

但是当络合反应存在副反应时，绝对稳定常数已不能衡量形成络合物的实际稳定性。设未参与主反应的 M 总浓度为 $[M']$，未参与主反应的 Y 总浓度为 $[Y']$，按照副反应系数的定义

$$\alpha_M=\frac{[M']}{[M]} \quad [M]=\frac{[M']}{\alpha_M}$$

$$\alpha_Y=\frac{[Y']}{[Y]} \quad [Y]=\frac{[Y']}{\alpha_Y}$$

由 (5-12) 得

$$K_{MY}=\frac{[MY]}{[M][Y]}=\frac{[MY]}{[M'][Y']} \cdot \alpha_M \alpha_Y$$

$$K'_{MY}=\frac{[MY]}{[M'][Y']}=\frac{K_{MY}}{\alpha_M \alpha_Y} \tag{5-13}$$

当反应条件一定时，α_M 和 α_Y 均为确定值，此时 K'_{MY} 为常数，称为条件稳定常数或条件形成常数(conditional formation constent)*。当反应条件改变时，各副反应系数也发生相应的变化，K'_{MY} 也随之改变，因此条件稳定常数能反映在副反应存在下形成 MY 络合物的实际稳定性。将 (5-13) 两边取对数得

$$\lg K'_{MY}=\lg K_{MY}-\lg \alpha_M-\lg \alpha_Y \tag{5-14}$$

例 5-4 分别计算 (1) pH=3.00，(2) pH=9，(3) pH=9.00，游离氨的浓度为 0.10 mol·L^{-1} 时，ZnY^{2-} 的条件稳定常数 $\lg K'_{ZnY}$。

解 (1) 查附录四之表 4 知，pH=3.00 时，$\lg \alpha_{Y(H)}=10.60$

$$\lg K'_{ZnY}=\lg K_{ZnY}-\lg \alpha_{Y(H)}=16.50-10.60=5.9$$

(2) 查附录四之表 4 和表 6 知，pH=9.00，$\lg \alpha_{Y(H)}=1.28$，$\lg \alpha_{Zn(OH)}=0.2$

$$\lg K'_{ZnY}=\lg K_{ZnY}-\lg \alpha_{Y(H)}-\lg \alpha_{Zn(OH)}=16.50-1.28-0.2=15.02$$

(3) $\alpha_{Zn(NH_3)}=1+\beta_1[NH_3]+\beta_2[NH_3]^2+\beta_3[NH_3]^3+\beta_4[NH_3]^4$

$$=1+10^{2.27}\times 10^{-1.00}+10^{4.61}\times(10^{-1.00})^2+10^{7.01}\times(10^{-1.00})^3+10^{9.06}\times(10^{-1.00})^4$$

$$=10^{5.10}$$

$$\alpha_{Zn}=\alpha_{Zn(NH_3)}+\alpha_{Zn(OH)}-1=10^{5.10}+10^{0.2}-1\approx 10^{5.10}$$

$$\lg K'_{ZnY}=\lg K_{ZnY}-\lg \alpha_{Y(H)}-\lg \alpha_{Zn}=16.50-1.28-5.10=10.12$$

---

* 绝对稳定常数是平衡浓度之比，条件稳定常数是总浓度之比。绝对稳定常数只与温度有关，条件稳定常数还与其他条件有关，条件稳定常数可反映络合物在一定条件下的实际稳定性。

计算结果表明，反应条件不同，条件稳定常数不同，其形成的 ZnY^{2-} 络合物的实际稳定性不同。并且在第(3)种反应条件下，金属离子的副反应中，其络合效应是主要的副反应，水解效应可以忽略不计。

思考题与习题

1. EDTA 与金属离子的络合反应中，常发生哪些副反应？它们对主反应有何影响？
2. 什么是条件稳定常数？为什么条件稳定常数能反映 MY 的实际稳定性？
3. 计算 Mg^{2+} 和 EDTA 的浓度均为 $0.020 \text{ mol} \cdot L^{-1}$，在 pH=10 时，$MgY^{2-}$ 的 $\lg K'_{MgY}$ 值。
4. 计算在 pH=5.00 的 $0.10 \text{ mol} \cdot L^{-1}$ AlY^- 溶液中，当游离 F^- 的浓度为 $0.010 \text{ mol} \cdot L^{-1}$ 时，AlY^- 的 $\lg K'_{AlY}$ 值。
5. 将 50.00 mL $0.0300 \text{ mol} \cdot L^{-1}$ Ni^{2+} 与 50.00 mL $0.0500 \text{ mol} \cdot L^{-1}$ EDTA 混合，然后用缓冲溶液调节 pH 值为 3.0，计算 Ni^{2+} 的平衡浓度。
6. 若将 $0.020 \text{ mol} \cdot L^{-1}$ EDTA 与 $0.010 \text{ mol} \cdot L^{-1}$ $Mg(NO_3)_2$（两者体积相等）相混合，问在 pH=9.0 时溶液中游离 Mg^{2+} 的浓度是多少？
7. 在 pH=10 的氨性缓冲溶液中，若
$$c_{NH_4^+} + c_{NH_3} = 1.0 \text{ mol} \cdot L^{-1}$$
(1) 计算 Zn^{2+} 的配位效应系数。
(2) 计算此时 Zn^{2+} 与 EDTA 配合物的条件稳定常数。

第四节　EDTA 滴定曲线

一、滴定曲线的绘制

以 $0.02000 \text{ mol} \cdot L^{-1}$ EDTA 滴定 20.00 mL $0.02000 \text{ mol} \cdot L^{-1}$ Zn^{2+} 溶液（在 pH=9 的氨性缓冲溶液中进行，在计量点附近游离氨的浓度为 $0.10 \text{ mol} \cdot L^{-1}$）为例。滴定过程中溶液中 pZn' 的计算分为四个阶段。

1. 滴定前

pZn' 取决于溶液中锌的分析浓度
$$[Zn'] = c_{Zn} = 0.020 \text{ mol} \cdot L^{-1}, \quad pZn' = 1.70$$

2. 滴定开始至计量点之前

pZn' 由未被滴定的 $[Zn']$ 决定
$$[Zn'] = \frac{c_{Zn}V_{Zn} - c_{EDTA}V_{EDTA}}{V_{Zn} + V_{EDTA}}$$

当 $V_{EDTA} = 19.98$ mL 时
$$[Zn'] = \frac{0.02000 \text{ mol} \cdot L^{-1} \times 20.00 \text{ mL} - 0.02000 \text{ mol} \cdot L^{-1} \times 19.98 \text{ mL}}{20.00 \text{ mL} + 19.98 \text{ mL}}$$
$$= 1.0 \times 10^{-5} \text{ mol} \cdot L^{-1}$$
$$pZn' = 5.00$$

3. 化学计量点

溶液中的 $[Zn']$ 来自络合物 ZnY^{2-} 的解离

$$[Zn']_{sp}=[Y']_{sp}$$

$$K'_{ZnY}=\frac{[ZnY]}{[Zn'][Y']}=\frac{c_{Zn,sp}}{[Zn']^2_{sp}} \quad ([ZnY]_{sp}=c_{Zn,sp}-[Zn']_{sp}\approx c_{Zn,sp})$$

$$[Zn']_{sp}=\sqrt{c_{Zn,sp}/K'_{ZnY}} \tag{5-15}$$

将(5-15)两端取负对数值，则

$$pZn'_{sp}=\frac{1}{2}(pc_{Zn,sp}+\lg K'_{ZnY}) \tag{5-16}$$

$$pc_{Zn,sp}=-\lg c_{Zn,sp}$$
$$=-\lg\frac{0.020}{2}$$
$$=2.00$$

根据例 5-4 计算知

$$\lg K'_{ZnY}=10.12$$

于是

$$pZn'_{sp}=\frac{1}{2}(pc_{Zn,sp}+\lg K'_{ZnY})$$
$$=\frac{1}{2}(2+10.12)$$
$$=6.06$$

4. 计量点后

由

$$K'_{ZnY}=\frac{[ZnY]}{[Zn'][Y']}$$

得

$$[Zn']=\frac{[ZnY]}{K'_{ZnY}[Y']}$$

而

$$[Y']=\frac{c_{EDTA}V_{EDTA}-c_{Zn}V_{Zn}}{V_{EDTA}+V_{Zn}}$$

$$[ZnY]=\frac{c_{Zn}V_{Zn}}{V_{EDTA}+V_{Zn}}$$

由于

$$c_{EDTA}=c_{Zn}$$

于是

$$[Zn']=\frac{[ZnY]}{K'_{ZnY}[Y']}=\frac{V_{Zn}}{(V_{EDTA}-V_{Zn})K'_{ZnY}}$$

两边取负对数得

$$pZn' = \lg K'_{ZnY} - \lg \frac{V_{Zn}}{V_{EDTA} - V_{Zn}}$$

当加入了 20.02 mL EDTA 标准溶液时，$pZn'=7.12$。用同样的方法，计算各点数据并得到其滴定曲线*，见图 5-3。可见滴定曲线在计量点附近±0.1% 相对误差范围内，pM' 的变化有一明显的突跃。因此可用指示剂指示滴定终点的到达。

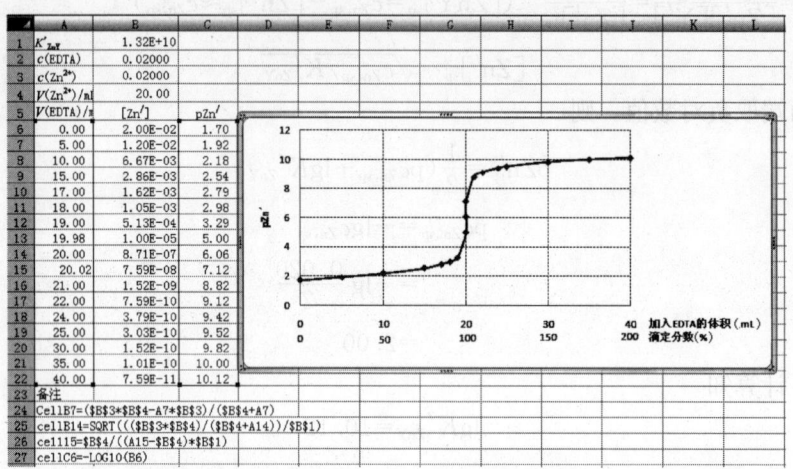

图 5-3　0.02000 mol·L^{-1} EDTA 滴定 20.00 mL 同浓度 Zn^{2+} 溶液的滴定曲线

(在 pH=9 的氨性缓冲溶液中进行，在计量点附近游离氨的浓度为 0.10 mol·L^{-1})

图 5-4 为 c_M 不同，K'_{MY} 相同的 EDTA 滴定金属离子曲线图。结果表明络合滴定曲线与酸碱滴定曲线相似，c_M 越大，滴定曲线的 pM' 突跃范围越大；反之 pM' 突跃范围越小。

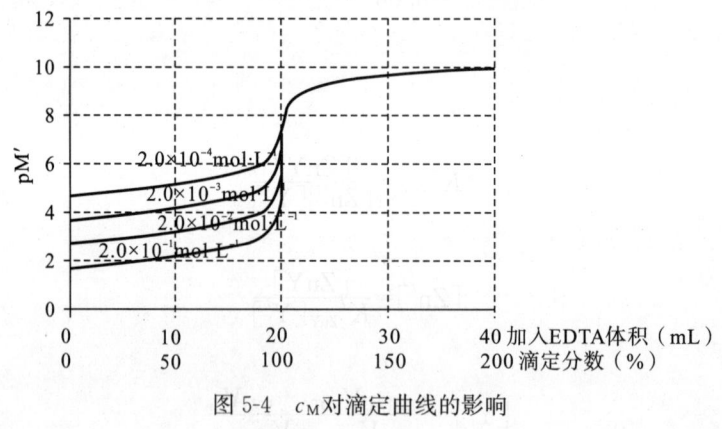

图 5-4　c_M 对滴定曲线的影响

($\lg K'_{MY}=10$, $c_{EDTA}=c_M$)

图 5-5 为 c_M 相同，K'_{MY} 不同的 EDTA 滴定金属离子曲线图。结果表明 K'_{MY} 值是影响 pM' 突跃的重要因素之一，K'_{MY} 越大，即络合反应进行得越完全，滴定曲线的 pM' 突跃范围越大；反之 pM' 突跃范围越小。

---

* 络合滴定曲线与酸碱滴定曲线相似，在计量点附近±0.1% 相对误差范围内有一明显突跃，可用指示剂方法指示滴定终点。滴定曲线突跃范围的大小与酸碱滴定相似，与滴定剂和被滴定物质的浓度、条件稳定常数有关。

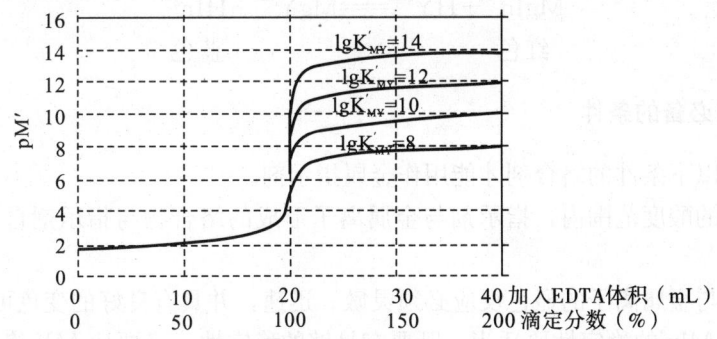

图 5-5　条件稳定常数对滴定曲线的影响($c_{EDTA}=c_M=0.02$ mol·L^{-1})

思考题与习题

1. 络合滴定曲线与酸碱滴定曲线有何异同？从选择指示剂的角度可得出什么结论？

2. K'_{MY} 的大小是影响 pM' 突跃的重要因素之一，试讨论哪些条件将影响滴定曲线的 pM' 突跃，如何影响？

3. 在 pH=10 的 NH$_3$-NH$_4$Cl 缓冲溶液中，对于 EDTA 滴定 Zn^{2+} 的主反应，(1) 计算[NH$_3$]=0.10，[CN$^-$]=1.0×10^{-3} mol·L^{-1} 时 α_{Zn} 和 lgK'_{ZnY} 值。(2) 若 $c_Y=c_{Zn}$=0.02000 mol·L^{-1}，求计量点时游离 Zn^{2+} 的浓度等于多少？

4. 在 pH=2.0 时，用 0.02000 mol·L^{-1} EDTA 标准溶液滴定 20.00 mL 0.02000 mol·L^{-1} Fe^{3+}。问当 EDTA 加入 19.98 mL，20.00 mL，20.02 mL 和 40.00 mL 时，溶液中 pFe 如何变化？

第五节　络合滴定指示剂

一、金属指示剂的作用原理及必备的条件

1. 金属指示剂的作用原理

金属指示剂(metallochromic indicator)是一种络合剂*，也是一种酸碱指示剂，在一定的 pH 条件下向金属离子的溶液中加入金属指示剂时，金属指示剂则与金属离子形成与指示剂本身颜色不同的络合物。例如，在 pH=10 的氨性缓冲溶液中，以 EDTA 滴定 Mg^{2+}，用铬黑 T(EBT)作指示剂，有

$$Mg^{2+} + HIn^{2-} \rightleftharpoons MgIn^- + H^+$$
　　　　　蓝色　　　红色

开始滴定时，溶液中的金属离子 Mg^{2+} 与 EDTA 反应生成络合物 MgY^{2-}，当溶液中 Mg^{2+} 与 EDTA 反应完全时，EDTA 将夺取 MgIn$^-$ 中的 Mg^{2+}，将指示剂释放出来，引起溶液颜色的变化，指示滴定终点的到达。

---

* 酸碱指示剂是有机弱酸或弱碱，颜色变化是因为共轭酸碱浓度的相对变化。金属离子指示剂是络合剂，颜色变化是因为络合物颜色与指示剂本身颜色的不同。

$$\text{MgIn}^- + \text{HY}^{3-} \rightleftharpoons \text{MgY}^{2-} + \text{HIn}^{2-}$$
红色　　　　　　　　蓝色

2. 金属指示剂必备的条件

只有满足以下条件的络合剂才能用作金属指示剂。

1)在滴定的酸度范围内,指示剂与金属离子形成的络合物与指示剂自身的颜色应有显著的区别。

2)指示剂与金属离子的显色反应必须灵敏、迅速,并具有良好的变色可逆性。

3)络合物 MIn 的稳定性要适当,既要有足够的稳定性,又要比 MY 络合物的稳定性低。一般要求 $K_{\text{MIn}} \geqslant 10^4$,$K_{\text{MY}}/K_{\text{MIn}} \geqslant 10^2$,即 MY 的稳定常数至少是 MIn 的稳定常数的 100 倍以上。

此外,显色络合物应易溶于水,如果生成胶体溶液或沉淀,则会使变色不明显。

3. 金属指示剂封闭、僵化与变质

(1)指示剂的封闭现象

某些金属离子与金属指示剂形成的络合物较其与 EDTA 形成的络合物更为稳定。如果溶液中存在着这些金属离子,EDTA 不能夺取 MIn 络合物中的金属离子而使指示剂释放出来,因而看不到滴定终点应有的颜色变化,这种现象称为金属指示剂的封闭(blocking of indicator)现象。通常可采用适当的掩蔽剂加以消除,例如滴定 Ca^{2+}、Mg^{2+} 时,用铬黑 T 作指示剂,如果溶液中共存有 Al^{3+}、Fe^{3+}、Cu^{2+}、Co^{2+} 和 Ni^{2+},则对铬黑 T 具有封闭作用。此时可在酸性条件下加入三乙醇胺,然后调节至碱性掩蔽 Al^{3+} 和 Fe^{3+};在碱性条件下,加入 KCN 掩蔽 Cu^{2+}、Co^{2+}、Ni^{2+}。

(2)指示剂的僵化现象

当金属指示剂与金属离子形成的络合物在水中的溶解度较小,或 MIn 的稳定性仅比 MY 的稳定性稍小时,EDTA 与 MIn 之间的置换反应速率缓慢,致使终点拖长或颜色变化很不敏锐,称之为指示剂的僵化(ossification of indicator)现象。可加入适当的有机溶剂或加热,增大 MIn 络合物的溶解度或加快置换反应的速率。

(3)指示剂的氧化变质现象

金属指示剂多为含双键的有色化合物,易受氧化剂、日光和空气等的影响而分解,在水溶液中多不稳定。改变溶剂或配成固体混合物可增加稳定性,例如铬黑 T 和钙指示剂,常用惰性盐氯化钠作稀释剂配制成 1∶100 使用。

二、金属指示剂的选择

由于络合滴定曲线在计量点前后±0.1%的相对误差范围内 pM′有明显的突跃,因此与酸碱滴定类似,应选择能在突跃区间内发生颜色变化的指示剂。但是金属指示剂与金属离子 M 发生主反应时,也存在各种副反应。在不考虑 MIn 的副反应时,有如下的平衡关系

$$\begin{array}{c} M + In \rightleftharpoons MIn \\ {}_L\swarrow \downarrow_{OH} \quad \downarrow_H \\ ML \quad MOH \quad HIn \\ \vdots \quad \vdots \quad \vdots \\ ML_n \quad M(OH)_n \quad H_n In \end{array}$$

$$K'_{MIn} = \frac{[MIn]}{[M][In']} = \frac{K_{MIn}}{\alpha_M \alpha_{In(H)}}$$

两边取对数得

$$pM' + \lg\frac{[MIn]}{[In']} = \lg K'_{MIn} = \lg K_{MIn} - \lg\alpha_{In(H)} - \lg\alpha_M \tag{5-17}$$

如果按照酸碱指示剂的理论变色范围推导金属指示剂的理论变色范围，则当 $[MIn]/[In']=10$ 时，$pM'=\lg K'_{MIn}-1$；当 $[MIn]/[In']=1/10$ 时，$pM'=\lg K'_{MIn}+1$。即金属离子指示剂的理论变色范围为 $pM'=\lg K'_{MIn}\pm 1$，但是 $\lg K'_{MIn}$ 随条件的变化而变化，所以金属指示剂不可能像酸碱指示剂那样有一确定的变色范围。$[MIn]=[In']$ 对应的 pM' 即为金属指示剂的理论变色点

$$pM' = \lg K'_{MIn} = \lg K_{MIn} - \lg\alpha_{In(H)} - \lg\alpha_M \tag{5-18}$$

可见同样没有确定的理论变色点。此外以上假设金属离子与金属指示剂形成 1:1 型络合物，实际上 M 与 In 有时还会形成 1:2 或 1:3 的络合物，其理论变色点或理论变色范围的计算十分复杂*。而且一般计算所需的常数也很缺乏，有时无法计算。在有关分析化学手册中列出的部分金属指示剂 pM'_t，是通过实验获得的实际变色点。附录四中，表 7 列出的是只有酸效应存在时部分金属指示剂－金属离子络合物的变色点值。选择指示剂时，选择其变色点值接近于计量点 pM'_{sp} 值。由于 $\lg K'_{MIn}$ 的缺乏，所以指示剂的选择多采用实验方法来确定。

三、常用金属指示剂简介

金属指示剂通常也是有机弱酸或弱碱，在不同 pH 值范围的水溶液中存在的主要型体不同，因而可能具有不同的颜色，所以在使用金属指示剂时需要注意 pH 条件。例如，铬黑 T 在水溶液中存在以下解离平衡

$$H_2In^- + H_2O \rightleftharpoons HIn^{2-} + H_3O^+ \quad pK_{a_2}=6.3$$
红色　　　　　　蓝色

$$HIn^{2-} + H_2O \rightleftharpoons In^{3-} + H_3O^+ \quad pK_{a_3}=11.6$$
蓝色　　　　　　橙色

当 pH<6.3 时，$[H_2In^-]>[HIn^{2-}]$，指示剂多呈红色；当 pH>11.6 时，$[In^{3-}]>[HIn^{2-}]$，指示剂多呈橙色。铬黑 T 与金属离子形成的络合物一般为红色。实验表明用铬黑 T 指示剂时适宜酸度范围是 pH=8~10。

表 5-1 为常见的金属指示剂的适用 pH 范围、颜色变化、直接滴定的金属离子、干扰

---

* 金属指示剂的变色范围和变色点会因金属离子的变化和条件的变化而变化。因此金属指示剂的选择通常用实验来确定。

情况及消除办法。

表 5-1　常见的金属指示剂

指示剂名称	适用pH值范围	颜色 游离态	颜色 络合物	直接滴定的金属离子	干扰及消除办法	配制方法
铬黑T（eriochrome black T）(EBT)	8~10	蓝	红	Mg^{2+}、Zn^{2+}、Cd^{2+}、Mn^{2+}和稀土离子，对Ca^{2+}不灵敏，滴定Ca^{2+}时通常加入MgY^{2-}以改善终点	Al^{3+}、Fe^{3+}、Cu^{2+}、Co^{2+}、Ni^{2+}和$Ti(IV)$有封闭作用，可用三乙醇胺和KCN联合掩蔽	(1)将0.2 g铬黑T溶于15 mL三乙醇胺及5 mL乙醇中 (2)将1 g铬黑T与100 g NaCl研细混匀
钙指示剂（calconcarboxylic acid）(NN)	12~13	蓝	酒红	用EDTA滴定Ca^{2+}，在滴定时如有Mg^{2+}共存，终点颜色的变化更为明显	Al^{3+}、Fe^{3+}、Cu^{2+}、Co^{2+}、Ni^{2+}和$Ti(IV)$有封闭作用，可用三乙醇胺和KCN联合掩蔽	0.5 g钙指示剂与100 g NaCl研细混匀
二甲酚橙（xylenol orange）(XO)	pH<6.0	亮黄	红	ZrO^{2+}（pH<1）、Bi^{3+}（pH=1）、Th^{4+}（pH=2.5~3.5）、Pb^{2+}、Zn^{2+}、Cd^{2+}、Hg^{2+}、Ti^{3+}等离子和稀土元素的离子（pH=5~6）	Al^{3+}、Fe^{3+}、Cu^{2+}、Co^{2+}、Ni^{2+}等离子对二甲酚橙有封闭作用，可以在加入过量的EDTA后，再用Zn^{2+}(Pb^{2+})标准溶液返滴定	0.2 g二甲酚橙溶于100 mL去离子水中
酸性铬蓝K（acid chrome blue K）	8~13	蓝	红	Mg^{2+}、Zn^{2+}、Mn^{2+}（pH=10）、Ca^{2+}（pH=13）		1:100 NaCl（固体）
磺基水杨酸（sulfosalicyclic acid）	1.5~2.5	无	紫红	Fe^{3+}		10 g磺酸水杨酸溶于100 mL水中
1-(2-吡啶偶氮)-2-萘酚[1-(2-pyridylzo)-2-nphthol] (PAN)	1.9~12.2	黄	紫红	Th^{4+}、Bi^{3+}（pH=2~3）、Cu^{2+}、Ni^{2+}、Pb^{2+}、Cd^{2+}、Zn^{2+}、Mn^{2+}、Fe^{2+}（pH=4~5）	MIn在水中溶解度很小，故常加入乙醇或加热再进行滴定	0.1 g或0.2 g PAN溶于100 mL乙醇中

此外，由于PAN与金属离子形成的络合物在水中溶解度很小，而Cu-PAN是可溶性的红色络合物，且稳定性适当，所以常将Cu-PAN作为一种间接指示剂测定多种金属离子。它是CuY和PAN的混合液，当取适量加至待测金属离子M的试液中时发生如下反应

$$CuY(蓝)+PAN(黄)+M \rightleftharpoons MY+Cu\text{-}PAN$$
$$(黄绿色) \qquad\qquad\qquad (紫红色)$$

溶液呈紫红色。当加入的EDTA与M定量络合后，稍过量的滴定剂夺取出Cu-PAN中的Cu^{2+}，使PAN游离出来

$$Cu\text{-}PAN+Y \rightleftharpoons CuY（蓝）+PAN（黄）$$
$$(紫红色) \qquad\qquad (黄绿色)$$

溶液由紫红色变为黄绿色，指示终点到达。

除以上常用指示剂外，通过实验还可以寻找其他络合滴定指示剂[3]、合成一些新的络合滴定指示剂[4,5]。文献[6]对PAN进行改性后增大了指示剂的水溶性，改善了指示剂

与金属离子的反应性能,从而提高了试剂的灵敏工。此外,在络合滴定中也可以采用混合指示剂提高变色的敏锐性[7]。

思 考 题

1. 为什么金属指示剂需要在一定的 pH 条件下使用?可否在 pH>6 的条件下用二甲酚橙作指示剂。
2. 什么叫做指示剂的封闭现象与僵化现象?如何消除?
3. 金属指示剂为什么常用 NaCl 配成固体混合物?
4. 滴定 Ca^{2+} 时,用铬黑 T 作指示剂,MgY^{2-} 以改善终点时对 Ca^{2+} 结果有影响吗,为什么?
5. Ca^{2+} 与 PAN 不显色,但在 pH=10~12 时,加入适量的 CuY^{2-},却可以用 PAN 作为滴定 Ca^{2+} 的指示剂,为什么?
6. 在 EDTA 络合滴定中,当金属离子有色时滴定终点呈现的是什么物质的颜色?

第六节 准确滴定的条件

一、直接准确滴定金属离子的可行性判据

由于人眼判断颜色变化一般有 $\pm 0.2 \text{pM}'$ 单位的不确定性,因此若要控制滴定分析误差在 $\pm 0.1\%$ 之内,则突跃范围至少应该有 $0.4 \text{pM}'$ 单位,只有 $\lg c_{M,sp} K'_{MY} \geq 6$ 时才能满足至少 0.4pM 单位的要求。故直接准确滴定金属离子的可行性判据为*

$$\lg c_{M,sp} K'_{MY} \geq 6 \quad (|E_t| \leq 0.1\%) \tag{5-19}$$

注意,这个判据不是绝对的,如果允许滴定分析误差不同,则该判据也将有所不同。

例 5-5 试判断在(1) pH=2.0;(2) pH=10.0 和计量点时游离氨浓度为 $0.10 \text{ mol} \cdot L^{-1}$ 的条件下,能否用 $0.020 \text{ mol} \cdot L^{-1}$ EDTA 直接准确滴定同浓度的 Cu^{2+}?

解 (1)查表附录四之表 3 知,$\lg K_{CuY} = 18.80$;查附录四之表 4 知,当 pH=2.0 时,$\lg \alpha_{Y(H)} = 13.51$,于是

$$\lg K'_{CuY} = \lg K_{CuY} - \lg \alpha_{Y(H)} = 18.80 - 13.51 = 5.29$$
$$\lg c_{Cu,sp} K'_{CuY} = \lg c_{Cu,sp} + \lg K'_{CuY} = -2 + 5.29 = 3.29 < 6$$

所以不能在 pH=2.0 的条件下用 $0.020 \text{ mol} \cdot L^{-1}$ EDTA 直接准确滴定同浓度的 Cu^{2+}。

(2)查附录四之表 4 知当 pH=10.0 时,$\lg \alpha_{Y(H)} = 0.45$,查附录四之表 6 知,pH=10.0 时,$\alpha_{Cu(OH)} = 1.7$,根据(5-9)得

$$\alpha_{Cu(NH_3)} = 1 + \beta_1 [NH_3] + \beta_2 [NH_3]^2 + \beta_3 [NH_3]^3 + \beta_4 [NH_3]^4$$
$$= 1 + 10^{4.31} \times 10^{-1.00} + 10^{7.61} \times (10^{-1.00})^2 + 10^{10.48} \times (10^{-1.00})^3 + 10^{12.59} \times (10^{-1.00})^4$$
$$= 10^{9.26}$$

$$\alpha_{Cu} = \alpha_{Cu(NH_3)} + \alpha_{Cu(OH)} - 1 = 10^{9.26} + 10^{1.7} - 1 \approx 10^{9.26}$$
$$\lg K'_{CuY} = \lg K_{CuY} - \lg \alpha_{Cu} - \lg \alpha_{Y(H)} = 18.80 - 9.26 - 0.45 = 9.09$$
$$\lg c_{Cu,sp} K'_{CuY} = \lg c_{Cu,sp} + \lg K'_{CuY} = -2 + 9.09 = 7.09 > 6$$

因此能在 pH=10.0 和计量点时游离氨浓度为 $0.10 \text{ mol} \cdot L^{-1}$ 的条件下用 $0.020 \text{ mol} \cdot L^{-1}$ EDTA 直接准确滴定同浓度的 Cu^{2+}。

---

* 只有满足 $\lg c_{M,sp} K'_{MY} \geq 6$,才可用金属指示剂指示终点,用 EDTA 直接滴定金属离子。

二、络合滴定中酸度的选择与控制

1. 最高允许酸度（最低 pH 值）

根据直接准确滴定金属离子的条件，$\lg c_{M,sp} K'_{MY} \geq 6$，当金属离子浓度一定时，$K'_{MY}$ 至少应达到某一最小值，才有可能对该金属离子直接准确滴定。通常酸效应是影响络合滴定最主要的因素，设滴定中只存在 EDTA 的酸效应，不存在其他副反应，则

$$\lg K'_{MY} = \lg K_{MY} - \lg \alpha_{Y(H)}$$

因此溶液的酸度存在着一个高限，这一最高允许酸度称为最高酸度*。

设 $c_M = 0.020 \text{ mol} \cdot \text{L}^{-1}$，由 $\lg c_{M,sp} K'_{MY} \geq 6$，得

$$\lg K'_{MY} = \lg K_{MY} - \lg \alpha_{Y(H)} \geq 8 \quad (|E_t| \leq 0.1\%)$$

$$\lg \alpha_{Y(H)} \leq \lg K_{MY} - 8$$

计算出 $\lg \alpha_{Y(H)}$ 即可求出滴定各种金属离子允许的最高酸度或最低 pH 值。

例 5-6 求以 $0.020 \text{ mol} \cdot \text{L}^{-1}$ EDTA 滴定同浓度的 Zn^{2+} 时，允许的最高酸度或最低 pH 值。

解

$$\lg \alpha_{Y(H)} \leq \lg K_{MY} - 8 = 16.50 - 8 = 8.50$$

查附录四之表 4 可知，当 $\lg \alpha_{Y(H)} = 8.50$ 时，pH≈4.0，该 pH 值即为滴定 Zn^{2+} 所允许的最低 pH 值。

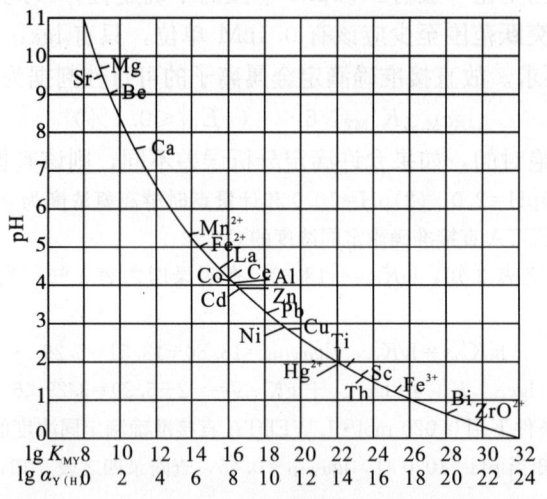

图 5-6 EDTA 的酸效应曲线

用相同方法计算出以 $0.020 \text{ mol} \cdot \text{L}^{-1}$ EDTA 滴定各种金属离子所允许的最低 pH 值，并以此作为纵坐标，以 $\lg K_{MY}$ 或 $\lg \alpha_{Y(H)}$ 作横坐标作图，得酸效应曲线(acidic effective curve)(林邦曲线)，见图 5-6。该曲线对于用 EDTA 滴定金属离子，选择适当的 pH 值具有重要的参考价值。由图 5-6 可见，当以 EDTA 滴定 Bi^{3+} 时，由于滴定产物 BiY^- 很稳定($\lg K_{MY}=27.9$)，即使在较高的酸性(pH=1.0)下也可准确滴定。而滴定 Mg^{2+} 时，由于滴定产物 MgY^{2-} 不甚稳定($\lg K_{MY}=8.7$)，则必须在 pH≥9.7 条件下才能准确滴定。

---

* 用 EDTA 滴定金属离子时必须在低于最高酸度下进行。

2. 最低允许酸度（最高 pH 值）

为准确滴定，应该在低于允许的最高酸度或高于最低 pH 值条件下用 EDTA 滴定金属离子。但酸度也不能太低，否则会产生水解效应生成羟基化合物，甚至生成金属离子的氢氧化物沉淀。由于在滴定过程中这种氢氧化物沉淀有时根本不可能再转化为 EDTA 的络合物，或者虽然可以转化但转化的速率很小，这样都必然严重影响滴定的准确度。通常将金属离子开始生成氢氧化物沉淀时的酸度作为络合滴定所允许的最低酸度或最高 pH 值。一般由氢氧化物的溶度积常数求得。

通常将最高酸度和最低酸度之间（即最低 pH 值和最高 pH 之间）的范围称为对某金属离子进行络合滴定的适宜酸度范围。

例 5-7 以 $0.020 \text{ mol} \cdot \text{L}^{-1}$ EDTA 滴定 $0.020 \text{ mol} \cdot \text{L}^{-1}$ 的 Fe^{3+}，求滴定 Fe^{3+} 的适宜酸度范围。

解 当 $\Delta pM' = \pm 0.2$，$|E_t| \leqslant 0.1\%$ 时，直接准确滴定金属离子的条件为

$$\lg c_{M,sp} K'_{MY} \geqslant 6$$
$$\lg K'_{MY} = \lg K_{MY} - \lg \alpha_{Y(H)} \geqslant 8$$
$$\lg \alpha_{Y(H)} \leqslant \lg K_{MY} - 8 = 25.1 - 8 = 17.1$$

查附录四之表 4 可知，当 $\lg \alpha_{Y(H)} = 17.1$ 时，$pH \approx 1.2$，该 pH 值即为滴定 Fe^{3+} 所允许的最低 pH 值（最高酸度）。

查附录四之表 10 知，$Fe(OH)_3$ 的 $K_{sp} = 4 \times 10^{-38}$，水解时

$$[OH^-] = \sqrt[3]{\frac{K_{sp}}{c_{Fe^{3+}}}} = \sqrt[3]{\frac{4 \times 10^{-38}}{0.020}} = 1.3 \times 10^{-12} \text{ mol} \cdot \text{L}^{-1}$$

$$pOH = 11.9, \quad pH = 14 - 11.9 = 2.1$$

该 pH=2.1 为滴定 Fe^{3+} 所允许的最高 pH 值（最低酸度），所以滴定 Fe^{3+} 的适宜酸度范围为 pH=1.2~2.1。

适宜的酸度范围只提供了准确滴定的可能性，当具体使用指示剂确定滴定终点时，还要考虑指示剂适用的酸度范围，应在适宜酸度范围内选择使滴定终点与计量点基本一致的金属指示剂使终点误差为最小，这时的酸度才可认为是滴定的最佳酸度。此外若有合适的络合剂防止金属离子水解，可以在低于最低允许酸度条件下滴定。

实验 1 EDTA 标准溶液的配制与标定

仪器与试剂

分析天平，台秤，滴定管，锥形瓶，容量瓶，移液管等。

乙二胺四乙酸二钠（$Na_2H_2Y \cdot 2H_2O$，固体，AR），$CaCO_3$（固体，AR），HCl(1:1)，NaOH（$40 \text{ g} \cdot \text{L}^{-1}$），钙指示剂(1:100 NaCl)。

$0.020 \text{ mol} \cdot \text{L}^{-1}$ EDTA 标准溶液的配制

乙二胺四乙酸（H_4Y）和其二钠盐（$Na_2H_2Y \cdot 2H_2O$）都可用于配制 EDTA 的标准溶液，由于 H_4Y 在水中溶解度小，因此常使用 $Na_2H_2Y \cdot 2H_2O$。因市售分析纯 $Na_2H_2Y \cdot 2H_2O$ 常吸附约 0.3% 的水分，因此通常采用间接配制法。也可以在 50% 的相对湿度及 80 ℃ 条件下放置几天后，用直接法配制。

称取需要量的乙二胺四乙酸二钠（$Na_2H_2Y \cdot 2H_2O$）于 200~300 mL 温热水中，溶解后稀释至 500 mL，摇匀后转入聚乙烯塑料瓶中。

EDTA 标准溶液的标定

标定 EDTA 溶液常用的基准物有纯的金属如 Zn，Bi，Cu，Ni，Pb，以及它们的氧化物，某些盐如

$CaCO_3$、$MgSO_4 \cdot 7H_2O$、$ZnSO_4 \cdot 7H_2O$ 等。选取基准物质时,尽可能使标定与滴定分析条件一致。测定水中 Ca^{2+}、Mg^{2+} 含量及测定石灰石或白云石中 CaO、MgO 含量时宜用 $CaCO_3$ 作基准物质标定 EDTA。准确称取一定量的 $CaCO_3$ 用 HCl 溶解后,以钙指示剂为指示剂,用 NaOH 控制溶液的 pH 为 12~13,用待标定的 EDTA 溶液滴定,待溶液从酒红色变为蓝色即为终点。

称取一定质量的于 110 ℃干燥 2 h 并冷却后的 $CaCO_3$ 基准物于 100 mL 烧杯中,加少量水润湿,盖上表面皿,从烧杯嘴逐滴加入约 5 mL 的 HCl(1:1) 溶液,使之全部溶解,然后转移至 250 mL 容量瓶中,稀释至刻度,摇匀。用移液管移取 25.00 mL 钙标准溶液于 250 mL 锥形瓶中,加 5 mL 40 g·L^{-1} NaOH 及少量钙指示剂,摇匀后,用 EDTA 标准溶液滴定至溶液由酒红色变为纯蓝色即为终点。平行做 3 份,计算 EDTA 溶液的浓度,其相对平均偏差应不大于 0.2%。

实验 2 水的总硬度的测定

水的硬度概念

水的硬度最初是指钙、镁离子沉淀肥皂的能力。水的总硬度指水中钙、镁离子的总浓度,其中包括碳酸盐硬度(即钙、镁离子以酸式碳酸盐形式存在,通过加热能以碳酸盐形式沉淀下来的钙、镁离子,故又叫暂时硬度)和非碳酸盐硬度(即加热后不能沉淀下来的那部分钙、镁离子,又称永久硬度)。

水的硬度是表示水质的一个重要指标,对工业用水关系很大。水的硬度是形成锅垢和影响产品质量的主要因素。

各国对于硬度的表示方法各不相同,我国使用较多的表示方法有两种:一种是将所测得的钙、镁折算成 CaO 的质量,用每升水中含有 CaO 的质量表示,单位为 mg·L^{-1};另一种表示方法以度计,1 硬度单位表示为每升水中含 10 mg CaO。

水硬度的测定原理

测定水的总硬度一般采用络合滴定法,在 pH=10 的氨性缓冲溶液中,以铬黑 T 为指示剂,用 EDTA 直接滴定水中 Ca、Mg 的总量。水样中的 Fe^{3+}、Al^{3+} 的干扰可用三乙醇胺掩蔽,Cu^{2+}、Pb^{2+}、Zn^{2+} 等重金属离子可以用 KCN、Na_2S 掩蔽。测定水中钙硬时,则另取水样,用 NaOH 溶液调节水样的 pH 为 12~13。使 Mg 生成 $Mg(OH)_2$ 沉淀,然后以钙指示剂为指示剂,用 EDTA 滴定水中的 Ca^{2+},Ca^{2+}、Mg^{2+} 总量减去 Ca^{2+} 量即为 Mg^{2+} 量。

仪器与试剂

分析天平,酸式滴定管,锥形瓶,移液管等。

EDTA(0.020 mol·L^{-1})标准溶液,铬黑 T 指示剂(1:100 NaCl),氨性缓冲溶液(pH=10)。

实验步骤

1. 总硬度的测定

用移液管移取适量水样 V(自来水一般取 100 mL)于 250 mL 锥形瓶中,加 5 mL 氨性缓冲溶液,约 0.01 g 铬黑 T,用 EDTA 标准溶液滴定,待溶液由酒红色变为纯蓝色即为终点。记下消耗的 EDTA 体积 V(mL)。平行测定 3 份。

2. 钙硬的测定

移取与步骤 1 等量水样于 250 mL 锥形瓶中,加入 5 mL 40 g·L^{-1} NaOH,再加少许钙指示剂,用 EDTA 标准溶液滴定,待溶液由酒红色变为纯蓝色即为终点,记下消耗的 EDTA 体积 V(mL)。平行测定 3 份。

用 EDTA 直接滴定法测定钙、镁离子混合溶液中的钙时,通过沉淀掩蔽法消除镁离子的干扰,但沉淀掩蔽法有很多缺点(见第七节),如果将滴定分析、光谱分析和化学计量学相结合则可同时测定钙和镁[8]。

思考题与习题

1. 为什么 EDTA 需要储存在聚乙烯塑料瓶中？
2. 为什么络合滴定需要在缓冲溶液中进行？
3. 如果只有铬黑 T 指示剂，能否测定 Ca^{2+} 的含量？如何测定？
4. 如何检验水中是否有少量金属离子，如何确定是 Ca^{2+}，Mg^{2+}，还是 Al^{3+}，Fe^{3+}，Cu^{2+}。（限用 EDTA 溶液、氨性缓冲溶液和铬黑 T）
5. 在 Al^{3+}、Zn^{2+}、Mg^{2+} 共存的酸性溶液中欲测定 Mg^{2+}，试指出下列分析步骤中的错误之处（简述理由），并改正。

吸取一定量试液于锥形瓶中，加入 10%KCN 1 mL，以 NaOH 溶液调节试液的 pH 值约为 10，加入 1:3 三乙醇胺 15 mL，再加入 0.2%二甲酚橙指示剂 2~3 滴，以 EDTA 标准溶液滴定，待溶液由红紫色变为亮黄色即为终点。

6. 用 1.0×10^{-2} mol·L^{-1} EDTA 标准溶液滴定等浓度的含有 Mg^{2+} 的溶液，问在 pH=5.0 的条件下，能否准确滴定？若要准确滴定 Mg^{2+}，允许的最低 pH 值为多少？为什么要在 pH=10 的溶液中滴定总硬度？

第七节 提高络合滴定的选择性的途径

由于 EDTA 与金属离子络合反应具有普遍性，因此提高 EDTA 络合滴定分析的选择性是十分重要的，一般可通过以下三种途径消除共存金属离子的干扰。

一、控制溶液的酸度

由于 EDTA 与金属离子形成的络合物的绝对稳定常数相差较大，因此可通过控制溶液的酸度提高滴定分析的选择性。设溶液中有两种金属 M 和 N，其分析浓度分别为 c_M 和 c_N，按计量点溶液体积计算时的浓度分别为 $c_{M,SP}$ 和 $c_{N,SP}$。此时滴定剂在溶液中有两种副反应——酸效应和共存离子效应。

$$\alpha_Y = \alpha_{Y(H)} + \alpha_{Y(N)} - 1$$

如果 M 离子能被优先单独滴定，则到达计量点时 N 离子与 Y 的络合反应可忽略不计，此时有

$$[N] \approx c_{N,SP}$$
$$\alpha_{Y(H)} = 1 + K_{NY}[N] \approx c_{N,sp} K_{NY}$$

当在较高的酸度下滴定 M 离子时，由于 EDTA 的酸效应是主要的，所以 $\alpha_{Y(H)} \gg \alpha_{Y(N)}$，则 N 离子与 EDTA 的副反应可以忽略，可认为 N 的存在对 M 的滴定反应没有影响，与单独滴定 M 离子时的情况相同。

当在较低酸度下滴定 M 离子时，$\alpha_{Y(H)} \ll \alpha_{Y(N)}$。EDTA 的酸效应可被忽略，因此

$$\alpha_Y = \alpha_{Y(N)} = 1 + K_{NY}[N] \approx c_{N,sp} K_{NY}$$
$$\lg K'_{MY} = \lg K_{MY} - \lg \alpha_{Y(N)} = \lg K_{MY} - \lg c_N K_{NY}$$

若 $c_N = c_M$，则

$$\lg c_{M,sp} K'_{MY} = \lg c_M + \lg K_{MY} = \lg c_M + \lg K_{MY} - \lg c_N - \lg K_{NY} = \Delta \lg K$$

如果在 N 离子共存条件下，能满足 $\lg c_{M,sp} K'_{MY} \geq 6$，则可在 N 存在下选择性滴定 M。反之，如果不满足此条件，则说明根本就没有可能在 N 存在下选择性滴定 M。因此在 N 存在下选择性滴定 M 的条件为

$$\Delta \lg K \geq 6 \tag{5-20}$$

在实现直接准确滴定金属离子 M* 之后，根据滴定金属离子 N 的适宜酸度范围以及金属指示剂适用的酸度范围，可继续滴定金属离子 N。

例 5-8 欲用 0.02000 mol·L^{-1} EDTA 标准溶液连续滴定混合液中的 Bi^{3+} 和 Pb^{2+}，（浓度均为 0.020 mol·L^{-1}），(1)有无可能进行？(2)如能进行，能否在 pH=1 时准确滴定 Bi^{3+}？(3)应在什么酸度范内滴定 Pb^{2+}？

解 查附录四之表 3 知，$\lg K_{BiY}=27.94$，$\lg K_{PbY}=18.04$。

(1) 因 $\Delta \lg K = \lg K_{BiY} - \lg K_{PbY} = 27.94 - 18.04 = 9.90 > 6$

所以可通过控制溶液的酸度在 Pb^{2+} 存在下准确滴定 Bi^{3+}。

(2) 查附录四之表 4 和表 6 知，当 pH=1 时，$\lg \alpha_{Y(H)}=18.01$，$\lg \alpha_{Bi(OH)}=0.1$

因

$$\lg K_{BiY} \gg \lg K_{PbY}$$

所以

$$[Pb^{2+}] \approx c_{Pb,sp} = 0.010 \text{ mol·L}^{-1}$$
$$\alpha_{Y(Pb)} = 1 + K_{PbY}[Pb^{2+}] = 1 + 10^{18.04} \times 0.010 = 10^{16.04}$$
$$\alpha_Y = \alpha_{Y(H)} + \alpha_{Y(Pb)} - 1 = 10^{18.01} + 10^{16.04} - 1 \approx 10^{18.01}$$
$$\lg K'_{BiY} = \lg K_{BiY} - \lg \alpha_Y - \lg \alpha_{Bi(OH)} = 27.94 - 18.01 - 0.1 = 9.83$$
$$\lg c_{Bi,sp} K'_{BiY} = -2.00 + 9.83 = 7.83 > 6$$

因此，能在 pH=1 时准确滴定 Bi^{3+}。

(3) 欲准确滴定 Pb^{2+}，必须

$$\lg c_{Bi,sp} K'_{PbY} \geq 6$$
$$\lg K'_{PbY} = \lg K_{PbY} - \lg \alpha_{Y(H)} \geq 8$$
$$\lg \alpha_{Y(H)} \leq \lg K_{PbY} - 8 = 18.04 - 8 = 10.04$$

查附录四之表 4 可知，当 $\lg \alpha_{Y(H)}=10.04$ 时，pH≈3.25，该 pH 值即为滴定 Pb^{2+} 所允许的最低 pH 值（最高酸度）。

查附录四之表 10 知，$Pb(OH)_2$ 的 $K_{sp}=1.2 \times 10^{-15}$
水解时

$$[OH^-] = \sqrt{\frac{K_{sp}}{c_{Pb^{2+}}}} = \sqrt{\frac{1.2 \times 10^{-15}}{0.010}} = 3.5 \times 10^{-7} \text{ mol·L}^{-1}$$
$$pOH = 6.46, \quad pH = 14 - 6.46 = 7.54$$

该 pH 值即为滴定 Pb^{2+} 所允许的最高 pH 值（最低酸度）。故应在 pH=4~7 的范围内滴定 Pb^{2+}。

实验 3 铅铋合金中 Pb^{2+}、Bi^{3+} 含量的连续测定

仪器与试剂

分析天平，滴定管，锥形瓶，容量瓶，移液管等。

---

* 共存金属离子的绝对稳定常数相差足够大时，可通过控制溶液的酸度，增大条件稳定常数的差值，从而达到分别滴定的目的。

EDTA(0.020 mol·L^{-1})标准溶液，HNO$_3$(0.1 mol·L^{-1})，六次甲基四胺(200 g·L^{-1})，二甲酚橙(2 g·L^{-1}水溶液)，HNO$_3$(1+1)，HNO$_3$(0.1 mol·L^{-1})，铅铋合金试样。

实验步骤

称取 0.5~0.6 g 合金于小烧杯中，加入(1+1)HNO$_3$ 7 mL，盖上表面皿，微沸溶解，然后用洗瓶吹洗表面皿和杯壁，将溶液转移至 100 mL 容量瓶中，用 0.1 mol·L^{-1} HNO$_3$ 稀释至刻度，摇匀。

准确移取 Pb^{2+} 和 Bi^{3+} 的混合液 25.00 mL 于锥形瓶中，加入 10 mL 0.1 mol·L^{-1} HNO$_3$，2 滴二甲酚橙指示剂，用 EDTA 标准溶液滴定至溶液由紫红色变为亮黄色，即为 Bi^{3+} 的滴定终点，记录 V_1(mL)，然后加入 10 mL 200 g·L^{-1} 六次甲基四胺溶液，溶液变为紫红色，继续用 EDTA 标准溶液滴定至溶液由紫红色变为亮黄色，即为 Pb^{2+} 的滴定终点，记下 V_2(mL)。平行测定 3 份，计算铅铋合金中 Pb^{2+} 和 Bi^{3+} 的质量分数。

二、使用掩蔽剂提高络合滴定的选择性

大多数金属离子的 K_{MY} 和 K_{NY} 相差不大，无法通过控制溶液酸度进行选择性滴定。此时可以通过降低游离共存离子浓度达到选择性滴定的目的。通常采用掩蔽法降低游离共存离子[*]，掩蔽方法有络合掩蔽法、沉淀掩蔽法和氧化还原掩蔽法。

1. 络合掩蔽法

所谓络合掩蔽法是利用络合反应掩蔽干扰离子的一种方法。例如，滴定 Zn^{2+} 时，如果 Al^{3+} 共存，因 $\Delta \lg K < 6$，($\lg K_{ZnY} = 16.50$，$\lg K_{AlY} = 16.30$)，不能通过控制酸度消除 Al^{3+} 干扰。此时可加入 KF，使 Al^{3+} 形成稳定的络合物，达到消除 Al^{3+} 干扰的目的。又如，滴定 Ca^{2+}、Mg^{2+} 离子时，如果共存有金属离子 Cd^{2+}、Co^{2+}、Cu^{2+}、Ni^{2+}、Zn^{2+}，常用 KCN 作为络合掩蔽剂。

例 5-9 某一含有 Zn^{2+} 和 Al^{3+} 的溶液浓度均为 2.0×10^{-2} mol·L^{-1}，以 KF 掩蔽 Al^{3+}，并调节 pH = 5.5，已知终点[F$^-$] = 0.10 mol·L^{-1}，问可否掩蔽 Al^{3+} 而滴定 Zn^{2+}？(已知 $\lg K_{ZnY} = 16.50$，$\lg K_{AlY} = 16.3$，Al-F$^-$ 络合物的 $\lg \beta_1 \sim \lg \beta_6$ 为 6.13，11.15，15.00，17.75，19.37，19.84)

解 查附录四之表 4，知 pH = 5.5，$\lg \alpha_{Y(H)} = 5.5$

用 KF 掩蔽 Al^{3+} 后

$$\alpha_{Al(F)} = 1 + \beta_1 [F^-] + \beta_2 [F^-]^2 + \beta_3 [F^-]^3 + \beta_4 [F^-]^4 + \beta_5 [F^-]^5 + \beta_6 [F^-]^6$$
$$= 1 + 10^{6.13} \times 0.10 + 10^{11.15} \times (0.10)^2 + \cdots + 10^{19.84} \times (0.10)^6$$
$$= 10^{14.56}$$

因 $\alpha_{Al(F)}$ 较大，所以生成 AlY$^-$ 络合物量极少，终点时[Al^{3+}] ≈ $c_{Al,sp}$ = 1.0×10^{-2}。

$$[Al^{3+}] = \frac{c_{Al,sp}}{\alpha_{Al(F)}} = \frac{1.0 \times 10^{-2}}{10^{14.56}} = 10^{-16.56}$$

$$\alpha_{Y(Al)} = 1 + [Al^{3+}] K_{AlY} = 1 + 10^{-16.65} \times 10^{16.3} \approx 1.5$$

$$\alpha_Y = \alpha_{Y(H)} + \alpha_{Y(Al)} - 1 = 10^{5.5} + 1.5 - 2 \approx 10^{5.5}$$

$$\lg K'_{ZnY} = \lg K_{ZnY} - \lg \alpha_Y = 16.50 - 5.5 = 11.0$$

$$\lg c_{Zn,sp} K'_{ZnY} > 6$$

所以可掩蔽 Al^{3+} 而滴定 Zn^{2+}。

---

[*] 当共存金属离子的绝对稳定常数相差不大时，只能通过掩蔽、分离干扰离子的方法提高分析选择性。

用络合掩蔽剂掩蔽共存离子后,如果还要继续滴定共存离子,有时可在滴定完一种被测离子后,加入另一种试剂破坏掩蔽剂与共存离子所形成的络合物,使共存离子或EDTA重新释放出来,再测定共存离子。这种破坏掩蔽的方法称为解蔽,所使用的试剂称为解蔽剂。

例如,需要测定 Pb^{2+}、Zn^{2+} 混合溶液中各组分的含量,首先在氨性试液中加入 KCN 使 Zn 形成 $Zn(CN)_4^{2-}$ 以掩蔽 Zn^{2+},接着用 EDTA 标准溶液滴定 Pb^{2+},滴定到终点后,在溶液中加入甲醛(或三氯乙醛)使 Zn^{2+} 解蔽,即

$$4HCHO + Zn(CN)_4^{2-} + 4H_2O = Zn^{2+} + 4H_2C(OH)-CN + 4OH^-$$

再用 EDTA 标准溶液滴定解蔽出的 Zn^{2+},通过掩蔽和解蔽的方法实现了连续滴定两种共存金属离子。

2. 沉淀掩蔽法

利用沉淀反应降低干扰离子的浓度,不经分离沉淀直接进行滴定,这种消除干扰的方法称为沉淀掩蔽法。例如,用 EDTA 络合滴定法测定 Ca^{2+}、Mg^{2+} 混合溶液中的 Ca^{2+},可将被测溶液 pH 调节到 12~13,Mg^{2+} 则形成 $Mg(OH)_2$ 沉淀而不干扰 Ca^{2+} 离子的测定。

沉淀掩蔽法不是一种理想的掩蔽方法,它存在下列缺点。

1)某些沉淀反应进行不完全,有时掩蔽效率不高。

2)发生沉淀反应时,通常伴随共沉淀现象,影响滴定的准确度。若吸附金属指示剂时,会影响终点观察。

3)某些沉淀颜色很深,或体积庞大,妨碍终点观察。

3. 氧化还原掩蔽法

利用氧化还原反应来改变干扰离子的价态以消除干扰的方法,称为氧化还原掩蔽法。

例如,用 EDTA 滴定 Bi^{3+},如果溶液中存在 Fe^{3+},因 $\Delta lgK < 6$,($lgK_{BiY} = 27.94$,$lgK_{FeY^-} = 25.10$),Fe^{3+} 将干扰 Bi^{3+} 的测定。由于 FeY^{2-} 的稳定性($lgK_{FeY^{2-}} = 14.33$)远远小于 FeY^- 的稳定性,因此可加入抗坏血酸或盐酸羟胺等将 Fe^{3+} 还原成 Fe^{2+},增大 ΔlgK,达到选择性滴定的目的。此外有些金属离子被氧化成高价态后在溶液中以酸根的形式存在,干扰作用减小。例如,如果 Cr^{3+} 干扰测定,则可以将 Cr^{3+} 氧化成 $Cr_2O_7^{2-}$ 的形式。

思考题与习题

1. 用 EDTA 滴定 Ca^{2+} 和 Mg^{2+} 时,可以用三乙醇胺、KCN 掩蔽 Fe^{3+},但不使用盐酸羟胺和抗坏血酸;在 pH=1 时滴定 Bi^{3+},可采用盐酸羟胺或抗坏血酸掩蔽 Fe^{3+},而三乙醇胺和 KCN 都不能使用,这是为什么?

2. 某溶液主要含有 Ca^{2+}、Mg^{2+} 和极少量 Fe^{3+}、Al^{3+}。今在酸性介质中,加入三乙醇胺后,调节 pH=10,以 EDTA 滴定,用铬黑 T 为指示剂,测出的是什么物质的量?

3. 用 EDTA 络合滴定法测定 Zn^{2+}，如果有 Cr^{3+} 共存，是否干扰 Zn^{2+} 的测定，如果有干扰如何消除？

4. 用含有少量 Ca^{2+} 的蒸馏水配制 EDTA 溶液，在 pH=5.0 的条件下用锌标准溶液标定 EDTA 溶液的浓度，然后用上述 EDTA 溶液于 pH=10.0 条件下滴定试样中 Ca^{2+} 的含量，问对测定结果是否有影响？

5. 络合滴定为什么要在 pH 缓冲溶液中进行？

6. 在 pH=12~13 时，使用钙指示剂，用 EDTA 标准溶液滴定 Ca^{2+}、Mg^{2+} 混合溶液中的 Ca^{2+} 时，为什么 Mg^{2+} 不干扰滴定？

7. 能否取等量混合试液两份，1 份控制 pH≈1.0 滴定 Bi^{3+}，另 1 份控制 pH 为 5~6 滴定 Bi^{3+}、Pb^{2+} 总量，为什么？

8. 浓度为 $2.0×10^{-2}$ mol·L^{-1} 的 Th^{4+}、La^{3+} 混合溶液，欲用 0.02000 mol·L^{-1} EDTA 分别滴定，试问(1)有无可能分步滴定？(2)若在 pH=3 时滴定 Th^{4+}，能否直接准确滴定？(3)滴定 Th^{4+} 后，是否可能滴定 La^{3+}？讨论滴定 La^{3+} 适宜的酸度范围。已知 $La(OH)_3$ 的 $K_{sp}=10^{-18.8}$。

9. 溶液中有 Al^{3+}、Mg^{2+}、Zn^{2+} 3 种离子(浓度均为 $2.0×10^{-2}$ mol·L^{-1})，加入 NH_4F 使在终点时 $[F^-]=0.10$ mol·L^{-1}。问能否在 pH=5.0 时选择滴定 Zn^{2+}？

10. 浓度均为 $2.0×10^{-2}$ mol·L^{-1} 的 Cd^{2+}、Hg^{2+} 混合溶液，欲在 pH=6 时，用 0.02000 mol·L^{-1} EDTA 滴定其中的 Cd^{2+}，试问：(1)用 KI 掩蔽混合溶液中的 Hg^{2+}，使终点时 $[I^-]=0.010$ mol·L^{-1}，能否完全掩蔽？lgK'_{CdY} 为多少？(2)已知二甲酚橙与 Cd^{2+}、Hg^{2+} 都显色，在 pH=6.0 时，$lgK'_{Hg-xo}=9.0$，$lgK'_{Cd-xo}=5.3$，能否用二甲酚橙作滴定 Cd^{2+} 的指示剂(即此时 Hg^{2+} 是否会与指示剂显色)？

第八节 络合滴定的应用

一、直接滴定法

在一定条件下，凡是符合以下要求的金属离子均可直接用 EDTA 标准溶液进行滴定。

1)单一金属离子准确滴定的条件，即满足 $lgc_{M,sp}K'_{MY}≥6$ 的要求，络合反应的速率快。

2)有变色敏锐的指示剂指示终点，且不受金属离子的封闭。

3)被滴定的金属离子不发生水解和沉淀反应，在滴定的 pH 条件下，金属离子如果发生水解，则可通过一种辅助络合剂防止水解的发生。例如，如果在 pH=10 的 NH_3-NH_4Cl 缓冲溶液中滴定 Zn^{2+}，Zn^{2+}-NH_3 络离子的生成可防止 Zn^{2+} 的水解。

二、返滴定法

在进行络合反应的条件下，有些金属离子不能全部满足上述直接滴定的三个条件，此时可考虑采用返滴定法测定。

例如，尽管 Al^{3+} 与 EDTA 形成的络合物的形成常数为 $lgK_{AlY}=16.1$，非常稳定。但是由于 Al^{3+} 非常容易水解形成一系列多核氢氧基络合物，因此 Al^{3+} 与 EDTA 的反应缓慢，故常采用返滴定法。即在 Al^{3+} 溶液中加入过量的 EDTA 标准溶液，在 pH≈3.5 的条件下煮沸溶液,待 Al^{3+} 与 EDTA 完全后,调节溶液 pH 至 5~6,加入二甲酚橙,用 Zn^{2+} 标准溶液返滴定剩余的 EDTA。当然,返滴定法测定铝仅适合纯铝样品的测定,因为所有能与 EDTA 形成稳定络合物的离子都会对测定产生干扰。

作为返滴定法的金属离子,它与 EDTA 形成络合物的稳定性要适当。既应有足够的稳定性以保证滴定的准确度,又不应比待测离子与 EDTA 形成的络合物更为稳定。否则在返滴定的过程中,它可能将被测离子从其络合物中置换出来,造成测定结果偏低。

三、置换滴定法

利用置换反应生成等物质的量的金属离子或 EDTA,然后进行滴定的方法,称为置换滴定法。

1)置换出金属离子。例如,$\lg K_{AgY} = 7.32$,稳定性很差,因此不能用 EDTA 直接滴定 Ag^+。可采用置换滴定法测定 Ag^+,在 Ag^+ 的溶液中加入 $Ni(CN)_4^{2-}$,发生如下置换反应

$$2Ag^+ + Ni(CN)_4^{2-} \rightleftharpoons 2Ag(CN)_2^- + Ni^{2+}$$

然后用 EDTA 标准溶液滴定置换出的 Ni^{2+} 即可计算出 Ag^+ 的含量。

2)置换出 EDTA。例如,测定锡合金中的 Sn 时,可于试液中加入过量的 EDTA,将可能存在的 Pb^{2+}、Zn^{2+}、Cd^{2+}、Bi^{3+} 等与 Sn(IV)一起络合。用 Zn^{2+} 标准溶液滴定过量的 EDTA。加入 NH_4F,选择性地将 SnY 中的 EDTA 释放出来,再用 Zn^{2+} 标准溶液滴定释放出来的 EDTA,即可求得 Sn(IV)的含量。又例如铝的测定也可以采用置换滴定法,在 Al^{3+} 溶液中加入过量的 EDTA 标准溶液,在 pH≈3.5 的条件下煮沸溶液,待 Al^{3+} 与 EDTA 完全后,用 $CuSO_4$ 标准溶液返滴定剩余的 EDTA 后,加入过量的 NH_4F,加热煮沸,F^- 与 Al^{3+} 生成更稳定的络合物,从而置换出与 Al^{3+} 物质的量相等的 EDTA,再用 $CuSO_4$ 标准溶液滴定释放出来的 EDTA,即可求得铝的含量。

四、间接滴定法

有些金属离子与 EDTA 形成的络合物不稳定,而非金属离子又不与 EDTA 络合,这些情况有时可以采用间接法测定。例如,测定煤中含硫量,可以将煤试样熔融分解,并使其中的硫完全氧化为 SO_4^{2-},接着溶解并除去重金属离子,然后准确加入过量的已知浓度的 $BaCl_2$,生成 $BaSO_4$ 沉淀后再用标准 EDTA 溶液滴定剩余的 Ba^{2+},由此可以测定试样中硫的质量分数。

间接滴定法手续繁杂,引入误差的机会也较多,因此不是理想的测定方法。

实验 4　工业硫酸铝中铝的测定

仪器与试剂

分析天平,滴定管(50 mL),容量瓶(250 mL),移液管(25 mL)。

EDTA 标准溶液(0.02 mol·L^{-1}),$CuSO_4$·$5H_2O$(固体),HCl 溶液(1:1),H_2SO_4 溶液(1:1),

PAN指示剂(0.1%PAN乙醇溶液)，百里酚蓝指示剂(0.1%的20%乙醇溶液)，$NH_3 \cdot H_2O$(1:1)，NH_4F(固体)，六次甲基四胺溶液(20%)，工业硫酸铝(固体)。

实验步骤

1. $CuSO_4$ 标准溶液($0.02\ mol \cdot L^{-1}$)的配制

称取需要量的 $CuSO_4 \cdot 5H_2O$，加2～3滴 1:1 H_2SO_4 溶液，加水溶解，并稀释至 500 mL，摇匀，待标定。

2. $CuSO_4$ 标准溶液($0.02\ mol \cdot L^{-1}$)的标定

准确吸取 EDTA 标准溶液 25 mL 于 250 mL 锥形瓶中，加 10 mL 20%六次甲基四胺缓冲溶液，加热至 80～90 ℃，取下，加 2～3 mL PAN 指示剂，用 $CuSO_4$ 标准溶液滴定至呈稳定的紫红色，记下 $CuSO_4$ 溶液的用量，平行测定 3 份，计算其浓度。

3. 铝的测定

准确称取工业硫酸铝 1.3 g 于 100 mL 烧杯中，加 1:1 盐酸 10 mL，加水约 50 mL 溶解，转移至 250 mL 容量瓶中，稀释至刻度，摇匀。

准确吸取上述试液 25.00 mL 于 250 mL 锥形瓶中，加 $0.02\ mol \cdot L^{-1}$ EDTA 标准溶液 30 mL，加百里酚蓝指示剂 5 滴，再滴加 1:1 氨水至恰呈黄色(pH 约为 3)，煮沸 2 min，取下，加入 20%六亚甲基四胺溶液 10 mL 和 PAN 指示剂 2～3 mL，趁热用 $CuSO_4$ 标准溶液滴定到溶液呈稳定的紫红色，不计读数(注意滴定管内再装入硫酸铜标准溶液到零刻度附近)，于滴定后的溶液中加入固体 NH_4F 1～2 g，加热煮沸 2 min(必要时补加 8 滴 PAN 指示剂)，再用 $0.02\ mol \cdot L^{-1}$ $CuSO_4$ 标准溶液滴定至紫红色。记下 $CuSO_4$ 标准溶液的用量，平行测定 3 份，算出样品中铝的百分含量。

设计性实验

1. 试设计测定 Zn^{2+} 和 Ca^{2+} 溶液液中各组分浓度的测定方案。
2. 试设计用络合滴定法测定胃舒平中 Al_2O_3 和 MgO 的含量。
3. 设计用 EDTA 络合滴定法测定 K^+ 的方案。

思考题与习题

1. 工业硫酸铝中铝的测定为什么采用置换滴定法？
2. 实验 4 中标定 $CuSO_4$ 标准溶液时，加入六次甲基四胺缓冲溶液后为何还要加热至 80～90 ℃？
3. 实验 4 中测定铝时加入 30 mL $0.02\ mol \cdot L^{-1}$ EDTA 溶液，用什么量取？为什么？
4. 实验 4 中加入 NH_4F 的目的是什么？
5. 测定含 Bi^{3+}、Pb^{2+}、Al^{3+}、Mg^{2+} 溶液中的 Pb^{2+}，其他几种离子是否有干扰？试拟出测定 Pb^{2+} 的简要方案。
6. 设计测定下列混合溶液中各组分含量的简要方案。(包括滴定剂、酸度、指示剂、其他试剂以及滴定方式)

 (1) Ni^{2+}、Zn^{2+}、Mg^{2+}；
 (2) Fe^{3+}、Cu^{2+}、Ni^{2+}；
 (3) Fe^{3+}、Al^{3+}、Ca^{2+} 和 Mg^{2+}。

7. 欲测定某黏土试样中的铁含量。称取 1.000 g 黏土试样，碱熔后分离除去 SiO_2，滤液定容至 250 mL。用移液管移取 25.00 mL 样品溶液，在 pH=2～2.5 的热溶液中，用磺基水杨酸作指示剂，滴定其中的 Fe，用去 $0.01108\ mol \cdot L^{-1}$ EDTA 溶液 7.45 mL。试计算黏土样品中 Fe 和 Fe_2O_3 的质量分数。

8. 称取含氟矿样 0.5000 g，溶解，在弱碱性介质中加入 0.1000 mol·L^{-1} Ca^{2+} 溶液 50.00 mL，将沉淀过滤，收集滤液和洗液，然后于 pH=10.0，用 0.05000 mol·L^{-1} EDTA 溶液返滴定过量的钙至计量点，消耗 20.00 mL，计算试样中氟的质量分数。

9. 称取 0.5000 g 煤试样，熔融并使其中硫完全氧化成 SO$_4^{2-}$。溶解并除去重金属离子后，加入 0.05000 mol·L^{-1} BaCl$_2$ 20.00 mL，使生成 BaSO$_4$ 沉淀。过量的 Ba^{2+} 用 0.02500 mol·L^{-1} EDTA 滴定，用去 20.00 mL。计算试样中硫的质量分数。

10. 称取 0.5000 g 铜锌镁合金，溶解后配成 100.0 mL 试液。移取 25.00 mL 试液调至 pH=6.0，用 PAN 作指示剂，用 37.30 mL 0.0500 mol·L^{-1} EDTA 滴定 Cu^{2+} 和 Zn^{2+} 后，用 4.10 mL 等浓度的 EDTA 溶液滴定 Mg^{2+}。然后再滴加甲醛解蔽 Zn^{2+}，又用上述 EDTA 13.40 mL 滴定至终点。计算试样中铜、锌、镁的质量分数。

11. 测定铅锡合金中铅锡的含量，称取试样 0.1115 g，用王水溶解后，加入 20.00 mL 0.05161 mol·L^{-1} EDTA，调节 pH≈5，使铅锡定量络合，用 0.02023 mol·L^{-1} Pb(Ac)$_2$ 回滴 EDTA，消耗 13.75 mL，加入 1.5 g NH$_4$F，置换 EDTA，仍用 Pb(Ac)$_2$ 滴定，又消耗 25.64 mL。计算合金中铅、锡的质量分数。

参考文献

[1] 李琛，孔保华，陈洪生. 复合防腐剂在红肠保鲜中的应用. 东北农业大学学报，2008，39(6)：102-106.

[2] 李文茹，谢小保，欧阳友生，等. 鱼精蛋白抑菌机理及在食品防腐中的作用. 微生物学报，2007，34(4)：795-798.

[3] 吴小华，郭航鸣，缪吉根，等. 硼砂存在下茜素红 S 作为络合滴定锌指示剂的研究. 浙江师范大学学报(自然科学版)，2006，29(1)：70-73.

[4] 梁华定，潘富友，葛昌华，等. 2-(1,3,4-三氮唑偶氮)-5-二乙氨基苯甲酸作为络合滴定铜指示剂的研究. 冶金分析，2004，24(3)：48-50.

[5] 李山，刘根起. 2-(5-氯-2-吡啶偶氮)-5-二乙基氨基酚作指示剂络合滴定连续测定铜和锌. 冶金分析，2006，26(2)：70-72.

[6] 吴小华，陈建荣. 1-(5-溴-2-吡啶偶氮)-2-萘酚-6-磺酸作指示剂络合滴定连续测定铜和锌. 分析化学，1998，26(7)：876-879.

[7] 王京平. 混合指示剂连续络合滴定铜和镉的测定研究. 理化检验(化学分册)，2005，41(10)：741-745.

[8] 廖力夫，肖锡林，阳明辉，等. 计算光谱配位滴定法同时测定钙和镁. 光谱学与光谱分析，2007，27(12)：2601-2604.

本章小结

1. 概述

1) 滴定分析中常用的是多齿配位体，其中最常用的是乙二胺四乙酸，简称 EDTA。EDTA 为一四元弱酸，用 H$_4$Y 表示，因 EDTA 难溶于水，所以常用的是 EDTA 的二钠盐 Na$_2$H$_2$Y·H$_2$O，仍称 EDTA。EDTA 在水溶液中常形成双偶极离子，所以在水溶液中有 H$_6$Y^{2+}，H$_5$Y$^+$，H$_4$Y，H$_3$Y$^-$，H$_2$Y^{2-}，HY^{3-}，Y^{4-} 7 种型体。

2) EDTA 与金属离子形成的络合物具有普遍性、稳定性、络合比常为 1:1 和可溶性等特点。

2. 络合物平衡

1) 本节介绍了稳定常数、逐级稳定常数、逐级累积稳定常数的概念。

2) 溶液中各级络合物型体的分布。对于络合物 ML$_n$，各型体的分布分数为

$$\delta_0 = \delta_M = \frac{1}{1+\beta_1[L]+\beta_2[L]^2+\beta_3[L]^3+\cdots+\beta_n[L]^n}$$

$$\delta_1 = \delta_{ML} = \frac{\beta_1[L]}{1+\beta_1[L]+\beta_2[L]^2+\beta_3[L]^3+\cdots+\beta_n[L]^n}$$

$$\delta_2 = \delta_{ML_2} = \frac{\beta_2[L]^2}{1+\beta_1[L]+\beta_2[L]^2+\beta_3[L]^3+\cdots+\beta_n[L]^n}$$

$$\cdots$$

$$\delta_n = \delta_{ML_n} = \frac{\beta_n[L]^n}{1+\beta_1[L]+\beta_2[L]^2+\beta_3[L]^3+\cdots+\beta_n[L]^n}$$

3. 络合滴定中的副反应和条件形成常数

(1) EDTA 的酸效应系数 $\alpha_{Y(H)}$

$$\alpha_{Y(H)} = 1+\beta_1^H[H^+]+\beta_2^H[H^+]^2+\beta_3^H[H^+]^3+\beta_4^H[H^+]^4+\beta_5^H[H^+]^5+\beta_6^H[H^+]^6$$

EDTA 的共存离子效应系数 $\alpha_{Y(N)}$

$$\alpha_{Y(N)} = \alpha_{Y(N_1)}+\alpha_{Y(N_2)}+\cdots++\alpha_{Y(N_n)}-(n-1)$$

EDTA 总副反应系数 $\alpha_Y = \alpha_{Y(H)}+\alpha_{Y(N)}-1$

(2) 金属离子络合效应系数 $\alpha_{M(L)}$

$$\alpha_{M(L)} = 1+\beta_1[L]+\beta_2[L]^2+\beta_3[L]^3+\cdots+\beta_n[L]^n$$

金属离子水解效应系数 $\alpha_{M(OH)}$

$$\alpha_{M(OH)} = 1+\beta_1[OH^-]+\beta_2[OH^-]^2+\cdots+\beta_n[OH^-]^n$$

金属离子总副反应系数 $\alpha_M = \alpha_{M(L)}+\alpha_{M(OH)}-1$

(3) MY 络合物的条件形成常数

$$K'_{MY} = \frac{[MY]}{[M'][Y']} = \frac{K_{MY}}{\alpha_M \alpha_Y}$$

$$\lg K'_{MY} = \lg K_{MY} - \lg \alpha_M - \lg \alpha_Y$$

4. EDTA 滴定曲线

EDTA 滴定金属离子的滴定曲线与酸碱滴定曲线相似,在计量点附近±0.1%的相对误差范围内,有一 pM′的突跃范围,突跃范围的大小与 c_M 和 K'_{MY} 有关。

5. 络合滴定指示剂

1) 金属指示剂是一种络合剂,在一定 pH 条件下能与金属离子形成与指示剂本身颜色不同的络合物,滴定过程中,EDTA 夺取指示剂-金属离子中的金属离子,将指示剂释放出来指示终点的到达。

2) 指示剂应具备的条件:①在滴定的酸度范围内,指示剂与金属离子的络合物与自身的颜色应有显著的区别。②指示剂与金属离子的显色反应必须灵敏、迅速,并具有良好的变色可逆性。③络合物 MIn 的稳定性要适当,既要有足够的稳定性,又要比 MY 络合物的稳定性低。一般其稳定常数至少相差 100 倍以上。

3) 如不满足以上条件将发生封闭现象、僵化现象。金属指示剂很容易被氧化而变质。

4) 金属指示剂没有确定的理论变色点和变色范围,加之 $\lg K'_{MIn}$ 的缺乏,因此指示剂的选择多通过实验确定。

5) 常用金属指示剂适用的 pH 范围及直接滴定的金属离子见表 5-1。

6. 直接准确滴定金属离子的可行性判据

1) 只有满足 $\lg c_{M,sp} K'_{MY} \geqslant 6$,才能保证用指示剂的方法确定终点误差不超过±0.1%。

2) 最高允许酸度(最低 pH 值):低于此酸度(或高于此 pH 值),才满足 $\lg c_{M,sp} K'_{MY} \geqslant 6$,才能直接准确滴定。

最低允许酸度(最高 pH 值):低于此酸度(或高于此 pH 值),金属离子发生水解。

适宜的酸度范围:最高酸度和最低酸度之间。

最佳酸度：既满足指示剂的适宜 pH 范围，同时滴定误差最小时的酸度。

7. 提高络合滴定选择性的途径

1)控制溶液的酸度：当 M 和 N 离子共存时，如果满足 $\Delta \lg K \geqslant 6$，即可通过控制溶液的酸度滴定 M 离子，而 N 离子不干扰。

2)不满足 $\Delta \lg K \geqslant 6$，用掩蔽方法提高滴定的选择性。掩蔽法有络合掩蔽法、沉淀掩蔽法和氧化还原掩蔽法。

8. 络合滴定法的应用

络合滴定法广泛应用于工农业生产分析中，滴定方式有直接滴定法、返滴定法、置换滴定法、间接滴定法。

第六章 氧化还原滴定法

氧化还原滴定法(redox titration)是以氧化还原反应为基础的滴定方法。

第一节 氧化还原平衡

一、电极电势的计算

1. 标准电极电势

电对的电极电势(electrode potential)用能斯特方程(Nernst equation)计算。以 Ox 表示某一电对的氧化型，Red 表示其还原型，n 为电子转移数，则该电对的氧化还原半反应(redox half-reaction)为

$$Ox + ne^- \rightleftharpoons Red$$

对于可逆的氧化还原电对*，其电势 E 的大小符合能斯特方程，在 25 ℃时，可表示为

$$E = E^{\ominus}_{Ox/Red} + \frac{0.059 \text{ V}}{n} \lg \frac{a_{Ox}}{a_{Red}} \tag{6-1}$$

式中，a_{Ox} 和 a_{Red} 分别为氧化态(oxidation state)和还原态(reduced state)的活度；$E^{\ominus}$ 是电对的标准电极电势(standard electrode potential)，是指在一定温度下（通常为 25 ℃），当 $a_{Ox} = a_{Red} = 1$ mol·L^{-1}时（若涉及气体，则其分压等于 100 kPa）的电极电势。常见电对的标准电极电势值列于附录四表 8 中。

2. 条件电势

通常知道的是离子的浓度而不是活度，此外，如溶液酸度的改变、络合物的生成等都可能影响氧化还原电对的平衡。如 1 mol·L^{-1} HCl 溶液中 Fe(Ⅲ)/Fe(Ⅱ)体系存在以下平衡

$$\begin{array}{ccccc}
& Fe^{3+} & + & e^- & \rightleftharpoons & Fe^{2+} & \\
& {}_{OH^-}\nearrow\!\!\!\!\searrow{}_{Cl^-} & & & & {}_{Cl^-}\swarrow\!\!\!\!\nwarrow{}_{OH^-} & \\
Fe(OH)^{2+} & & FeCl^{2+} & & FeCl^+ & & Fe(OH)^+ \\
& & \updownarrow & & \updownarrow & & \\
& & FeCl_2^+ & & FeCl_2 & & \\
& & \vdots & & \vdots & &
\end{array}$$

---

* 可逆电对是在氧化还原的任一瞬间，都能迅速地建立起氧化还原平衡的电对，其电势基本符合能斯特方程计算出的理论电势。不可逆电对是不能在氧化还原反应的任一瞬间立即建立起真正的平衡的电对，其实际电势与理论电势相差较大。

根据能斯特方程

$$E = E^{\ominus}_{Fe(III)/Fe(II)} + 0.059 \text{ V} \lg \frac{a_{Fe(III)}}{a_{Fe(II)}}$$

$$= E^{\ominus}_{Fe(III)/Fe(II)} + 0.059 \text{ V} \lg \frac{\gamma_{Fe(III)}[Fe(III)]}{\gamma_{Fe(II)}[Fe(II)]}$$

由副反应系数

$$\alpha_{Fe(III)} = \frac{c_{Fe(III)}}{[Fe(III)]}, \quad \alpha_{Fe(II)} = \frac{c_{Fe(II)}}{[Fe(II)]}$$

得

$$[Fe(III)] = \frac{c_{Fe(III)}}{\alpha_{Fe(III)}}, \quad [Fe(II)] = \frac{c_{Fe(II)}}{\alpha_{Fe(II)}}$$

$$E = E^{\ominus}_{Fe(III)/Fe(II)} + 0.059 \text{ V} \lg \frac{\gamma_{Fe(III)}\alpha_{Fe(II)}}{\gamma_{Fe(II)}\alpha_{Fe(III)}} + 0.059 \text{ V} \lg \frac{c_{Fe(III)}}{c_{Fe(II)}}$$

令

$$E^{\ominus\prime} = E^{\ominus}_{Fe(III)/Fe(II)} + 0.059 \text{ V} \lg \frac{\gamma_{Fe(III)}\alpha_{Fe(II)}}{\gamma_{Fe(II)}\alpha_{Fe(III)}} \tag{6-2}$$

温度及其他条件一定时，$E^{\ominus\prime}$ 是常数，$E^{\ominus\prime}$ 称为条件电极电势(conditional electrode potential)。推广至一般的氧化还原半反应，用条件电极电势表示的能斯特方程为

$$E = E^{\ominus\prime}_{Ox/Red} + \frac{0.059 \text{ V}}{n} \lg \frac{c_{Ox}}{c_{Red}} \tag{6-3}$$

附录四之表 9 列出了部分电对的条件电极电势，根据条件电极电势用(6-3)计算电对的电极电势更方便简单。如果没有相同条件下的条件电极电势，可以采用相近条件下的条件电极电势；如果相近条件下的条件电极电势也查不到，则用标准电极电势根据(6-1)进行计算。当然无论用标准电极电势按(6-1)计算，还是用条件电极电势按(6-3)进行计算，电对的电极电势计算结果都是相同的。

例 6-1 1 mol·L^{-1} HCl 溶液中 $c_{Ce(IV)} = 1.00 \times 10^{-2}$ mol·L^{-1}，$c_{Ce(III)} = 1.00 \times 10^{-3}$ mol·L^{-1}，计算 Ce(IV)/Ce(III) 电对的电极电势。

解 查附录四之表 9，Ce(IV)/Ce(III) 电对在 1 mol·L^{-1} HCl 介质中的 $E^{\ominus\prime} = 1.28$ V，

$$E = E^{\ominus\prime}_{Ce(IV)/Ce(III)} + 0.059\text{V} \lg \frac{c_{Ce(IV)}}{c_{Ce(III)}} = 1.28 \text{ V} + 0.059 \text{ V} \lg \frac{1.00 \times 10^{-2} \text{ mol} \cdot \text{L}^{-1}}{1.00 \times 10^{-3} \text{ mol} \cdot \text{L}^{-1}} = 1.34 \text{ V}$$

例 6-2 2.5 mol·L^{-1} HCl 溶液中 $c_{Cr(VI)} = 0.0500$ mol·L^{-1}，$c_{Cr(III)} = 0.100$ mol·L^{-1}，计算 Cr(VI)/Cr(III) 电对的电极电势。

解 电对的半电池反应为

$$Cr_2O_7^{2-} + 14H^+ + 6e^- \rightleftharpoons 2Cr^{3+} + 7H_2O$$

查附录四之表 9，表中没有 2.5 mol·L^{-1} HCl 介质中 Cr(VI)/Cr(III) 电对的条件电势值，可采用条件相近的 3 mol·L^{-1} HCl 介质中的 $E^{\ominus\prime} = 1.08$ V 代替

$$E = E^{\ominus}_{Cr(VI)/Cr(III)} + \frac{0.059}{6} \text{ V} \lg \frac{c_{Cr(VI)}}{c^2_{Cr(III)}} = 1.08 \text{ V} + \frac{0.059 \text{ V}}{6} \lg \frac{0.0500}{(0.100)^2} = 1.09 \text{ V}$$

二、影响条件电极电势的因素

1. 离子强度的影响

离子强度较大时,活度系数远小于1,条件电极电势与标准电极电势有一定的差异,但是与其他副反应相比,离子强度的影响小得多,加上活度系数不易计算,因此在讨论中往往忽略离子强度的影响,认为各组分的活度近似等于其平衡浓度。

2. 生成沉淀的影响

当加入一种能与氧化还原电对的氧化态或还原态生成沉淀的试剂时,条件电极电势也随之变化,甚至改变氧化还原反应进行的方向。

例 6-3 计算 KI 浓度为 $1\ \mathrm{mol \cdot L^{-1}}$ 时,Cu^{2+}/Cu^+ 电对的条件电极电势(忽略离子强度的影响),此条件下 Cu^{2+} 能氧化 I^-。

解 查附录四之表 8 和表 10,知 $E^{\ominus}_{Cu^{2+}/Cu^+}=0.16\ \mathrm{V}$,$K_{sp(CuI)}=1.1\times10^{-12}$

根据能斯特方程

$$E = E^{\ominus}_{Cu^{2+}/Cu^+} + 0.059\ \mathrm{V}\ \lg\frac{[Cu^{2+}]}{[Cu^+]}$$

根据平衡

$$Cu^+ + I^- \rightleftharpoons CuI$$

$$[Cu^+][I^-] = K_{sp(CuI)}$$

$$[Cu^+] = \frac{K_{sp(CuI)}}{[I^-]}$$

于是

$$E = E^{\ominus}_{Cu^{2+}/Cu^+} + 0.059\ \mathrm{V}\ \lg\frac{[Cu^{2+}]}{[Cu^+]} = E^{\ominus}_{Cu^{2+}/Cu^+} + 0.059\ \mathrm{V}\ \lg\frac{[I^-]}{K_{sp(CuI)}} + 0.059\ \mathrm{V}\ \lg[Cu^{2+}]$$

$$E^{\ominus'}_{Cu^{2+}/Cu^+} = E^{\ominus}_{Cu^{2+}/Cu^+} + 0.059\ \mathrm{V}\ \lg\frac{[I^-]}{K_{sp(CuI)}} = 0.16\ \mathrm{V} - 0.059\ \mathrm{V}\ \lg\frac{1}{1.1\times10^{-12}} = 0.87\ \mathrm{V}$$

由于 $E^{\ominus}_{I_2/I^-}=0.54\ \mathrm{V}$,$E^{\ominus'}_{Cu^{2+}/Cu^+} > E^{\ominus}_{I_2/I^-}$,因此 Cu^{2+} 能氧化 I^-。

3. 生成络合物的影响

当溶液中存在能与氧化还原电对的氧化态或还原态反应生成络合物的络合剂存在时,也会影响电对的条件电极电势。

例 6-4 计算 pH=3.00,NaF 浓度为 $0.10\ \mathrm{mol \cdot L^{-1}}$ 时,Fe(Ⅲ)/Fe(Ⅱ) 的条件电极电势(忽略离子强度的影响)。此条件下,Cu^{2+} 氧化 I^- 时,Fe^{3+} 是否会干扰?

解 pH=3.00 时,有 $[F^-] = c_{F^-} \times \dfrac{K_a}{[H^+]+K_a} = 0.10 \times \dfrac{10^{-3.14}}{10^{-3.00}+10^{-3.14}} = 10^{-1.38}$

$$\alpha_{Fe(Ⅲ)(F)} = 1 + \beta_1[F^-] + \beta_2[F^-]^2 + \beta_3[F^-]^3$$

$$= 1 + 10^{5.28} \times 10^{-1.38} + 10^{9.30} \times (10^{-1.38})^2 + 10^{12.06} \times (10^{-1.38})^3 = 10^{7.94}$$

根据能斯特方程

$$E = E^{\ominus}_{Fe(Ⅲ)/Fe(Ⅱ)} + 0.059\ \mathrm{V}\ \lg\frac{[Fe(Ⅲ)]}{[Fe(Ⅱ)]}$$

$$E = E^{\ominus}_{Fe(Ⅲ)/Fe(Ⅱ)} + 0.059\ \mathrm{V}\ \lg\frac{1}{\alpha_{Fe(Ⅲ)(F)}} + 0.059\ \mathrm{V}\ \lg\frac{c_{Fe(Ⅲ)}}{[Fe(Ⅱ)]}$$

$$E^{\ominus'}_{Fe(III)/Fe(II)} = E^{\ominus}_{Fe(III)/Fe(II)} + 0.059 \text{ V} \lg \frac{1}{\alpha_{Fe(III)(F)}} = 0.77 \text{ V} + 0.059 \text{ V} \lg \frac{1}{10^{7.94}} = 0.30 \text{ V}$$

因为 $E^{\ominus'}_{Fe(III)/Fe(II)} < E^{\ominus}_{I_2/I^-}$，所以 Cu^{2+} 氧化 I^- 时，Fe^{3+} 不会干扰。

4. 溶液酸度的影响

当氧化还原半反应中有 H^+ 或 OH^- 参与时，溶液的酸度将影响电对的条件电极电势，当电对的氧化态或还原态是弱酸或弱碱时，溶液的酸度也要影响电对的条件电极电势。

例 6-5 计算 pH=8.00 时，电对 H_3AsO_4/H_3AsO_3 的条件电极电势。并判断以下反应的反应方向

$$H_3AsO_4 + 2I^- + 2H^+ \rightleftharpoons H_3AsO_3 + I_2 + H_2O$$

解 $[H_3AsO_4] = c_{As(V)} \delta_{H_3AsO_4}$ $\quad$ $[H_3AsO_3] = c_{As(III)} \delta_{H_3AsO_3}$

电对的半电池反应为

$$H_3AsO_4 + 2H^+ + 2e^- \rightleftharpoons H_3AsO_3 + H_2O$$

根据能斯特方程

$$E = E^{\ominus}_{As(V)/As(III)} + \frac{0.059 \text{ V}}{2} \lg \frac{[H_3AsO_4][H^+]^2}{[H_3AsO_3]}$$

$$= E^{\ominus}_{As(V)/As(III)} + \frac{0.059 \text{ V}}{2} \lg \frac{\delta_{H_3AsO_4}[H^+]^2}{\delta_{H_3AsO_3}} + \frac{0.059 \text{ V}}{2} \lg \frac{c_{As(V)}}{c_{As(III)}}$$

$$E^{\ominus'}_{As(V)/As(III)} = E^{\ominus}_{As(V)/As(III)} + \frac{0.059 \text{ V}}{2} \lg \frac{\delta_{H_3AsO_4}[H^+]^2}{\delta_{H_3AsO_3}}$$

当 pH=8.00 时，有

$$\delta_{H_3AsO_4} = \frac{[H^+]^3}{[H^+]^3 + K_{a_1}[H^+]^2 + K_{a_1}K_{a_2}[H^+] + K_{a_1}K_{a_2}K_{a_3}}$$

$$= \frac{10^{-24.00}}{10^{-24.00} + 10^{-18.20} + 10^{-17.20} + 10^{-20.70}} = 10^{-6.80}$$

$$\delta_{H_3AsO_3} = \frac{[H^+]}{[H^+] + K_a} = \frac{10^{-8.00}}{10^{-8.00} + 10^{-9.22}} = 0.94$$

于是

$$E^{\ominus'}_{As(V)/As(III)} = 0.56 \text{ V} + \frac{0.059 \text{ V}}{2} \lg \frac{10^{-6.80} \times (10^{-8.00})^2}{0.94} = -0.11 \text{ V}$$

因

$$E^{\ominus'}_{As(V)/As(III)} < E^{\ominus}_{I_2/I^-}$$

所以上述反应方向为 I_2 氧化 H_3AsO_3。

三、氧化还原平衡

氧化还原反应进行的程度可以用条件平衡常数 K'（conditional equilibrium constant）来度量。如有以下氧化还原反应

$$a\text{Ox}_1 + b\text{Red}_2 \rightleftharpoons a\text{Red}_1 + b\text{Ox}_2$$

当反应到达平衡状态时，条件平衡常数为

$$K' = \frac{c^a_{Red_1} c^b_{Ox_2}}{c^a_{Ox_1} c^b_{Red_2}}$$

条件平衡常数可通过有关电对的条件电极电势进行计算，两电对的半电池反应为

第六章 氧化还原滴定法

$$Ox_1 + n_1 e^- \rightleftharpoons Red_1$$

$$E_1 = E_1^{\ominus\prime} + \frac{0.059 \text{ V}}{n_1} \lg \frac{c_{Ox_1}}{c_{Red_1}}$$

$$Ox_2 + n_2 e^- \rightleftharpoons Red_2$$

$$E_2 = E_2^{\ominus\prime} + \frac{0.059 \text{ V}}{n_2} \lg \frac{c_{Ox_2}}{c_{Red_2}}$$

反应到达平衡时,两电对的电极电势相等

$$E_1^{\ominus\prime} + \frac{0.059 \text{ V}}{n_1} \lg \frac{c_{Ox_1}}{c_{Red_1}} = E_2^{\ominus\prime} + \frac{0.059 \text{ V}}{n_2} \lg \frac{c_{Ox_2}}{c_{Red_2}}$$

两边同时乘以 n_1 和 n_2 的最小公倍数 n,则 $n_1 = \dfrac{n}{a}$,$n_2 = \dfrac{n}{b}$

经过整理得

$$\lg \left(\frac{c_{Red_1}^a c_{Ox_2}^b}{c_{Ox_1}^a c_{Red_2}^b} \right) = \frac{n(E_1^{\ominus\prime} - E_2^{\ominus\prime})}{0.059 \text{ V}}$$

因此

$$\lg K' = \frac{n(E_1^{\ominus\prime} - E_2^{\ominus\prime})}{0.059 \text{ V}} \tag{6-4}$$

可见对于某一氧化还原反应,两电对的条件电极电势之差愈大,K' 愈大,表明反应进行的越完全。两电对条件电极电势之差多少时,反应才算完全呢?按照滴定分析的要求,至少反应程度需要达到 99.9%。

对于 $n_1 = n_2 = 1$ 的氧化还原反应,$a = b = 1$,

$$\lg K' = \frac{c_{Red_1}^a c_{Ox_2}^b}{c_{Ox_1}^a c_{Red_2}^b} = \lg \frac{99.9\% \times 99.9\%}{0.1\% \times 0.1\%} \approx 6$$

即

$$\frac{n(E_1^{\ominus\prime} - E_2^{\ominus\prime})}{0.059 \text{ V}} \approx 6$$

$$\Delta E^{\ominus\prime} = 0.059 \text{ V} \times 6 = 0.35 \text{ V}$$

即当 $n_1 = n_2 = 1$ 时,两电对的条件电势差至少等于 0.35 V*,反应才可能完全。也就是说对于 $n_1 = n_2 = 1$ 的氧化还原反应,能用于滴定分析的条件是两电对的条件电势差要大于或等于 0.35 V;同样可推得对于 $n_1 = n_2 = 2$ 的氧化还原反应,能用于滴定分析的条件是两电对的条件电势差要大于或等于 0.18 V;对于 $n_1 = 2$,$n_2 = 1$ 的氧化还原反应,能用于滴定分析的条件是两电对的条件电势差要大于或等于 0.27 V。

例 6-6 在 $1 \text{ mol} \cdot \text{L}^{-1}$ $HClO_4$ 溶液中用 $KMnO_4$ 标准溶液滴定 Fe^{2+} 溶液,计算体系的条件平衡常数。

解 $1 \text{ mol} \cdot \text{L}^{-1}$ $HClO_4$ 溶液中溶液中两电对的条件电势分别为 $E_{Mn(\text{Ⅶ})/Mn(\text{Ⅱ})}^{\ominus\prime} = 1.45 \text{ V}$,$E_{Fe(\text{Ⅲ})/Fe(\text{Ⅱ})}^{\ominus\prime} = 0.732 \text{ V}$,其氧化还原半反应分别为

$$MnO_4^- + 8H^+ + 5e^- \rightleftharpoons Mn^{2+} + 4H_2O$$

$$Fe^{3+} + e^- \rightleftharpoons Fe^{2+}$$

两电对转移电子数的最小公倍数为 5,于是有

---

* 只有两电对的条件电势相差足够大时,其反应才能满足滴定分析完全的要求。

$$\lg K' = \frac{n(E^{\ominus'}_{Mn(VII)/Mn(II)} - E^{\ominus'}_{Fe(III)/Fe(II)})}{0.059 \text{ V}} = \frac{5 \times (1.45 - 0.732) \text{ V}}{0.059 \text{ V}} = 60.85$$

$$K' = 7.0 \times 10^{60}$$

例 6-7 计算在 3 mol·L^{-1} HCl 介质中下列反应的条件平衡常数

$$2Fe^{3+} + 3I^- \rightleftharpoons 2Fe^{2+} + I_3^-$$

解 查附录四之表 9 知，在 3 mol·L^{-1} HCl 介质中，$E^{\ominus'}_{Fe(III)/Fe(II)} = 0.68$ V，查附录四之表 8 知，$E^{\ominus}_{I_3^-/I^-} = 0.54$ V

$$\lg K' = \frac{n(E^{\ominus'}_{Fe(III)/Fe(II)} - E^{\ominus}_{I_3^-/I^-})}{0.059 \text{ V}} = \frac{2 \times (0.68 - 0.54) \text{ V}}{0.059 \text{ V}} = 4.7$$

$$K' = 5.6 \times 10^4$$

思考题与习题

1. 影响条件电极电势的因素有哪些？
2. 解释 $E^{\ominus}_{I_2/I^-}$ (0.534 V) $> E^{\ominus}_{Cu^{2+}/Cu^+}$ (0.159 V)，但是 Cu^{2+} 却能将 I^- 氧化为 I_2。
3. 对于氧化还原反应

$$BrO_3^- + 5Br^- + 6H^+ \rightleftharpoons 3Br_2 + 3H_2O$$

(1) 求此反应的平衡常数。
(2) 计算当溶液的 pH = 7.0，$[BrO_3^-] = 0.10$ mol·L^{-1}，$[Br^-] = 0.70$ mol·L^{-1} 时，游离溴的平衡浓度。

4. 以 $K_2Cr_2O_7$ 标准溶液滴定 Fe^{3+}，计算 25 ℃时反应的平衡常数；若化学计量点时 Fe^{2+} 的浓度为 0.05000 mol·L^{-1}，要使反应定量进行，所需 H^+ 的最低浓度为多少？

5. 将一块纯铜片置于 0.050 mol·L^{-1} $AgNO_3$ 溶液中，计算溶液达到平衡后的组成。

6. 计算下列反应在 1 mol·L^{-1} $HClO_4$ 溶液中进行反应时的平衡常数。当 I^-，Fe^{2+}，I_2 浓度均为 0.30 mol·L^{-1} 时，Fe^{2+} 的浓度为多少？

$$2Fe^{3+} + 2I^- \rightleftharpoons 2Fe^{2+} + I_2$$

第二节 氧化还原反应的速率

滴定分析通常要求滴定反应速率要快，但是由于氧化还原反应机理比较复杂，因此其反应速率比较慢。某一氧化还原反应其平衡常数很大，这只能反映反应进行的程度，却不能说明反应进行的速率。例如，在稀硫酸溶液中 Ce(IV) 和 As(III) 的氧化还原反应

$$H_3AsO_3 + 2Ce^{4+} + H_2O \rightleftharpoons H_3AsO_4 + 2Ce^{3+} + 2H^+$$

其平衡常数是 10^{28}，表明 Ce(IV) 能氧化 As(III)，但这个反应速率很慢，几天才可能达到平衡。因此必须设法提高氧化还原反应速率以满足滴定分析的要求。

影响氧化还原反应速率的因素，除氧化还原电对本身的性质外，还与反应时外界的条件有关，如反应物浓度、酸度、温度、催化剂等。

一、影响氧化还原反应速率的因素[*]

1. 反应物的浓度

由于氧化还原反应的反应机理比较复杂,所以不能简单地从总的反应式来定量判断反应物的浓度对反应速率的影响程度。但一般来说,反应物的浓度越大,反应的速率也越快。

2. 温度

温度的升高使活化分子或活化离子在反应物中的比例增高,从而加快反应速率。通常温度每增高 10 ℃,反应速率则增加 2~3 倍。因此在滴定分析中可通过升高温度提高滴定反应的速率。例如,在酸性介质中,用 $KMnO_4$ 滴定 $Na_2C_2O_4$ 的反应

$$2MnO_4^- + 5C_2O_4^{2-} + 16H^+ \rightleftharpoons 2Mn^{2+} + 10CO_2\uparrow + 8H_2O$$

该反应在室温下的反应速率较慢,因此滴定之前,先将溶液加热到 70~80 ℃,以提高化学反应速率。

3. 催化剂

氧化还原反应中经常利用催化剂来改变反应速率。催化剂可分为正催化剂和负催化剂。正催化剂加快反应速率,负催化剂减慢反应速率,故又称阻抑剂。

在滴定分析中我们主要应用正催化剂来加快反应速率。例如,在酸性介质中,用 $KMnO_4$ 滴定 $Na_2C_2O_4$ 的反应,为加快反应速率提高反应温度到 70~80 ℃,但反应速率仍然较慢。然而随着反应的进行,反应速率逐渐加快;这是由于生成了对此反应具有催化作用的 Mn^{2+},这种反应称为自身催化反应。又如在稀硫酸溶液中 Ce(Ⅳ)和 As(Ⅲ)的氧化还原反应,只要有催化剂的存在(如少量 I^- 的存在),即可提高反应速率。

二、诱导作用

所谓诱导反应(induced reaction)即是在氧化还原反应中,一种反应的进行,能够诱发和促进另一种反应的现象,称为诱导作用。例如

$$2MnO_4^- + 10Cl^- + 16H^+ \rightleftharpoons 2Mn^{2+} + 5Cl_2 + 8H_2O$$

其化学反应速率很小,但是一旦有以下反应的存在,将加快此反应的速度

$$MnO_4^- + 5Fe^{2+} + 8H^+ \rightleftharpoons Mn^{2+} + 5Fe^{3+} + 4H_2O$$

后一种反应称为初级反应或诱导反应,前者则称为受诱反应。诱导反应在滴定分析中是不利因素,应设法避免。

---

[*] 氧化还原反应的速率通常都比较小,一般可以通过加热和加入催化剂的方法提高反应速率,以满足滴定分析对化学反应的要求。

思 考 题

1. 影响氧化还原反应速率的主要因素有哪些？
2. 平衡常数大的氧化还原反应即能应用于氧化还原滴定，这句话对吗？
3. $KMnO_4$ 与 H_2O_2 反应速率较小，用 $KMnO_4$ 标准溶液滴定 H_2O_2 溶液时，通常为提高反应速率，在 H_2O_2 的溶液中加入 2 滴 $MnSO_4$，为什么？
4. 什么是诱导反应，为什么说诱导反应在滴定分析中是不利因素？

第三节 氧化还原滴定曲线

一、可逆氧化还原体系滴定曲线的计算

以在 $1\ mol \cdot L^{-1}\ H_2SO_4$ 介质中，$0.1000\ mol \cdot L^{-1}\ Ce^{4+}$ 溶液滴定 $20.00\ mL\ 0.1000\ mol \cdot L^{-1}$ Fe^{2+} 溶液为例，讨论滴定过程中溶液电势的计算。已知该条件下 $E^{\ominus'}_{Ce(IV)/Ce(III)} = 1.44\ V$，$E^{\ominus'}_{Fe(III)/Fe(II)} = 0.68\ V$。

1. 滴定前

体系为 Fe^{2+} 溶液，因空气中 O_2 的作用，溶液中必然存在极少量的 Fe^{3+}，但由于不知其确切浓度，故无法计算体系的电势。

2. 滴定开始到化学计量点前

滴定反应方程式为

$$Ce^{4+} + Fe^{2+} \rightleftharpoons Ce^{3+} + Fe^{3+}$$

此时溶液中存在 Ce^{4+}/Ce^{3+} 和 Fe^{3+}/Fe^{2+} 两个电对，由于以上滴定反应是可逆的，且速率快，因此滴定过程中反应均处于平衡状态，所以溶液的电势等于两电对的电极电势。由于加入的 Ce^{4+} 几乎全部转化为 Ce^{3+}，Ce^{4+} 浓度很小，不易直接求得，因此采用 Fe^{3+}/Fe^{2+} 电对来计算。

$$c_{Fe(III)} = \frac{c_{Ce(IV)} \times V_{Ce(IV)}}{V_{Fe(II)} + V_{(IV)}}$$

$$c_{Fe(II)} = \frac{c_{Fe(II)} V_{Fe(II)} - c_{Ce(IV)} V_{Ce(IV)}}{V_{Fe(II)} + V_{Ce(IV)}}$$

溶液的电势为

$$E = E^{\ominus'}_{Fe(III)/Fe(II)} + 0.059\ V\ lg \frac{c_{Fe^{3+}}}{c_{Fe^{2+}}} = E^{\ominus'}_{Fe(III)/Fe(II)} + 0.059\ V\ lg \frac{V_{Ce(IV)}}{V_{Fe(II)} - V_{Ce(IV)}}$$

如加入 Ce^{4+} 标准溶液 19.98 mL

$$E = 0.68\ V + 0.059\ V\ lg \frac{19.98}{20.00 - 19.98} = 0.86\ V$$

或者通过滴定分数(fraction titrated)来计算，如加入 Ce^{4+} 标准溶液 19.98 mL，滴定分数

$$f=\frac{19.98\times0.1000}{20.00\times0.1000}=0.999,\text{剩余 Fe}^{2+}\text{为 }0.001,\text{则}$$

$$E=0.68\text{ V}+0.059\text{ V lg}\frac{0.999}{0.001}=0.86\text{ V}$$

3. 化学计量点

此时 Ce^{4+} 和 Fe^{2+} 的浓度均很小，且不知道具体的浓度，但两电对电势相等，都等于化学计量点的电势。

$$E_{sp}=E^{\ominus'}_{Fe(III)/Fe(II)}+0.059\text{ V lg}\frac{c_{Fe(III)}}{c_{Fe(II)}}$$

$$E_{sp}=E^{\ominus'}_{Ce(IV)/Ce(III)}+0.059\text{ V lg}\frac{c_{Ce(IV)}}{c_{Ce(III)}}$$

两式相加，得

$$2E_{sp}=E^{\ominus'}_{Fe(III)/Fe(II)}+E^{\ominus'}_{Ce(IV)/Ce(III)}+0.059\text{ V lg}\frac{c_{Fe(III)}c_{Ce(IV)}}{c_{Fe(II)}c_{Ce(III)}}$$

计量点时，有

$$c_{Ce(IV)}=c_{Fe(II)},\quad c_{Ce(III)}=c_{Fe(III)}$$

于是

$$E_{sp}=\frac{E^{\ominus'}_{Fe(III)/Fe(II)}+E^{\ominus'}_{Ce(IV)/Ce(III)}}{2}=\frac{0.68\text{ V}+1.44\text{ V}}{2}=1.06\text{ V}$$

4. 化学计量点后

此时 $Ce(IV)$ 过量，采用 $Ce(IV)/Ce(III)$ 电对计算比较方便。

$$c_{Ce(III)}=\frac{c_{Fe(II)}\times V_{Fe(II)}}{V_{Ce(IV)}+V_{Fe(II)}}$$

$$V_{Ce(IV)}=\frac{c_{Ce(IV)}V_{Ce(IV)}-c_{Fe(II)}V_{Fe(II)}}{V_{Ce(IV)}+V_{Fe(II)}}$$

$$E=E^{\ominus'}_{Ce(IV)/Ce(III)}+0.059\text{ V lg}\frac{c_{Ce(IV)}}{c_{Ce(III)}}=E^{\ominus'}_{Ce(IV)/Ce(III)}+0.059\text{ V lg}\frac{V_{Ce(IV)}-V_{Fe(II)}}{V_{Fe(II)}}$$

如加入 $Ce(IV)$ 标准溶液 20.02 mL 时，有

$$E=1.44\text{ V}+0.059\text{ V lg}\frac{20.02-20.00}{20.02}=1.26\text{ V}$$

或者加入 Ce^{4+} 标准溶液 20.02 mL 时，滴定分数 $f=\frac{20.02\times0.1000}{20.00\times0.1000}=1.001$

$$E=E^{\ominus'}_{Ce(IV)/Ce(III)}+0.059\text{ V lg}\frac{c_{Ce(IV)}}{c_{Ce(III)}}=1.44\text{ V}+0.059\text{ V lg}\frac{0.001}{1.000}=1.26\text{ V}$$

用同样的方法计算各点数据，见表 6-1 并绘制成滴定曲线，见图 6-1。可见，氧化还原滴定曲线与酸碱滴定曲线、络合滴定曲线相似，也是在计量点附近±0.1%误差范围内有一突跃范围。

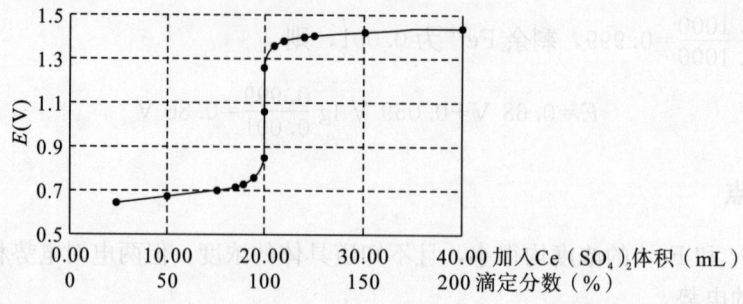

图 6-1 0.1000 mol·L^{-1} Ce^{4+} 滴定 20.00 mL 同浓度 Fe^{2+}（1 mol·L^{-1} H$_2$SO$_4$）

表 6-1 用 0.1000 mol·L^{-1} 的 Ce^{4+} 溶液滴定 20.00 mL 同浓度 Fe^{2+} 溶液的电极电势（1 mol·L^{-1} H$_2$SO$_4$）

加入 Ce^{4+} 溶液的体积 V(mL)	滴定分数 f	体系的电极电势 E(V)
1.00	0.050	0.60
2.00	0.100	0.62
4.00	0.200	0.64
8.00	0.400	0.67
10.00	0.500	0.68
12.00	0.600	0.69
18.00	0.900	0.74
19.80	0.990	0.80
19.98	0.999	0.86 ⎫ 滴定突跃
20.00	1.000	1.06 ⎭
20.02	1.001	1.26
22.00	1.100	1.38
30.00	1.500	1.42
40.00	2.000	1.44

二、化学计量点电势的计算通式

对于对称电对（电对的半反应式中，氧化型与还原型的系数相等）的氧化还原反应

$$a\text{Ox}_1 + b\text{Red}_2 \rightleftharpoons a\text{Red}_1 + b\text{Ox}_2$$

设 n_1 和 n_2 分别为氧化剂和还原剂电对的电子转移数，$E_1^{\ominus'}$ 和 $E_2^{\ominus'}$ 分别为氧化剂和还原剂电对的条件电势，在化学计量点时，

$$E_{sp} = E_1^{\ominus'} + \frac{0.059 \text{ V}}{n_1} \lg \frac{c_{\text{Ox}_1,sp}}{c_{\text{Red}_1,sp}} \tag{6-5}$$

$$E_{sp} = E_2^{\ominus'} + \frac{0.059 \text{ V}}{n_2} \lg \frac{c_{\text{Ox}_2,sp}}{c_{\text{Red}_2,sp}} \tag{6-6}$$

(6-5)乘以 n_1，(6-6)乘以 n_2，两式相加得

$$(n_1+n_2)E_{sp} = n_1 E_1^{\ominus'} + n_2 E_2^{\ominus'} + 0.059 \text{ V} \lg \frac{c_{\text{Ox}_1,sp} c_{\text{Ox}_2,sp}}{c_{\text{Red}_1,sp} c_{\text{Red}_2,sp}}$$

化学计量点时，根据反应方程式有

$$\frac{c_{Ox_1,sp}}{c_{Red_2,sp}}=\frac{a}{b}, \quad \frac{c_{Ox_2,sp}}{c_{Red_1,sp}}=\frac{b}{a}$$

于是

$$\frac{c_{Ox_1,sp}c_{Ox_2,sp}}{c_{Red_1,sp}c_{Red_2,sp}}=\frac{a}{b}\cdot\frac{b}{a}=1$$

所以

$$E_{sp}=\frac{n_1E_1^{\ominus'}+n_2E_2^{\ominus'}}{n_1+n_2} \tag{6-7}$$

三、氧化还原滴定曲线的突跃范围

突跃范围为 −0.1% 时的电势

$$E_{-0.1\%}=E_2^{\ominus'}+\frac{0.059\text{ V}}{n_2}\lg\frac{99.9}{0.1}$$

$$=E_2^{\ominus'}+\frac{3\times0.059\text{ V}}{n_2}$$

+0.1% 时的电势

$$E_{+0.1\%}=E_1^{\ominus'}+\frac{0.059\text{ V}}{n_1}\lg\frac{0.1}{100}$$

$$=E_1^{\ominus'}-\frac{3\times0.059\text{ V}}{n_1}$$

其滴定突跃范围为*

$$\Delta E=\Delta E^{\ominus'}-\frac{3\times0.059\times(n_1+n_2)}{n_1 n_2}$$

可见影响滴定曲线突跃范围大小的主要因素是两电对的条件电极电势之差 $\Delta E^{\ominus'}$，$\Delta E^{\ominus'}$ 越大，根据(6-4)，氧化还原反应的条件平衡常数越大，反应进行得越完全，突跃范围越大。

当 $n_1=n_2$ 时，计量点电势 E_{sp} 正好处于滴定突跃的中点，滴定曲线在计量点的前后是对称的。当 $n_1\neq n_2$ 时，则 E_{SP} 将偏向 n 值较大的电对的条件电势一方，且 n_1 和 n_2 相差愈大，计量点偏离中点越多。

思考题与习题

1. 分别推导酸性介质中，用 $KMnO_4$ 和 $K_2Cr_2O_7$ 标准溶液分别滴定 Fe^{2+} 溶液化学计量点时溶液的电势。
2. 氧化还原滴定曲线与酸碱滴定曲线和络合滴定曲线有什么异同？选择氧化还原指示剂的依据是什么？
3. 用 $0.01667\text{ mol}\cdot\text{L}^{-1}$ $K_2Cr_2O_7$ 溶液滴定 $0.1\text{ mol}\cdot\text{L}^{-1}$ Fe^{2+} 溶液的滴定曲线突跃范围比用

---

* 氧化还原滴定曲线突跃范围的大小主要决定与两电对的条件电势差，而与滴定剂和被测组分的浓度无关。

$0.001667 \text{ mol} \cdot \text{L}^{-1}$ $K_2Cr_2O_7$ 溶液滴定 $0.01 \text{ mol} \cdot \text{L}^{-1}$ Fe^{2+} 溶液的滴定曲线突跃范围大,你认为这句话正确吗?

4. 在 $1 \text{ mol} \cdot \text{L}^{-1}$ $HClO_4$ 溶液中,用 $0.02000 \text{ mol} \cdot \text{L}^{-1}$ $KMnO_4$ 溶液滴定 $0.10 \text{ mol} \cdot \text{L}^{-1}$ Fe^{2+} 溶液,试计算滴定分数分别为 0.50,1.00,2.00 时体系的电势。已知在此条件下,MnO_4^-/Mn^{2+} 的电对的条件电势分别为:$E^{\ominus'}_{Mn(\text{VII})/Mn(\text{II})} = 1.45 \text{ V}$,$E^{\ominus'}_{Fe(\text{III})/Fe(\text{II})} = 0.73 \text{ V}$。

5. 已知在 $1 \text{ mol} \cdot \text{L}^{-1}$ 的 HCl 溶液中,$E^{\ominus'}_{Fe(\text{III})/Fe(\text{II})} = 0.70 \text{ V}$,$E^{\ominus'}_{Sn(\text{IV})/Sn(\text{II})} = 0.14 \text{ V}$。将 20 mL $0.10 \text{ mol} \cdot \text{L}^{-1}$ Fe^{3+} 的 HCl 溶液与 40 mL $0.050 \text{ mol} \cdot \text{L}^{-1}$ $SnCl_2$ 溶液相混合,平衡时体系的电势等于多少?

6. 用 Excel 绘制 $0.1000 \text{ mol} \cdot \text{L}^{-1}$ Fe^{3+} 滴定 $0.05000 \text{ mol} \cdot \text{L}^{-1}$ Sn^{2+} 的滴定曲线。

第四节 氧化还原滴定中的指示剂

氧化还原滴定中的指示剂分为 3 类:氧化还原指示剂、自身指示剂和专属指示剂。

一、氧化还原指示剂

1. 变色原理

氧化还原指示剂(redox indicator)是一类本身具有氧化还原性质的有机试剂,其氧化态与还原态因结构不同而有不同的颜色。例如,二苯胺磺酸钠(sodium diphenylamine sulfonate)的氧化型为紫色,还原型为无色。

进行氧化还原滴定时,随着滴定剂的加入,溶液的电势将发生变化,指示剂电对的氧化型和还原型的相对浓度也将不断发生变化,若以 $\text{In}_{(\text{Ox})}$ 代表指示剂的氧化型,$\text{In}_{(\text{Red})}$ 代表指示剂的还原型,则氧化还原指示剂的半反应可以表示为

$$\text{In}_{(\text{Ox})} + n\text{e}^- \rightleftharpoons \text{In}_{(\text{Red})}$$

电对的电极电势为

$$E = E^{\ominus'}_{\text{In}_{(\text{Ox})}/\text{In}_{(\text{Red})}} + \frac{0.059 \text{ V}}{n} \lg \frac{c_{\text{In}_{(\text{Ox})}}}{c_{\text{In}_{(\text{Red})}}}$$

从理论上讲,当浓度比 $c_{\text{In}_{(\text{Ox})}}/c_{\text{In}_{(\text{Red})}} > 10$ 时,溶液呈现氧化型的颜色;当浓度比 $c_{\text{In}_{(\text{Ox})}}/c_{\text{In}_{(\text{Red})}} < 1/10$ 时,溶液呈现还原型的颜色;当浓度比在 $1/10 \leqslant c_{\text{In}_{(\text{Ox})}}/c_{\text{In}_{(\text{Red})}} \leqslant 10$ 之间变化时,能明显观察到溶液颜色的变化,因此指示剂的理论变色范围为

$$E = E^{\ominus'}_{\text{In}_{(\text{Ox})}/\text{In}_{(\text{Red})}} \pm \frac{0.059 \text{ V}}{n} \tag{6-8}$$

当 $c_{\text{In}_{(\text{Ox})}}/c_{\text{In}_{(\text{Red})}} = 1$ 时,有

$$E = E^{\ominus'}_{\text{In}_{(\text{Ox})}/\text{In}_{(\text{Red})}} \tag{6-9}$$

(6-9)为指示剂的理论变色点。

2. 一些常用的氧化还原指示剂

(1) 二苯胺磺酸钠

二苯胺磺酸钠在 H^+ 浓度为 $1\ mol \cdot L^{-1}$ 的介质中，$E^{\ominus'}_{In_{(Ox)}/In_{(Red)}} = 0.85\ V$，其理论变色范围为

$$E = E^{\ominus'}_{In_{(Ox)}/In_{(Red)}} \pm \frac{0.059\ V}{n} = 0.85\ V \pm \frac{0.059\ V}{2}$$

即 $0.82 \sim 0.88\ V$，还原型为无色，氧化型为紫红色。$0.1000\ mol \cdot L^{-1}\ Ce^{4+}$ 溶液滴定 $20.00\ mL\ 0.1000\ mol \cdot L^{-1}\ Fe^{2+}$ 溶液的滴定曲线突跃范围为 $0.86 \sim 1.26\ V$，如果以二苯胺磺酸钠作指示剂，溶液的颜色应从无色滴定到微红色时停止滴定，因人眼对红色十分敏感，实际终点 E 值大约是 $0.85\ V$，此时变色在滴定曲线的突跃范围之外，终点误差超出 -0.1%，为减小终点误差可在 Fe^{2+} 溶液加入 H_3PO_4，使之与 Fe^{3+} 形成稳定的络合物 $Fe(HPO_4)^+$，从而降低 $Fe(\text{Ⅲ})/Fe(\text{Ⅱ})$ 电对的电势，即降低化学计量点前溶液的电势，使突跃范围扩大，指示剂在突跃范围内变色。

(2) 邻二氮菲-亚铁

邻二氮菲也称邻菲咯啉，分子式为 $C_{12}H_8N_2$。邻二氮菲与 $Fe(\text{Ⅱ})$ 可形成红色的络离子，其氧化型为浅蓝色

$$[(Phen)_3Fe]^{3+} + e^- \rightleftharpoons [(Phen)_3Fe]^{2+}$$
$$\text{浅蓝色} \qquad\qquad \text{红色}$$

在 $[H^+] = 1\ mol \cdot L^{-1}$ 时的条件电极电势 $E^{\ominus'}_{In_{(Ox)}/In_{(Red)}} = 1.06\ V$，变色范围为 $1.00 \sim 1.12\ V$，可用作 Ce^{4+} 滴定 Fe^{2+} 时的指示剂，终点时溶液由红色突变为浅蓝色。

此外，还有一些其他氧化还原指示剂，见表 6-2。

表 6-2 一些氧化还原指示剂的条件电极电势及颜色的变化

指示剂	颜色		$E^{\ominus'}_{In_{(Ox)}/In_{(Red)}}$ (V) $[H^+]=1\ mol \cdot L^{-1}$	浓度
	氧化型	还原型		
次甲基蓝 (Methylene blue)	蓝色	无色	0.36	0.05% 水溶液
二苯胺 (diphenylamine)	紫色	无色	0.76	0.1% 浓硫酸溶液
二苯胺磺酸钠 (sodium diphenylamine sulfonate)	紫红色	无色	0.85	0.05% 水溶液
邻二氮菲-Fe(Ⅱ) [phenanthroline-Fe(Ⅱ)]	浅蓝色	红色	1.06	$0.025\ mol \cdot L^{-1}$ 水溶液
硝基邻二氮菲-Fe(Ⅱ) [nitro-ophenanthroline-Fe(Ⅱ)]	浅蓝色	紫红	1.25	$0.025\ mol \cdot L^{-1}$ 水溶液

二、自身指示剂

在氧化还原滴定中，利用滴定剂或被滴定液本身的颜色变化来指示终点，称为自身指示剂(self indicator)。如以 $KMnO_4$ 标准溶液滴定还原性物质的溶液时，以 $KMnO_4$ 本身为指

示剂，滴定到化学计量点后溶液呈现 $KMnO_4$ 淡红色，即为滴定终点。

三、专属指示剂

这类指示剂本身并无氧化还原性质，但它能与滴定体系中的氧化剂或还原剂结合而显示出与其本身不同的颜色。如淀粉能与 I_2 形成深蓝色的化合物，因此当用碘标准溶液滴定还原性物质的溶液，以淀粉作指示剂溶液变为蓝色即指示终点的到达。

思 考 题

1. 氧化还原滴定中的指示剂分为几类？各类指示剂指示终点的基本原理是什么？
2. 氧化还原指示剂的变色原理，氧化还原指示剂的选择与酸碱指示剂有何异同？
3. 已知在 1 mol·L^{-1} HCl 介质中，$E^{\ominus}_{Ce(IV)/Ce(III)} = 1.00$ V，$E^{\ominus}_{Fe(III)/Fe(II)} = 0.68$ V，以 0.01667 mol·L^{-1} $K_2Cr_2O_7$ 滴定 0.1000 mol·L^{-1} Fe^{2+} 时，现有这样一些指示剂：二甲基邻二氮菲-Fe^{2+} $[E^{\ominus'}_{In(Ox)/In(Red)} = 0.97$ V$]$、二苯胺磺酸钠$[E^{\ominus'}_{In(Ox)/In(Red)} = 0.85$ V$]$、次甲基蓝$[E^{\ominus'}_{In(Ox)/In(Red)} = 0.36$ V$]$，你认为选择哪种指示剂最合适？
4. 用 $K_2Cr_2O_7$ 标准溶液滴定 Fe^{2+} 的溶液时，以二苯胺磺酸钠作指示剂，为什么要在滴定的溶液中加入硫酸和磷酸的混合酸？

第五节 氧化还原滴定前的预处理

在氧化还原滴定分析中，被滴定组分不一定完全是滴定分析中所需要的价态，因此滴定前需要将被滴定组分预氧化(preoxidation)或预还原(prereduction)成滴定分析中所需要的价态。例如含铁的样品溶解后通常都是以 Fe(III) 和 Fe(II) 存在，如果用氧化剂标准溶液滴定铁，则必须用预还原剂使滴定液中的 Fe(III) 全部还原为 Fe(II)。

为保证待测组分能被完全预氧化或预还原，同时不产生干扰，预氧化剂和预还原剂必须具备以下条件。

1) 能将待测组分全部氧化或还原为指定的价态。
2) 反应速率比较快。
3) 应有一定的选择性。例如，钛铁矿石中铁含量的测定，由于钛铁矿中含有相当量的 Ti(IV)，因此不能用金属锌作预还原剂($E^{\ominus}_{Zn(II)/Zn} = -0.76$ V)，因为除了将 Fe^{3+} 还原为 Fe^{2+} 外($E^{\ominus}_{Fe(III)/Fe(II)} = 0.77$ V)，Ti(IV) 也将被还原为 Ti(III)($E^{\ominus}_{Ti(IV)/Ti(III)} = -0.10$ V)。用 $K_2Cr_2O_7$ 标准溶液滴定 Fe^{2+} 时，Ti(III) 也会被氧化。如选用 $SnCl_2$ 作预还原剂($E^{\ominus}_{Sn(IV)/Sn(II)} = 0.15$ V)，Ti(IV) 便不会被还原。
4) 过量的预氧化剂和预还原剂应易于除去。例如，上例中过量的 $SnCl_2$ 可加入 $HgCl_2$ 除去。

$$SnCl_2 + 2HgCl_2 \Longrightarrow SnCl_4 + Hg_2Cl_2 \downarrow$$

而在下一步滴定中，由于 Hg_2Cl_2 沉淀与 $K_2Cr_2O_7$ 的反应速率极慢，因而不会干扰 Fe^{2+} 的测定。

一些常见的预氧化剂和预还原剂见表 6-3 和表 6-4。

第六章 氧化还原滴定法

表 6-3 预处理用的氧化剂

氧化剂	预氧化组分	条件	过量氧化剂除去的方法
$NaBiO_3$	$Mn^{2+} \rightarrow MnO_4^-$ $Cr^{3+} \rightarrow Cr_2O_7^{2-}$ $Ce^{3+} \rightarrow Ce^{4+}$	HNO_3 溶液中	因 $NaBiO_3$ 微溶于水,故过量的 $NaBiO_3$ 可借过滤而除去
$(NH_4)_2S_2O_8$	$Ce^{3+} \rightarrow Ce^{4+}$ $VO^{2+} \rightarrow VO_3^-$ $Cr^{3+} \rightarrow Cr_2O_7^{2-}$ $Mn^{2+} \rightarrow MnO_4^-$	在 HNO_3 或 H_2SO_4 溶液中,有 H_3PO_4 和催化剂 Ag^+ 存在	加热煮沸
H_2O_2	$Cr^{3+} \rightarrow CrO_4^{2-}$ $Co^{2+} \rightarrow Co^{3+}$ $Mn^{2+} \rightarrow MnO_4^-$	碱性介质中	加热煮沸
$HClO_4$	$Cr^{3+} \rightarrow Cr_2O_7^{2-}$ $VO^{2+} \rightarrow VO_3^-$ $I^- \rightarrow IO_3^-$	浓 $HClO_4$ 加热	煮沸除去所生成的 Cl_2,冷却并稀释,$HClO_4$ 即失去氧化性
KIO_3	$Mn^{2+} \rightarrow MnO_4^-$	在酸性介质中加热	加入 Hg^{2+} 与过量 KIO_3 生成 $Hg(IO_3)_2$ 沉淀,过滤除去
Na_2O_2	$Fe(CrO_2)_2 \rightarrow CrO_4^{2-}$	熔融	在酸性溶液中煮沸

表 6-4 预处理用的还原剂

还原剂	用途	条件	过量还原剂除去方法
$SnCl_2$	$Fe^{3+} \rightarrow Fe^{2+}$	HCl 溶液中	加入过量 $HgCl_2$
H_2S	$Fe^{3+} \rightarrow Fe^{2+}$ $MnO_4^- \rightarrow Mn^{2+}$ $Cr_2O_7^{2-} \rightarrow Cr^{3+}$ $Ce^{4+} \rightarrow Cr^{3+}$	强酸性溶液中	加热煮沸
SO_2	$Fe^{3+} \rightarrow Fe^{2+}$ $AsO_4^{3-} \rightarrow AsO_3^{3-}$ $Sb(V) \rightarrow Sb(III)$ $V(V) \rightarrow V(IV)$ $Cu^{2+} \rightarrow Cu^+$	H_2SO_4 溶液中,SCN^- 催化	CO_2 气流
$TiCl_3$	$Fe^{3+} \rightarrow Fe^{2+}$	酸性溶液中	用水稀释,少量过量的 $TiCl_3$ 即被 O_2 所氧化
联氨	$As(V) \rightarrow As(III)$ $Sb(V) \rightarrow Sb(III)$		浓 H_2SO_4 溶液中煮沸
Al	$Sn(IV) \rightarrow Sn(II)$ $Ti(IV) \rightarrow Ti(III)$	HCl 溶液中	

思 考 题

1. 在氧化还原滴定分析中为什么要用预氧化剂或预还原剂?
2. 预氧化剂和预还原剂必须具备什么条件?
3. 为什么铁矿石中铁的测定不能采用 Zn 粉作 Fe^{3+} 的预还原剂?

第六节 常用的氧化还原滴定法

根据所使用氧化剂的不同将氧化还原滴定法分为高锰酸钾法、重铬酸钾法和碘量法等。以下介绍几种常用的氧化还原滴定分析法。

一、高锰酸钾法

高锰酸钾法(potassium permanganate method)是以高锰酸钾为标准溶液滴定还原性物质的一种氧化还原滴定分析法。

1. 滴定条件

$KMnO_4$ 是一种强氧化剂,在不同酸度条件下其氧化能力不同,还原产物也不相同。

在强酸性溶液中

$$MnO_4^- + 8H^+ + 5e^- \rightleftharpoons Mn^{2+} + 4H_2O \quad E^{\ominus} = 1.51 \text{ V}$$

在微酸性、中性或弱碱性溶液中

$$MnO_4^- + 4H^+ + 3e^- \rightleftharpoons MnO_2 + 2H_2O \quad E^{\ominus} = 0.59 \text{ V}$$

在强碱性溶液中

$$MnO_4^- + e^- \rightleftharpoons MnO_4^{2-} \quad E^{\ominus} = 0.56 \text{ V}$$

因此高锰酸钾法通常在强酸性条件下进行。一般采用硫酸,而不采用硝酸和盐酸。

2. 指示剂

由于高锰酸钾溶液呈深紫色,所以当用高锰酸钾标准溶液滴定还原性物质时,利用化学计量点后稍过量的高锰酸钾本身的颜色指示终点的到达。

实验 1 高锰酸钾标准溶液的配制和标定

实验原理

市售的 $KMnO_4$ 试剂通常都含有少量的 MnO_2 和其他杂质;蒸馏水中含有少量的有机物,它们能使 $KMnO_4$ 还原为 $MnO(OH)_2$,而 $MnO(OH)_2$ 又能促进 $KMnO_4$ 自身的分解

$$4MnO_4^- + 2H_2O \longrightarrow 4MnO_2 + 3O_2 + 4OH^-$$

见光时分解更快。因此需采用间接方法配制 $KMnO_4$ 标准溶液。由于 $KMnO_4$ 溶液的浓度容易改变,所以必须正确地配制和保存,如果长期使用,必须定期进行标定。

标定溶液的基准物质有 As_2O_3、铁丝、$H_2C_2O_4 \cdot 2H_2O$ 和 $Na_2C_2O_4$ 等。其中最常用的是 $Na_2C_2O_4$,因为容易制纯且性质稳定。在酸性条件下,用 $Na_2C_2O_4$ 标定 $KMnO_4$ 的反应为

$$2MnO_4^- + 5C_2O_4^{2-} + 16H^+ \rightleftharpoons 2Mn^{2+} + 10CO_2 \uparrow + 8H_2O$$

$$1MnO_4^- \backsim \frac{5}{2} C_2O_4^{2-}$$

$$\frac{5}{2} \times c_{KMnO_4} V_{KMnO_4} = \frac{m_{Na_2C_2O_4}}{M_{Na_2C_2O_4}}$$

$$c_{KMnO_4} = \frac{m_{Na_2C_2O_4}}{\frac{5}{2} \times V_{KMnO_4} \times M_{Na_2C_2O_4}}$$

仪器与试剂

台秤,分析天平,酸式滴定管(50 mL),锥形瓶(250 mL),表面皿,微孔玻璃漏斗,试剂

瓶(500 mL)。

$KMnO_4$(固体)，$Na_2C_2O_4$(固体，基准试剂或分析纯)，H_2SO_4 溶液(3 $mol \cdot L^{-1}$)。

实验步骤

1. 配制 0.020 $mol \cdot L^{-1}$ $KMnO_4$ 溶液 500 mL

称取需要量的 $KMnO_4$ 溶于 500 mL 水中，盖上表面皿，加热至沸并保持微沸状态 1 小时，冷却后于室温下放置 2~3 天后，用微孔玻璃漏斗或玻璃棉过滤，滤液贮于清洁带塞的棕色瓶中。

2. $KMnO_4$ 溶液的标定

准确称取需要量的基准物质 $Na_2C_2O_4$ 置于 250 mL 锥形瓶中，加 40 mL 水，10 mL 3 $mol \cdot L^{-1}$ H_2SO_4，加热至 70~80 ℃(即开始冒蒸气时的温度)①，趁热用 $KMnO_4$ 溶液进行滴定，由于开始时反应速率较慢，滴定的速度也要慢，当第一滴 $KMnO_4$ 的红色完全褪去再滴入下一滴。直至滴定的溶液呈微红色，半分钟不褪色即为终点。注意终点时的温度应保持在 60 ℃以上，平行标定 3 份，计算溶液的浓度和相对平均偏差。

注释：①在室温下，$KMnO_4$ 与 $Na_2C_2O_4$ 之间的反应速率缓慢，故需将溶液加热，但温度不能太高，若超过 90 ℃，易引起 $H_2C_2O_4$ 的分解：

$$H_2C_2O_4 = CO_2\uparrow + CO\uparrow + H_2O$$

3. 高锰酸钾法应用示例

(1)直接滴定法

凡满足滴定分析对化学反应求的反应(即反应完全，反应程度在 99.9% 以上，没有副反应；反应要快，如果反应速率小可以通过其他方法加快反应速率；有适当的方法指示滴定终点)都可采用直接滴定法。

实验 2 高锰酸钾法测定过氧化氢的含量

实验原理

过氧化氢具有还原性，在酸性介质和室温条件下能被高锰酸钾定量氧化，其反应方程式为

$$2MnO_4^- + 5H_2O_2 + 6H^+ = 2Mn^{2+} + 5O_2\uparrow + 8H_2O$$

室温时，滴定开始反应缓慢，随着 Mn^{2+} 的生成而加速。H_2O_2 加热时易分解，因此，滴定时常加入 Mn^{2+} 作催化剂。

因

$$1MnO_4^- \backsimeq \frac{5}{2}H_2O_2$$

所以

$$c_{H_2O_2}(g \cdot L^{-1}) = \frac{\frac{5}{2} \times c_{KMnO_4} V_{KMnO_4} M_{H_2O_2}}{V_s}$$

仪器与试剂

分析天平，酸式滴定管(50 mL)，移液管(25 mL)，锥形瓶，容量瓶(250 mL)。

$KMnO_4$ 标准溶液(0.020 $mol \cdot L^{-1}$)，H_2SO_4 溶液(3 $mol \cdot L^{-1}$)，$MnSO_4$ 溶液溶液(1 $mol \cdot L^{-1}$)，H_2O_2 试样。

实验步骤

用移液管移取 2.00 mL 的 H_2O_2 原始试样溶液，置于 250 mL 容量瓶中，加水稀释至刻度，充分摇

匀后得 H_2O_2 工作溶液。用移液管移取 H_2O_2 工作溶液 20.00 mL 于 250 mL 锥形瓶中，加入 3 mol·L^{-1} H_2SO_4 5 mL，用 $KMnO_4$ 标准溶液滴定到溶液呈微红色，30 s 不褪色即为终点。平行测定 3 次，计算原始试样中 H_2O_2 的质量浓度($g·L^{-1}$)和相对平均偏差。

过氧化氢可用作漂白剂、消毒剂、脱氧剂、液体燃料推进剂等，对于高浓度的过氧化氢可用滴定分析法测定，由于大气及雨水中过氧化氢的存在是产生酸雨的原因之一[1]，过量的过氧化氢对人体具有损伤作用[2]，所以测定雨水及生物体系中微量的过氧化氢含量也具有十分重要的意义。对于微量过氧化氢测定的方法目前有分光光度法[3]、荧光分析法[4]和化学发光分析法[1]等方法。

(2) 剩余滴定法

不符合以上条件的，如反应速率小的氧化还原反应，或者用滴定剂直接滴定固体试样时，反应不能立即完成，则不能用直接滴定法进行滴定，此时可采用剩余滴定法(返滴定法)进行滴定。

实验 3 软锰矿中 MnO_2 含量的测定

实验原理

利用 MnO_2 的氧化性，在试样中加入过量的 $Na_2C_2O_4$，于 H_2SO_4 介质中加热使其充分反应，再用 $KMnO_4$ 标准溶液趁热返滴定剩余的 $Na_2C_2O_4$，即可求得 MnO_2 的含量。

$$MnO_2 + C_2O_4^{2-} + 4H^+ =\!=\!= Mn^{2+} + 2CO_2\uparrow + 2H_2O$$

$$2MnO_4^- + 5C_2O_4^{2-} + 16H^+ =\!=\!= 2Mn^{2+} + 10CO_2\uparrow + 8H_2O$$

根据 $Na_2C_2O_4$ 质量和消耗 $KMnO_4$ 物质的量及反应式中的计量关系即可求出软锰矿中 MnO_2 的含量。
因

$$1MnO_2 \Leftrightarrow 1C_2O_4^{2-}, \quad 1MnO_4^- \Leftrightarrow \frac{5}{2}C_2O_4^{2-}$$

所以

$$w_{MnO_2} = \frac{\left(\dfrac{m_{Na_2C_2O_4}}{M_{Na_2C_2O_4}} - \dfrac{5}{2} \times c_{KMnO_4} V_{KMnO_4}\right) \times M_{MnO_2}}{m_s}$$

仪器与试剂

分析天平，酸式滴定管(50 mL)，锥形瓶(250 mL)，表面皿。

$KMnO_4$ 标准溶液(0.020 mol·L^{-1})，H_2SO_4 溶液(3 mol·L^{-1})，$Na_2C_2O_4$(固体)，软锰矿。

实验步骤

准确称取 0.2~0.5 g 软锰矿试样置于 250 mL 锥形瓶中。根据 MnO_2 的大概含量，准确称取比理论计算量约多 0.13 g 的 $Na_2C_2O_4$，置于上述锥形瓶中，再加入 3 mol·L^{-1} H_2SO_4 20 mL 和 20 mL 水。盖上表面皿，在 70~80 ℃水浴上加热溶解，直至不再放出 CO_2 气泡，且残渣无黑色颗粒时为止。一般溶样的时间最长不超过 30 min，以避免或减小草酸的损失①。以水淋洗锥形瓶内壁及表面皿，将溶液稀释至 100 mL。水浴加热至 70~80 ℃，趁热用 $KMnO_4$ 标准溶液滴定至微红，且半分钟不褪色即为终点。平行测定 3 份，计算软锰矿中 MnO_2 的质量分数。

注释：①在室温下，MnO_2 与 $Na_2C_2O_4$ 之间的反应速度缓慢，故需要将溶液加热。但温度不能太高，若超过 90 ℃，易引起 $H_2C_2O_4$ 的分解

$$H_2C_2O_4 =\!=\!= CO_2\uparrow + CO\uparrow + H_2O$$

(3)间接滴定法

某些待测组分不能与滴定剂发生反应,但可以通过其他化学反应而间接测定。例如石灰石中的钙不具备氧化还原性,所以不能用氧化还原滴定法直接滴定,但可以将其以CaC_2O_4的形式沉淀下来,沉淀经过滤洗净后,再用稀硫酸溶液将其溶解,然后用$KMnO_4$标准溶液滴定释放出来的$H_2C_2O_4$。根据消耗的$KMnO_4$溶液的量,计算钙的含量。有关反应如下

$$Ca^{2+} + C_2O_4^{2-} = CaC_2O_4$$
$$CaC_2O_4 + 2H^+ = Ca^{2+} + H_2C_2O_4$$
$$5H_2C_2O_4 + 2MnO_4^- + 6H^+ = 2Mn^{2+} + 10CO_2\uparrow + 8H_2O$$

因

$$1Ca^{2+} \backsim 1CaC_2O_4 \backsim 1H_2C_2O_4 \backsim \frac{2}{5}MnO_4^-$$

所以

$$w_{Ca} = \frac{\frac{5}{2} \times c_{KMnO_4} V_{KMnO_4} M_{Ca}}{m_s}$$

实验4 石灰石中钙含量的测定

仪器与试剂

分析天平,烧杯(250 mL),表面皿,漏斗,酸式滴定管(50 mL)。

$KMnO_4$标准溶液(0.020 mol·L^{-1}),$(NH_4)_2C_2O_4$溶液(0.05 mol·L^{-1}),$NH_3·H_2O$溶液(1+1),HCl溶液(1+1),H_2SO_4溶液(1 mol·L^{-1}),甲基橙水溶液(1 g·L^{-1}),$AgNO_3$溶液(0.1 mol·L^{-1}),石灰石试样。

实验步骤

准确称取约0.15~0.20 g研细并烘干的石灰石试样两份,分别置于250 mL烧杯中,加入适量蒸馏水,盖上表面皿(稍留缝隙),缓慢滴加10 mL(1+1)HCl溶液,并轻轻摇动烧杯,待不产生气泡后,用小火加热至微沸。稍冷后向溶液中加入2~3滴甲基橙,再滴加氨水至溶液由红色变为黄色,趁热逐滴加入约50 mL 0.05 mol·L^{-1} $(NH_4)_2C_2O_4$溶液,在低温电热板(或水浴)上陈化30 min。冷却后过滤(先将上层清液倾入漏斗中),将烧杯中的沉淀洗涤数次后转入漏斗中,继续洗涤沉淀至无Cl$^-$(承接洗液在HNO$_3$介质中以AgNO$_3$检查),将带有沉淀的滤纸铺在原烧杯的内壁上,用50 mL 1 mol·L^{-1} H_2SO_4将沉淀由滤纸上洗入烧杯中,再用洗瓶洗2次。加入蒸馏水使总体积约为100 mL,加热至70~80℃,用0.020 mol·L^{-1} $KMnO_4$标准溶液滴定至溶液呈淡红色,再将滤纸搅入溶液中,若溶液褪色,则继续滴定,直至出现的淡红色30 s内不褪色即为终点。计算石灰石中钙的质量分数。

高锰酸钾法的优点是可以直接或间接测定许多无机物和有机物。缺点是高锰酸钾试剂中常含有少量的杂质,使其易与水和空气中某些还原性物质起反应,标准溶液不够稳定,不宜长期使用。此外高锰酸钾法不适于在盐酸介质中进行。

二、重铬酸钾法

重铬酸钾法(potassium dichromate method)是以重铬酸钾为标准溶液滴定还原性物

质的一种氧化还原滴定分析法。

1. 滴定条件

$K_2Cr_2O_7$ 是一种常用的氧化剂，在酸性溶液中具有很强的氧化性，其半反应和标准电极电势为

$$Cr_2O_7^{2-} + 14H^+ + 6e^- \rightleftharpoons 2Cr^{3+} + 7H_2O \quad E^\ominus = 1.33 \text{ V}$$

在 1 mol·L^{-1} HCl 溶液中，其条件电极电势为 $E^{\ominus'} = 1.00$ V，由于 Cl_2/Cl^- 的 $E^{\ominus'} = 1.33$ V，故可以在 HCl 介质中进行滴定。

2. 指示剂

因 $K_2Cr_2O_7$ 橙色较浅，用本身的颜色指示终点不敏锐，因此通常采用氧化还原指示剂。例如用 $K_2Cr_2O_7$ 标准溶液滴定 Fe^{2+} 时常用二苯胺磺酸钠作指示剂，由于溶液二苯胺磺酸钠氧化型为紫色，还原型为无色，所以滴定至溶液呈现紫色即为终点。

3. $K_2Cr_2O_7$ 标准溶液的配制

$K_2Cr_2O_7$ 试剂易提纯且稳定，在 140～180 ℃ 干燥后可作为基准物质直接配制标准溶液。

4. 重铬酸钾法应用示例

(1) 直接滴定法

实验 5　铁矿石中全铁量的测定（无汞法）

实验原理

用于炼铁的铁矿石主要有磁铁矿（Fe_3O_4）、赤铁矿（Fe_2O_3）和菱铁矿（$FeCO_3$）等。铁矿石经盐酸溶解后，选用 $SnCl_2$ 和 $TiCl_3$ 作预还原剂。先用 $SnCl_2$ 使大部分 Fe^{3+} 全部还原为 Fe^{2+}，再用 $TiCl_3$ 还原剩余的 Fe^{3+}

$$2Fe^{3+} + SnCl_4^{2-} + 2Cl^- \rightleftharpoons 2Fe^{2+} + SnCl_6^{2-}$$

$$Fe^{3+} + Ti^{3+} + H_2O \rightleftharpoons Fe^{2+} + TiO^{2+} + 2H^+$$

过量的 $TiCl_3$ 用 Na_2WO_4 作指示剂，当 $TiCl_3$ 将 Na_2WO_4 还原成钨蓝时，则表明 $TiCl_3$ 已经过量。接着用少量的稀 $K_2Cr_2O_7$ 将钨蓝氧化，使蓝色恰好消失。然后在硫酸-磷酸介质中，以二苯胺磺酸钠为指示剂，用 $K_2Cr_2O_7$ 标准溶液滴定，反应方程式如下

$$6Fe^{2+} + Cr_2O_7^{2-} + 14H^+ \rightleftharpoons 6Fe^{3+} + 2Cr^{3+} + 7H_2O$$

$$w_{Fe} = \frac{6c_{K_2Cr_2O_7} V_{K_2Cr_2O_7} M_{Fe}}{m_s}$$

仪器与试剂

分析天平，低温电热板或电炉，酸式滴定管（50 mL），锥形瓶（250 mL），表面皿。

基准试剂或优级纯 $K_2Cr_2O_7$ 于 140 ℃ 干燥 2 h，存于干燥器中；浓 HCl；$SnCl_2$ 溶液（50 g·L^{-1}，使用前一天配制）；$TiCl_3$ 溶液（15 g·L^{-1}）：取 100 mL 150 g·L^{-1} $TiCl_3$ 试剂与 200 mL 1∶1 HCl 及 700 mL 水混合，贮于棕色瓶中；硫磷混酸溶液：将 150 mL 浓 H_2SO_4 缓缓加入 700 mL 水中，冷却后再加入

190 mL 浓 H_3PO_4；二苯胺磺酸钠指示剂（2 g·L^{-1} 水溶液）；Na_2WO_4 溶液（250 g·L^{-1}）；铁矿石试样。

实验步骤

1. 矿样的溶解

准确称取 0.2 g 铁矿石试样置于 250 mL 锥形瓶中，用少量水润湿后加入浓盐酸，并滴加 8~10 滴 $SnCl_2$ 溶液助溶。盖上表面皿，在近沸的水浴中（或低温电热板）加热至残渣变为白色（SiO_2）时，表明试样溶解完全，此时溶液呈橙黄色。用少量水洗表面皿和锥形瓶内壁。

2. 预处理

趁热用滴管小心滴加 $SnCl_2$ 溶液以还原 Fe^{3+}，边滴加边摇动，直到溶液由棕黄色变为浅黄色，表明大部分 Fe^{3+} 已被还原。加入 4 滴 Na_2WO_4 和 60 mL 热水，加热。在摇动下逐滴加入 $TiCl_3$ 至溶液呈现稳定的浅蓝色。冲洗瓶壁，并用流水冲洗锥形瓶外壁，以使溶液迅速冷却至室温，小心滴加稀释 10 倍的 $K_2Cr_2O_7$ 溶液，至蓝色刚好消失。

将试液加水稀释至 150 mL，加入 15 mL 硫磷混酸，再加入 5~6 滴二苯胺磺酸钠指示剂，立即用 $K_2Cr_2O_7$ 标准溶液滴定至溶液呈稳定的紫色，即为终点。平行测定 3 份，计算铁矿石中铁的质量分数和相对平均偏差。

关于铁矿石中全铁的测定，成熟且实用范围广的方法是 $SnCl_2$-$HgCl_2$-重铬酸钾法，然而这种方法会引入有毒的汞盐，因此无汞法测定铁矿石中的全铁一直是分析工作者关注的问题。分析工作者提出了不同的分析方法，例如，用抗坏血酸作为还原剂还原 Fe^{3+}，以硫酸铈作为标准溶液滴定的分析方法[5]；用盐酸羟胺还原 Fe^{3+}，以重铬酸钾为滴定剂的分析方法[6]；以 $SnCl_2$-$TiCl_3$ 作为联合预还原剂，以高锰酸钾为滴定剂的分析方法[7]；用铝片作为预还原剂的重铬酸钾法[8]；氯化亚锡还原，以甲基橙作为预还原的指示剂的重铬酸钾法[9]等，$SnCl_2$-$TiCl_3$-重铬酸钾法已经列入国家标准中（GBT/6730.5-2007）。我们期待着更环保且快速适用范围广泛的分析方法。

（2）剩余滴定法

实验6 化学需氧量（COD）的测定

实验原理

化学需氧量（chemical oxygen demand，COD）指一定体积的水体中能被强氧化剂氧化的还原性物质的量，通常表示为氧化这些还原性物质所需消耗的 O_2 的量（以 mg·L^{-1} 表示）。它是水体被还原性物质污染的主要指标。还原性物质包括各种有机物、亚硫酸盐、亚铁盐和硫化物等，但水体受有机物污染是极为普遍的，因此，化学需量可作为衡量水体中有机物相对含量的指标之一。

重铬酸钾法是在强酸性溶液中，加入准确过量的重铬酸钾，将水样中还原性物质氧化，过量的重铬酸钾以邻二氮菲-Fe(II)为指示剂，用硫酸亚铁铵标准溶液回滴，根据消耗重铬酸钾的量计算水样的化学需氧量。

$$6Fe^{2+} + Cr_2O_7^{2-} + 14H^+ \rightleftharpoons 6Fe^{3+} + 2Cr^{3+} + 7H_2O$$

$$1Cr_2O_7^{2-} \backsim 6Fe^{2+} \backsim 6e^- \quad 1O_2 \backsim 4e^-$$

$$1Cr_2O_7^{2-} \backsim \frac{3}{2}O_2 \backsim 6e^-$$

$$COD(mg·L^{-1}) = \frac{\frac{1}{6} \times \frac{3}{2} \times (V_0 - V) \times c_{Fe^{2+}} \times M_{O_2}}{V_s} \times 10^3 = \frac{\frac{1}{4} \times (V_0 - V) \times c_{Fe^{2+}} \times M_{O_2}}{V_s} \times 10^3$$

其中V_0是空白溶液消耗硫酸亚铁铵标准溶液的体积(mL)，V是水样消耗硫酸亚铁铵标准溶液的体积(mL)。

仪器与试剂

回流装置：24 mm 或 29 mm 标准磨口 500 mL 全玻璃回流装置，球型冷凝器，长度为 30 cm；加热装置：功率大于 1.4W/cm 的电热板或电炉，以保证回流液充分沸腾；酸式滴定管(50 mL)，锥形瓶(250 mL)，移液管(10 mL，20 mL)。

重铬酸钾标准溶液(0.04167 mol·L^{-1})：称取 12.258 g 优级纯重铬酸钾(预先在 140 ℃烘箱中干燥 2 h，并贮存于干燥器中冷却至室温)溶于水中，移入 1000 mL 容量瓶中，用蒸馏水稀释至标线，摇匀。试亚铁灵指示剂：称取 1.49 g 邻菲罗啉，0.695 g 硫酸亚铁($FeSO_4·7H_2O$)溶于水中，稀释至 100 mL，贮存于棕色试剂瓶中。硫酸亚铁铵标准溶液(0.1 mol·L^{-1})：称取 39.2 g 硫酸亚铁铵($FeSO_4·(NH_4)SO_4·6H_2O$)溶解于水中，加入 20 mL 浓硫酸，冷却后稀释至 1000 mL，摇匀。临用前用重铬酸钾标准溶液标定。标定方法：用移液管吸取 10.00 mL 重铬酸钾标准溶液于 250 mL 锥形瓶中，用水稀释至 100 mL，加 8 mL 浓硫酸，冷却后加入 2~3 滴试亚铁灵指示剂，用硫酸亚铁铵标准溶液滴定到溶液由黄色经蓝绿色刚变为红褐色为止。计算硫酸亚铁铵的浓度。硫酸银-硫酸溶液：于 1000 mL 浓硫酸中加入 10 g 硫酸银，放置一两天，不时摇动使其溶解。硫酸汞。

实验步骤

用移液管吸取 20.00 mL 的均匀水样于 500 mL 回流装置锥形瓶中，准确加入 10.00 mL 重铬酸钾标准溶液，再慢慢加入 30 mL 硫酸银[①]-硫酸溶液，边加边摇，使溶液混合均匀，加入少许沸石(以防暴沸)，加热回流 2 h(溶液沸腾时开始计时)。若水样中氯离子浓度大于 30 mg·L^{-1}时，取水样 20.00 mL，加 0.4 g 硫酸汞[②]和 5 mL 浓硫酸，摇匀，待硫酸汞[②]溶解后，再依次加入 10.00 mL 重铬酸钾溶液和 30 mL 硫酸银-硫酸溶液和少许沸石，加热回流 2 h。

稍冷后，用少许水冲洗冷凝器壁，然后取下锥形瓶。再用蒸馏水稀释至约 140 mL(溶液体积不应小于 140 mL，否则因酸度太大终点不明显)。溶液冷至室温后，加 2~3 滴试亚铁灵指示剂，用硫酸亚铁铵标准溶液滴定到溶液由黄色经蓝绿色刚变为红褐色为止，记录消耗的硫酸亚铁铵标准溶液的体积。

在测定水样的同时，以 20 mL 蒸馏水代替水样，按水样测定步骤平行进行空白实验。计算化学需氧量。

注释：①硫酸银起催化作用。②氯离子浓度大时干扰测定，可加入二价汞离子掩蔽氯离子。

重铬酸钾法的特点是：$K_2Cr_2O_7$标准溶液非常稳定，可以长期保存和使用。

三、碘量法

碘量法(iodimetric methods)是以 I_2 的氧化性(直接碘量法)和 I^- 的还原性(间接碘量法)为基础的氧化还原滴定法。

1. 直接碘量法

用 I_2 溶液作为滴定剂滴定还原性物质的方法，又称碘滴定法(iodimetry)，指示剂为淀粉(starch)。一般在弱酸性或中性条件下测定较强的还原剂，如 S^{2-}，SO_3^{2-}，$S_2O_3^{2-}$，Sn(Ⅱ)和维生素 C 等。

为什么在弱酸性或中性条件下进行滴定呢？有以下两方面的原因。

1)在碱性条件下进行，I_2 发生歧化反应

$$3I_2 + 6OH^- \rightleftharpoons IO_3^- + 5I^- + 3H_2O$$

2)在强酸性条件下进行，I^-易被溶解氧氧化

$$4I^- + O_2 + 4H^+ \rightleftharpoons 2I_2 + 2H_2O$$

另外在强酸性条件下淀粉指示剂也易水解和分解。

2. 间接碘量法

间接碘量法(iodometry)是将待测氧化物与过量的I^-发生反应，生成一定量的I_2，然后以淀粉为指示剂，用$Na_2S_2O_3$标准溶液进行滴定，溶液蓝色消失即为终点，根据消耗滴定剂的体积和浓度以及试样的质量求出该氧化物含量的方法，又称滴定碘法。例如铜盐中铜的测定

$$2Cu^{2+} + 4I^- \rightleftharpoons 2CuI\downarrow + I_2$$

$$2S_2O_3^{2-} + I_2 \rightleftharpoons S_4O_6^{2-} + 2I^-$$

同直接碘量法一样也只能在中性或弱酸性条件下进行，如果在碱性条件下进行，除I_2发生歧化反应，部分$S_2O_3^{2-}$将会被碘氧化成为SO_4^{2-}，影响反应的计量关系；而在强酸性条件下进行，除I^-易被溶解氧氧化外，$H_2S_2O_3$还容易分解为S，SO_2和H_2O。

3. I_2和$Na_2S_2O_3$标准溶液的配制和标定

用升华性制得的纯度很高的I_2可以直接配制成标准溶液。但通常市售I_2纯度不高，只能用间接法配制标准溶液。可用As_2O_3作为标定的基准物质，但As_2O_3(砒霜)有剧毒，因此常用标定后的$Na_2S_2O_3$标准溶液确定I_2的浓度。

固体试剂$Na_2S_2O_3 \cdot 5H_2O$通常含有一些杂质，且容易风化和潮解，因此，$Na_2S_2O_3$的配制采用间接法配制。此外，$Na_2S_2O_3$溶液不够稳定，容易分解。水中的CO_2、细菌和光照都能使其分解，水中的O_2也能将其氧化。故配制$Na_2S_2O_3$溶液时，最好采用新煮沸并冷却的蒸馏水，以除去水中的CO_2和O_2，并杀死细菌；加入少量Na_2CO_3使溶液呈弱碱性以抑制$Na_2S_2O_3$的分解和细菌的生长；贮于棕色瓶中，放置几天后再进行标定。长期使用的溶液应定期标定。标定$Na_2S_2O_3$溶液的基准物质有KIO_3、$KBrO_3$和$K_2Cr_2O_7$等。如以$K_2Cr_2O_7$作为基准物，即准确称取一定量的$K_2Cr_2O_7$，用水溶解后，加入过量的KI，并控制溶液的酸度为$0.2 \sim 0.4 \text{ mol} \cdot L^{-1}$，在暗处反应一定时间，然后用$Na_2S_2O_3$溶液滴定生成的$I_2$，反应式如下

$$Cr_2O_7^{2-} + 6I^- + 14H^+ \rightleftharpoons 2Cr^{3+} + 3I_2 + 7H_2O$$

$$2S_2O_3^{2-} + I_2 \rightleftharpoons S_4O_6^{2-} + 2I^-$$

因

$$1Cr_2O_7^{2-} \backsim 3I_2 \backsim 6S_2O_3^{2-}$$

所以

$$c_{Na_2S_2O_3} V_{Na_2S_2O_3} = 6c_{K_2Cr_2O_7} V_{K_2Cr_2O_7}$$

$$c_{Na_2S_2O_3} = \frac{6c_{K_2Cr_2O_7} V_{K_2Cr_2O_7}}{V_{Na_2S_2O_3}}$$

实验7 Na$_2$S$_2$O$_3$标准溶液的配制和标定

仪器与试剂

台秤，分析天平，试剂瓶（500 mL），移液管（50 mL），锥形瓶（250 mL），滴定管（50 mL），表面皿。

K$_2$Cr$_2$O$_7$标准溶液（0.017 mol·L^{-1}），Na$_2$S$_2$O$_3$·5H$_2$O（固体），I$_2$（固体），KI（100 g·L^{-1}，使用前配制），Na$_2$CO$_3$（固体），HCl 溶液（6 mol·L^{-1}）。淀粉指示剂（5 g·L^{-1}）：称取 5 g 可溶性淀粉，加水少许，搅匀，再加入 100 mL 沸水，搅匀。若需放置，可加入少量 HgI$_2$ 或 H$_3$BO$_3$ 作防腐剂。

实验步骤

1. 配制 0.10 mol·L^{-1} Na$_2$S$_2$O$_3$ 溶液 500 mL

称取需要量的 Na$_2$S$_2$O$_3$·5H$_2$O 溶于 500 mL 新煮沸冷却的蒸馏水中，加 0.1 g Na$_2$CO$_3$，保存于棕色瓶中，放置一周后进行标定。

2. Na$_2$S$_2$O$_3$ 溶液的标定

用移液管吸取 20 mL K$_2$Cr$_2$O$_7$标准溶液于 250 mL 锥形瓶中，加 5 mL 6 mol·L^{-1} HCl，加入 10 mL 100 g·L^{-1} KI。摇匀后盖上表面皿，于暗处放置 5min。然后用 100 mL 水稀释①，用 Na$_2$S$_2$O$_3$溶液滴定至浅黄绿色后加入 2 mL 淀粉指示剂②，继续滴定至溶液蓝色消失并变为绿色即为终点。平行测定 3 份，计算 Na$_2$S$_2$O$_3$标准溶液的浓度和相对平均偏差。

注释：①滴定前须将溶液稀释以降低酸度，防止在滴定过程中 Na$_2$S$_2$O$_3$ 遇强酸而分解；②淀粉指示剂应在临近终点时加入，如果过早加入将有较多 I$_2$ 与淀粉指示剂结合，造成终点拖后。

4. 碘量法应用示例

（1）铜盐中铜的测定

实验8 间接碘量法测定铜盐中的铜

实验原理

在弱酸性溶液中（pH=3~4），Cu^{2+} 与过量的 KI 作用，生成 CuI 沉淀和 I$_2$，析出的 I$_2$ 以淀粉为指示剂，用 Na$_2$S$_2$O$_3$标准溶液滴定。由于 CuI 强烈吸附 I$_2$，因此需要在滴定到临近终点时加入 KSCN 或 NH$_4$SCN，使 CuI 转化为溶解度更小的 CuSCN，将吸附的 I$_2$ 释放出来。

$$2Cu^{2+} + 4I^- \rightleftharpoons 2CuI\downarrow + I_2$$

$$2S_2O_3^{2-} + I_2 \rightleftharpoons S_4O_6^{2-} + 2I^-$$

$$1Cu^{2+} \Leftrightarrow \frac{1}{2}I_2 \Leftrightarrow 1S_2O_3^{2-}$$

$$w_{Cu} = \frac{c_{Na_2S_2O_3} V_{Na_2S_2O_3} M_{Cu}}{m_s}$$

仪器与试剂

分析天平，锥形瓶（250 mL），滴定管（50 mL）。

KI 溶液（100 g·L^{-1}），Na$_2$S$_2$O$_3$ 溶液（0.1 mol·L^{-1}），淀粉指示剂（5 g·L^{-1}），KSCN 溶液（100 g·L^{-1}），H$_2$SO$_4$ 溶液（1 mol·L^{-1}），CuSO$_4$·5H$_2$O 试样。

实验步骤

准确称取 0.5~0.6 g CuSO$_4$·5H$_2$O 试样，置于 250 mL 锥形瓶中，加 5 mL 1 mol·L^{-1} H$_2$SO$_4$ 和

100 mL 水使其溶解。加入 10 mL 100 g·L^{-1} KI，立即用 Na$_2$S$_2$O$_3$ 标准溶液滴定至呈浅黄色，加入 2 mL 淀粉指示剂，继续滴定至呈浅蓝色，再加入 10 mL 100 g·L^{-1} KSCN，溶液蓝色转深，再继续用 Na$_2$S$_2$O$_3$ 标准溶液滴定至蓝色刚好消失为终点。此时溶液呈米色或浅肉红色。平行测定 3 份，计算试样中 Cu 的质量分数。

(2) Pb$_3$O$_4$ 的测定

例 6-8 大桥钢梁的衬漆用红丹作填料，红丹的主要成分为 Pb$_3$O$_4$。称取红丹试样 0.1000 g，加盐酸处理成溶液后，其中的铅全部转化为 Pb^{2+}。加入 K$_2$Cr$_2$O$_7$ 使 Pb^{2+} 沉淀为 PbCrO$_4$，将沉淀过滤、洗涤后，再溶于酸，并加过量的 KI，然后以淀粉为指示剂，用 0.1000 mol·L^{-1} Na$_2$S$_2$O$_3$ 标准溶液滴定生成的 I$_2$，用去 13.00 mL。求红丹中 Pb$_3$O$_4$ 的质量分数。

解 有关反应式为

$$Pb_3O_4 + 2Cl^- + 8H^+ = 3Pb^{2+} + Cl_2\uparrow + 4H_2O$$

$$Pb^{2+} + CrO_4^{2-} = PbCrO_4\downarrow$$

$$2PbCrO_4 + 2H^+ = 2Pb^{2+} + Cr_2O_7^{2-} + H_2O$$

$$Cr_2O_7^{2-} + 6I^- + 14H^+ = 2Cr^{3+} + 3I_2 + 7H_2O$$

$$2S_2O_3^{2-} + I_2 = S_4O_6^{2-} + 2I^-$$

因

$$1Pb_3O_4 \backsim 3Pb^{2+} \backsim 3PbCrO_4 \backsim \frac{3}{2}Cr_2O_7^{2-} \backsim \frac{9}{2}I_2 \backsim 9S_2O_3^{2-}$$

故

$$w_{Pb_3O_4} = \frac{\frac{1}{9} \times c_{Na_2S_2O_3} V_{Na_2S_2O_3} M_{Pb_3O_4}}{m_s}$$

$$= \frac{\frac{1}{9} \times 0.1000\ mol \cdot L^{-1} \times 13.00 \times 10^{-3}\ L \times 685.6\ g \cdot mol^{-1}}{0.1000\ g} = 0.9903$$

设计性实验

1. 设计用高锰酸钾法测定水果中维生素 C 的含量

在生物体中也存在氧化还原现象，其中，活性氧中间体（简称活性氧）与健康有着密切关系，活性氧（reactive oxygen species，ROS）是指由分子氧直接或间接地转化而来的，具有比分子氧化学反应性更活泼的一类含氧物质。它包括超氧阴离子（O$_2^-$·），羟基自由基（·OH），过氧化氢（H$_2$O$_2$）和单线态氧（^{1}O$_2$）和烷过氧基（ROO$^-$）等[10]。活性氧是细胞生命活动中不可缺少的活性物质，如参与机体内一些活性物质的合成，促进炎性细胞吞噬细菌或杀死细菌[11]，活性氧在细胞的增生、分化、凋亡的调控中也起着重要的作用[12]。但过多的活性氧自由基就会有破坏行为，导致人体正常细胞和组织的损坏，从而引起多种疾病。如心脏病[13]、帕金森病[14]和肿瘤[10]以及加速动脉粥样硬化的形成和发展[15]等。当然，人体内具备一套完整的防止活性氧自由基损伤的机制，即抗氧化剂和抗氧化酶。在正常情况下，它们可以维持体内自由基代谢的平衡，使人体处于健康状态[16]。如一旦出现自由基代谢的不平衡，或叫"氧化应激"，有可能导致疾病发生。我们常处在一个氧化环境和环境污染中，紫外线辐射和工作压力使很多人都处于"氧化应激"，即体内出现自由基产生过多或抗氧化能力下降，此时补充外源抗氧化剂物质是非常必要的，比如维生素（如维生素 E、维生素 C 等）即是一类非常重要的抗氧化的生物活性物质[16]。因此测定天然食品中的抗氧化剂含量具有十分重要的意义。目前测定微量维生素 C 的方法很多，如分光光度法[17]，化学发光分析法[18]，荧光分析法[19]，电化学分析法[20]等。

高浓度的维生素 C 常采用氧化还原滴定分析中的碘量法测定，请设计用高锰酸钾法测定水果中维生素 C 的含量。

2. **碘量法测定过氧化氢含量**

过氧化氢是一种常用的化学试剂。可用作消毒剂、杀菌剂、脱氧剂、漂白剂、聚合反应的引发剂等。为了提高过氧化氢储存的稳定性，常加入少量的有机物，如乙酰苯胺、尿素和尿酸等，除尿素外，这些有机物都能与高锰酸盐发生化学反应，因而影响高锰酸钾法测定结果的准确性[21]。用碘量法可以克服此缺点。请设计用碘量法测定双氧水中过氧化氢含量的分析方法。

3. 试设计用碘量法测定钡盐中钡的含量。

4. 试设计铁矿石中 Fe_2O_3 和 FeO 含量的测定。

5. $H_2C_2O_4$-$Na_2C_2O_4$ 混合液中，各组分含量的测定（$g \cdot L^{-1}$）。

除以上 3 种方法外，还有以其他氧化剂为滴定剂的氧化还原滴定分析法，如硫酸铈法、溴酸钾法等方法，这些方法其应用范围不如以上 3 种方法应用范围广，在此不作介绍。

思考题与习题

1. 高锰酸钾法通常在强酸条件下进行。为什么一般采用硫酸调节酸度，而不采用硝酸、盐酸或醋酸来调节？

2. 用 $Na_2C_2O_4$ 标定 $0.020\ mol \cdot L^{-1}$ $KMnO_4$ 标准溶液时，应称取 $Na_2C_2O_4$ 的质量范围是多少？计算的依据是什么？

3. 配制标准溶液时，为什么要将 $KMnO_4$ 溶液煮沸一定时间并放置数天？配好的 $KMnO_4$ 溶液为什么要过滤后才能保存？过滤时是否可以用滤纸？

4. 在滴定时，$KMnO_4$ 溶液应用什么滴定管，为什么？

5. 用 $Na_2C_2O_4$ 标定 $KMnO_4$ 溶液时，为什么必须在 H_2SO_4 介质中进行？酸度过高或过低有何影响？为什么要加热到 70~80 ℃，溶液温度过高或过低有何影响？标定 $KMnO_4$ 溶液时，为什么第一滴加入后溶液的红色褪去很慢，而以后红色褪去很快？

6. 用高锰酸钾法测定 H_2O_2 时，为何不能通过加热来加速反应？

7. 为什么不用 $KMnO_4$ 标准溶液直接滴定 MnO_2？

8. 用 $KMnO_4$ 法测定 Ca^{2+} 与用络合滴定法测定 Ca^{2+} 相比，存在的缺点是什么？

9. 在 $SnCl_2$-$TiCl_3$-$K_2Cr_2O_7$ 测定铁矿石中全铁含量时，为什么不使用一种还原剂还原 Fe^{3+} 呢？

10. 在 $SnCl_2$-$TiCl_3$-$K_2Cr_2O_7$ 测定铁矿石中全铁含量时，为什么要趁热用滴管小心滴加 $SnCl_2$ 溶液以还原 Fe^{3+}？

11. 在 $SnCl_2$-$TiCl_3$-$K_2Cr_2O_7$ 测定铁矿石中全铁含量时，待 Fe^{3+} 被还原后，为什么要使溶液迅速冷却至室温？

12. 在 $SnCl_2$-$TiCl_3$-$K_2Cr_2O_7$ 测定铁矿石中全铁含量时，为什么在滴定前加入硫磷混酸？为什么加入硫磷混酸后要立即滴定？

13. 用 $K_2Cr_2O_7$ 作基准物标定 $Na_2S_2O_3$ 溶液时，为什么要加入过量的 KI 和 HCl 溶液？为什么要放置一定时间后才能加水稀释？为什么在滴定前还要加水稀释？淀粉指示剂应该在什么时候加入？

14. 直接碘量法和间接碘量法有什么不同？

15. 铜盐中铜的测定，为什么要加入 KSCN，为什么不可以过早加入？

16. 测定钢样中的含硫量，将试样中的硫转变成 H_2S 气体，用 $10.00\ mL$ $0.00500\ mol \cdot L^{-1}$ 的 KI-I_2 溶液吸收，然后用 $0.0200\ mol \cdot L^{-1}$ $Na_2S_2O_3$ 返滴过量的 I_2，用去 $2.60\ mL$，问试样中含硫多少毫克？

17. 用 30.00 mL 某 $KMnO_4$ 溶液恰能氧化一定质量的 $KHC_2O_4 \cdot H_2O$，同样质量的 $KHC_2O_4 \cdot H_2O$ 又恰能与 25.20 mL 浓度为 $0.2012\ mol \cdot L^{-1}$ 的 KOH 溶液反应。计算此 $KMnO_4$ 溶液的浓度。

18. 准确称取铁矿石试样 0.5000 g，用酸溶解后加 $SnCl_2$，使 Fe^{3+} 还原为 Fe^{2+}，然后用 24.50 mL $KMnO_4$ 标准溶液滴定。已知 1 mL $KMnO_4$ 相当于 0.01260 g $H_2C_2O_4 \cdot 2H_2O$。试问：(1) 矿样中 Fe 及 Fe_2O_3 的质量分数各为多少？(2) 取市售双氧水 3.00 mL 稀释定容至 250.0 mL，从中取出 20.00 mL 试液，需用上述 $KMnO_4$ 标准溶液 21.18 mL 滴定至终点。计算每 100.0 mL 市售双氧水中所含 H_2O_2 的质量。

19. 准确称取含有 PbO 和 PbO_2 混合物的试样 1.2345 g，在其酸性溶液中加入 20.00 mL $0.2500\ mol \cdot L^{-1} H_2C_2O_4$ 溶液，使 PbO_2 还原为 Pb^{2+}。所得溶液用氨水中和，使溶液中所有的 Pb^{2+} 均沉淀为 $Pb_2C_2O_4$。过滤，滤液酸化后用 $0.04000\ mol \cdot L^{-1} KMnO_4$ 标准溶液滴定，用去 10.00 mL。然后将所得 PbC_2O_4 沉淀溶于酸后，用 $0.04000\ mol \cdot L^{-1} KMnO_4$ 标准溶液滴定，用去 30.00 mL，计算试样中 PbO 和 PbO_2 的质量分数。

20. 用 $K_2Cr_2O_7$ 标准溶液测定 1.000 g 试样中的铁。试问 1.000 L $K_2Cr_2O_7$ 标准溶液中应含有多少克 $K_2Cr_2O_7$ 时，才能使滴定管读到的体积（单位：mL）恰好等于试样中铁的质量分数（%）？

21. 0.4897 g 铬铁矿试样经 Na_2O_2 熔融后，使其中的 Cr^{3+} 氧化为 $Cr_2O_7^{2-}$，然后加入 10 mL $3\ mol \cdot L^{-1} H_2SO_4$ 及 50.00 mL $0.1202\ mol \cdot L^{-1}$ 硫酸亚铁铵溶液处理。过量的 Fe^{2+} 需用 15.05 mL $K_2Cr_2O_7$ 标准溶液滴定，而 1.00 mL $K_2Cr_2O_7$ 标准溶液相当于 0.006023 g Fe。试求试样中铬的质量分数，若以 Cr_2O_3 表示时又为多少？

22. 今有不纯的 KI 试样 0.3504 g，在 H_2SO_4 溶液中加入纯 K_2CrO_4 0.1940 g 与之反应，煮沸逐出生成的 I_2。放冷后又加入过量 KI，使之与剩余的 K_2CrO_4 作用，析出的 I_2 用 $0.1020\ mol \cdot L^{-1} Na_2S_2O_3$ 标准溶液滴定，用去 10.23 mL。问试样中 KI 的质量分数是多少？

23. 称取苯酚试样 0.4082 g，用 NaOH 溶解后，移入 250.0 mL 容量瓶中，加水稀释至刻度，摇匀。吸取 25.00 mL，加入溴酸钾标准溶液（$KBrO_3+KBr$）25.00 mL，然后加入 HCl 及 KI。待析出 I_2 后，再用 $0.1084\ mol \cdot L^{-1} Na_2S_2O_3$ 标准溶液滴定，用去 20.04 mL。另取 25.00 mL 溴酸钾标准溶液做空白试验，消耗同浓度的 $Na_2S_2O_3$ 标准溶液 41.60 mL。试计算试样中苯酚的质量分数。

参考文献

[1] 黄英, 章竹君, 何德勇, 等. 微流动注射芯片化学发光法测定雨水中过氧化氢. 分析化学, 2005, 33(7): 958-960.
[2] 曹纯章, 卜丽莎, 高申, 等. 过氧化氢对培养心肌细胞损伤作用的研究. 生物化学与生物物理进展, 2000, 27(6): 628-632.
[3] 章亚彦, 林荔, 苏必桔. 碘化钾碘蓝分光光度法测定微量过氧化氢. 分析试验室, 2001, 20(4): 41-42.
[4] 王全林, 刘志洪, 蔡汝秀, 等. 血红蛋白作为催化剂高灵敏测定过氧化氢. 分析化学, 2002, 30(8): 928-931.
[5] 董亦斌, 束嘉秀, 王素萍. 硫酸铈滴定法测定铁矿中铁. 冶金分析, 2003, 23(3): 57-58.
[6] 王瑞斌. 盐酸羟胺-重铬酸钾无汞滴定法测定铁矿石中铁. 冶金分析, 2005, 25(6): 89-90.
[7] 叶青, 欧阳晓庆. 氯化亚锡-三氯化钛-高锰酸钾无汞无铬滴定法测定铁. 冶金分析, 2005, 25(5): 94-95.
[8] 施先义, 廖静婷, 王世彬. 铝片还原-重铬酸钾滴定法测定硫铁矿中铁的改进. 岩矿测试, 2009, 28(2): 197-198.
[9] 孟哲. 对氧化还原滴定法测定铁还原 Fe(Ⅲ) 时用甲基橙代替氯化高汞的正交分析. 理化检验（化学分册）, 2007, 43(1): 73-74.
[10] 徐芝勇. 细胞内活性氧与肿瘤. 生物学通报, 2004, 39(9): 24-25.
[11] 李建喜, 杨志强, 王学智. 活性氧自由基在动物机体内的生物学作用. 动物医学进展, 2006, 27(10): 33-36.
[12] 刘春英, 张勇, 高玲, 等. 活性氧的信号转导功能. 食品与药品, 2007, 9(2A): 72-73.
[13] 李鹏, 吴尚勤. 冠状动脉粥样硬化性心脏病氧化应激与抗氧化治疗研究进展. 医学综述, 2009, 15(1): 1476-1479.

[14] 张颖, 韩威. 氧化应激在帕金森病发病机制中的作用. 广东医学, 200, 6, 27(4): 598-600.
[15] B. Halliwell. Current Status Review: Free radicals, reactive oxygen species and human disease: a critical evaluation with special reference to atherosclerosis. Br. J. Exp. Path., I989, 70,: 737-757.
[16] 崔剑, 李兆陇, 洪啸吟. 自由基生物抗氧化与疾病. 清华大学学报(自然科学版), 2000, 40(6): 9-12.
[17] 奚长生. 磷钼蓝分光光度法测定维生素 C. 光谱学与光盘分析, 2001, 21(5): 723-725.
[18] 李峰. 流动注射化学发光抑制法测定抗坏血酸. 分析化学, 200, 28(12): 1523-1526.
[19] R. Wang, Z. H. Liu, R. X. Cai, et al. A new spectrofluorometric method for the determination of ascorbic acid based on its activing effect on a hemoglobin-catalyzed reaction. Anal. Sci., 2002, 18: 977-980.
[20] 马心英, 张国荣. 聚 L-半胱氨酸修饰电极的制备及测定抗坏血酸. 化学传感器, 2006, 26(1): 54-58.
[21] 潘勇军, 谢洪泉, 谭晓明, 等. 碘量滴定法测定过氧化氢溶液浓度的改进. 理化检验(化学分册)2003, 39(7): 404-405.

本章小结

1. 氧化还原平衡

(1)能斯特方程 $E = E^{\ominus}_{Ox/Red} + \dfrac{0.059}{n}$ V lg $\dfrac{a_{Ox}}{a_{Red}}$, $E^{\ominus}$ 是电对的标准电极电势。

(2)条件电极电势 $E^{\ominus\prime} = E^{\ominus}_{Ox/Red} + \dfrac{0.059}{n}$ V lg $\dfrac{\gamma_{Ox}\alpha_{Red}}{\gamma_{Red}\alpha_{Ox}}$, 已知条件电极电势时, 电对的电极电位 $E = E^{\ominus\prime} + \dfrac{0.059\ \text{V}}{n}$ lg $\dfrac{c_{Ox}}{c_{Red}}$。影响条件电极电势的因素有: 离子强度、生成沉淀、生成络合物、溶液的酸度。

(3)氧化还原平衡

条件平衡常数 $K' = \dfrac{c^{b}_{Red_1} c^{a}_{Ox_2}}{c^{b}_{Ox_1} c^{a}_{Red_2}}$, $\lg K' = \dfrac{n(E^{\ominus\prime}_1 - E^{\ominus\prime}_2)}{0.059\ \text{V}}$

对于 $n_1 = n_2 = 1$ 的氧化还原反应, 两电对的条件电势差至少等于 0.35 V, 反应才可能完全。

对于 $n_1 = n_2 = 2$ 的氧化还原反应, 两电对的条件电势差至少等于 0.18 V, 反应才可能完全。

对于 $n_1 = 2, n_2 = 1$ 的氧化还原反应, 两电对的条件电势差至少等于 0.27 V, 反应才可能完全。

2. 氧化还原反应的速率

影响氧化还原速率的因素有: 反应物的浓度、温度、催化剂。

诱导反应: 在氧化还原反应中, 一种反应的进行, 能够诱发和促进另一种反应的现象, 诱导反应在滴定分析中是不利因素。

3. 氧化还原滴定曲线

氧化还原滴定曲线与酸碱滴定曲线相似, 在计量点附近±0.1%相对误差范围内, 溶液的电势有明显的突跃。其突跃范围为 $\Delta E = \Delta E^{\ominus\prime} - \dfrac{3 \times 0.059 \times (n_1 + n_2)}{n_1 n_2}$。

4. 氧化还原滴定中的指示剂

氧化还原滴定中所用的指示剂有三类: 氧化还原指示剂、自身指示剂和特殊指示剂。

氧化还原指示剂变色原理: 氧化还原指示剂是一类本身具有氧化还原性质的有机试剂, 其氧化态与还原态因结构不同而有不同的颜色, 滴定过程中, 随着溶液电势的变化, 指示剂则从一种结构向另一种结构转化, 从而引起溶液颜色的变化。理论变色范围为 $E = E^{\ominus\prime}_{In(Ox)/In(Red)} \pm \dfrac{0.059\ \text{V}}{n}$, 理论变色点为 $E = E^{\ominus\prime}_{In(Ox)/In(Red)}$。

自身指示剂: 高锰酸钾作为滴定剂时, 以高锰酸钾本身的紫红色出现为滴定终点。

特殊指示剂: 碘量法中使用的指示剂为淀粉。

5. 氧化还原滴定前的预处理

第六章 氧化还原滴定法

因被测组分不一定是滴定分析中所需要的价态，所以需要进行预氧化或预还原。预氧化剂或预还原剂必具备的条件是：能将待测组分全部氧化或还原为指定的价态、反应速率比较快、具有一定的选择性。

6. 常用的氧化还原滴定法

常用的氧化还原滴定法有：高锰酸钾法、重铬酸钾法和碘量法。

第七章 沉淀滴定法

第一节 概　述

沉淀滴定法(precipitation titration)是以沉淀反应为基础的滴定分析方法。根据滴定分析对化学反应的要求,沉淀滴定法对化学反应必须满足以下条件。

1)反应的完全程度高,达到平衡的速率快,溶解度小,不易形成过饱和(supersaturation)溶液。

2)沉淀的组成恒定,在沉淀过程中不易发生共沉淀现象。

3)有较简单的方法确定滴定终点。

能满足以上条件的沉淀反应很少,到目前为止,最重要的沉淀滴定法是生成难溶银盐的沉淀反应,例如

$$Ag^+ + Cl^- \rightleftharpoons AgCl \downarrow$$
$$Ag^+ + SCN^- \rightleftharpoons AgSCN \downarrow$$

这类利用生成难溶银盐反应的沉淀滴定法称为"银量法(argentimetry)",银量法主要用于测定卤素离子(Cl^-,Br^-,I^-)、类卤素离子(SCN^-,CN^-)等,所用的标准溶液为$AgNO_3$或KSCN、NH_4SCN,根据所用指示剂的不同,银量法分为莫尔法、佛尔哈德法和法扬司法。

第二节　确定终点的方法

一、莫尔(Mohr)法

莫尔法(Mohr method)是德国分析化学家K. F. Mohr于1865年建立的分析方法。

1. 指示剂指示终点的原理

莫尔法是以K_2CrO_4为指示剂,$AgNO_3$作为标准溶液滴定Cl^-、Br^-、CN^-的银量法。指示剂指示终点原理如下

滴定反应　　$Ag^+ + Cl^- \rightleftharpoons AgCl \downarrow$(白色)　　$K_{sp} = 1.8 \times 10^{-10}$

指示反应　　$2Ag^+ + CrO_4^{2-} \rightleftharpoons Ag_2CrO_4 \downarrow$(砖红色)　　$K_{sp} = 2.0 \times 10^{-12}$

由于AgCl的溶解度小于Ag_2CrO_4的溶解度,因此滴定过程中首先析出AgCl白色沉淀,当滴定至Ag_2CrO_4的砖红色沉淀出现时即指示终点的到达。

2. 滴定条件

(1) 指示剂的用量

假设砖红色 Ag_2CrO_4 沉淀恰好在化学计量点出现，化学计量点时

$$[Ag^+]_{sp} = \sqrt{K_{sp}} = \sqrt{1.8 \times 10^{-10}} = 1.3 \times 10^{-5} \text{ mol} \cdot L^{-1}$$

$$[CrO_4^{2-}]_{sp} = \frac{K_{sp}}{[Ag^+]^2} = \frac{2.0 \times 10^{-12}}{(1.3 \times 10^{-5})^2} = 1.2 \times 10^{-2} \text{ mol} \cdot L^{-1}$$

计算结果表明如果恰好在计量点出现 Ag_2CrO_4 的砖红色沉淀，终点时溶液中 CrO_4^{2-} 的浓度应该为 1.2×10^{-2} mol·L^{-1}，然而，在这样大的浓度下，K_2CrO_4 的黄色将影响砖红色沉淀的观察，因此需要降低 K_2CrO_4 的浓度。理论计算和实验表明，当 CrO_4^{2-} 的浓度为 5.0×10^{-3} mol·L^{-1} 左右时，可以获得终点误差小于 0.1% 的测定结果。

(2) 溶液的酸度

溶液的酸度通常控制在 pH=6.0~10.5 的范围。若酸度太高，CrO_4^{2-} 将因为酸效应致使其浓度降低，导致 Ag_2CrO_4 沉淀出现过迟甚至不沉淀

$$2CrO_4^{2-} + 2H^+ \rightleftharpoons Cr_2O_7^{2-} + H_2O$$

若碱性太强，将生成 Ag_2O 沉淀。

$$2Ag^+ + 2OH^- \rightleftharpoons Ag_2O\downarrow + H_2O$$

当溶液中有铵盐存在时控制溶液的 pH =6.5~7.2 范围内滴定。因为 pH>7.2 时，NH_4^+ 将有一部分转变为 NH_3，NH_3 会与 Ag^+ 生成络离子，而使 AgCl 和 Ag_2CrO_4 的溶解度增大，测定的准确度降低。实验证明，当 $c_{NH_4^+} < 0.05$ mol·L^{-1} 时，控制溶液的 pH 值在 6.5~7.2 范围内滴定，可得到满意的结果。若 $c_{NH_4^+} > 0.15$ mol·L^{-1}，则仅仅通过控制溶液酸度已不能消除其影响。此时须在滴定之前将大量的铵盐除去。

(3) 滴定时应剧烈摇动

摇动中将被 AgCl 或 AgBr 沉淀吸附的 Cl^- 或 Br^- 及时释放出来，防止终点提前。

(4) 预先分离干扰离子

能与 Ag^+ 生成沉淀的 PO_4^{3-}、CO_3^{2-}、S^{2-} 和 $C_2O_4^{2-}$ 等阴离子，能与 CrO_4^{2-} 生成沉淀的 Ba^{2+}、Pb^{2+} 等阳离子，大量的有色离子 Cu^{2+}、Co^{2+}、Ni^{2+} 等，以及在中性或弱碱性溶液中发生水解的 Fe^{3+}、Al^{3+}、Bi^{3+} 和 Sn^{4+} 等离子，对测定都有干扰，应预先将其分离。

由于以上原因，莫尔法的应用受到一定限制。通常用于直接滴定 Cl^-、Br^-、CN^-，如测定肥料中的氯化物[1]等。而不能用于直接滴定 I^-、SCN^-，因为 AgI 和 AgSCN 吸附 I^- 和 SCN^- 能力非常强，剧烈摇动都无法将其完全释放出来。测定 Ag^+ 时，不能直接用 NaCl 标准溶液滴定，必须采用返滴定法。

实验 1　用莫尔法测定可溶性氯化物中氯含量

仪器与试剂

容量瓶(100 mL)，移液管(25 mL)，滴定管(50 mL)，锥形瓶(250 mL)。

NaCl 基准试剂：在 500~600 ℃ 高温炉中灼烧 0.5 h 后，置于干燥器中冷却。也可将 NaCl 置于带

盖的瓷坩埚中,加热,并不断搅拌,待爆炸声停止后,继续加热 15 min,将坩埚放入干燥器中冷却后使用;$AgNO_3$ 溶液(0.1 mol·L^{-1}):称取 8.5 g $AgNO_3$ 溶解于不含 Cl^- 的 500 mL 蒸馏水中,将溶液转入棕色试剂瓶中,置暗处保存,以防止光照分解;K_2CrO_4 溶液(50 mg·L^{-1})。

实验步骤

1. $AgNO_3$ 溶液的标定

准确称取需要量的 NaCl 基准物于小烧杯中,用蒸馏水溶解后,定量转入 100 mL 容量瓶中,以水稀释至刻度,摇匀。

用移液管移取 25.00 mL NaCl 溶液注入 250 mL 锥形瓶中,加入 25 mL 水①,用吸量管加入 1 mL K_2CrO_4 溶液,在不断摇动条件下,用 $AgNO_3$ 溶液滴定至呈现砖红色即为终点,平行标定 3 份。根据 $AgNO_3$ 溶液的体积和 NaCl 的质量,计算 $AgNO_3$ 溶液的浓度。

2. 试样分析

准确称取 2 g NaCl 试样于烧杯中,加水溶解后,定量转入 250 mL 容量瓶中,用水稀释至刻度,摇匀。

用移液管移取 25.00 mL 试液于 250 mL 锥形瓶中,加入 25 mL 水,用吸量管加入 1 mL K_2CrO_4 溶液,在不断摇动条件下,用 $AgNO_3$ 标准溶液滴定至溶液出现砖红色即为终点。平行测定 3 份。计算试样中氯的含量。

实验完毕后,将装 $AgNO_3$ 溶液的滴定管先用蒸馏水冲洗两三次后,再用自来水洗净。以免 AgCl 残留于管内。

注释:①沉淀滴定中,为减少沉淀对被测离子的吸附,一般滴定的体积以大些为好,故需加水稀释试液。

二、佛尔哈德(Volhard)法

佛尔哈德法(Volhard method)由德国化学家 J. Volhard 于 1874 年建立的一种滴定分析法,该法是以铁铵矾 $NH_4Fe(SO_4)_2$ 为指示剂的银量法。

1. 指示终点的基本原理

佛尔哈德法按照滴定方式的不同分为直接滴定法和返滴定法。

(1)直接滴定法

以铁铵矾($NH_4Fe(SO_4)_2·12H_2O$)为指示剂,用 KSCN 或 NH_4SCN 标准溶液直接滴定 Ag^+。

$$Ag^+ + SCN^- \rightleftharpoons AgSCN \downarrow (白色)$$
$$Fe^{3+} + SCN^- \rightleftharpoons [Fe(SCN)]^{2+} (红)$$

出现红色的 $FeSCN^{2+}$ 即为滴定终点。

(2)返滴定法

首先向试液中加入已知过量的 $AgNO_3$ 标准溶液,使卤离子或硫氰根离子等定量生成银盐沉淀后,再加入铁铵矾指示剂,用 KSCN 或 NH_4SCN 标准溶液返滴定剩余的 Ag^+。

$$X^- + Ag^+(已知过量) \rightleftharpoons AgX \downarrow$$
$$Ag^+(剩余) + SCN^- \rightleftharpoons AgSCN \downarrow$$
$$Fe^{3+} + SCN^- \rightleftharpoons [Fe(SCN)]^{2+} (红)$$

2. 滴定条件

(1) 指示剂的用量

实验表明人眼能够看到红色$[Fe(SCN)]^{2+}$的最低浓度为6.4×10^{-6} mol·L^{-1}，假设用0.1000 mol·L^{-1}的KSCN滴定等浓度的$AgNO_3$，如果恰好在化学计量点观察到红色，根据反应平衡

$$Ag^+ + SCN^- \rightleftharpoons AgSCN\downarrow$$
$$\Updownarrow Fe^{3+}$$
$$[Fe(SCN)]^{2+}$$

化学计量点时

$$[Ag^+] = [SCN^-] + [Fe(SCN)^{2+}] \quad (7-1)$$
$$[Ag^+] = [SCN^-] + 6.4\times10^{-6} \quad (7-2)$$

根据

$$[Ag^+][SCN^-] = K_{sp,AgSCN}$$

得

$$[Ag^+] = \frac{K_{sp,AgSCN}}{[SCN^-]} = \frac{1.1\times10^{-12}}{[SCN^-]} \quad (7-3)$$

将(7-3)代入(7-2)中，整理得到

$$[SCN^-]^2 + 6.4\times10^{-6}[SCN^-] - 1.1\times10^{-12} = 0$$
$$[SCN^-] = 1.7\times10^{-7} \text{ mol·}L^{-1}$$

根据

$$K = \frac{[Fe(SCN)^{2+}]}{[Fe^{3+}][SCN^-]}$$

得

$$1.05\times10^3 = \frac{6.4\times10^{-6}}{[Fe^{3+}]\times1.7\times10^{-7}}$$

$$[Fe^{3+}] = 0.036 \text{ mol·}L^{-1}$$

计算结果表明，如果恰好在计量点出现$[Fe(SCN)]^{2+}$的红色，溶液中的Fe^{3+}浓度是0.036 mol·L^{-1}，然而在这样大的浓度下，Fe^{3+}的黄色将影响$[Fe(SCN)]^{2+}$红色的观察，因此需要降低Fe^{3+}的浓度。计算和实验结果表明，当Fe^{3+}的浓度为0.015 mol·L^{-1}时，可以获得终点误差小于0.1%的测定结果。

(2) 溶液的酸度

滴定应在硝酸溶液中进行，一般控制溶液酸度在0.1~1 mol·L^{-1}。若酸度太低，则因Fe^{3+}水解生成棕黄色的羟基络合物，使终点颜色变化不明显。

(3) 干扰因素

强氧化剂会将SCN^-氧化，氮的低价氧化物与SCN^-能形成红色NOSCN(硫氰亚硝酰)；铜盐、汞盐等能与SCN^-反应生成沉淀，必须消除干扰因素。

另外，用直接法滴定Ag^+时，为防止AgSCN对Ag^+的吸附，临近终点时必须剧烈摇动；用返滴定法滴定Cl^-时，由于AgCl的溶解度比AgSCN大，当剩余Ag^+被滴定完

毕后，过量的 SCN^- 将夺取 AgCl 中的 Ag^+ 而发生以下沉淀转化反应

$$AgCl + SCN^- \rightleftharpoons AgSCN + Cl^-$$

为避免上述转化发生，可采用以下 3 种方法：第一种方法是待 AgCl 沉淀完毕后将其滤去，再用 KSCN 标准溶液滴定滤液中过量的 Ag^+，但这种方法手续繁杂，且若操作不当容易引起较大误差；第二种方法是在加入 $AgNO_3$ 溶液后将试液煮沸，使 AgCl 沉淀凝聚之后再进行滴定，可减慢其转化速率；第三种方法是在形成 AgCl 沉淀之后加入少量有机溶剂，如硝基苯、四氯化碳、1，2-二氯乙烷、甘油或邻苯二甲酸二丁酯等，用力振摇后使 AgCl 沉淀表面覆盖一层有机溶剂而与外部溶液隔开，防止转化反应进行。

实验 2　用佛尔哈德法测定可溶性氯化物中氯含量

仪器与试剂

容量瓶(100 mL)，移液管(25 mL)，滴定管(50 mL)，锥形瓶(250 mL)。

$AgNO_3$(0.1 mol·L^{-1})：称取 8.5 g $AgNO_3$ 溶解于 500 mL 不含 Cl^- 的蒸馏水中，将溶液转入棕色试剂瓶中，置暗处保存，以防止光照分解；NH_4SCN(0.1 mol·L^{-1})：称取 3.88 g NH_4SCN，用 500 mL 水溶解后转入试剂瓶中；铁铵矾指示剂溶液(400 g·L^{-1})；HNO_3(1+1)：若含有氮的氧化物而呈黄色时，应煮沸去除氮化合物，硝基苯，NaCl 试样。

实验步骤

1. NH_4SCN 溶液的标定

用移液管移取 $AgNO_3$ 标准溶液 25.00 mL 于 250 mL 锥形瓶中，加入 5 mL(1+1)HNO_3，铁铵矾指示剂 1.0 mL，然后用 NH_4SCN 溶液滴定。滴定时，剧烈振荡溶液，当滴至溶液颜色为淡红色稳定不变时即为终点。平行标定 3 份，计算 NH_4SCN 溶液浓度。

2. 试样分析

准确称取约 2 g NaCl 试样于 50 mL 烧杯中，加水溶解后，转入 250 mL 容量瓶中，稀释至刻度，摇匀。

用移液管移取 25.00 mL 试样溶液于 250 mL 锥形瓶中，加 25 mL 水，5 mL(1+1)HNO_3，用滴定管加入 $AgNO_3$ 标准溶液至过量 5~10 mL(加入 $AgNO_3$ 溶液时，生成白色 AgCl 沉淀，接近计量点时，振荡溶液，让其静置片刻，使沉淀沉降，然后加入几滴 $AgNO_3$ 到清液层，如不生成沉淀，说明 $AgNO_3$ 已过量，这时，再适当加入过量 5~10 mL $AgNO_3$ 溶液即可)。然后，加入 2 mL 硝基苯，用橡皮塞塞住瓶口，剧烈振荡 30 s，使 AgCl 沉淀进入硝基苯层而与溶液隔开。再加入铁铵矾指示剂 1.0 mL，用 NH_4SCN 标准溶液滴至出现淡红色 $FeSCN^{2+}$ 络合物，若淡红色稳定不变时即为终点。平行测定 3 份，计算 NaCl 试样中氯的含量。

3. 佛尔哈德法的应用

佛尔哈德法较莫尔法应用广泛些，表 7-1 列出了佛尔哈德法的一些应用示例。

表 7-1　佛尔哈德法的应用

被测组分	测定方法	备注
Ag^+	直接滴定法	
Br^-，I^-，AsO_4^{3-}，SCN^-	返滴定法	不需要在 AgBr 等沉淀表面覆盖一层有机溶剂与外部溶液隔开，测定 I^- 时，指示剂必须在加入过量 $AgNO_3$ 溶液后才能加入，以免发生下述反应而造成误差 $2I^- + 2Fe^{3+} \rightleftharpoons I_2 + 2Fe^{2+}$
Cl^-，CO_3^{2-}，CrO_4^{2-}，CN^-，$C_2O_4^{2-}$，PO_4^{3-}，S^{2-}	返滴定法	需要在 AgCl 等沉淀表面覆盖一层有机溶剂与外部溶液隔开，以免发生沉淀的转化

三、法扬司(Fajans)法

法扬司法(Fajans method)是波兰化学家 K. Fajans 于 1926 年建立的一种银量法，这种方法所用的指示剂是吸附指示剂(adsorption indicator)。

1. 指示终点的原理

吸附指示剂是一类有机化合物，当它被胶体沉淀表面吸附后，会因结构的改变引起颜色的变化，从而指示滴定终点的到达。

例如，用 $AgNO_3$ 标准溶液测定 Cl^- 含量时，可用荧光黄作指示剂。荧光黄是一种有机弱酸，可用 HFIn 表示，在溶液中它解离的荧光黄阴离子 FIn^- 呈黄绿色；在化学计量点之前，溶液中存在过量 Cl^-，AgCl 沉淀胶体微粒吸附 Cl^- 而带有负电荷，不吸附指示剂阴离子 FIn^-，溶液仍呈黄绿色；而在化学计量点后，稍过量的 $AgNO_3$ 标准溶液使 AgCl 沉淀胶体微粒吸附 Ag^+ 而带正电荷，形成 $AgCl \cdot Ag^+$，这时，带正电荷的胶体微粒吸附 FIn^-，并发生分子结构的变化，出现由黄绿色变成粉红色的颜色变化，从而指示终点的到达。

2. 滴定条件

1)尽可能使沉淀保持溶胶状态，使其具有较大的比表面积，便于吸附更多的指示剂。故常在滴定时加入糊精或淀粉等胶体保护剂，以防止 AgCl 沉淀凝聚。

2)常用的吸附指示剂大多是有机弱酸，而起指示作用的是它们的阴离子。例如荧光黄，其 $pK_a \approx 7$。当溶液 pH 低时，荧光黄大部分以 HFI 形式存在，不会被卤化银沉淀吸附，不能指示终点。所以用荧光黄作指示剂时，溶液的 pH 应为 7~10。pK_a 较小的指示剂，可以在 pH 较低的溶液中指示终点。表 7-2 列出一些吸附指示剂适用的 pH 范围。

表 7-2　一些吸附指示剂应用条件

指示剂	被测定离子	滴定剂	终点颜色变化	滴定条件	浓度
荧光黄 (Fluorescein)	Cl^-，Br^-，I^-	Ag^+	黄绿→玫瑰	pH 在 7~10 (一般 7~8)	0.1%乙醇溶液
二氯荧光黄(2, 7-dichorofluorescein)	Cl^-，Br^-，I^-	Ag^+	黄绿→红	pH 在 4~10 (一般 5~8)	0.1%乙醇(60~80)溶液

续表

指示剂	被测定离子	滴定剂	终点颜色变化	滴定条件	浓度
曙红(Eosin)	Br^-, I^-, SCN^-	Ag^+	橙黄→红紫	pH在2~10（一般3~8）	0.5%水溶液
溴甲酚绿(Bromocresol green)	Cl^-	Ag^+	紫→浅蓝绿	pH在4~5	0.1%乙醇溶液
罗丹明6G(Rhodamine 6G)	Ag^+	Br^-	橙→红紫	酸性溶液	0.1%水溶液
溴酚蓝(bromophenol blue)	Cl^-, Br^-, SCN^-	Ag^+	黄→蓝	酸性溶液	0.1%钠盐水溶液

3) 卤化银沉淀对光敏感，遇光易分解析出金属银，使沉淀很快转变为灰黑色，影响终点观察，因此在滴定过程中应避免强光照射。

4) 胶体沉淀微粒对指示剂离子的吸附能力，应略小于对待测离子的吸附能力，否则指示剂将在化学计量点前变色。例如，用$AgNO_3$滴定Cl^-时应选用荧光黄为指示剂而不选曙红，因为AgCl吸附曙红能力大于吸附Cl^-的能力，滴定Br^-、I^-、SCN^-时则选用曙红。胶体沉淀微粒对指示剂吸附能力也不能太差，否则终点变色不敏锐。

5) 溶液中被滴定离子的浓度不能太低，因为浓度太低时，沉淀很少，观察终点比较困难。如用荧光黄作指示剂，用$AgNO_3$溶液滴定Cl^-时，Cl^-浓度要求在0.005 mol·L^{-1}以上。但Br^-、I^-、SCN^-等的灵敏度稍高，浓度低至0.001 mol·L^{-1}仍可准确滴定。

除以上吸附指示剂外，文献[2]发现阳离子艳蓝作为滴定Br^-和I^-的吸附指示剂，滴定结果准确度较高。实验表明以聚乙烯醇作为沉淀的胶体保护剂，I_3^-也可以作为吸附指示剂[3]滴定I^-。

此外，当试样中同时存在多种卤素离子或卤素离子与硫氰酸盐的混合物时，如果分步测定各组分的含量，由于共沉淀现象严重，使滴定误差达到1%~2%，不能满足常量分析准确度的要求，如果用同时单点沉淀滴定与多元线性回归方法相结合用于多组分的测定，其准确度可得到满意的结果[4,5]。

实验3 电解精盐水的分析(综合设计性实验)

在氯碱工业中，根据生产工艺的要求，对供电解用的精盐水中各组分的含量有规定的指标。为确保生产的正常进行，须定期对精盐水进行分析。

精盐水常需检测的组分有：NaCl，NaOH，Na_2CO_3，SO_4^{2-}，Ca^{2+}，Mg^{2+}，Fe^{3+}和溶液的pH值。请设计实验方案测定各组分的含量。

思考题与习题

1. 为什么莫尔法不适于测定I^-？
2. 用莫尔法测定Ag^+时，为什么不能用直接滴定法，必须采用返滴定法？
3. 用佛尔哈德法返滴定Cl^-时，为什么要在溶液中加入硝基苯，滴定Br^-和I^-是否也需要加入硝基苯,为什么?

4. 为什么莫尔法只能在中性或弱碱性溶液中进行?

5. 为什么佛尔哈德法应在硝酸溶液中进行?

6. 用银量法测定下列试样:(1)$BaCl_2$,(2)KCl,(3)NH_4Cl,(4)KSCN,(5)Na_2CO_3+NaCl,(6)NaBr,各选用何种方法确定终点?为什么?

7. 0.1064 g 杀虫剂用二苯钠使其分解(在甲苯溶液中)后所形成的氯化物用稀硝酸萃取,再用莫尔法以 13.28 mL 0.05470 mol·L^{-1} 的 $AgNO_3$ 滴定。计算此分析结果含阿特灵($C_{12}H_8Cl_6$)的质量分数。[$M_{C_{12}H_8Cl_6}$=364.9 g·mol^{-1}]

8. 加入 40.00 mL 0.1020 mol·L^{-1} 的 $AgNO_3$ 溶液于 25.00 mL $BaCl_2$ 试液中,在返滴定时用去 15.00 mL 0.09800 mol·L^{-1} 的 NH_4SCN 溶液。试问在 250.0 mL $BaCl_2$ 试液中含 $BaCl_2$ 多少克?

9. 称取 Na_2CO_3 试样 0.2076 g,加水溶解后,向其中加入 50.00 mL 0.09432 mol·L^{-1} $AgNO_3$ 及适量硝基苯,然后用 0.03224 mol·L^{-1} KSCN 返滴定,到达终点时消耗 KSCN 标准溶液 28.21 mL,计算 Na_2CO_3 试样的纯度。

10. 用 $AgNO_3$ 标准溶液滴定 Cl^-,采用此沉淀滴定法测定岩盐中 KCl 的含量,如果每次称样 0.5000 g,欲使滴定用去的 $AgNO_3$ 体积(以毫升表示)即为试样中 KCl 的含量(以百分数表示),问 c_{AgNO_3} 和 $T_{AgNO_3/KCl}$ 为多少?

11. 称取基准 NaCl 0.2000 g 溶于水中,加 $AgNO_3$ 标准溶液 50.00 mL,以铁铵矾溶液为指示剂,用 NH_4SCN 标准溶液滴定至微红色,消耗标准溶液 25.00 mL,已知 1.000 mL NH_4SCN 标准溶液相当于 1.2000 mL $AgNO_3$ 标准溶液,试计算 $AgNO_3$ 和 NH_4SCN 的物质的量浓度。

参考文献

[1] 焦立为. 莫尔法沉淀滴定测定肥料中氯化物含量. 理化检验(化学分册), 2006, 42(3): 219-220.

[2] 贾忠明, 茹雪姣, 王永飞, 等. 阳离子艳蓝作为沉淀滴定指示剂的研究. 分析科学学报, 2007, 23(5): 619-620.

[3] 刘佳铭. 沉淀滴定法测定碘. 分析试验室, 1998, 17(1): 83-85.

[4] Y. N. Ni, A. G. Wu. Simultaneous determination of halide and thiocyanate ions by potentiometric precipitation titration and multivariate calibration. Anal. Chim. Acta, 1999, 390: 117-123.

[5] 张大伦. 多元线性回归——同时单点沉淀滴定同时测定卤素及硫氰酸盐混合物中各组分. 分析化学, 1995, 23(12): 1390-1393.

本章小结

1. 概述

能满足滴定分析对化学反应的要求的沉淀反应不多,最常用的是生成难溶性银盐的方法,即银量法。

2. 确定终点的方法

(1)根据指示终点所用指示剂的不同,银量法分为莫尔法、佛尔哈德法和法扬司法。

(2)莫尔法:K_2CrO_4 为指示剂,以 $AgNO_3$ 作为滴定剂滴定 Cl^-、Br^-、CN^- 的银量法。

莫尔法的条件:①在中性或弱碱性介质中进行。②滴定时应剧烈摇动以释放吸附的被测离子。③需预先分离一些干扰离子。

(3)佛尔哈德法

以铁铵矾 $NH_4Fe(SO_4)_2$ 为指示剂,以 KSCN 或 NH_4SCN 为滴定剂的银量法。佛尔哈德法按照滴定方式的不同分为直接滴定法和返滴定法,直接滴定法以铁铵矾($NH_4Fe(SO_4)_2·12H_2O$)为指示剂,用 KSCN 或 NH₄SCN 标准溶液直接滴定 Ag^+ 的方法。返滴定法是首先向试液中加入已知过量的 $AgNO_3$ 标准溶液，使卤离子或硫氰根离子等定量生成银盐沉淀后，再加入铁铵矾指示剂，用 KSCN 或 NH₄SCN 标准溶液返滴定剩余的 Ag^+。佛尔哈德法的滴定条件：①在硝酸介质中进行。②返滴定 Cl^- 时需要加入硝基苯等以防止 AgCl 沉淀转化成 AgSCN 沉淀。③需要消除一些干扰因素。

(4)法扬司法

以吸附指示剂为指示剂的银量法。滴定条件：①不同的吸附指示剂 pH 条件不同。②尽可能使沉淀保持溶胶状态以具有较大的比表面积，便于吸附更多的指示剂。③滴定过程中应避免强光照射。④胶体沉淀微粒对指示剂离子的吸附能力，应略小于对待测离子的吸附能力。溶液中被滴定离子的浓度不能太低。

第八章 重量分析法

重量分析方法即是将被测组分以单质或化合物的形式从试样中分离出来,然后称其质量,根据质量求得被测组分含量的方法。

第一节 重量分析法的分类和特点

一、分类

根据被测组分与其他组分分离方法的不同可分为 3 类。

1. 沉淀法

利用沉淀反应使待测组分转变成难溶性盐,然后过滤、洗涤、烘干,接着在适当的温度下灼烧至恒重,冷却,称其质量,根据质量计算被测组分含量的重量分析法(gravimetry)。例如,测定钡盐中钡的含量时,在钡盐溶液中加入稀硫酸,使钡离子生成硫酸钡沉淀,经过滤、洗涤、烘干,在 800~850 ℃下灼烧至恒重后,根据称量所得硫酸钡沉淀的质量,即可计算出钡的含量。

2. 挥发法

利用待测组分的挥发性质,通过加热的方法使其从试样中挥发逸出。例如测定湿存水或结晶水,加热烘干至恒重,用试样减轻的质量或干燥剂吸收水后增加的质量来确定水的质量。

3. 电解法

使待测金属离子在电极上还原析出,然后称量电极的质量,电极增加的质量即为待测金属离子质量。

二、重量分析法的特点

重量分析方法的优点是准确度高,一般相对误差在±0.1%~±0.2%,缺点是操作繁琐,程序长,费时多。

第二节 沉淀重量分析法的分析过程和对沉淀的要求

沉淀重量分析法的过程是在被测试样溶液中加入沉淀剂使被测组分沉淀,接着将沉淀过滤,洗涤除去吸附(adsorption)的杂质后烘干,最后在适当的温度条件下灼烧至恒重，冷却后称量。其称量形式(weighting form)与沉淀形式可能相同也可能不同，例如，$BaSO_4$ 的沉淀形式经 800~850 ℃灼烧至恒重后还是 $BaSO_4$，但是以 $(NH_4)_2HPO_4$ 为沉淀剂测定 Mg^{2+} 时，沉淀形式为 $MgNH_4PO_4 \cdot 6H_2O$，经灼烧后所得到的称量形式为 $Mg_2P_2O_7$。

为保证沉淀重量分析方法的准确度，其沉淀形式和称量形式必须满足一定的要求。

一、对沉淀形式的要求

1)沉淀的溶解度小，沉淀溶解损失不超过分析天平的称量误差 0.2 mg。
2)沉淀便于过滤、洗涤。
3)沉淀纯度高。
4)沉淀形成易转化为称量形式。

二、对称量形式的要求

1)有确定的化学组成。
2)性质稳定，不受空气中水分、CO_2 和 O_2 等的影响。
3)摩尔质量尽可能大。

对称量形式要求摩尔质量较大是因为称量形式的摩尔质量越大，操作过程中因损失沉淀引起被测组分测量误差越小，称量时由分析天平称量所引起的相对误差越小。例如测定铝时，称量形式可以是 Al_2O_3($M=101.96$)或 8-羟基喹啉铝[$Al(C_9H_6NO)_3$，$M=459.44$]。如果在操作过程中损失沉淀 1 mg，以 Al_2O_3 为称量形式时铝的损失量为

$$m_{Al} = \frac{2M_{Al}}{M_{Al_2O_3}} \times 1 \text{ mg} = \frac{2 \times 26.98 \text{ g} \cdot \text{mol}^{-1}}{101.96 \text{ g} \cdot \text{mol}^{-1}} \times 1 \text{ mg} = 0.5 \text{ mg}$$

以 8-羟基喹啉铝为称量形式时铝的损失量为

$$m_{Al} = \frac{M_{Al}}{M_{Al(C_9H_6NO)_3}} \times 1 \text{ mg} = \frac{26.98 \text{ g} \cdot \text{mol}^{-1}}{459.44 \text{ g} \cdot \text{mol}^{-1}} \times 1 \text{ mg} = 0.06 \text{ mg}$$

设样品中 Al 的质量为 0.1000 g，可获得 Al_2O_3 和 8-羟基喹啉铝质量分别为 0.1890 g 和 1.7029 g，通常万分之一分析天平称样误差为 ±0.2 mg，因此称量所引起的相对误差分别为±0.10%和±0.012%。

思 考 题

1. 沉淀形式和称量形式有什么区别？试举例说明。
2. 请叙述沉淀重量分析法对称量形式与沉淀形式分别有什么要求？

第三节 沉淀的溶解度及其影响因素

一、固有溶解度(分子溶解度)

难溶化合物 MA 在水溶液中达到饱和状态时,将建立如下平衡关系

$$MA_{(固)} \rightleftharpoons MA_{(水)} \rightleftharpoons M^+ + A^-$$

上式表明固体 MA 的溶解部分,以 MA(水)状态和 M^+、A^- 状态存在。例如,AgCl 在水溶液中除了存在着 Ag^+ 和 Cl^- 以外,还有少量未离解的 AgCl 分子。对于离子化合物,例如 $CaSO_4$ 在水溶液中,除存在 Ca^{2+} 和 SO_4^{2-} 之外,还因为静电引力存在 $Ca^{2+}SO_4^{2-}$ 的离子对。

到达平衡状态时,有

$$K_1 = \frac{a_{MA(水)}}{a_{MA(固)}} \tag{8-1}$$

由于 $a_{MA(固)}=1$,且中性分子的活度系数近似为 1,则

$$a_{MA(水)} = [MA]_{(水)} = K_1 = s^0 \tag{8-2}$$

s^0 称为该物质的分子溶解度或固有溶解度(intrinsic solubility)。当溶解达到平衡时,则 MA 的溶解度 $s = s^0 + [M^+] = s^0 + [A^-]$。各种化合物的固有溶解度相差很大。例如 25 ℃ 时,$HgCl_2$ 在室温下的固有溶解度约为 0.25 $mol \cdot L^{-1}$;而 AgBr、AgI 和 AgSCN 的固有溶解度仅约占总溶解度的 0.1%~1%;许多氢氧化物[如 $Fe(OH)_3$,$Zn(OH)_2$,$Ni(OH)_2$ 等]和硫化物(如 HgS,CdS,CuS 等)的固有溶解度很小,其溶解度可以忽略固有溶解度的影响,$s=[M^+]=[A^-]$。

二、活度积、溶度积及条件溶度积常数

由平衡关系

$$MA_{(固)} \rightleftharpoons MA_{(水)} \rightleftharpoons M^+ + A^-$$

$$K_2 = \frac{a_{M^+} a_{A^-}}{a_{MA(水)}} \tag{8-3}$$

得

$$a_{M^+} a_{A^-} = K_2 s^0 = K_{ap} \tag{8-4}$$

K_{ap} 称为活度积常数,简称活度积。

$$a_{M^+} a_{A^-} = \gamma_{M^+} [M^+] \gamma_{A^-} [A^-] = K_{ap}$$

$$K_{sp} = [M^+][A^+] = \frac{K_{ap}}{\gamma_{M^+} \gamma_{A^-}} \tag{8-5}$$

K_{sp} 称为溶度积(solubility product)常数,简称溶度积。

如果在沉淀溶解平衡中,M^+ 和 A^- 还存在副反应(酸效应,络合效应等),设 M^+ 和 A^- 的总浓度分别为 $[M']$ 及 $[A']$,则有

$$K_{sp} = [M][A] = \frac{[M']}{\alpha_M} \cdot \frac{[A']}{\alpha_A}$$

$$K'_{sp} = [M'][A'] = K_{sp}\alpha_M\alpha_A \tag{8-6}$$

K'_{sp} 称为条件溶度积(conditional solubility product)常数，简称条件溶度积。

三、溶解度的计算

对于 M_mA_n 型微溶化合物，设溶解度为 s，

$$M_mA_n(固) \rightleftharpoons mM^{n+} + nA^{m-}$$

到达溶解平衡状态时，有

$$[M^{n+}] = ms, \quad [A^{m-}] = ns$$

$$[M^{n+}]^m[A^{m-}]^n = K_{sp} \quad (ms)^m(ns)^n = K_{sp}$$

则

$$s = \sqrt[m+n]{\frac{K_{sp}}{m^m n^n}} \tag{8-7}$$

如有副反应，则溶解度为

$$s = \sqrt[m+n]{\frac{K'_{sp}}{m^m n^n}} \tag{8-8}$$

四、影响沉淀溶解度的因素

1. 同离子效应

当沉淀反应达到平衡后加入过量的沉淀剂(precipitant)，以增大构晶离子(与沉淀组成相同的离子)浓度，从而减小沉淀的溶解度的现象称为同离子效应(common-ion effect)。

例 8-1 $BaSO_4$ 重量法测定 Ba^{2+}，设沉淀结束后溶液的体积为 200 mL，试比较加入等物质的量的沉淀剂和沉淀后溶液中的 $[SO_4^{2-}] = 0.010$ mol·L^{-1} 两种情况下，$BaSO_4$ 在常温下的溶解损失量，从计算结果可得出什么结论？

解 (1)加入等物质的量的沉淀剂时，设 $BaSO_4$ 的溶解度为 s_1 mol·L^{-1}，有

$$s_1 = [Ba^{2+}] = [SO_4^{2-}] = \sqrt{K_{sp}} = \sqrt{1.1\times10^{-10}} = 1.0\times10^{-5} \text{ mol}\cdot L^{-1}$$

在 200 mL 溶液中 $BaSO_4$ 的溶解损失量为：1.0×10^{-5} mol·$L^{-1}\times 200$ mL$\times 233.4$ g·mol^{-1} = 0.5 mg，超过了分析天平称量误差。

(2)设沉淀后溶液中的 $[SO_4^{2-}] = 0.010$ mol·L^{-1} 时 $BaSO_4$ 沉淀的溶解度为 s_2，

$$s_2 = [Ba^{2+}] = \frac{K_{sp}}{[SO_4^{2-}]} = \frac{1.1\times10^{-10}}{0.010} = 1.1\times10^{-8} \text{ mol}\cdot L^{-1}$$

沉淀在 200 mL 溶液中的损失量为：1.1×10^{-8} mol·$L^{-1}\times 200$ mL$\times 233.4$ g·mol^{-1} = 5×10^{-4} mg，加入过量的沉淀剂后，沉淀的溶解度降低了 1000 倍，远远小于分析天平的称量误差，满足重量分析的要求。因此在沉淀重量分析中总是加入过量的沉淀剂以降低沉淀的溶解度。对于容易挥发的沉淀剂通常过量 50%~100%，对于难挥发的沉淀剂一般过量 20%~30%，以保证沉淀的纯度不受影响。

2. 盐效应

在难溶电解质的饱和溶液中，加入其他强电解质，会使难溶电解质的溶解度比同温

度时在纯水中的溶解度增大,这种现象称为盐效应(salt effect)。图 8-1 为 AgCl 和 $BaSO_4$ 溶解度随 KNO_3 浓度变化图,其中 s 代表 AgCl 和 $BaSO_4$ 在 KNO_3 中的溶解度,s_0 代表 AgCl 和 $BaSO_4$ 在纯水中的溶解度。从图中可见,AgCl 和 $BaSO_4$ 的溶解度随 KNO_3 浓度的增大而增大,当溶液中 KNO_3 的浓度由 0 增加至 $0.010 \text{ mol} \cdot L^{-1}$ 时,AgCl 的溶解度增大约 15%,$BaSO_4$ 的溶解度增大约 60%。

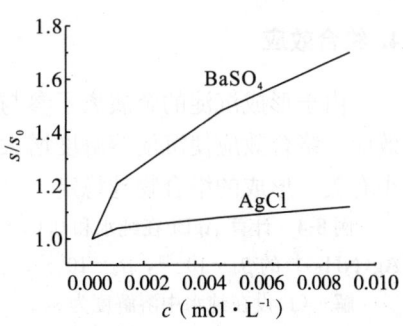

图 8-1 AgCl 和 $BaSO_4$ 的溶解度随 KNO_3 浓度变化的关系

应该指出,如果沉淀本身的溶解度很小,一般来讲,盐效应的影响很小,可以不予考虑。只有当沉淀的溶解度比较大,而且溶液的离子强度很高时,才考虑盐效应的影响。

3. 酸效应

溶液的酸度给沉淀溶解度带来的影响,称为酸效应。若沉淀为弱酸形成的盐,当酸度增大时,组成沉淀的阴离子与 H^+ 结合,降低了阴离子的浓度,使沉淀的溶解度增大。当酸度降低时,则组成沉淀的金属离子可能发生水解,形成带电荷的氢氧络合物,降低阳离子的浓度而增大沉淀的溶解度。

例 8-2 计算 CaC_2O_4 在纯水和 pH=4 时的溶解度。已知 $K_{sp}=2.0\times10^{-9}$,$H_2C_2O_4$ 的 $K_{a_1}=5.9\times10^{-2}$,$K_{a_2}=6.4\times10^{-5}$。

解 (1)设 CaC_2O_4 在纯水中的溶解度为 s_0

$$s_0=\sqrt{K_{sp}}=\sqrt{2.0\times10^{-9}}=4.5\times10^{-5} \text{ mol} \cdot L^{-1}$$

(2)设 CaC_2O_4 在 pH=4 时的溶解度为 s

$$\alpha_{C_2O_4^{2-}(H)}=1+\beta_1^H[H^+]+\beta_2^H[H^+]^2=2.56$$

$$s=\sqrt{K'_{sp}}=\sqrt{K_{sp}\alpha_{C_2O_4^{2-}(H)}}=\sqrt{2.0\times10^{-9}\times2.56}=7.2\times10^{-5} \text{ mol} \cdot L^{-1}$$

$$s/s_0=1.6$$

可见,由于在 pH=4 的条件下发生了酸效应,CaC_2O_4 的溶解度与纯水中的溶解度相比增大了 1.6 倍。

例 8-3 计算 CaC_2O_4 在 pH=4 及 $C_2O_4^{2-}$ 总浓度为 $0.010 \text{ mol} \cdot L^{-1}$ 中的溶解度。

解 设溶解度为 $s \text{ mol} \cdot L^{-1}$,则

$$[Ca^{2+}][(C_2O_4^{2-})']=K'_{sp}$$
$$s(s+0.010)=K'_{sp}$$

因

$$s+0.010\approx0.010$$

所以

$$s=\frac{K'_{sp}}{0.010}=\frac{K_{sp}\alpha_{C_2O_4^{2-}(H)}}{0.010}=\frac{2.0\times10^{-9}\times2.56}{0.010}=5.12\times10^{-7} \text{ mol} \cdot L^{-1}$$

与例题 8-2 比较发现在 pH=4 及 $C_2O_4^{2-}$ 总浓度为 $0.010 \text{ mol} \cdot L^{-1}$ 中,CaC_2O_4 的同离子效应占主导地位。

4. 络合效应

由于形成沉淀的金属离子参与了络合反应而使沉淀的溶解度增大的现象,称为络合效应。络合效应使沉淀溶解度增大的程度与沉淀的溶度积和形成络合物的形成常数的大小有关。形成的络合物越稳定,沉淀的溶解度越大。

例 8-4 计算 AgBr 在纯水和 $0.010\ \text{mol}\cdot\text{L}^{-1}$ NH_3 溶液中的溶解度。已知 $K_{sp}(\text{AgBr})=5.0\times10^{-13}$,$\text{Ag}(NH_3)_2^+$ 的 $\beta_1=10^{3.32}$,$\beta_2=10^{7.23}$。

解 (1)设在纯水中溶解度为 s_0
$$s_0=\sqrt{K_{sp}}=\sqrt{5.0\times10^{-13}}=7.1\times10^{-7}\ \text{mol}\cdot\text{L}^{-1}$$

(2)设在 $0.010\ \text{mol}\cdot\text{L}^{-1}$ NH_3 溶液中的溶解度为 s,由于 $K_{sp}(\text{AgBr})$ 值很小,因此可以忽略络合效应对 NH_3 浓度的影响,$[NH_3]\approx 0.010\ \text{mol}\cdot\text{L}^{-1}$,
$$\alpha_{\text{Ag}(NH_3)}=1+\beta_1[NH_3]+\beta_2[NH_3]^2=1.7\times10^5$$
$$s=\sqrt{K'_{sp}}=\sqrt{K_{sp}\alpha_{\text{Ag}(NH_3)}}=\sqrt{5.0\times10^{-13}\times1.7\times10^5}=2.9\times10^{-4}\ \text{mol}\cdot\text{L}^{-1}$$
$$s/s_0=410$$

计算结果表明 AgBr 在 $0.010\ \text{mol}\cdot\text{L}^{-1}$ NH_3 溶液中的溶解度是在纯水中的 410 倍。

5. 影响沉淀溶解度的其他因素

(1)温度的影响

溶解反应一般是吸热反应,因此沉淀的溶解度一般随着温度的升高而增大。

(2)溶剂的影响

大部分无机物沉淀是离子型晶体,它们在有机溶剂中的溶解度比在纯水中要小。因此有时可以通过加入适量的有机溶剂降低沉淀的溶解度。例如,在 $CaSO_4$ 溶液中加入适量乙醇,则可降低 $CaSO_4$ 沉淀在水中的溶解度。

(3)沉淀颗粒大小的影响

同一种沉淀,其颗粒越小则溶解度越大。这是因为沉淀颗粒越小,相同质量的沉淀其总表面积越大,沉淀的溶解度越大。如 $BaSO_4$ 沉淀,当其颗粒半径为 $0.05\ \mu m$ 时,溶解度为 $6.7\times10^{-4}\ \text{mol}\cdot\text{L}^{-1}$;当其颗粒半径为 $0.01\ \mu m$ 时,溶解度为 $9.3\times10^{-4}\ \text{mol}\cdot\text{L}^{-1}$,溶解度增大 1.4 倍。

(4)沉淀结构的影响

许多沉淀在初生成时为"亚稳态",溶解度较大,经过放置之后变为"稳定态",溶解度大为降低。例如初生成的 CoS 沉淀为 α 型,其 K_{sp} 为 4×10^{-21},放置后转化为 β 型,K_{sp} 为 2×10^{-25}。

思考题与计算题

1. 什么是固有溶解度,什么情况下考虑固有溶解度对沉淀溶解度的影响?
2. 影响沉淀溶解度的因素有哪些?如何影响?
3. 活度积、溶度积、条件溶度积有何区别?
4. 为了使沉淀定量完全,必须加入过量沉淀剂,为什么又不能过量太多?
5. 下表为 AgCl 在不同浓度 Cl^- 下的溶解度。

[Cl$^-$](mol·L^{-1})	0	0.001	0.01	0.1	1.0	2.0
s(mol·L^{-1})	1.3×10^{-5}	7.6×10^{-7}	8.7×10^{-7}	4.5×10^{-6}	1.6×10^{-4}	7.1×10^{-4}

试讨论为什么会出现这种现象。

6. 已知石灰石试样中含 CaCO$_3$ 约 60%，称取试样 0.25 g，溶解并调节溶液的 pH，加入 (NH$_4$)$_2$C$_2$O$_4$ 溶液，得到 CaC$_2$O$_4$ 沉淀。沉淀经过滤洗涤后进行重量法测定。为了使洗涤时沉淀溶解损失误差≤0.01%，应该用 100 mL 多大浓度的 (NH$_4$)$_2$C$_2$O$_4$ 作洗涤液？

7. 计算下列化合物的溶解度。
(1) CaF$_2$ 在 pH 2.00 的溶液中；
(2) CuS 在纯水和 pH 4.0 溶液中；
(3) BaSO$_4$ 在 0.10 mol·L^{-1} BaCl$_2$ 溶液中；
(4) BaSO$_4$ 在 pH 8.00，EDTA 浓度为 0.010 mol·L^{-1} 的溶液中。

第四节 沉淀的类型和沉淀的形成过程

一、沉淀的类型

沉淀的类型一般分为晶形沉淀（crystalline precipitate）和无定形沉淀。晶形沉淀[*]是构晶离子按照一定的顺序定向排列形成的沉淀，其颗粒直径在 0.1~1 μm 之间，沉淀结构紧密，容易沉降、洗涤和过滤，如 BaSO$_4$ 和 MgNH$_4$PO$_4$ 等。无定形沉淀（amorphous precipitate）[**]颗粒直径通常在 0.02 μm 以下，其内部离子排列杂乱无章且包含数目不定的溶剂分子，因此无定形沉淀结构疏松而体积庞大，难以沉降、洗涤和过滤，例如，Fe(OH)$_3$(Fe$_2$O$_3$·nH$_2$O) 和 Al(OH)$_3$(Al$_2$O$_3$·nH$_2$O) 等。有少数沉淀物理性质介于晶形沉淀和无定形沉淀之间，例如，AgCl 称为凝乳状沉淀（curdy precipitate）。

二、沉淀的形成过程

沉淀形成过程是极其复杂的过程，一般认为，沉淀的形成可以大致分为晶核（grain of crystallization）的形成和晶体成长两个阶段。

1. 晶核的形成

(1) 均相成核

均相成核过程[***]是指过饱和溶液中构晶离子由静电引力作用相互结合成离子群的过程。如 BaSO$_4$ 的均相成核过程就是先由一个 Ba^{2+} 和一个 SO$_4^{2-}$ 形成离子对 Ba^{2+} SO$_4^{2-}$，再结合一个 Ba^{2+} 形成三离子体 Ba^{2+} SO$_4^{2-}$ Ba^{2+}，然后又结合一个 SO$_4^{2-}$ 形成四离子体 (Ba^{2+} SO$_4^{2-}$)$_2$，如此反复直到最后形成八离子体的晶核 (Ba^{2+} SO$_4^{2-}$)$_4$。

---

[*] 晶形沉淀内部离子排列有序。
[**] 无定形沉淀内部离子排列杂乱无章。
[***] 成核的过程即是由最少量的原子、离子或分子结合成固体微粒的过程；均相成核是由离子间的静电引力吸引结合成核的过程。

(2)异相成核

异相成核*是指在过饱和溶液中,构晶离子在外来固体微粒的诱导下,聚集在固体微粒周围形成晶核的过程。如 $BaSO_4$ 的异相成核过程,即是在一个固体微粒周围聚集 4 个 Ba^{2+} 和 4 个 SO_4^{2-} 形成晶核的过程。在溶液中和器皿里不可避免地存在着大量的肉眼看不见的固体微粒。这些固体微粒在沉淀形成时常起晶种的作用,晶种能够诱导构晶离子在它周围聚集成为晶核。所以,异相成核一般要比均相成核更加容易。

当溶液的初始浓度很小时,主要是异相成核过程。当溶液的初始浓度增大到一定程度时,出现均相成核过程,溶液中既有异相成核作用,也有均相成核作用,图 8-2 为 $BaSO_4$ 晶核与溶液中构晶离子初始浓度的关系。

从图中可见,如果将溶液中构晶离子的初始浓度控制在 1×10^{-2} mol·L^{-1} 以下,由于溶液中含有一定量的固体微粒,此时以异相成核为主,晶核的总数基本不变。但如果构晶离子的初始浓度增大到 1×10^{-2} mol·L^{-1} 以上时,晶核数目猛增,显然这是由于均相成核作用迅速增大所造成的。可见,1×10^{-2} mol·L^{-1} 即是均相成核作用开始的转折点,此转折点称为临界过饱和比,$BaSO_4$ 的临界过饱和比为

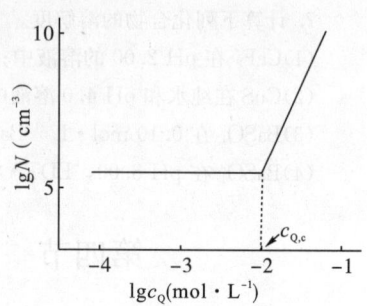

图 8-2　$BaSO_4$ 沉淀的晶核数目与溶液中构晶离子初始浓度的关系

$$\frac{c_{Q,c}}{s}=\frac{1\times10^{-2}}{1\times10^{-5}}=1\times10^3$$

临界过饱和比的大小与沉淀本身的性质有关。表 8-1 为几种微溶化合物的临界过饱和比。

表 8-1　几种微溶化合物的临界过饱和比

微溶化合物	临界过饱和比($c_{Q,c}/s$)
$BaSO_4$	1000
$CaC_2O_4\cdot H_2O$	31
$AgCl$	5.5
$SrSO_4$	39
$PbSO_4$	28
$PbCO_3$	106
$SrCO_3$	30
CaF_2	21

(3)相对过饱和度与晶核数目的关系

20 世纪初冯·韦曼(Von. Weimarn)以 $BaSO_4$ 沉淀为对象研究了影响沉淀生成的初始速度 v(即晶核形成速度,也叫分散度)与溶液的相对过饱和度的关系。并根据实验结果提出了经验公式——韦曼公式

$$v=K\frac{c_Q-s}{s} \qquad (8-9)$$

---

* 异相成核由微小固体微粒诱导构晶离子的过程;异相成核比均相成核更容易发生。

式中，v 代表沉淀形成的初始速度；c_Q 代表刚开始发生沉淀时的构晶离子的浓度，即瞬时浓度；s 是该沉淀的溶解度，K 为常数，它与沉淀的性质、温度、介质等有关。$(c_Q-s)/s$ 表示相对过饱和度。韦曼公式的物理意义是，沉淀生成的初始速度（即晶核形成速度）与溶液的相对过饱和度成正比。

按照韦曼公式，当相对过饱和度较小时，沉淀生成的初始速度较慢。因此只有较少量的晶核生成，溶液中剩余构晶离子只能在这些有限的晶核上沉积长大，从而能够得到较大颗粒的沉淀。反之，当相对过饱和度较大时[*]，沉淀生成的初始速度较快，因此就有较多的晶核生成。由于溶液中其余的构晶离子分散在较多的晶核上沉积长大，故只能得到较小颗粒的沉淀。

2. 晶体的成长过程

晶核形成后，构晶离子即在晶核上沉积使晶核长大形成沉淀微粒，然后沉淀微粒之间具有聚集为更大聚集体的倾向，称为聚集过程；但同时构晶离子又具有按一定晶格排列成更大晶体颗粒的倾向，称为定向过程。如果定向速度大于聚集速度，即以定向过程为主，则有利于形成结构有序紧密的大颗粒晶形沉淀。如果聚集速度大于定向速度，即以聚集过程为主，则有利于形成结构杂乱疏松的小颗粒无定形沉淀。

定向速度[**]的大小主要与物质的极性有关，极性较强的盐类如 $BaSO_4$、$CaSO_4$ 等，一般具有较大的定向速度，故常生成晶形沉淀。聚集速度的大小则与溶液的相对过饱和度有关，相对过饱和度愈大，聚集速度也愈大，如氢氧化物，特别是高价金属离子的氢氧化物如 $Al(OH)_3$、$Fe(OH)_3$ 等，它们的溶解度很小，沉淀时溶液的相对过饱和度较大，因此聚集速度很大，使得在沉淀过程中包含大量数目不定的水分子，生成体积庞大、结构疏松的无定形沉淀。

思 考 题

1. 简述沉淀的形成过程，形成沉淀的类型与哪些因素有关？
2. $BaSO_4$ 和 $AgCl$ 的 K_{sp} 相差不大（pK_{sp} 分别为 9.97 和 9.95），为什么一般情况下，$BaSO_4$ 为晶形沉淀，而 $AgCl$ 为凝乳状沉淀？

第五节 影响沉淀纯度的因素

在沉淀重量法中，沉淀要纯净。但是当沉淀从溶液中析出时，沉淀中总会夹杂溶液中的其他成分，引起沉淀不纯。因此有必要探讨在沉淀形成过程中杂质污染的原因，以便采取措施尽可能减少污染，获得纯净的沉淀。产生沉淀污染的原因主要有共沉淀（coprecipitation）与后沉淀（postprecipitation）现象。

---

[*] 过饱和溶液是不稳定的溶液，随时间的推移生成沉淀。成核占统治地位时，获得颗粒小数目多的沉淀。

[**] 定向速度决定于物质的性质，而聚集速度与相对过饱和度有关。

一、共沉淀现象

当一种沉淀从溶液中析出时，溶液中的某些本来是可溶性的杂质也会被同时沉淀下来的现象叫做共沉淀，共沉淀又可分为 3 类。

1. 表面吸附共沉淀

表面吸附*引起的共沉淀是最普遍也是最主要的共沉淀现象。例如，用过量的 $BaCl_2$ 来沉淀 Na_2SO_4 溶液中的 SO_4^{2-}，本来只生成 $BaSO_4$ 沉淀，但由于发生表面吸附共沉淀，会有少量 $BaCl_2$ 也随着 $BaSO_4$ 沉淀的生成而一起沉淀下来，从而引起沉淀不纯，现以此为例来说明产生表面吸附共沉淀的原因。

作为一个整体，沉淀本身是电中性的。因此从宏观上看，整个沉淀处于静电平衡状态。但是从微观上看，处于沉淀内部的构晶离子和处于沉淀表面的构晶离子所受到的静电力的情况却并不相同。从图 8-3 可见，处在 $BaSO_4$ 沉淀内部的构晶离子，各个方向所受到的静电引力是均衡的。但是处在沉淀表面的构晶离子则至少有一面未与带相反电荷

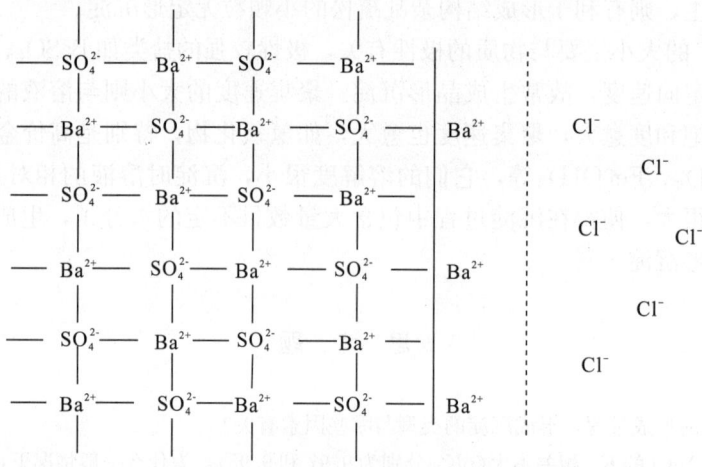

图 8-3　$BaSO_4$ 表面吸附共沉淀 $BaCl_2$ 示意图

的构晶离子相邻，而是暴露在溶液中，所受静电引力并不均衡。处于表面上的 Ba^{2+} 就有吸引溶液中阴离子的倾向，而 SO_4^{2-} 有吸引溶液中阳离子的倾向，从而造成表面吸附。可见，处于沉淀表面的构晶离子所受的静电作用力不均衡是造成表面吸附的根本原因。用过量的 $BaCl_2$ 来沉淀 Na_2SO_4 溶液中的 SO_4^{2-} 时，$BaSO_4$ 表面吸附一层 Ba^{2+}，称为吸附层。吸附层的 Ba^{2+} 使沉淀表面带正电荷，必然又要继续吸引溶液中带负电荷的 Cl^-。这种被进一步吸附的、与吸附层电荷相反的离子称为抗衡离子。由抗衡离子 Cl^- 组成的那一薄层称为扩散层（也称为抗衡层）。吸附层与扩散层电荷相反，电量相等，共同组成了双电层。其中的吸附层由于与沉淀表面结合很紧密，所以吸附层很薄，而扩散层由于离沉淀表面较远又接近溶液，所以厚度远大于吸附层，抗衡离子的排列也比较松散。

---

* 表面吸附共沉淀是由沉淀表面静电引力吸附杂质的过程。

在沉淀过程中，由于整个 $BaCl_2$ 双电层是紧紧吸附在 $BaSO_4$ 沉淀表面的，因此它就随着 $BaSO_4$ 一同沉淀下来，造成污染。

沉淀对杂质的表面吸附具有如下一些特性。

(1) 选择性

吸附层的选择性表现为总是溶液中过量的构晶离子优先被吸附，而扩散层的选择性表现为总是那些与吸附层离子生成的化合物溶解度较小的离子优先被吸附。例如，用过量 Ba^{2+} 沉淀 SO_4^{2-} 时，$BaSO_4$ 沉淀首先吸附过量的构晶离子 Ba^{2+}，从而使吸附层带正电，如果此时溶液中还共存有 Cl^-、Br^- 和 NO_3^- 阴离子，由于 $Ba(NO_3)_2$ 的溶解度比 $BaBr_2$ 和 $BaCl_2$ 的溶解度都要小，所以吸附层优先吸附 NO_3^- 作为抗衡离子。结果造成 $Ba(NO_3)_2$ 与 $BaSO_4$ 发生共沉淀。又如，用过量 SO_4^{2-} 沉淀 Ba^{2+} 时，$BaSO_4$ 沉淀首先吸附过量的构晶离子 SO_4^{2-} 从而使吸附层带负电，进一步吸附带正电的阳离子作为抗衡离子。如果此时溶液中有 Na^+、K^+、Ca^{2+} 等多种阳离子，由于 $CaSO_4$ 的溶解度比 K_2SO_4 和 Na_2SO_4 的溶解度都要小，所以吸附层优先吸附 Ca^{2+} 作为抗衡离子。结果造成 $CaSO_4$ 与 $BaSO_4$ 发生共沉淀。

(2) 取代性

由于扩散层比较松散，因此扩散层的抗衡离子有一定程度的不稳定性，当溶液中其他同种电荷的离子的浓度很大时，它有可能被这种离子所取代。在沉淀重量法中常利用这一性质用洗涤的方法除去吸附的抗衡离子。例如，$BaSO_4$ 沉淀吸附了杂质 Na_2SO_4，吸附层是 SO_4^{2-}，扩散层是 Na^+。可以在过滤后用稀 H_2SO_4 反复洗涤沉淀。由于此时溶液中 H^+ 浓度很大，而 Na^+ 浓度极小，扩散层的 Na^+ 可以被 H^+ 所取代。于是原来被吸附的 Na_2SO_4 就转变为 H_2SO_4，而被吸附的 H_2SO_4 可以在下一步高温灼烧时分解挥发，从而得到纯净的 $BaSO_4$。

(3) 温度的影响

吸附与解吸过程总是伴随着能量的转移，吸附是放热过程，解吸是吸热过程，所以升高溶液温度可减小杂质的吸附。在沉淀重量法中常用加热的方法来减少表面吸附共沉淀的影响。

(4) 沉淀颗粒大小的影响

由于表面吸附共沉淀发生在沉淀表面，所以当沉淀的质量一定时，其总表面积越大，吸附的杂质就越多。相同质量的小颗粒沉淀的总表面积比大颗粒沉淀的总表面积要大，所以小颗粒沉淀吸附杂质的量更多。为了减小沉淀吸附的杂质量，在沉淀重量法中，应尽量获得大颗粒沉淀。

2. 混晶共沉淀

在沉淀过程中，杂质离子占据沉淀中某些晶格位置而进入沉淀内部的现象叫做混晶 (mixed crystal) 共沉淀[*]。只有那些与构晶离子半径相近，且构成晶体的结构与沉淀晶体类似的离子才可能发生混晶共沉淀。例如，在沉淀 $BaSO_4$ 时若溶液有微量的 Pb^{2+} 存在，由于 Pb^{2+} 与 Ba^{2+} 的半径相近，$PbSO_4$ 与 $BaSO_4$ 的晶体结构相似，所以很容易发生

---

[*] 混晶共沉淀是杂质离子代替了晶体晶格中的一种离子。

PbSO$_4$与BaSO$_4$的混晶共沉淀。即在BaSO$_4$晶体内部,某些本来是Ba^{2+}的位置被Pb^{2+}所占据。由于混晶共沉淀是发生在沉淀的晶格内,不像表面吸附共沉淀只发生在沉淀的表面,所以要想通过洗涤来除去杂质是不可能的,也不能采取重结晶的方法,而只能在进行沉淀以前设法将这类杂质分离除去。

3. 吸留和包夹共沉淀

由于沉淀生长过快,所吸附的杂质离子还来不及离开沉淀表面就被随后生成的沉淀所覆盖而留在沉淀内部的现象叫做吸留(occlusion)*。

当沉淀微粒相互靠得很近且生长过快,母液直接被包裹在沉淀内部的现象叫做包夹**。母液就是沉淀生成以后的溶液,包括溶液中的各种离子、分子以及溶剂水。吸留从本质上说也是一种吸附,所以吸留具有与吸附相同的选择性规律,而包夹没有选择性。吸留和包夹的杂质因为在沉淀内部,所以不能用洗涤的方法除去,而只能用重结晶(recrystallization)或陈化(ageing)的方法除去。重结晶即是将晶体溶于溶剂后,又重新从溶液中结晶的过程,又称为再结晶。重结晶可以使不纯净的物质获得纯化。陈化是沉淀析出后,让初生的沉淀和母液放置一段时间,陈化的目的是使小晶粒逐渐溶解,大晶粒逐渐长大。在陈化过程中,随着小晶粒的溶解以及生长得不完整的晶体变得完整,被吸附、吸留或包夹在沉淀内部的杂质重新进入溶液,可提高沉淀的纯度。

二、后沉淀现象***

在沉淀过程中,当一种组分析出沉淀后,另一种本来难以析出沉淀的组分,在其表面上相继析出的现象称为后沉淀。例如,在稀酸条件下用H$_2$S沉淀Cu^{2+}和Zn^{2+}混合溶液中的Cu^{2+}。当CuS析出时,由于ZnS在酸性条件下的溶解度较大,所以并不沉淀出来。但CuS沉淀表面要吸附S^{2-},并进一步吸附抗衡离子Zn^{2+},这使得在CuS表面S^{2-}和Zn^{2+}的局部浓度增大,当它们的离子积超过溶度积时,便生成ZnS沉淀。并且放置时间越长,ZnS的沉淀量就越多。所以,为了避免后沉淀造成的沉淀不纯,应该在沉淀形成以后及时过滤,使沉淀与母液分离,避免长时间放置。

思 考 题

1. 影响沉淀纯度的主要因素有哪些?如何提高沉淀的纯度?
2. 表面吸附共沉淀有些什么特征?为什么可以用洗涤的办法除去表面吸附的杂质?
3. 为什么升高温度可以减小杂质的吸附?
4. 什么情况下产生混晶共沉淀,混晶共沉淀能否用洗涤和重结晶的方式除去,如何减小混晶共沉淀。
5. 吸留和包夹的区别在哪里,为什么说吸留具有选择性,而包夹没有选择性?由吸留和包夹引起

---

* 吸留是杂质离子被包裹在沉淀内部的现象。
** 包夹是母液被包裹在沉淀内部的现象。
*** 后沉淀是难以析出沉淀的组分在沉淀表面析出的现象。

的沉淀不纯能否通过洗涤除去杂质？为什么？

6. 什么是后沉淀，如何避免后沉淀发生？

第六节　进行沉淀的条件

在沉淀重量分析中，要获得准确可靠的分析结果，必须采用适当的分析条件，使被测组分完全沉淀，同时又保证沉淀纯净。由于不同类型的沉淀，其物理性质不同，因此沉淀条件也不相同。

一、晶形沉淀的沉淀条件

对于晶形沉淀，控制沉淀条件的核心问题是设法获得大颗粒的沉淀。因为沉淀颗粒越大，溶解度越小，同时总表面积越小，由表面吸附造成污染的机会越少；同时大颗粒晶形沉淀更容易过滤，不易穿透滤纸从而避免造成损失。

实验1　钡盐中钡含量的测定

实验原理

以稀硫酸为沉淀剂，使钡盐中的钡沉淀为硫酸钡，然后经过滤、洗涤、灼烧至恒重后，以 $BaSO_4$ 形式称量，即可求得钡盐中钡的含量。

仪器和试剂

瓷坩埚，漏斗，马弗炉，定量滤纸。

$BaCl_2 \cdot 2H_2O$，$HCl(2 \text{ mol} \cdot L^{-1})$，$H_2SO_4(1 \text{ mol} \cdot L^{-1})$，$AgNO_3(0.1 \text{ mol} \cdot L^{-1})$。

实验步骤

在分析天平上准确称取 $BaCl_2 \cdot 2H_2O$ 试样 0.4~0.5 g 两份，分别置于 250 mL 烧杯中，各加蒸馏水 100 mL，搅拌溶解（注意：玻棒直至过滤、洗涤完毕后才能取出）。加入 2 mol·L^{-1} HCl 溶液 4 mL（为什么要在钡盐溶液中加入稀 HCl?），加热近沸腾（勿使沸腾以免溅失）。

取 4 mL 1 mol·L^{-1} H_2SO_4 两份，分别置于小烧杯中，加水 30 mL，加热至沸，趁热将稀 H_2SO_4 用滴管滴加至试样溶液中（为什么要将沉淀剂 H_2SO_4 加热？），并不断搅拌（为什么要在不断搅拌下加入沉淀剂？），搅拌时，玻棒不要触及烧杯和杯底，以免划伤烧杯，使沉淀黏附在烧杯壁划痕内难以洗下。沉淀作用完毕，待 $BaSO_4$ 沉淀下沉后，于上层清液中加入稀 H_2SO_4 1~2 滴，观察是否有白色沉淀以检验其沉淀是否完全，盖上表面皿，在沸腾的水浴中陈化半个小时（为什么要将沉淀进行陈化？），期间要搅动几次，放置冷却后过滤（为什么要放置冷却后过滤？）。

取慢速定量滤纸两张，按漏斗角度的大小折叠好滤纸，使其与漏斗很好地贴合，以水润湿，并使漏斗颈内保持水柱，将漏斗置于漏斗架上，漏斗下面各放一只清洁的烧杯。小心地将沉淀上面清液沿玻棒倾入漏斗中，再用倾泻法洗涤沉淀三四次，每次用 15~20 mL 洗涤液（3 mL 1 mol·L^{-1} H_2SO_4，用 200 mL 蒸馏水稀释即成。为什么？）。然后将沉淀定量地转移至滤纸上，以洗涤液洗涤沉淀直到洗净为止（如何检查？）。

取两只洁净带盖的坩埚，在 800~850 ℃下灼烧至恒重后，记下坩埚的质量。将洗净的沉淀和滤纸包好后，放入已恒重的坩埚中，在电炉上或酒精灯上烘干、炭化后，置于马弗炉中，于 800~850 ℃下灼烧至恒重。

根据试样和沉淀的质量计算试样中 Ba 的质量分数。

讨论

通过实验总结晶形沉淀的沉淀条件，并说明理由。

二、无定形沉淀的沉淀条件

对于无定形沉淀其沉淀颗粒小，溶解度小，溶解度随温度变化不大。无定形沉淀容易形成胶体，难以聚沉，难以过滤和洗涤，容易吸附大量的杂质离子。因此，控制沉淀条件的核心问题是加速沉淀凝聚以获得紧密的沉淀和减小杂质的吸附。

1. 沉淀应在较浓的溶液中进行

在浓溶液中进行沉淀时沉淀速度快，可以得到含水量少，结构较紧密的沉淀，易于过滤和洗涤。但是浓溶液也使杂质浓度相应提高，增大了沉淀污染的可能性。因此在沉淀完毕后应加热水稀释、并充分搅拌，使被吸附的杂质尽量转移到溶液中去。

2. 沉淀应在热溶液中进行并趁热过滤、不陈化

在热溶液中离子的水化程度减小，有利于得到含水量少，结构紧密的沉淀。同时热溶液可以促进沉淀微粒的凝聚，热溶液还可以减少杂质在沉淀表面的吸附，有利于提高沉淀的纯度。由于陈化会使无定形沉淀堆积聚集得更紧密，使已被包藏在沉淀内部的杂质很难洗去，故不应陈化。由于无定形沉淀的溶解度随温度变化很小，沉淀完毕应立即趁热过滤。

3. 加入电解质

胶体粒子之所以有一定的稳定性，其中一个原因是胶体粒子带有相同种类的电荷，它们互相排斥，不易聚沉。加入电解质可以中和胶体粒子的电荷，使之成为不带电荷的中性粒子，从而有利于胶体的聚沉。故在沉淀过程中加入电解质可以有效地防止沉淀的胶溶。为避免电解质的共沉淀所带来的污染，一般都是采用易挥发的铵盐或稀酸作为电解质，以便能在下一步灼烧时除去。

三、均匀沉淀法

在进行晶形沉淀的过程中，尽管沉淀剂是在不断搅拌下慢慢加入的，但是局部过浓的现象仍然难以完全避免。均匀沉淀法(homogeneous precipitation)可以从根本上克服这个缺点。均匀沉淀法中的沉淀剂是通过化学反应有控制地、均匀地产生出来的，从而使沉淀缓慢均匀地形成的。例如，在以 CaC_2O_4 形式沉淀 Ca^{2+} 时，不是向溶液中直接加入 $Na_2C_2O_4$，而是加入 $H_2C_2O_4$，由于 $C_2O_4^{2-}$ 浓度很低，并不能立刻析出 CaC_2O_4 沉淀。此时向溶液中加入尿素、并逐渐加热，当溶液加热到 90 ℃左右时，尿素水解

$$CO(NH_2)_2 + H_2O \Longrightarrow CO_2 + 2NH_3$$

水解产生的 NH_3 使溶液的酸度逐渐降低，$C_2O_4^{2-}$ 的浓度逐渐增大，最后均匀而缓慢地析

出 CaC_2O_4 沉淀。从而避免了局部过浓现象,可获得大颗粒的 CaC_2O_4 的晶形沉淀。

但均匀沉淀法不足的是大多需要长时间加热,容易在容器壁上沉积一层致密的沉淀,难以取下。

思 考 题

1. 用 $BaSO_4$ 重量分析法测定钡盐中钡的含量时,加入稀 H_2SO_4 前,为什么需要在钡盐溶液中加入稀盐酸并将溶液加热?为什么加入的稀 H_2SO_4 也需要加热?
2. 用 $BaSO_4$ 重量分析法测定钡盐中钡的含量时,为什么要在不断搅拌下加入沉淀剂?
3. 用 $BaSO_4$ 重量分析法测定钡盐中钡的含量时,沉淀作用完毕时为什么要进行陈化?
4. 为什么 $BaSO_4$ 沉淀可用水洗涤,而 $AgCl$ 沉淀需用 HNO_3 洗涤?
5. 为什么 $BaSO_4$ 沉淀需要陈化,而 $AgCl$ 和 $Fe(OH)_3$ 不要陈化?
6. $BaSO_4$ 法测定 Ba^{2+} 的含量,下述情况使测定结果偏高还是偏低,还是无影响?
(1)沉淀中包藏了 $BaCl_2$;
(2)Pb^{2+} 发生共沉淀;
(3)灼烧过程中部分 $BaSO_4$ 被还原为 BaS;
(4)沉淀中有少量的 H_2SO_4。
7. 在重量分析中采用均匀沉淀法的目的是什么?它有哪些优点?

第七节 重量分析的基本操作

一、沉淀的过滤和洗涤

1. 滤纸的选择

重量分析法中所用滤纸为定量滤纸,定量滤纸灼烧后其灰分的质量小于 0.1 mg,小于分析天平的称量误差。定量滤纸一般为圆形,按其直径大小可分为 11 cm,9 cm,7 cm,4 cm 等规格。定量滤纸的选择按其孔隙大小分为快速、中速和慢速三种,应根据沉淀物的性质来选择,例如,$BaSO_4$ 等晶形沉淀,一般应选择孔隙比较小的慢速定量滤纸,而对于 $Fe(OH)_3$ 等无定形沉淀因较疏松难以过滤,所以选择孔隙比较大的快速定量滤纸。滤纸大小的选择以沉淀物完全转入滤纸中后,沉淀物的高度一般不超过滤纸圆锥高度的 1/3 处为依据。此外,滤纸与漏斗相适应,滤纸放入漏斗后,其边缘应低于漏斗口 0.5~1.0 cm。

2. 滤纸的折叠与漏斗的准备

用干燥洁净的手将滤纸对折再对折,然后展开,其滤纸锥体半边是单层,另半边是三层,从三层处外边撕下一角(图 8-4),撕下的滤纸应放在干净的表面皿里以备后面擦拭沉淀用,然后将滤纸放入长颈漏斗中并调整角度使滤纸紧贴漏斗壁,注意滤纸三层一边应放在漏斗出口短的一边,用洗瓶吹入少量蒸馏水将滤纸润湿,轻压滤纸赶去气泡,加水至滤纸边缘,漏斗颈内应全部被水充满形成水柱,当漏斗内水全部流尽后,颈内水柱仍能保留且无气泡，如果上述操作不能使之形成水柱，可以用手指堵住漏斗口，稍微掀起三层的一边，然后用洗瓶向滤纸和漏斗间的空隙内注水，直至漏斗颈及锥体的大部分被水充满，然后压紧滤纸边缘，排除气泡，最后缓缓松开堵住漏斗出口的手指，水柱即可形成。之所以要让其形成水柱是因为水柱的重力可以起抽滤作用，因而可以加快过滤速度。

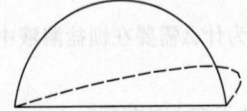 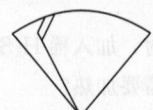 

图 8-4　滤纸的折叠方式示意图

将准备好的漏斗放在漏斗架上，下面放一洁净的烧杯盛接滤液，漏斗出口长的一边紧靠杯壁，漏斗和烧杯上均盖好表面皿，备用。

3. 沉淀的过滤、转移和洗涤

过滤时为了加快过滤速度，第一步通常采用倾注法过滤（附录五，图23），使沉淀沉降后让上清液首先通过滤纸，然后用洗涤液洗涤沉淀，再让上清液通过滤纸，如此三四次，这样做可以避免沉淀堵塞滤纸空隙。第二步加入少量洗涤液于烧杯中，搅动沉淀使之均匀，立即将沉淀和洗涤液一起通过玻璃棒转移至漏斗上，再加入少量洗涤液于杯中，搅拌均匀，转移至漏斗上。注意倾入的溶液液面应低于滤纸边 0.5 cm 以下，以免少量沉淀因在毛细管作用下越过滤纸上缘，造成损失。如此重复几次，使大部分沉淀都转移到滤纸上，然后将玻璃棒横架在烧杯口上，下端应在烧杯嘴上，且超出杯嘴 2~3 cm，用左手食指压住玻棒上端，大拇指在前，其余手指在后，将烧杯倾斜放在漏斗上方。杯嘴向着漏斗，玻棒下端指向滤纸的三边层，用洗瓶或滴管吹洗烧杯内壁，沉淀连同溶液流入漏斗中（附录五，图 24）。仍黏附在烧杯内壁和玻棒上的沉淀可用前面撕下的滤纸角进行擦拭，擦拭过的滤纸角放在漏斗内，也可用沉淀帚擦拭（沉淀帚是一头带胶皮的玻棒，见图 8-5）。第三步在滤纸上对沉淀进行洗涤，洗涤方式为用洗瓶吹出细小缓慢的流液，从滤纸上部沿漏斗壁螺旋式向下吹洗（见图 8-6），直至洗净为止。

图 8-5　沉淀帚

图 8-6　漏斗中沉淀的洗涤

二、沉淀的烘干与灼烧

1. 沉淀的包裹

如沉淀为结构紧密的晶形沉淀，用洁净的药铲或顶端扁圆的玻棒，将滤纸三层部分掀起两处，再用洁净的手指从翘起的滤纸下面将其取出，打开成半圆形，自右端 1/3 半径处向左折叠一次，再自上而下折一次，然后从右向左卷成小卷，见图 8-7。然后将其放入已恒重的坩埚内，包裹层数较多的一面朝上，以便于炭化和灰化。

如沉淀为疏松体积庞大的胶状沉淀，则在漏斗中用玻棒将滤纸周边挑起并向内折，把锥体的敞口封住，然后取出倒过来尖端朝上放入坩埚中。

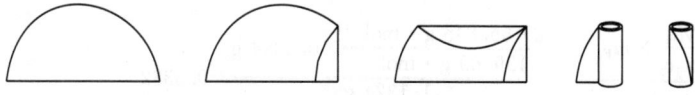

图8-7 过滤后滤纸的折叠

2. 沉淀的烘干、灼烧与称量

将放有沉淀包的坩埚倾斜置于泥三角上(附录五，图25)，使多层滤纸部分朝上，以利烘干。然后用电炉或酒精灯烘干，当滤纸包烘干后，滤纸层变黑而炭化，此时应控制火焰大小，使滤纸只冒烟而不着火，因为着火后，火焰卷起的气流会将沉淀微粒吹走。如果滤纸着火，不能用嘴吹熄火焰，这样会将沉淀微粒吹走，只能立即用坩埚钳夹住坩埚盖将坩埚盖住，让火焰熄灭。

待滤纸全部呈白色后，将坩埚移至高温炉中灼烧40~45 min，将灼烧后的坩埚自然冷却后夹入干燥器中，暂时不要立即盖紧干燥器盖，留约2 mm缝隙，等热空气逸出后再盖严，移至天平室冷却30~40 min至室温称量，如此反复灼烧，称量至恒重。

注意空坩埚与装有沉淀坩埚的灼烧条件应完全相同。

设计性实验

1. 用重量分析法测定 SO_4^{2-} 和 Mg^{2+} 混合溶液中各组分的含量。
2. 用硫酸钡重量法测定含硫样品中的硫(硫含量>99%)。

思 考 题

1. 定性滤纸和定量滤纸的区别在哪里？如何划分快速、中速和慢速定量滤纸？分别在什么情况下使用？
2. 为什么在过滤中需要保持漏斗颈成水柱？

第八节 重量分析结果的计算

重量分析中待测组分的含量是根据称量形式的质量和待测组分及称量形式的摩尔质量进行计算的。例如，测定某试样中的硫含量时，使之沉淀为 $BaSO_4$，灼烧后称量 $BaSO_4$ 沉淀质量为0.5562 g，则试样中的硫质量可计算如下

$$m_s = \frac{M_s}{M_{BaSO_4}} \times m_{BaSO_4} = \frac{32.07 \text{ g} \cdot \text{mol}^{-1}}{233.4 \text{ g} \cdot \text{mol}^{-1}} \times 0.5562 \text{ g} = 0.07642 \text{ g}$$

其中 $\frac{M_s}{M_{BaSO_4}}$ 称为"化学因数"(chemical factor)或"换算因数(重量分析因素，gravimetric factor)"。在计算化学因数时，必须将待测组分的摩尔质量和称量形式的摩尔质量乘以适

当系数，使分子分母中待测元素的原子数目相等。

例 8-5 称取 1.1324 g 含铁试样，用浓盐酸溶解后，加水稀释，然后加入氨水使 Fe(III)沉淀为 $Fe_2O_3 \cdot xH_2O$，将沉淀过滤和洗涤后在高温下灼烧得到 0.5394 g 纯 Fe_2O_3，计算样品中 Fe 和 Fe_3O_4 的质量分数。

解 $w_{Fe} = \dfrac{\dfrac{2M_{Fe}}{M_{Fe_2O_3}} \times m_{Fe_2O_3}}{m_s} = \dfrac{\dfrac{2 \times 55.845 \text{ g} \cdot \text{mol}^{-1}}{159.69 \text{ g} \cdot \text{mol}^{-1}} \times 0.5394 \text{ g}}{1.1324 \text{ g}} = 0.3332$

$w_{Fe_2O_3} = \dfrac{\dfrac{2M_{Fe_3O_4}}{3M_{Fe_2O_3}} \times m_{Fe_2O_3}}{m_s} = \dfrac{\dfrac{2 \times 231.54 \text{ g} \cdot \text{mol}^{-1}}{3 \times 159.69 \text{ g} \cdot \text{mol}^{-1}} \times 0.5394 \text{ g}}{= 0.4604}$

例 8-6 称取含有 NaCl 和 NaBr 的试样 0.6280 g，用重量法测定，得到二者的银盐沉淀 0.5064 g。另取相同质量的一份试样，用银量法测定，消耗 0.1050 mol·L^{-1} AgNO$_3$ 溶液 28.34 mL。求试样中 NaCl 和 NaBr 的质量分数。

解 设 NaCl 和 NaBr 的质量分别为 x g 和 y g

$$\dfrac{M_{AgCl}}{M_{NaCl}} \times x + \dfrac{M_{AgBr}}{M_{NaBr}} \times y = 0.5064$$

$$\dfrac{143.35 \text{ g} \cdot \text{mol}^{-1}}{58.44 \text{ g} \cdot \text{mol}^{-1}} \times x + \dfrac{187.77 \text{ g} \cdot \text{mol}^{-1}}{102.89 \text{ g} \cdot \text{mol}^{-1}} \times y = 0.5064 \quad (8\text{-}9)$$

$$\dfrac{x}{M_{NaCl}} + \dfrac{y}{M_{NaBr}} = c_{AgNO_3} \times V_{AgNO_3}$$

$$\dfrac{x}{58.44 \text{ g} \cdot \text{mol}^{-1}} + \dfrac{y}{102.89 \text{ g} \cdot \text{mol}^{-1}} = 0.1050 \text{ mol} \cdot \text{L}^{-1} \times 28.34 \times 10^{-3} \text{ L} \quad (8\text{-}10)$$

解(8-9)和(8-10)得

$$x = 0.06870 \text{ g} \quad y = 0.1852 \text{ g}$$

$$w_{NaCl} = \dfrac{0.06870 \text{ g}}{0.6280 \text{ g}} = 0.1094, \quad w_{NaBr} = \dfrac{0.1852 \text{ g}}{0.6280 \text{ g}} = 0.2946$$

例 8-7 称取不纯 $KHC_2O_4 \cdot H_2C_2O_4$ 样品 0.5200 g，将试样溶解后，沉淀出 CaC_2O_4，灼烧成 CaO，称重为 0.2140 g，计算(1)试样中 $KHC_2O_4 \cdot H_2C_2O_4$ 的质量分数。(2)沉淀形式的质量(g)。

解 因为

$$1 \text{ KHC}_2\text{O}_4 \cdot \text{H}_2\text{C}_2\text{O}_4 \Leftrightarrow 2\text{CaC}_2\text{O}_4 \Leftrightarrow 2\text{CaO}$$

所以

$$w_{KHC_2O_4 \cdot H_2C_2O_4} = \dfrac{\dfrac{M_{KHC_2O_4 \cdot H_2C_2O_4}}{2M_{CaO}} \times m_{CaO}}{m_s} = \dfrac{\dfrac{218.2 \text{ g} \cdot \text{mol}^{-1}}{2 \times 56.08 \text{ g} \cdot \text{mol}^{-1}} \times 0.2140 \text{ g}}{0.5200 \text{ g}} = 0.8006$$

$$m_{Ca_2C_2O_4} = \dfrac{M_{CaC_2O_4}}{M_{CaO}} \times m_{CaO} = \dfrac{128.10 \text{ g} \cdot \text{mol}^{-1}}{56.08 \text{ g} \cdot \text{mol}^{-1}} \times 0.2140 \text{ g} = 0.4888 \text{ g}$$

思考题与计算题

1. 称取有机药物试样 0.5000 g，经灰化处理后，用四苯硼酸钠法测定其中的 K^+ 含量。沉淀经过滤洗涤后烘干至恒重，得四苯硼酸钾[$KB(C_6H_5)_4$]沉淀 0.1834 g，求样品中钾的质量百分数[$KB(C_6H_5)_4$，$M_r = 358$]。

2. 有纯的 AgCl 和 AgBr 混合试样质量为 0.8132 g，在 Cl_2 气流中加热，使 AgBr 转化为 AgCl，则原试样中的质量减轻了 0.1450 g，计算原试样中氯的质量分数。

3. 测定硅酸盐中 SiO_2 的质量，称取试样 0.5000 g，得到不纯的 SiO_2 0.2835 g。将不纯的 SiO_2 用

第八章 重量分析法

HF 和 H_2SO_4 处理,使 SiO_2 以 SiF_4 的形式逸出,残渣经灼烧后为 0.0015 g,计算试样中 SiO_2 的质量分数。若不用 HF 及 H_2SO_4 处理,测定结果的相对误差为多大?

4. 某硅酸盐试样 0.6000 g,将其中的钠与钾转变成氯化物后共重 0.1800 g,若将其中的 KCl 转化为 K_2PtCl_6 沉淀,处理后称得为 0.2700 g,NaCl 留在溶液中,计算该试样中 Na_2O 和 K_2O 的百分含量为多少?

5. 测定 $KHC_2O_4 \cdot H_2C_2O_4$,常将 $C_2O_4^{2-}$ 沉淀为 CaC_2O_4,最后灼烧为 CaO 称量。今称取 0.5000 g 纯的 $KHC_2O_4 \cdot H_2C_2O_4$,问可得到 CaO 多少克?

第九节 重量分析方法的应用

沉淀重量分析法广泛应用于无机物分析,如硅酸盐中二氧化硅含量的测定,煤及硫铁矿中硫的分析,工业碳酸钠生产中硫酸盐含量的分析,磷肥中有效磷的分析等[1]。重量分析法也可用于有机物的分析,如采用分离干燥的方法可以测定牛奶中酪蛋白的含量[2],根据氰尿酸与三聚氰胺反应生成三聚氰酸密胺沉淀重量分析法可以测定氰尿酸纯度[3]。采用挥发重量法测定甲苯二胺中焦油的含量[4],利用重量分析法测定食品中膳食纤维含量[5]等。总之,重量分析法由于准确度高因而已应用于各种分析工作中。

思 考 题

1. 试简要讨论重量分析和滴定分析两类化学分析方法的优缺点。
2. 根据《工业分析化学》[1],查找在工业生产中哪些分析项目采用了重量分析方法,为什么重量分析方法通常用作仲裁分析。

参考文献

[1] 李广超. 工业化学. 北京:化学工业出版社,2010.
[2] 周夏衍,夏春兰,楚延锋,等. 牛奶中酪蛋白与乳糖的分离及纯度测定. 大学化学,2006,21(3):50-52.
[3] 冯意玲. 重量分析法测定氰尿酸纯度. 中国氯碱,2004,(8):25-27.
[4] 李玉刚,杨霞,毛志红,等. 重量分析法测试 TDA 中焦油含量. 化学工程师,2007,139(4):31-33.
[5] L. P. Silva, M. L. S. Ciocca. Total, insoluble and soluble dietary fiber values measured by enzymatic-gravimetric method in cereal grains. J. Food. Compos. Anal.,2005,18:113-120.

本章小结

1. 重量分析方法的分类和特点

重量分析方法根据组分分离的方法可分为沉淀法、挥发法和电解法。

重量分析方法的特点:准确度高,但操作繁琐、费时。

2. 沉淀重量分析法的分析过程和对沉淀的要求

对沉淀形式的要求:①溶解度小,沉淀溶解损失不超过分析天平的称量误差 0.2 mg;②沉淀便于过滤,洗涤;③纯度高;④易转化为称量形式。

对称量形式的要求:①有确定的化学组成;②稳定,不受空气中水分、CO_2 和 O_2 等的影响;③摩尔质量尽可能大。

3. 沉淀的溶解度及影响因素

$$MA_{(固)} \rightleftharpoons MA_{(水)} \rightleftharpoons M^+ + A^-$$

固有溶解度(分子溶解度): $s^0 = [MA]_{(水)}$

活度积常数: $K_{ap} = a_{M^+} a_{A^-}$

溶度积常数: $K_{sp} = [M^+][A^-] = \dfrac{K_{ap}}{\gamma_{M^+} \gamma_{A^-}}$

条件溶度积常数: $K'_{sp} = [M'][A'] = K_{sp} \alpha_M \alpha_A$

溶解度计算

$$M_m A_n (固) \rightleftharpoons m M^{n+} + n A^{m-}$$

$$s = \sqrt[m+n]{\dfrac{K'_{sp}}{m^m n^n}}$$

影响沉淀溶解度的因素有:同离子效应、盐效应、酸效应和络合效应,以及温度、溶剂、沉淀颗粒大小和沉淀结构。

4. 沉淀类型和沉淀的形成过程

沉淀的类型:无定形沉淀和晶形沉淀。

沉淀的形成过程包括晶核的形成和晶体的成长过程。晶核的形成有异相成核和均相成核两种倾向,异相成核比均相成核更容易,均相成核开始时的浓度与沉淀溶解之比 $\dfrac{c_Q}{s}$ 称为临界过饱和比。晶核的数目与初始沉淀速度有关,而初始沉淀速度与相对过饱和度有关,以下为著名的经验公式,韦曼公式

$$v = K \dfrac{c_Q - s}{s}$$

晶体的成长过程有两种倾向,一种是聚集过程,一种是定向过程,当定向速度>聚集速度时,形成晶形沉淀,反之则形成无定形沉淀。定向速度主要决定于物质的极性,极性越大定向速度越大;聚集速度主要决定于溶液的相对过饱和度,相对过饱和度越大,聚集速度越大。

5. 影响沉淀纯度的因素

影响沉淀的因素有:共沉淀和后沉淀。

共沉淀有表面吸附共沉淀、混晶共沉淀和吸留、包夹共沉淀。

表面吸附共沉淀特性:第一吸附层优先吸附构晶离子,第二吸附层优先吸附与第一吸附层形成更难溶化合物的离子。表面吸附共沉淀可以通过加热和洗涤的办法减小和除去。

混晶共沉淀:当杂质离子与构晶离子半径相近,晶体结构相似时则形成混晶共沉淀。混晶共沉淀杂质不能通过洗涤或重结晶的方法除去。

吸留和包夹共沉淀:因为沉淀速度太快,杂质或母液被包裹在沉淀内部的现象。只能通过重结晶的方法减小或除去杂质。

后沉淀是当一种组分析出沉淀后,另一种本来难以析出沉淀的组分,在其表面上相继析出的现象称为后沉淀。为了避免后沉淀造成的沉淀不纯,应该在沉淀形成以后及时过滤,使沉淀与母液分离,避免长时间放置。

6. 进行沉淀的条件

晶形沉淀的沉淀条件主要考虑:获得大颗粒沉淀、减小沉淀的溶解度、减小杂质的吸附。

无定形沉淀的沉淀条件主要考虑:加速沉淀凝聚以获得紧密的沉淀、减小杂质的吸附。

7. 重量分析的基本操作

本节介绍了滤纸的分类及沉淀的过滤、转移、洗涤、烘干等的基本操作。

8. 重量分析的计算

沉淀重量分析中所得组分的质量通过"换算因素"或"化学因素"进行计算。

第九章 吸光光度分析法

基于物质对光的选择性(selectivity)吸收而建立的分析方法称为吸光光度法(absorption photometry),根据所吸收光的波长(wavelength)范围,吸光光度法又分为可见、紫外、红外光谱分析法。本章重点讨论可见光的吸光光度法。吸光光度法与化学分析法相比有以下特点。

1)灵敏度高。常用于质量分数在 $10^{-3}\%\sim1\%$ 的微量组分的测定,甚至可测定低至质量分数为 $10^{-5}\%\sim10^{-4}\%$ 的痕量组分。

2)仪器设备简单,操作简便、快速。

3)准确度较高。

4)应用广泛。

第一节 物质对光的选择性吸收

一、光的基本性质

光是一种电磁波,是高速通过空间传播的能量形式。由于光可发生反射、折射、干涉和衍射现象,因此光被认为是一种波;同时由于光具有能量,能被物质吸收,可与物质发生相互作用,因而认为光也是一种粒子,所以光具有波粒二象性。光的波粒二象性可用频率 ν、波长 λ、能量 E 等参数来描述,各参数之间的关系为:$E=h\nu=hc/\lambda$,式中 h 为普朗克常数,其值为 6.626×10^{-34} J·s,c 是真空中的光速,其值为 2.998×10^{8} m·s^{-1}。

电磁波的波长范围很广,光只是电磁波谱中一个很小的波段,其紫外光谱、可见光谱和红外光谱的波长范围见表 9-1。

表 9-1 光谱范围

波谱名称	波长范围
近紫外	200~400 nm
可见	400~780 nm
近红外	0.78~2.5 μm
中红外	2.5~50 μm

可见光是人眼能感觉到的光,大部分人能感知到的电磁波范围为 400~780 nm。1666年牛顿将一太阳光束经过一块三角形玻璃棱镜后,在墙上分布成红、橙、黄、绿、青、蓝、紫等彩色光带[1],由此得出太阳光是由不同颜色的光组成的复合光,通常将这种复合光称之为白光,并且发现不同颜色的光具有不同的波长范围。除此之外,只要两种适当颜色的光以一定的强度比例混合也可以得到白光,图 9-1 颜色环中处于直线关系上的光都可以按一定比例混合成白光,例如红光和青光,这两种光互称为互补色(complementary color)光。

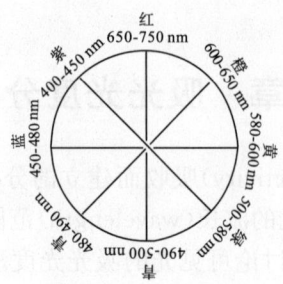

图 9-1 不同颜色可见光范围及互补光

二、物质对光的选择性吸收

物质对光的吸收是物质与光能相互作用的一种形式。物质对光的吸收必须符合普朗克条件：只有入射光光子的能量与被照射物质粒子的基态和激发态能量差相当时，才会被吸收。而不同物质其分子结构不同，分子能级间的能量差也就不相同，因此对光的吸收具有选择性。

物质的颜色与物质对可见光的吸收有关，例如 $KMnO_4$ 溶液的颜色为紫色，是因为 $KMnO_4$ 主要吸收了白光中的黄绿光，透过紫色的光，图 9-2 为 $KMnO_4$ 溶液的吸收光谱(absorption spectrum)，即吸光质点对光的吸收程度(吸光度，absorbance，A)随入射波长 λ 的变化。图 9-2 表明 $KMnO_4$ 可吸收一定范围波长的光，出现这种现象是因为物质的分子结构比较复杂，在分子的同一电子能级中有若干个振动能级，而在同一个振动能级中又有若干个转动能级，物质的分子吸收可见光时，主要引起电子能级的跃迁(能量差一般为 1~20 eV)，但在电子能级变化时，不可避免地同时伴随着分子振动能级(能量差约为 0.05~1 eV)和转动能级(能量差小于 0.05 eV)的变化，因此吸收不是简单的线状光谱，而是复杂的带状光谱，每一个吸收带包含大量的吸收线，加上溶液中溶剂的影响，使得吸收光谱变成光滑连续的吸收峰(absorption peak)[2]。吸光度最大处所对应的波长称为最大吸收波长(maximum absorption wavelength)，用 λ_{max} 表示，并且从图 9-2 可见，浓度改变，吸收曲线(absorption curve)的形状不会发生改变，最大吸收波长不变，只是吸收程度不同。

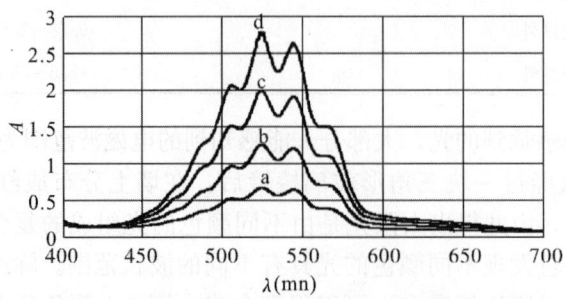

图 9-2 不同浓度的 $KMnO_4$ 溶液的吸收曲线

思 考 题

1. 为什么不同的物质具有不同的颜色？
2. 什么是复合光、可见光、互补色光？
3. 什么是吸收曲线，为什么吸收光谱是带状光谱，而不是简单的线状光谱？
4. 什么是最大吸收波长？

第二节　光吸收的基本定律

一、朗伯-比尔定律

图 9-3 为单色光(monochromatic light)*通过溶液的示意图，当一束平行单色光垂直通过某一均匀非散射的吸光物质时，由于光子与吸光物质的相互作用，入射光的能力将降低。假设液层厚度为 b，截面积为 S，溶液中吸光物质的浓度为 c，入射光强度为 I_0，若一部分光被溶液所吸收，吸收光的强度为 I_a，剩余部分光透过溶液，透射光强度减弱为 I，则应有

$$I_0 = I_a + I$$

设想将图 9-3 所示的液层在垂直于入射光的方向分成厚度极薄的无限多个小薄层，每层的厚度均为无限小量 $\mathrm{d}x$。假设在其中的某一薄层中所含吸光物质的质点数为 $\mathrm{d}N$ 个，入射到该薄层的入射光强度为 I_b，当入射光通过这一薄层时，由于发生了吸光质点对光的吸收，光的强度减弱了 $\mathrm{d}I_b$。$\mathrm{d}I_b/I_b$ 应与薄层中吸光质点的总数 $\mathrm{d}N$ 成正比

$$-\frac{\mathrm{d}I_b}{I_b} = K_1 \mathrm{d}N$$

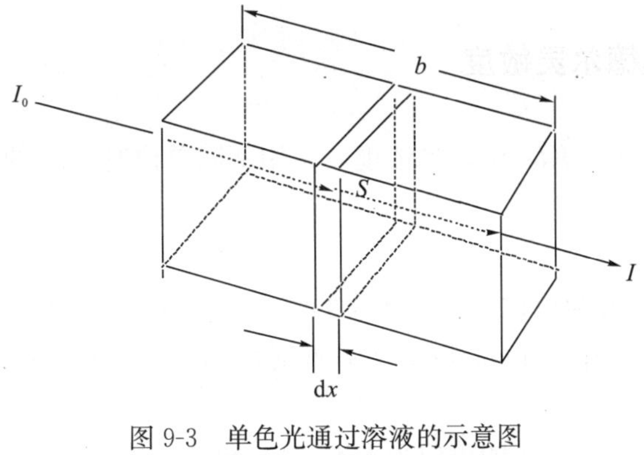

图 9-3　单色光通过溶液的示意图

这里由于 $\mathrm{d}I_b$ 是光强的减弱，本身是负值，为保持为正值，$\mathrm{d}I_b/I_b$ 前加负号。整个溶液是均匀的，设吸光物质的浓度为 c，故薄层中吸光物质分子总数

$$\mathrm{d}N = 6.02 \times 10^{23} c S \mathrm{d}x$$

---

* 单色光：单色光是指单一波长(或频率)的光。

于是
$$-\frac{dI_b}{I_b} = 6.02 \times 10^{23} K_1 Sc\,dx$$

令
$$K_2 = 6.02 \times 10^{23} K_1 S$$

则
$$-\frac{dI_b}{I_b} = K_2 c\,dx$$

将上式对边界值积分,得
$$-\int_{I_0}^{I} \frac{dI_b}{I_b} = \int_0^b K_2 c\,dx$$

$$-\ln\frac{I}{I_0} = K_2 cb$$

$$\lg\frac{I_0}{I} = 0.434 K_2 cb = Kbc$$

令
$$T = \frac{I}{I_0}, \quad A = \lg\frac{I_0}{I}$$

T 定义为透射比(Transmittance),透射比是相对透光强度,是溶液透光程度的度量,其有意义的取值范围为 $0\sim1$。A 定义为吸光度(Absorbance),是溶液吸光程度的度量,取值范围 $0\sim\infty$,于是

$$A = -\lg T = Kbc \tag{9-1}$$

(9-1)为朗伯-比尔定律(Lambert-Beer law)*的数学表达式。朗伯-比尔定律的物理意义是,当一束平行单色光垂直通过某一均匀非散射吸光物质的溶液时,溶液的吸光度 A 与吸光物质的浓度 c 及液层厚度 b 成正比。

二、吸光系数和桑德尔灵敏度

在朗伯-比尔定律 $A = Kbc$ 中,当浓度 c 采用不同单位时,K 的表示方式不相同。

1. 吸收系数

当液层厚度 b 以 cm 为单位,吸光物质的浓度 c 以 $g \cdot L^{-1}$ 为单位时,系数 K 以 a 表示,称为吸收系数(absorption coefficient),此时朗伯-比尔定律表示为

$$A = abc \tag{9-2}$$

因 A 是一无量纲的量,因此 a 的单位为 $L \cdot g^{-1} \cdot cm^{-1}$。

2. 摩尔吸收系数

当液层厚度 b 以 cm、吸光物质浓度 c 以 $mol \cdot L^{-1}$ 为单位时,系数 K 就以 κ 表示,

---

* 朗伯-比尔定律是吸光光度定量分析的基础。

称为摩尔吸收系数(molar absorption coefficient)。此时朗伯-比尔定律表示为

$$A = \kappa bc \tag{9-3}$$

摩尔吸收系数 κ 的单位为 $L \cdot mol^{-1} \cdot cm^{-1}$。它的物理意义是，当吸光物质的浓度为 $1\ mol \cdot L^{-1}$，液层厚度为 $1\ cm$ 时，某吸光物质对入射波长光的吸光度。摩尔吸收系数 κ 的大小与吸光物质的吸光特性、波长有关，也受温度和溶剂的影响。当温度和溶剂条件一定时，同一吸光物质在不同波长下的 κ 是不同的，摩尔吸收系数是一个重要的特征常数，它能反映吸光光度分析法的灵敏度，最大吸收波长下的摩尔吸收系数 κ_{max} 表明物质的吸光能力可能达到的最大程度，可反映用光度法测定该物质可能达到的最大灵敏度，例如，以水杨基荧光酮法测定锗[3]，其 κ_{605} 为 $6.06 \times 10^4\ L \cdot mol^{-1} \cdot cm^{-1}$，而用 1-(6-硝基-2-苯并噻唑)-3-(5-溴-8-喹啉)-三氮烯法测锗[4]，其 κ_{655} 为 $1.94 \times 10^5\ L \cdot mol^{-1} \cdot cm^{-1}$，后一种方法比前面一种方法的灵敏度更高。一般认为 κ 大于 $10^4\ L \cdot mol^{-1} \cdot cm^{-1}$ 便是比较灵敏的光度分析法。

3. 桑德尔(E. D. Sandell)灵敏度

1959 年 E. B Sandell 提出用桑德尔灵敏度(Sandell sensitivity) S 来表示显色反应的灵敏度。其定义为：目视颜色时，单位截面积液柱内能检出被测物质的最低量($\mu g \cdot cm^{-2}$)。用于分光光度计(spectrophotometry)，桑德尔灵敏度 S 的定义为：当光度计的检测极限为 $A = 0.001$ 时，在某波长下单位截面积光程内所能检出的吸光物质的最低含量，单位为 $\mu g \cdot cm^{-2}$。检测极限是光度计所能检出的最小吸光度。各种光度计由于性能质量不同，检测极限也有所不同，但一般都在 0.001 左右。为了定义统一的桑德尔灵敏度，假定光度计的检测极限为 $A = 0.001$。κ 与 S 的关系为

$$S = M/\kappa \tag{9-4}$$

(9-4)中，M 为被测物质的摩尔质量。

尽管 κ 和 S 都表示显色反应的灵敏度，但两者有本质的区别[5]：κ 由吸光物质本身的性质所决定，Sandell 将它称为"固有灵敏度"，而 S 除了与吸光物质的固有灵敏度有关外，还与仪器区别溶液透射比的能力即检测极限有关。

例 9-1 浓度为 $0.51\ \mu g \cdot mL^{-1}$ Cu^{2+} 溶液，用双环己酮草酰二腙光度法进行测定，于波长 600 nm 处用 2 cm 吸收池进行测量，测得 $T = 50.5\%$，求摩尔吸光系数 κ、桑德尔灵敏度 S。

解 $A = -\lg T = -\lg 50.5\% = 0.297$

$$c = \frac{\dfrac{0.51 \times 10^{-6}\ g}{63.546\ g \cdot mol^{-1}}}{1.00 \times 10^{-3}\ L} = 8.03 \times 10^{-6}\ mol \cdot L^{-1}$$

由 $A = \kappa bc$ 得

$$\kappa = \frac{A}{bc} = \frac{0.297}{2\ cm \times 8.03 \times 10^{-6}\ mol \cdot L^{-1}}$$
$$= 1.85 \times 10^4\ L \cdot mol^{-1} \cdot cm^{-1}$$

$$S = \frac{M}{\kappa} = \frac{63.546\ g \cdot mol^{-1}}{1.85 \times 10^4\ L \cdot mol^{-1} \cdot cm^{-1}} = 3.4 \times 10^{-3}\ \mu g \cdot cm^{-2}$$

三、偏离朗伯-比尔定律的因素

根据朗伯-比尔定律 $A = \kappa bc$，吸光物质对某一单色光的吸光度与液层厚度和浓度的

乘积呈正比关系，由于液层厚度是固定的，因此对于一确定的溶液和选定的波长，溶液的吸光度 A 与浓度 c 呈线性关系，但在实际工作中，当液层厚度 b 一定时，常常观察到吸光度与吸光物质的浓度之间不呈线性关系（如图 9-4 所示），即偏离朗伯-比尔定律。偏离朗伯-比尔定律概括起来有两个因素，即物理因素和化学因素。

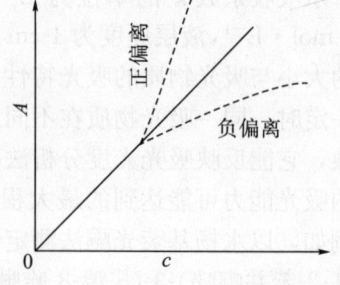

图 9-4　对朗伯-比尔定律的偏离

1. 物理因素

（1）非单色光引起的偏离

朗伯-比尔定律的假设条件之一是入射光为单色光*，但因目前技术的限制，其入射光仅仅是以需要的入射光波长为中心具有一定波长范围的近似单色光，假设近似单色光仅仅包含两种波长 λ_1 和 λ_2 的光，其入射光强度分别为 I_{01} 和 I_{02}。当入射光通过一个浓度为 c mol·L^{-1}，厚度为 b cm 的溶液后，透射光强度分别为 I_1 和 I_2，溶液对这两种波长的吸光度分别为 A_1 和 A_2。由于波长 λ_1 和 λ_2 的光均为单色光，故它们均符合朗伯-比尔定律

$$A_1 = \kappa_1 bc = -\lg \frac{I_1}{I_{01}}, \quad I_1 = I_{01} 10^{-\kappa_1 bc}$$

$$A_2 = \kappa_2 bc = -\lg \frac{I_2}{I_{02}}, \quad I_2 = I_{02} 10^{-\kappa_2 bc}$$

$$A_{总} = \lg \frac{I_{01} + I_{02}}{I_1 + I_2} = \lg \frac{I_{01} + I_{02}}{I_{01} 10^{-\kappa_1 bc} + I_{02} 10^{-\kappa_2 bc}}$$

若 $\kappa_1 = \kappa_2 = \kappa$，则

$$A_{总} = \lg \frac{I_{01} + I_{02}}{(I_{01} + I_{02}) 10^{-\kappa bc}} = \kappa bc$$

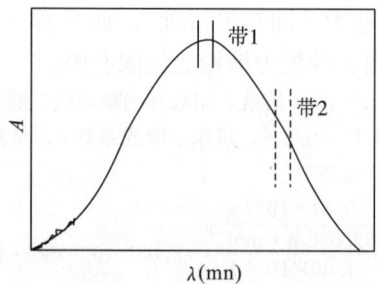

图 9-5　非单色光对朗伯-比尔定律的影响

吸光度与吸光物质浓度之间的关系仍然符合朗伯-比尔定律，但如果 $\Delta\lambda$ 较大，κ_1 不等于 κ_2，则吸光物质浓度之间的关系偏离朗伯-比尔定律，并且吸光物质的浓度越大，偏离程度越高。

克服非单色光引起的偏离的方法有两种，一种是不断改进技术设法得到比较窄的入

---

*　受技术条件的影响，入射光不是绝对意义上的单色光，是具一定波长范围的近似单色光。好的仪器光谱带较为狭窄，由单色光不纯引起的朗伯-比尔定律偏离小些。

射光谱带。第二种方法是将入射光波长选择在吸光物质的最大吸收波长处[*]，见图 9-5。这不仅是因为在最大吸收波长处测定的灵敏度最高，还由于在最大吸收波长附近的一个小范围内吸收曲线较为平坦，各波长的光的 κ 大体相等，因此在最大吸收波长处由于非单色光引起的偏离要比在其他波长处小得多。

（2）介质不均匀引起的偏离

朗伯－比尔定律[**]的另一使用条件是均匀的非散射的溶液，如果溶液不均匀，比如产生胶体或发生浑浊，则因发生光散射，使实测吸光度值偏高而发生朗伯－比尔定律偏离。

2. 化学因素

朗伯－比尔定律中浓度 c 指吸光物质的浓度，在溶液稀释或浓缩的过程中，如果吸光物质发生分解、聚合或化学反应，由于吸光物质浓度[***]变化必然引起吸光度变化，从而引起对朗伯－比尔定律的偏离。

例如，可用吸光光度法在 $Cr_2O_7^{2-}$ 的最大吸收波长 350 nm 处测定 $K_2Cr_2O_7$ 的浓度。但若将某分析浓度为 c 的 $K_2Cr_2O_7$ 溶液用水稀释，得到了一系列分析浓度由小到大的 $K_2Cr_2O_7$ 标准溶液。测定这些标准溶液的吸光度，并对各分析浓度作工作曲线（working curve），结果发现工作曲线偏离直线。这是因为 $Cr_2O_7^{2-}$ 在溶液中有平衡反应

$$Cr_2O_7^{2-} + H_2O \rightleftharpoons 2CrO_4^{2-} + 2H^+$$

当稀释时平衡向右移动，故溶液中实际存在的 $Cr_2O_7^{2-}$ 型体的浓度要低于其分析浓度。而且稀释倍数大，$Cr_2O_7^{2-}$ 的实际浓度比分析浓度的降低就越显著，因而造成了工作曲线弯曲。为了克服这种偏离，应控制溶液的酸度为强酸性，抑制上述平衡向右移动。

思考题与习题

1. 朗伯－比尔定律的前提条件是什么？朗伯－比尔定律中的单色光的定义是什么？
2. 什么是吸光度和透射比，吸光度和透射比之间有怎样的关系？
3. 摩尔吸收系数的物理意义是什么，摩尔吸收系数与哪些因素有关？为什么说摩尔吸收系数是吸光光度分析中重要的特征常数？
4. 符合朗伯－比尔定律的某一吸光物质的溶液，其最大吸收波长和吸光度是否随吸光质点浓度的改变而改变？
5. 引起偏离朗伯－比尔定律的因素有哪些？如何消除这些因素的影响？
6. 用双硫腙吸光光度法测 Pb^{2+}，已知 Pb^{2+} 的质量浓度为 0.080 mg/50 mL，用 2 cm 比色皿于 520 nm 处测得 $T=53.0\%$，计算吸收系数 a、摩尔吸收系数 κ 和桑德尔 S。

---

[*] 选择最大吸收波长不仅可减小由单色光不纯所引起的朗伯－比尔定律的偏离，还可减小因单色光不纯引起的朗伯－比尔定律的偏离。

[**] 朗伯－比尔定律只适用于均匀非散射的溶液。

[***] 朗伯－比尔定律 $A=\kappa bc$ 中的 c 指吸光点的浓度。

第三节 分光光度计结构

一、分光光度计的主要部件

用于测定吸光物质吸光度的仪器通常称为分光光度计，目前分光光度计的型号种类很多，结构各有不同，但最基本的结构是相同的，主要由五个部分组成，见图 9-6。

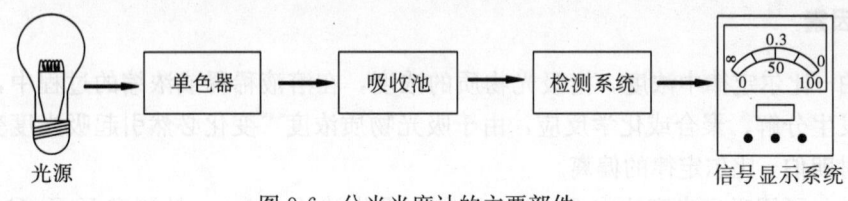

图 9-6 分光光度计的主要部件

1. 光源

在吸光度的测量中，要求光源（light source）发出所需波长范围内的连续光谱具有足够的光强度，并在一定时间内能保持稳定。可见光区常用钨丝灯为光源，钨丝加热到白炽时，将发出波长约为 360~2500 nm 的连续光谱，在近紫外区测定时常采用氢灯或氘灯产生 180~375 nm 的连续光谱作为光源。

2. 分光系统（单色器）

单色器是（monochromator）将光源发出的连续光谱分解为单色光的装置，因此吸光光度法也称为分光光度法（spectrophotometry）。分光系统由棱镜或光栅等色散元件及狭缝和透镜等组成，见图 9-7。光源发出的光进入入射狭缝后，准直镜将入射光束变为平行光束进入色散元件（光栅或棱镜），将复合光分解成单色光，物镜将出自色散元件的平行光聚焦于出射狭缝。入射狭缝用于限制杂散光进入色散元件，出射狭缝用于限制通带宽度。通过旋转色散元件，可以将不同波长的光通过出射狭缝。

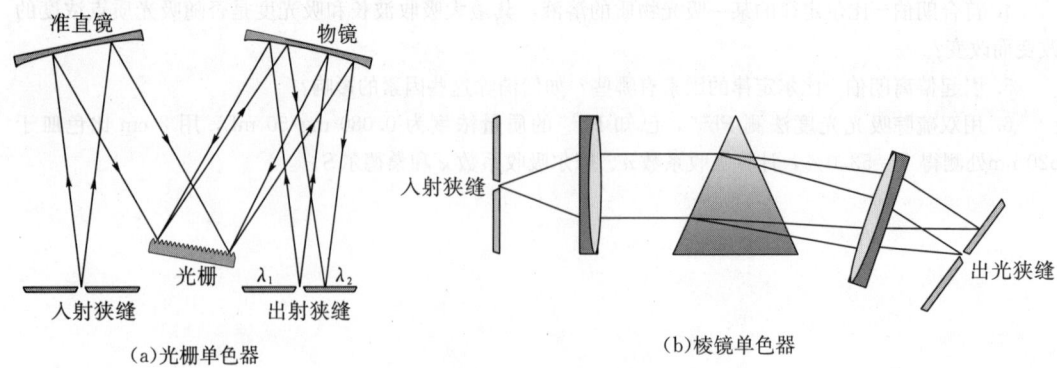

图 9-7 单色器

当色散元件为棱镜时，复合光进入棱镜后，由于它对各种频率的光具有不同折射率，各种色光的传播方向有不同程度的偏折，因而在离开棱镜时就各自分散，形成光谱。当色散元件为光栅时，复合光进入光栅后，由于光栅对光的单缝衍射和多缝干涉，使得不同波长的谱线在不同的位置出现，形成光谱。光栅比棱镜具有更好的色散和分辨能力。

3. 吸收池

吸收池(absorption cell)亦称比色皿(图 9-8)，用于盛吸收试液，是用光学玻璃制成的无色透明的长方形容器，比色皿按液层厚度不同有不同的规格，0.5 cm，1 cm，2 cm，3 cm 等，目前许多分光光度计只配备了 1 cm 的比色皿。

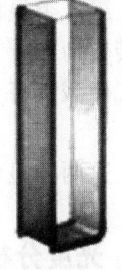

图 9-8 比色皿

4. 检测系统

检测系统是检测透过被测溶液的光，利用半导体光敏材料的光电效应将光强度转换成电流强度来进行测量的。一般的可见光分光光度计常使用硒光电池或光电管作检测器(detector)，更精密的分光光度计则采用光电倍增管作检测器。

5. 信号显示系统

电流检测器是用来测量光电流强度大小的，但在数字显示器上直接读取的是透光率或吸光度值。

思 考 题

1. 分光光度计有哪些主要部件，它们各起什么作用？
2. 分光光度计检测的是吸收光的强度、入射光的强度还是透过光的强度？

第四节 显色反应及影响因素

一、显色反应及显色剂

在可见光的吸光光度分析中，首先需要将待测组分转变成有色化合物，将待测组分转变成有色化合物的反应叫显色反应(color reaction)，与待测组分形成有色化合物的试剂称为显色剂(color reagent)。显色反应可分为两大类，第一类是络合反应，例如，试样中微量铁的分析，可用 1,10-邻二氮菲作显色剂，在 pH=3~9 的范围内与 Fe(II)反应生成橙红色配合物，其最大吸收波长 λ_{max} 为 508 nm。

第二类显色反应是氧化还原反应,例如,铝合金中微量锰的测定,试样经溶解后,锰转化为 Mn^{2+},因 Mn^{2+} 肉色太浅,无法用吸光光度法测定,因此在 Ag 的催化下,用过二硫酸铵将 Mn^{2+} 氧化为紫红色的 MnO_4^- ($\lambda_{max}=525$ nm)进行吸光光度分析[6]。

$$2Mn^{2+} + 5S_2O_8^{2-} + 8H_2O \rightleftharpoons 2MnO_4^- + 10SO_4^{2-} + 16H^+$$

这两类显色反应中,络合反应是最主要的显色反应。

二、光度分析对显色反应的要求

同一待测组分可与多种显色剂发生显色反应,因此必须对显色反应作选择。吸光光度分析对于显色反应,一般应满足以下要求。

1. 灵敏度高

吸光光度分析法一般用于微量组分的测定,因此,选择灵敏的显色反应是应考虑的主要方面。摩尔吸收系数 κ 的大小是显色反应灵敏度高低的重要标志,一般认为 κ 值大于 10^4 L·mol^{-1}·cm^{-1} 的反应即为灵敏度较高的反应。

2. 选择性好

显色剂仅与一种组分或少数几种组分发生显色反应,虽然有干扰,但容易消除。当有干扰组分存在时,应主要考虑选择性,在提高选择性的前提下尽可能提高测定的灵敏度。

3. 有色化合物组成恒定,化学性质稳定

对于形成不同配位比的络合反应,必须注意控制实验条件,使生成一定组成的络合物,以免引起误差。在测量吸光度 A 的时间范围内,有色化合物不分解,不发生其他化学变化,即吸光度值能保持恒定。

4. 有色化合物和显色剂的颜色差别要大

当显色剂有色时,一般要求有色化合物和显色剂的颜色应有明显的区别,两者最大吸收波长相差应在 60 nm 以上,这样才能减小显色剂本身的干扰。

三、影响显色反应的因素*

为提高吸光光度分析的灵敏度和选择性,控制显色反应的条件是非常重要的。影响显色反应的因素有溶液的酸度、显色剂用量、显色温度、显色时间、溶剂的影响等。

1. 溶液的酸度

酸度对显色反应的影响很大,而这种影响是多方面的,主要表现在以下几个方面。

---

* 为提高吸光光度分析的灵敏度和选择性,通常需要通过实验确定最佳显色条件:酸度、显色剂浓度、显色温度、显色时间、有机溶解和表面活性剂的影响、共存组分的影响。

(1) 影响显色剂的平衡浓度和颜色

大多数有机显色剂是有机弱酸或弱碱,因此酸度的改变将引起显色剂的平衡浓度的改变,并影响显色反应的完全程度。此外,一些显色剂本身就是酸碱指示剂,溶液酸度的改变会改变显色剂本身的颜色。例如[7],1-羟基-2-(6-溴-2-苯并噻唑偶氮)-8-氨基-3,6-萘二磺酸可作为 Cu^{2+} 的显色剂,在 pH=6.4 的条件和乙醇介质与 Cu^{2+} 形成络合物的颜色为青蓝色(λ_{max}=654 nm),而该显色剂本身也是灵敏的酸碱指示剂,在 pH=0.3~4 的范围内为粉红色(λ_{max}=530 nm),在 pH=4~6 的范围内为紫红色(λ_{max}=570 nm),在中性和碱性溶液中呈纯蓝色(λ_{max}=592 nm),因此该显色剂应该在弱酸性条件下对金属离子 Cu^{2+} 进行显色。

(2) 影响配合物的组成

对于某些逐级生成络合物的反应,酸度的改变将影响络合物的组成,例如,Fe(Ⅲ) 与磺基水杨酸的反应,在 pH=1.8~2.5 时,生成 1∶1 紫色络合物;在 pH=4~8 时,生成 1∶2 红色络合物;在 pH=8~11.5 时,则生成 1∶3 黄色络合物。

(3) 影响被测金属离子的存在状态

当溶液 pH 值上升到一定值时,被测金属离子会发生水解形成一系列多核羟基配合物,甚至生成氢氧化物沉淀。

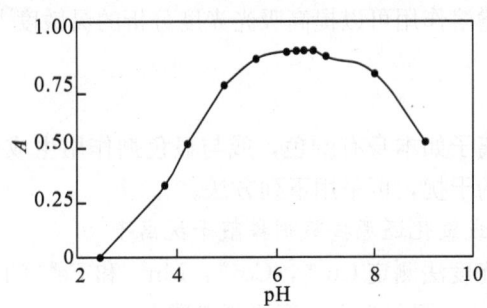

图 9-9 吸光度与 pH 值的关系曲线

显色反应的适宜酸度范围,通常通过实验来确定,固定待测组分及显色剂浓度,改变溶液 pH,测定其吸光度,作吸光度 A-pH 关系曲线,通过曲线选择适宜的酸度范围。通常选择吸光度大且恒定的 pH 范围。例如[8],2-(2-噻唑偶氮)-5-磺丙氨基苯酚与镍(Ⅱ)形成的紫红色络合物,其吸光度随 pH 值的变化见图 9-9,适宜的 pH 范围为 5.8~7.0。

2. 显色剂的用量

根据溶液平衡原理,加入过量的显色剂有利于待测组分显色完全。但是显色剂的加入量太多,有时可能会引起副反应的发生。显色剂的适宜用量仍然通过实验来确定。将待测组分的浓度及其他条件固定,然后加入不同量的显色剂,测定其吸光度。绘制吸光度 A-浓度 c 关系曲线,从曲线上选择适宜的显色剂用量。

3. 显色温度

显色反应一般在室温下进行,有的反应则需要加热,以加速显色反应进行完全。有的有色物质当温度偏高时又容易分解。为此，对不同的反应，应通过实验找出各自适宜的温度范围。

4. 显色时间

在一定的温度条件下，大多数显色反应需要经一定的时间才能完成。不同的有色物质其稳定性是不同的，一些有色物质在放置过程中可能会被空气氧化或发生光化学反应而破坏有色化合物。因此适宜的显色时间通常也是通过实验获得的。

5. 有机溶剂和表面活性剂

有机溶剂对显色反应的影响表现在以下几个方面：第一，有机溶剂可以降低有色化合物的解离度，从而提高显色反应的灵敏度。例如[9]，对溴-偶氮羧-M可与钛(Ⅵ)发生显色反应，研究表明加入乙醇对有色化合物具有增溶的作用，从而提高分析的灵敏度。第二，有机溶剂对显色剂分子聚集体构象的影响以及主客体之间的超分子作用，提高分析的灵敏度[10,11]。第三，影响显色反应的速度，例如，用氯代磺酚S法测定铌(V)时，在水溶液中显色需要几小时，加入丙酮后，仅需要30 min。此外，有机溶剂还可能影响络合物的颜色、溶解度和组成等，合适的有机溶剂及其用量一般通过实验来确定。

表面活性剂的胶束增溶作用可以提高吸光光度分析的灵敏度[12,13]。

6. 干扰组分的影响

光度分析中，共存离子如本身有颜色，或与显色剂作用生成有色化合物，都将干扰测定。要消除共存离子的干扰，可采用下列方法。

(1) 加入配位掩蔽剂或氧化还原掩蔽剂掩蔽干扰离子

例如，用茜素红S光度法测定Cu^{2+}，Co^{2+}，Mn^{2+}和Fe^{3+}的干扰可以通过加入酒石酸掩蔽得以消除[14]。又如，钼蓝吸光光度法测定磷[15]，由于As(V)与P(V)的化学性质十分相似，所以干扰磷的测定，采用适当的还原剂将As(V)还原为As(III)后，则消除了砷的干扰。

(2) 选择适当的显色条件以避免干扰

如利用酸效应，降低显色剂平衡浓度，使干扰离子不与显色剂作用。如双硫腙可与汞形成橙色络合物，也能与镉和铅形成红色络合物，由于镉和铅与双硫腙所形成的络合物的稳定性远远小于双硫腙与汞形成的络合物的稳定性，因此，可在强酸性条件下以双硫腙为显色剂用光度法测定汞，由于酸效应的存在，镉和铅不干扰测定。

(3) 分离干扰离子

在不能掩蔽的情况下，可采用沉淀[16]、离子交换[17,18]或溶剂萃取等分离方法除去干扰离子。其中萃取法使用较多，并可直接在有机相中显色，称为萃取光度法[19,20]。萃取光度法不仅可提高选择性还可以提高灵敏度。尽管萃取光度法具有较高的选择性和灵敏度，但是由于使用大量的萃取溶剂，不仅污染环境而且危害人体健康。近年发现的高聚物双水相萃取体系[21]同样可以提高光度分析的选择性和灵敏度，且与传统的有机溶剂萃取法比较，具有无毒、安全、简便、快速等优点。利用离子液体具有蒸汽压低、不可燃、热稳定性好、可溶解多种有机物和无机物的特点，有文献[22]报道利用离子液体代替有毒、易燃、易挥发的有机溶剂用于金属离子的萃取分离进行光度分析获得较高的选择性。浊点萃取也是一种环境友好的分离方法，已经有许多利用浊点萃取进行光度分析的报道[23,24]。

四、显色剂

显色剂分为无机显色剂和有机显色剂。

无机显色剂因与金属离子形成的络合物存在分步配位，稳定性不高，因而具有光度分析灵敏度不高的缺点，目前应用于光度分析的仅有硫氰酸盐与 Fe(Ⅲ)、Mo(Ⅵ)、W(Ⅴ)、Nb(Ⅴ)的显色反应，氨水与 Cu(Ⅱ)、Co(Ⅱ)、Ni(Ⅱ)的显色反应，以及 H_2O_2 与 Ti(Ⅳ)、V(Ⅴ)、Nb(Ⅴ)显色反应等少数显色剂。

大多数有机显色剂与金属离子生成稳定性很高的螯合物，显色反应的选择性和灵敏度都较无机显色反应高，因而它广泛应用于吸光光度分析中。有机显色剂分子结构中一般含有生色团(chromophoric group)和助色团(auxochrome group)。所谓生色团即是能吸收波长大于 200 nm 光不饱和基团。如偶氮基(—N=N—)、醌基、亚硝基(—N=O)、羰基($\diagdown$C=O)等都是生色团。在有机显色剂中还有一类基团，它们会与生色团上的不饱和键作用，引起电荷移动，减小分子的激化能，使吸收波长向长波方向移动，并增加吸收强度，这类基团称为助色团，如—NH_2、—NR_2、—OH、—OR、—SH、—Cl 及—Br 等。例如，水杨酸中引入甲氧基后，与 Fe(Ⅲ)反应所得产物的最大吸收波长向长波方向移动，颜色也因而加深。这种现象称为"红移"。

$$\text{水杨酸} + Fe^{3+} \xrightarrow{\text{酸性介质}} \text{紫红色络合物}$$

$$\text{甲氧基水杨酸} + Fe^{3+} \xrightarrow{\text{酸性介质}} \text{蓝色化合物}$$

在显色剂中引入一些助色团后，可以提高光度分析的灵敏度，多年来，许多人都致力于显色剂的合成与应用，开发出了许多灵敏度高、选择性好的显色剂，其中应用较广的有偶氮类[25]，三苯甲烷类试剂[26]及罗丹明类染料[27]等。

实验 1　邻二氮菲吸光光度法测定铁条件的选择

实验原理

邻二氮菲和 Fe^{2+} 在 pH=3~9 的溶液中，生成一种稳定的橙红色络合物，显色前用盐酸羟胺或抗坏血酸将 Fe^{3+} 全部还原为 Fe^{2+}，其反应如下

$$2Fe^{3+} + 2NH_2OH \cdot HCl = 2Fe^{2+} + N_2 + 2H_2O + 4H^+ + 2Cl^-$$

$$Fe^{2+} + 3 \text{(phen)} \longrightarrow [Fe(\text{phen})_3]^{2+}$$

因此可用邻二氮菲和 Fe^{2+} 显色反应吸光光度法测铁。

试剂和仪器

分光光度计，容量瓶(50 mL)，吸量管(1~10 mL)。

铁标准溶液($0.10 \text{ g} \cdot \text{L}^{-1}$)：准确称取 0.7020 g 的 $NH_4Fe(SO_4)_2 \cdot 6H_2O$，置于烧杯中，加入少量水和 20 mL 1:1 H_2SO_4 溶液，溶解后，定量地转移至 1 L 容量瓶中，以水稀释至刻度，摇匀。邻二氮菲($1.5 \text{ g} \cdot \text{L}^{-1}$)水溶液，避光保存，溶液颜色变暗时不能使用。盐酸羟胺($100 \text{ g} \cdot \text{L}^{-1}$ 水溶液，临用时配制)，NaOH 溶液($0.1 \text{ mol} \cdot \text{L}^{-1}$)。

实验步骤

1. 吸收曲线的制作和测量波长的选择

取 2 只 50 mL 容量瓶，用吸量管分别加入 0.00 mL，1.00 mL 标准铁溶液(含铁 $0.10 \text{ g} \cdot \text{L}^{-1}$)，然后各加入 1 mL $100 \text{ g} \cdot \text{L}^{-1}$ 盐酸羟胺溶液，摇匀后放置 2 min(使 Fe^{3+} 被充分还原成 Fe^{2+})，再加入 2 mL $1.5 \text{ g} \cdot \text{L}^{-1}$ 邻二氮菲溶液和 5 mL $1.0 \text{ mol} \cdot \text{L}^{-1}$ 醋酸钠溶液，以水稀释至刻度，摇匀。用 1 cm 比色皿，以试剂空白(reagent blank)溶液为参比，用 1 cm 比色皿，在 440~560 nm 之间，每隔 10 nm 测定一次待测溶液的吸光度。绘制 A-λ 曲线，选择测量波长。

2. 溶液适宜酸度范围的确定

在 9 只 50 mL 容量瓶中各加入 2.0 mL $0.10 \text{ g} \cdot \text{L}^{-1}$ 铁标准溶液和 1.0 mL $100 \text{ g} \cdot \text{L}^{-1}$ 盐酸羟胺溶液，摇匀后放置 2 min。各加入 2 mL $1.5 \text{ g} \cdot \text{L}^{-1}$ 邻二氮菲溶液，然后从滴定管中分别加入 0.00 mL，2.00 mL，5.00 mL，8.00 mL，10.00 mL，20.00 mL，25.00 mL，30.00 mL 和 40.00 mL $0.1 \text{ mol} \cdot \text{L}^{-1}$ NaOH 溶液摇匀，以水稀释至刻度，摇匀。用精密 pH 试纸或酸度计测量各溶液的 pH 值。以水为参比，在选定波长下，用 1 cm 比色皿，测定吸光度 A。绘制 A-pH 曲线，确定适宜的酸度范围。

3. 显色剂用量的确定

在 7 只 50 mL 容量瓶中，各加 2.0 mL $0.10 \text{ g} \cdot \text{L}^{-1}$ 铁标准溶液和 1.0 mL $100 \text{ g} \cdot \text{L}^{-1}$ 盐酸羟胺溶液，摇匀后放置 2min。分别加入 0.2 mL，0.4 mL，0.8 mL，1.0 mL，2.0 mL，4.0 mL $1.5 \text{ g} \cdot \text{L}^{-1}$ 邻二氮菲溶液，再各加 5.0 mL $1.0 \text{ g} \cdot \text{L}^{-1}$ 醋酸钠溶液，以水稀释至刻度，摇匀。以水为参比，用 1 cm 比色皿，在选定波长下测 A，绘制 A-c(显色剂)曲线，确定适宜的显色剂用量。

4. 络合物稳定性的研究

在一只 50 mL 容量瓶中，加 2.0 mL $10^{-3} \text{ mol} \cdot \text{L}^{-1}$ 铁标准溶液和 1.0 mL $100 \text{ g} \cdot \text{L}^{-1}$ 盐酸羟胺溶液，摇匀后放置 2 min。加入 2.0 mL $1.5 \text{ g} \cdot \text{L}^{-1}$ 邻二氮菲溶液，再各加 5.0 mL $1.0 \text{ g} \cdot \text{L}^{-1}$ 醋酸钠溶液，以水为参比，用 1 cm 比色皿，每放置一段时间测量一次溶液的吸光度。放置时间为 5 min，10 min，30 min，1 h，1.5 h，2 h，3 h。然后绘制 A-t 曲线。

思 考 题

1. 吸光光度分析法常用于微量组分的分析，其显色反应是否是灵敏度越高越好，什么情况下主要考虑灵敏度，什么情况下主要考虑选择性？

2. 吸光光度分析中，如何确定测量条件？

3. 吸光光度分析中，为什么通常使用有机显色剂，而很少使用无机显色剂？

4. 试设计用磺基水杨酸吸光光度法测定金属离子 Fe(Ⅲ)的最佳条件的实验方案。

第五节 提高分析结果准确度的方法

一、仪器的测量误差

在光度分析中，除了各种化学条件引起误差外，仪器测量也存在误差，这是因为总存在着一些难以控制的偶然因素，如电子元件的性能不稳定，杂散光的干扰等。仪器的测量误差属于随机误差，并习惯上把造成仪器测量误差的偶然因素统称为噪音。

以普通分光光度计为例，由噪音引起的测量误差直接表现为检测器的光电流读数误差；而光电流又是与透射比成正比，因此光电流的误差又表现为透射比读数的误差。一般透射比读数的误差最大不超过±0.01，这个由噪音引起的最大透射比误差 ΔT 的大小是固定的，与 T 本身的大小无关，即 $\Delta T = \pm 0.01$。

为了讨论由噪音所引起的透射比误差所引起的吸光物质浓度的测量误差，首先考察吸光度 A 的测量误差与浓度 c 的测量误差之间的关系。若在测量吸光度 A 时产生了一个微小的绝对误差 dA，则测量 A 的相对误差 $E_r = dA/A$。根据朗伯-比尔定律

$$A = \kappa b c$$

当 b 为定值时，对上式进行微分

$$dA = \kappa b \, dc$$

这里 dc 就是测量浓度 c 的微小的绝对误差。二式相除

$$\frac{dA}{A} = \frac{dc}{c}$$

再考察吸光度 A 的测量误差与 T 的测量误差之间的关系

$$A = -\lg T = -0.434 \ln T$$

微分

$$dA = -0.434 \frac{dT}{T}$$

两式相除

$$\frac{dA}{A} = \frac{dT}{T \ln T}$$

于是，由噪音引起的浓度 c 的测量相对误差为

$$E_r = \frac{dc}{c} = \frac{dA}{A} = \frac{dT}{T \ln T} \tag{9-5}$$

可见，由噪音所引起的浓度 c 测量相对误差不仅仅与透射比 T 的绝对误差有关，还与透射比 T 本身的大小有着复杂的关系。由上式可计算不同 T 时的相对误差的绝对值 $|E_r|$，根据计算结果作 $|E_r|$-T 曲线图，见图 9-10。由图可见，当 T 很小或很大时，浓度 c 测量相对误差的绝对值都很大，只有当 T 在 0.15～0.70 时，或 A 在 0.80～0.15 时，$|E_r|$ 较小，约在 4% 以下。在实际测定时，只有使待测溶液的透光率 T 处在 0.15～0.70，或使吸光度 A 处在 0.80～

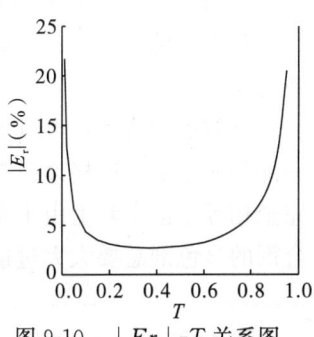

图 9-10　$|E_r|$-T 关系图

0.15，才能保证测量的相对误差较小。当透射比为 0.368，或吸光度为 0.434 时，浓度测量相对误差$|E_r|$最小，为 2.7%。

二、测量条件的选择

要保证光度分析的灵敏度和准确度，除选择合适的显色剂以及控制合适的显色条件外，仪器测量条件的选择也十分重要，通常从以下几方面予以考虑。

1. 选择合适的波长

在吸光光度法中一般选择最大吸收波长*为测定波长，因为在最大吸收波长下测定不但灵敏度较高，而且能够减少由非单色光引起的对朗伯－比尔定律的偏离，但是当有干扰组分存在时应选择能避免干扰的波长作为测定波长。例如，用丁二酮肟光度法测定钢中镍，络合物丁二酮肟镍的最大吸收波长为 470 nm，但试样中的铁用酒石酸钾钠掩蔽后，在 470 nm 处也有一定的吸收，干扰了对镍的测定，为此可选择酒石酸铁几乎没有吸收的 520 nm 的波长作为测定波长，此时虽然测定镍的灵敏度有所降低，但提高了选择性。

2. 控制吸光度在合适范围内

根据仪器测量误差，在测量中应尽量使待测溶液的吸光度 A 处在 0.15～0.80 范围内，以控制其测量误差。为此可采取控制试液浓度或比色皿厚度等措施。如果仪器只配备了 1 cm 的比色皿，则主要从改变溶液的浓度着手；如果吸光度大于 0.80，表明吸光物质的浓度太高，可以将溶液适当稀释后测定；如果溶液的吸光度小于 0.15，表明吸光物质的浓度太低，可以适当增大试样的称样量，使吸光度在 0.15～0.80 的范围内。

3. 选择合适的用于消**

参比溶液（reference solution）又称空白溶液（blank solution），是在测量时用作比较的、不含被测物质但其基体尽可能与试样溶液相似的溶液。通常用参比溶液调节仪器透射比为 100% 或吸光度为 0，以消除由比色皿和基体溶液造成的光损失所带来的误差，参比溶液的选择可以从以下几方面考虑。

1）当试剂与显色剂均无色时，可用蒸馏水作参比溶液。

2）当显色剂无色，而被测溶液中有其他有色离子存在时，则以不加显色剂的被测溶液为参比。

3）显色剂有色，可以不加试样溶液的试剂空白为参比，当然，尽管待测离子会消耗一部分显色剂，严格地说参比溶液中显色剂的浓度与待测试液中多余显色剂的浓度并不完全相等。但实际上由于光度法测定的多是微量组分，待测离子的浓度较低，而作为络合剂的显色剂总要大大过量，故二者浓度上的差别往往极小而可忽略。

---

* 吸光度最大所对应的波长，以提高测定灵敏度和减小单色光不纯对朗伯－比尔定律的偏离。

** 参比溶液用于消除由比色皿和基体溶液造成的光损失所引起的误差。

4) 如果显色剂和被测试液均有颜色，可将被测组分掩蔽起来，以此为参比溶液。

思考题与习题

1. 为什么通常选最大吸收波长为测定波长？是否必须选最大吸收波长？为什么？
2. 为什么在普通分光光度法中，一般不适合测定吸光度很大的高浓度样品？
3. 仪器的"噪音"是指什么？为什么需要将被测溶液的吸光度控制在 0.15~0.80 的范围内？如何控制？
4. 什么是参比溶液？为什么在测定被测溶液的吸光度时需要用参比溶液？如何正确选择参比溶液？若显色剂无色，而被测溶液中存在其他有色离子，应选用什么溶液作为参比溶液？
5. 一有色溶液，在 1 cm 的比色皿中测得透射比为 2%，若仪器透射比的测量误差为 ±0.01，问
   (1) 测量溶液浓度的相对误差为多少？
   (2) 为提高分析结果的准确度，应将溶液浓缩或稀释多少倍？
   (3) 改变溶液浓度后，其浓度测量相对误差为多少？
6. 某钢样含镍为 0.12%，用丁二酮肟显色，$\kappa = 1.3 \times 10^4$ L·mol^{-1}·cm^{-1}。若钢样溶解显色以后，其溶液体积为 100.0 mL，在 $\lambda = 470$ nm 处用 1 cm 的吸收池测量，希望测量误差最小，应称取试样多少克？
7. 某人误将参比溶液的透射比调至 95%，而不是 100%，在此条件下测得有色溶液的透射比为 50%，则该有色溶液的正确透射比应为多少？

第六节　提高分析灵敏度的方法

吸光光度分析常用于微量组分的测定，提高显色反应的灵敏度具有十分重要的意义。已知显色反应的灵敏度主要取决于显色分子光吸收有效截面积和电子跃迁几率[28]，因此可以从以下途径提高显色反应的灵敏度：第一，增大有机分子的共轭体系，从而增大显色分子光吸收的有效截面积。例如，苯基荧光酮[28][图 9-11(a)] 与 Ga(Ⅲ) 形成的络合物

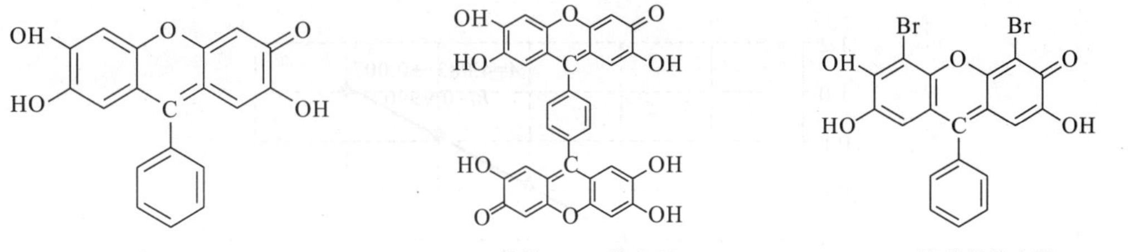

(a) 苯基荧光酮　　　　(b) 苯撑-双-荧光酮　　　　(c) 二溴苯基荧光酮

图 9-11　分子结构

在最大吸收波长 530 nm 处的摩尔吸收系数 $\kappa = 3.5 \times 10^4$ L·mol^{-1}·cm^{-1}，苯撑-双-荧光酮[图 9-11(b)] 与 Ga(Ⅲ) 形成的络合物在最大吸收波长 535 nm 处的摩尔吸收系数 $\kappa = 1.83 \times 10^5$ L·mol^{-1}·cm^{-1}。第二，在显色剂中引入适当的助色团与生色团上的不饱和键作用引起电荷移动，减小分子的激化能，使吸收波长向长波方向移动，并增加吸收强度。例如，在二溴苯基荧光酮[28][图 9-11(c)] 与 Sb(Ⅲ) 的显色反应其灵敏度比苯基荧光酮与 Sb(Ⅲ) 显色反应灵敏度高。第三，形成多元络合物，如混配型的多元络合物，当中心离子与一种配位体形成不饱和的络合物时，又与另一配体形成配位键，这种络合物通常具有高的灵敏度和选择性。例如铌-偶氮胂-邻二氮菲三元络合物[29]的显色反应测定

铌,显色体系的摩尔吸收系数由二元络合物的 1.23×10^4 L·mol^{-1}·cm^{-1} 提高到 1.02×10^5 L·mol^{-1}·cm^{-1}。可见多元络合物可显著提高显色反应的灵敏度,除了混配型络合物外,表面活性剂存在下的多元络合体系和离子缔合物则是两类更重要的多元络合物,前者常使一些二元显色反应灵敏度提高数倍至10倍以上,后者的摩尔吸收系数有些可达 10^5 数量级[28]。第四,通过混合溶剂也可以提高显色反应的灵敏度[28]。

第七节 吸光光度法的应用

一、定量分析

1. 单组分的测定

(1)一般方法

当试液中只有一种被测组分在测定波长*处产生吸收时,一般采用标准曲线(standard curve)法进行测定。分别移取不同量被测物质的标准溶液于一系列体积相同的容量瓶中,然后加入相同量的显色剂和其他试剂,在相同条件下显色后稀释定容,同时配制相应的参比溶液,然后在选定的最佳测量条件下分别测定各容量瓶中溶液的吸光度 A,利用计算机软件绘制 A-c 标准曲线,得出曲线的线性回归方程。最后按照相同的步骤测定被测试样溶液的吸光度 A_x,将 A_x 代入标准曲线的回归方程中计算出对应的 c_x,即可求出试液的浓度。

例 9-2 用硅钼蓝吸光光度法测定硅的含量。用下列数据绘制标准曲线。

硅标准溶液的浓度(mg·mL^{-1})	0.00	0.050	0.100	0.150	0.200	0.250
吸光度(A)	0.00	0.210	0.421	0.630	0.839	1.01

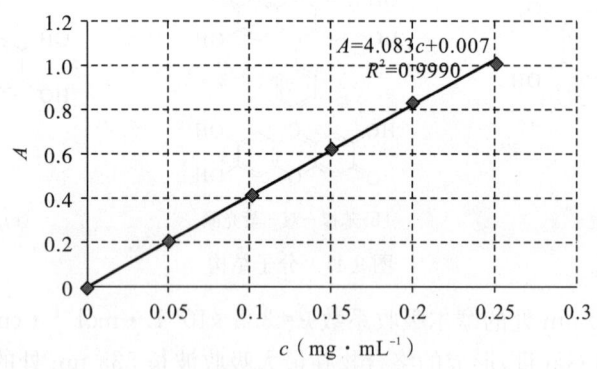

图 9-12 标准曲线

测定试样时称取钢样 0.500 g,溶解后转入 50 mL 容量瓶中,与标准曲线相同的条件下测得吸光度 $A=0.522$,求试样中硅的质量分数。

解 根据朗伯比尔定律 $A=abc$,当吸光质点一定,波长一定,溶剂和温度一定时,吸收系数 a 为

---

* 测定波长通常选择最大吸收波长。

常数，通常液层厚度(比色皿厚度)一定，因此，A 与 c 成线性关系，根据表中数据得图 9-12 的标准曲线。

将试样溶液的吸光度值 $A=0.522$ 代入线性回归方程中，有
$$0.522=4.083c+0.007$$
得
$$c=0.126 \text{ mg} \cdot \text{mL}^{-1}$$
于是
$$w_{SiO_2}=\frac{0.126 \text{ mg} \cdot \text{mL}^{-1} \times 50 \text{ mL} \times 10^{-3}}{0.500 \text{ g}}=0.0126$$

(2)示差吸光光度法*

当待测溶液中被测组分浓度过低或过高时，由于吸光度值 A 太小或太大，超出了适宜的吸光度值范围，如果采用普通的吸光光度法测定则造成测量误差很大，示差吸光光度法(differential spectrophotometry)能克服这一缺点，有高浓度的示差吸光光度法、低浓度的示差吸光光度法和使用两种参比溶液的精密示差吸光光度法。其基本原理相同，在此仅仅讨论高浓度的示差吸光光度法。

示差吸光光度法与普通吸光光度法不同，在于后者使用的参比溶液是试剂空白，而前者采用的是其浓度比被测溶液浓度稍低的标准溶液为参比。设标准溶液的浓度为 c_s，被测溶液的浓度为 c_x，$c_s<c_x$。根据朗伯-比尔定律，在普通吸光光度法中，
$$A_x=\kappa b c_x \quad A_s=\kappa b c_s$$
用示差吸光光度法测得被测溶液的吸光度为 A_r，则
$$A_r=A_x-A_s=\kappa b c_x-\kappa b c_s=\kappa b(c_x-c_s)=\kappa b\Delta c \tag{9-6}$$
上式表明在符合朗伯-比尔定律的范围内，示差法测得的相对吸光度与被测溶液和参比溶液的浓度差 Δc 成正比。如果用上述浓度为 c_s 的标准溶液作参比，测定一系列 Δc 已知的标准溶液的相对吸光度。绘制 A_r-Δc 标准曲线，得出线性回归方程，再由测得的试液的相对吸光度 $A_{r,x}$ 即可由线性回归方程求出 Δc_x，再根据 $c_x=c_s+\Delta c_x$，计算试样浓度。

示差吸光光度法之所以能测定高浓度的溶液，是因为可以通过调节作为参比溶液的标准溶液的浓度，使 A_r 值在适宜的吸光度范围，从而减小仪器测量误差。

例 9-3 某有色溶液以试剂空白为参比，用 1 cm 吸收池于最大吸收波长处测得吸光度为 1.05，在相同条件下测得浓度为 1.0×10^{-3} mol·L^{-1} 标准溶液的吸光度为 0.680，问

(1)以标准溶液作参比，试液的吸光度为多少？
(2)若要使测定试样的误差最小，应使用多大浓度的标准溶液作参比溶液？

解 (1)试液的吸光度为 $A_r=1.05-0.680=0.370$

(2) $A_s=\kappa b c_s$ $\kappa=\dfrac{A_s}{bc_s}=\dfrac{0.680}{1 \text{ cm} \times 1.0\times10^{-3} \text{ mol} \cdot \text{L}^{-1}}=6.8\times10^2 \text{ L} \cdot \text{mol}^{-1} \cdot \text{cm}^{-1}$

当 $A_r=0.434$ 时，浓度测量误差最小，
$$A_r=A_x-A_s \quad A_s=A_x-A_r=1.05-0.434=0.516$$
$$c_s=\frac{A_s}{b\kappa}=\frac{0.516}{1 \text{ cm}\times 6.8\times10^2 \text{ L} \cdot \text{mol}^{-1} \cdot \text{cm}^{-1}}=7.59\times10^{-4} \text{ mol} \cdot \text{L}^{-1}$$
即若要使测定试样的误差最小，应使用 7.59×10^{-4} mol·L^{-1} 的标准溶液作参比溶液。

---

* 用浓度与被测溶液浓度相差很小的标准溶液作为参比溶液。

2. 多组分的同时测定

吸光光度法可以不经分离测定一个以上的组分。设试样溶液中有两种被测组分 x 和 y，如果两种组分的吸收峰互不重叠[见图 9-13(a)]，则与单组分的测定方法完全相同，分别在波长 λ_1 和 λ_2 时，测定组分 x 和 y。如果吸收光谱重叠，且在最大吸收波长处相互干扰[见图 9-13(b)]，则利用吸光度具有加和性的性质，分别在两组分的最大吸收波长处 λ_1 和 λ_2 测定溶液的吸光度 A_1 和 A_2，建立联立方程

$$\begin{cases} A_1 = \kappa_{x_1} b c_x + \kappa_{y_1} b c_y \\ A_2 = \kappa_{x_2} b c_x + \kappa_{y_2} b c_y \end{cases}$$

式中 c_x、c_y 分别为 x 和 y 的浓度，κ_{x_1} 和 κ_{y_1} 分别为 x 和 y 在波长 λ_1 时的摩尔吸收系数，κ_{x_2} 和 κ_{y_2} 分别为 x 和 y 在波长 λ_2 时的摩尔吸收系数。

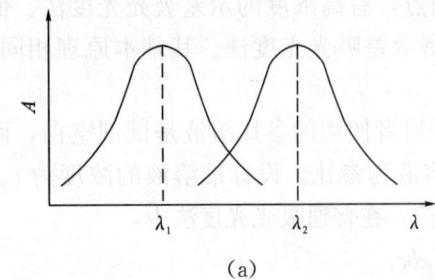
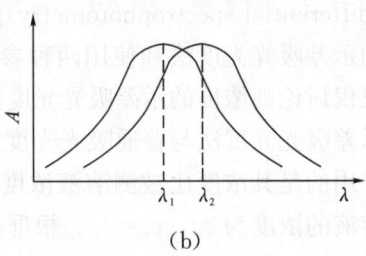

图 9-13　混合溶液中两组分的吸收光谱

解联立方程可求出 c_x 和 c_y 值。各组分在不同波长处的 κ 可预先用 x 和 y 的纯溶液在两种波长处测得。原则上混合溶液中无论组分数目有多少，都可以用此方法建联立方程求解，但在实际应用中通常仅限于两个或三个组分的体系。因为，三组分以上的体系，如果各组分的吸收光谱差别不大，会带来很大的计算误差。

二、络合物组成的测定

吸光光度法是研究络合物组成（配位比）的重要方法之一。在此介绍两种常用的摩尔比法（molar ratio method）和等摩尔连续变化法（equimolar series method）。

1. 摩尔比法

设金属离子 M 与络合剂 L 的反应生成对光有吸收的配合物 ML_n

$$M + nL \rightleftharpoons ML_n$$

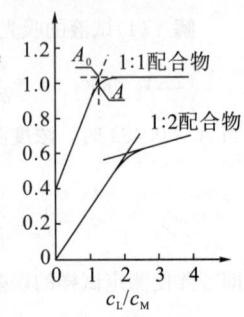

图 9-14　摩尔比法

测定的方法是配制一系列金属离子 M 浓度不变，而络合剂 L 浓度不同的溶液，并在相同条件下测各溶液的吸光度 A。然后以吸光度 A 为纵坐标，c_L/c_M 为横坐标作图，如图 9-14 所示。当 $c_L/c_M < n$ 时，金属离子没有完全络合。随着络合剂量的增加，生成的络合物量增多，吸光度不断增大，当 $c_L/c_M = n$ 时，金属离子几乎全部生成络合物 ML_n，吸光度达到最大，c_L/c_M 再增大，吸光度不再发生改

变。其转折点所对应的 c_L/c_M 比值即为配位比 $1:n$，但由于络合物的解离，其吸收曲线的转折点通常不敏锐，此时可采用外延法求得交点，其交点所对应的横坐标即为配合物的配合比 $1:n$。摩尔比法只适用于最后一级络合物 ML_n 很稳定且有色的络合物组成的测定。

2. 等摩尔连续变化法

此方法是保持溶液中 $c_M + c_L$ 为常数，配制一系列连续改变 c_L 和 c_M 之比的溶液。分别测定各溶液的吸光度 A，以 $c_M/(c_M+c_L)$ 为横坐标，A 为纵坐标作图，见图 9-15。曲线的转折点所对应的 c_L/c_M 值即是络合物配位比 $1:n$。同样，由于络合物的解离，其转折点不明显，可画切线外推找转折点。

等摩尔连续变化法适用于络合比低，稳定性较高的络合物组成的测定。

根据图 9-15，还可以求出络合物的稳定常数，图中 A_{max} 对应的应该是没有解离时吸光质点的吸光度，而 A' 对应的是络合物解离达到平衡状态时，吸光质点的吸光度，络合物的解离度 α 为

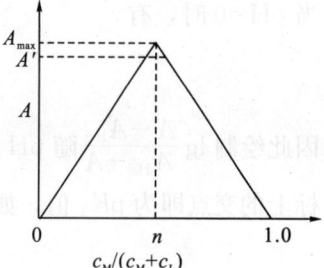

图 9-15 等摩尔连续变化法

$$\alpha = \frac{A_{max} - A'}{A_{max}} \tag{9-7}$$

由此可以计算出络合物的不稳定常数。

三、酸碱解离常数的测定

对于有色的有机弱酸或弱碱，如分析化学中常使用的指示剂和显色剂，可利用吸光光度法测定其离解常数。设某一元弱酸 HB，有如下解离平衡

$$HB \rightleftharpoons H^+ + B^-$$

如果在某一波长下，HB 和 B^- 均有吸收，测定时配制一系列分析浓度相等而 pH 不同的 HB 溶液，当 $pH \ll pK_a$ 时，可以认为弱酸几乎全部以 HB 的型体存在，测定的吸光度即是 HB 在测定波长下的吸光度 A_{HB}

$$A_{HB} = \kappa_{HB} b [HB] = \kappa_{HB} bc \tag{9-8}$$

当 $pH \gg pK_a$ 时，可以认为弱酸几乎全部以 B^- 的型体存在，测定的吸光度即是 B^- 在测定波长下的吸光度 A_{B^-}

$$A_{B^-} = \kappa_{B^-} b [B^-] = \kappa_{B^-} bc \tag{9-9}$$

处于中间 pH 值的溶液中则两种型体都存在，根据吸光度具有加和性得

$$A = \kappa_{HB} b [HB] + \kappa_{B^-} b [B^-] = \kappa_{HB} b \frac{[H^+]c}{K_a + [H^+]} + \kappa_{B^-} b \frac{K_a c}{K_a + [H^+]} \tag{9-10}$$

将 (9-8) 和 (9-9) 代入 (9-10) 中得

$$A = \frac{[H^+] A_{HB}}{K_a + [H^+]} + \frac{K_a A_{B^-}}{K_a + [H^+]}$$

整理得到

两边取负对数

$$pK_a = pH + \lg\frac{A - A_{B-}}{A_{HB} - A} \qquad (9\text{-}11)$$

从(9-11)可见，当 $\lg\dfrac{A - A_{B-}}{A_{HB} - A} = 0$ 时，

$$pH = pK_a$$

当 pH=0 时，有

$$pK_a = \lg\frac{A - A_{B-}}{A_{HB} - A}$$

因此绘制 $\lg\dfrac{A - A_{B-}}{A_{HB} - A}$ 随 pH 的变化图，并将直线延长与 x 轴和 y 轴相交，横坐标和纵坐标上的交点即为 pK_a 值，如图 9-16 所示。

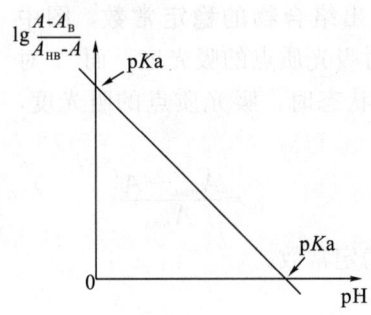

图 9-16 酸碱解离常数的测定

实验 2 邻二氮菲吸光光度法测定铁

仪器与试剂

分光光度计，容量瓶(50 mL)，吸量管(1~10 mL)。

铁标准溶液($0.1\ g·L^{-1}$)，准确称取 0.7020 g 的 $NH_4Fe(SO_4)_2·6H_2O$，置于烧杯中，加入少量水和 20 mL 1∶1 H_2SO_4 溶液，溶解后，定量地转移至 1 L 容量瓶中，以水稀释至刻度，摇匀。新配制的邻二氮菲($1.5\ g·L^{-1}$)水溶液。盐酸羟胺($100\ g·L^{-1}$ 水溶液，临用时配制)，乙酸钠溶液($1.0\ mol·L^{-1}$)，NaOH 溶液($0.1\ mol·L^{-1}$)。

实验步骤

1. 显色标准溶液的配制

在序号为 1~6 的 6 只 50 mL 容量瓶中，用吸量管分别加入 0.00 mL, 0.20 mL, 0.40 mL, 0.60 mL, 0.80 mL, 1.00 mL 铁标准溶液(含铁 $0.1\ g·L^{-1}$)，分别加入 1 mL $100\ g·L^{-1}$ 盐酸羟胺溶液，摇匀后放置 2 min，加入实验 1 所确定的最佳邻二氮菲用量，并将酸度调节至合适的 pH 值范围[①]，以水稀释至刻度，摇匀。

2. 试样溶液的配制

取一只 50 mL 的容量瓶，按步骤 1 进行显色。

3. 吸光度的测定

在稳定时间范围，以试剂空白（1号溶液）为参比分别测定标准溶液和试样溶液的吸光度。然后用工作曲线法测定样品中 Fe 的含量。

注释：① 调节 pH 3～9，可以加入 5 mL 1.0 mol·L^{-1} 的乙酸钠溶液。

实验3 邻二氮菲－铁（Ⅱ）络合物组成的测定（摩尔比法）

仪器与试剂

分光光度计，容量瓶（50 mL），吸量管（1～10 mL）

铁标准溶液（1.0×10^{-3} mol·L^{-1}），盐酸羟胺溶液（100 g·L^{-1}），邻二氮菲水溶液（1.0×10^{-3} mol·L^{-1}），乙酸钠溶液（1.0 mol·L^{-1}）。

实验步骤

取 9 只 50 mL 容量瓶，各加入 1.0 mL 1.0×10^{-3} mol·L^{-1} 铁标准溶液，1 mL 100 g·L^{-1} 盐酸羟胺溶液，摇匀，放置 2 min。依次加入 1.0 mL，1.5 mL，2.0 mL，2.5 mL，3.0 mL，3.5 mL，4.0 mL，4.5 mL，5.0 mL 1.0×10^{-3} mol·L^{-1} 邻二氮菲水溶液，然后各加入 5 mL 1.0 mol·L^{-1} 乙酸钠溶液，以水稀释至刻度，摇匀。在最大吸收波长处，用 1 cm 吸收池，以水为参比，测定各溶液的吸光度 A。用摩尔比法确定络合物的配位数 n。

设计性实验

1. 用吸光光度法测定叶绿素的含量。
2. 用吸光光度法测定抗坏血酸含量。
3. 用吸光光度法测定菠菜中的铁含量。

思 考 题

1. 测定吸光度时，为什么实验 1 和实验 3 中用水作参比，而在实验 2 用试剂空白作参比？
2. 为什么示差吸光光度法可以测定高浓度样品？
3. 用邻二氮菲－亚铁光度法测定微量铁。标准溶液是由 0.2160 g NH$_4$Fe(SO$_4$)$_2$·12H$_2$O 溶于水中稀释至 500 mL 配制成的。根据下列数据，绘制标准曲线。

标准铁溶液体积 V(mL)	2.00	4.00	6.00	8.00	10.00
吸光度 A	0.165	0.320	0.480	0.630	0.790

某试液 5.00 mL，稀释至 250 mL。取此稀释液 2.00 mL，与绘制标准曲线相同条件下显色和测定吸光度。测得 $A=0.500$。求试液铁含量（mg·mL^{-1}）。

4. 以示差吸光光度测定高锰酸钾溶液的浓度，以含锰 10.0 mg·mL^{-1} 的标准溶液作参比液，其对水的透射比 $T=20\%$，并以此调节透射比为 100%，此时测得未知浓度高锰酸钾溶液的透射比为 $T_x=40.0\%$，计算高锰酸钾的质量浓度。

5. 钴和镍与某显色剂的络合物有如下数据：

λ(nm)	510	656
κ_{Co}(L×mol^{-1}×cm^{-1})	3.64×10^4	1.24×10^3
κ_{Ni}(L×mol^{-1}×cm^{-1})	5.52×10^3	1.75×10^4

将 0.376 g 土壤试样溶解后配成 50.00 mL 溶液，取 25.00 ml 溶液进行处理，以除去干扰物质，然后加入显色剂，将体积调至 50.00 mL。此溶液在 510 nm 处吸光度为 0.467，在 656 nm 处吸光度为 0.374，吸收池厚度为 1 cm。计算钴镍在土壤中的含量(以 $\mu g \cdot g^{-1}$ 表示)。

6. 用硅钼蓝法测定 SiO_2，以一含 SiO_2 0.020 mg 的标准溶液作参比，测得另一含 SiO_2 0.100 mg 标液的透射比 T 为 14.4%。今有一未知溶液，在相同条件下，测得透射比 T 为 31.8%，求该溶液中 SiO_2 的含量(mg)。

7. 溴甲酚绿 [HIn$^-$] 在水溶液中有如下平衡

$$HIn^- \rightleftharpoons In^{2-} + H^+$$

已知 pH≥6 后，指示剂以碱式 In^{2-} 存在，在 615 nm 波长下测得吸光度为 $A=0.481$，其他 pH 下的吸光度如下

pH	4.18	4.48	4.62	4.79	5.10
A	0.115	0.187	0.234	0.287	0.360

根据指示剂的解离平衡和吸光度的加和性原理，求溴甲酚绿的 pK_{a_2} 值。

8. Fe 与 8-羟基喹啉(R)形成有色络合物，在有机溶解中 $\lambda_{max}=645$ nm，配制系列溶液，以 1.00 cm 的比色皿测得相应的吸光度如下，求络合物的组成及不稳定常数。

$c_{Fe}/(c_{Fe}+c_R)$	0.100	0.200	0.300	0.400	0.500	0.600	0.700	0.800	0.900
A	0.58	0.11	0.143	0.163	0.169	0.163	0.141	0.106	0.058

第八节 双波长吸光光度法简介

图 9-17 为双波长分光光度计示意图。从光源发出的光经两个单色器，得到两束波长不同的单色光，波量波长 λ_p(primary wavelength)和参比波长 λ_s(second wavelength)。用切光器调节，使两束光以一定的时间间隔交替照射到装有试液的吸收池，得到两个吸光度值，根据朗伯-比尔定律，有

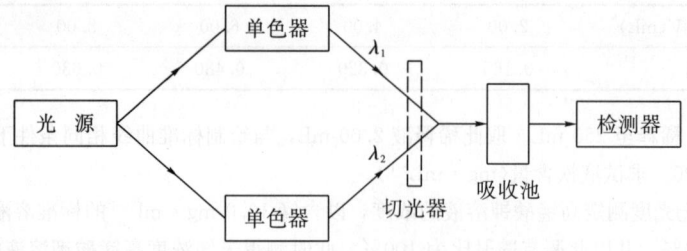

图 9-17 双波长分光光度计工作原理示意图

$$A_{\lambda_p} = \kappa_{\lambda_p} bc + A_p \qquad (9-12)$$
$$A_{\lambda_s} = \kappa_{\lambda_s} bc + A_s \qquad (9-13)$$

式中，κ_{λ_p} 和 κ_{λ_s} 分别为吸光物质在波量波长和参比波长处的摩尔吸收系数，A_p 和 A_s 分

别为在波量波长和参比波长的光散射和背景吸收。当波量波长和参比波长相差很小时，A_p 和 A_s 大致相等，将(9-12)减(9-13)得

$$\Delta A = A_{\lambda_p} - A_{\lambda_s} = (\kappa_{\lambda_p} - \kappa_{\lambda_s})bc \qquad (9-14)$$

对于同一待测溶液来说，$\kappa_{\lambda_p} - \kappa_{\lambda_s}$ 为一常数，因此(9-14)可写为

$$\Delta A = Kbc \qquad (9-15)$$

因此 ΔA 与吸光物质浓度 c 成正比，这是用双波长分光光度计进行定量分析的理论根据。由检测器显示出试液在波长 λ_1 和 λ_2 的透射比差值 ΔT 或吸光度差值 ΔA。由于仅用一个吸收池，且用试液本身作参比液，因此消除了吸收池及参比液所引起的测量误差，提高了测定的准确度。

参考文献

[1] 郑媛，郑弘.科学巨匠：牛顿.延吉：延边人民出版社，2002，92-96.
[2] D. A. Skoog, D. M. West, F. J. Holler, et al. Fundamentals of Analytical Chemistry. 8th Ed. CBS College Publishing, 2004.
[3] 钟美娥，肖耀坤，何莉萍，等.水杨基荧光酮光度法测定钯－钴镀液中钴.理化检验(化学分册)，2006，42(3)：189-191.
[4] 周能，赵书林，李舒婷.1-(6-硝基-2-苯并噻唑)-3-(5-溴-8-喹啉)-三氮烯与 Co(Ⅱ)的高灵敏显色反应及其应用.分析试验室，2007，26(3)：66-68.
[5] 何巧红，陈恒武.浅谈桑德尔灵敏度的意义.大学化学，1998，13(6)：48，52.
[6] 张锦柱，杨宝民，王红，等.工业分析化学.北京：冶金工业出版社，2008，115-116.
[7] 张生万，张有贤，曹晓峰，等.新试剂 1-羟基-2-(6-溴-2-苯并噻偶氮)-8-氨基-3，6-萘二磺酸的合成及性能的研究.化学试剂，1993，15(4)：205-206，210.
[8] 马卫兴，章婷婷，刘英红，等.2-(2-噻唑偶氮)-5-磺丙氨基苯酚与镍(Ⅱ)显色反应的研究及其应用.冶金分析，2010，30(2)：34-37.
[9] 邓桂春，减树良.铝合金中钛的光度分析法研究.理化检验(化学分册)，2001，37(11)：501-504.
[10] 鲍霞，张小玲.苯并噻唑偶氮苯甲酸试剂与镍显色反应体系中超分子的作用及其应用.分析化学，2006，34(4)：529-532.
[11] 刘奇，刘改霞，李全民.镉试剂与银显色反应体系中乙醇的超分子作用及其应用.分析试验室，2010，29(4)：80-82.
[12] 黄晓东，廖丽梅，卢丽娜.1-(4-硝基苯基)-3-(2-吡嗪)-三氮烯合成及与镉(Ⅱ)的显色反应.分析试验室，2010，29(2)：49-51.
[13] 杜容山，罗光富，潘家荣，等.2，3，7-三羟基-9-(3，5-二氯)水杨基荧光酮与锰(Ⅱ)显色反应的研究及应用.分析科学学报，2010，26(2)：223-225.
[14] M. Nejati-Yazdinejad. Spectrophotometric determination of trace amount of copper(II)ion based on complexation with an anthraquinone derivative. Anal. Sci., 2006, 22, 617-619.
[15] 焦凤菊，高桂琴.钼蓝分光光度法联合测定钢铁中磷砷.冶金分析，2009，29(5)：73-76.
[16] 杜军，于鲸，刘作华，等.偶氮胂Ⅲ分光光度法测定八水氢氧化钡中微量锶.冶金分析，2009，29(7)：61-64.
[17] 白乌云，赛音，李胜.离子交换分离 5′-硝基水杨基荧光酮－CTMAB 分光光度法测定稀土矿中的微量钍.稀土，2003，24(3)：56-58.
[18] 王亮，袁倬斌，胡秋芬，等.2-[2-(4-甲基喹啉)-偶氮]-5-二乙氨基苯酚固相萃取光度法测定水和食品中的镉.分析化学，2005，33(3)：371-373.
[19] 王春明.萃取光度法测定电镀废水中微量镉.理化检验(化学分册)，2005，41(11)：843-850.
[20] 隋智慧，曲景奎，宋存义.制革废水中总铬的萃取光度法测定.分析试验室，2002，21(4)：23-25.

[21] 张星刚,肖新峰,张强.聚乙二醇双水相萃取光度法测定锌.化学研究与应用,2010,22(1):108-110.
[22] 郑直,李姗,王影.离子液体萃取光度法测定铁和铜.分析化学,2010,38(12):1838.
[23] L. An, J. Deng, L. Zhou, et al. Simultaneous spectrophotometric determination of trace amount of malachite green and crystal violet in water after cloud point extraction using partial least squares regression. J. Hazard. Mater. 2010, 175:883-888.
[24] 胡忠于,罗道成.浊点萃取——分光光度法测定粉煤灰中痕量 Ni(Ⅱ).分析试验室,2011,30(12):78-80.
[25] 沈含熙.十年来我国无机光度分析的成就和进展.冶金分析,1992,12(1):6-17.
[26] 杨秀英,冯尚彩.三苯甲烷类染料的应用进展——络合(或缔合)显色体系.理化检验(化学分册),2002,38(9):480-485.
[27] 庄会荣,冯尚彩,平梅.罗丹明类染料在分析化学中的应用进展.理化检验(化学分册),2001,37(3):143-145.
[28] 刘绍璞.提高显色反应灵敏度和选择性的某些途径.分析试验室,1985,4(4):36-44.
[29] 陶慧林.铌—偶氮胂 Ⅲ—锌—邻二氮菲多元络合物显色反应的研究.分析试验室,2003,22(5):22-24.

本章小结

1. 物质对光的选择性吸收

光是一种电磁波,具有波粒二象性。人眼能看到的光称为可见光,其波长范围为 400~780 nm,不同波长的光具有不同的能量。不同的物质由于分子结构不同,分子轨道能量差不同,从而选择性吸收不同波长的光。

2. 光吸收的基本定律

朗伯-比尔定律: $A=Kbc$。

当液层厚度 b 单位为 cm,吸光物质的浓度 c 以 $g \cdot L^{-1}$ 为单位时,系数 K 以 a 表示,称为吸收系数,单位为 $L \cdot g^{-1} \cdot cm^{-1}$。

当液层厚度 b 以 cm,吸光物质浓度 c 以 $mol \cdot L^{-1}$ 为单位时,系数 K 以 κ 表示,称为摩尔吸收系数。单位为 $L \cdot mol^{-1} \cdot cm^{-1}$,$\kappa$ 与吸光物质的吸光特性、波长、溶液的温度和溶剂有关。摩尔吸收系数是一重要的特征常数,反映吸光度分析的灵敏度。

桑德尔灵敏度 S 的定义为:当光度计的检测极限为 $A=0.001$ 时,在某波长下单位截面积光程内所能检出吸光物质的最低含量称为桑德尔灵敏度,单位为 $\mu g \cdot cm^{-2}$。

摩尔吸收系数与桑德尔灵敏度的关系为:$S=M/\kappa$。

引起偏离朗伯-比尔定律的因素:物理因素和化学因素。

物理因素:单色光不纯引起的偏离,介质不均匀引起的偏离。

化学因素:吸光物质发生分解、聚合或化学反应引起浓度改变造成的偏离。

3. 分光光度计结构

分光光度计的主要部件有:光源、分光系统(单色器)、吸收池、信号显示系统。

4. 显色反应及影响因素

将待测组分转变成有色化合物的反应叫显色反应,与待测组分形成有色化合物的试剂称为显色剂。光度分析对显色反应的要求:①灵敏度高;②选择性好;③有色化合物组成恒定,化学性质稳定;④有色化合物和显色剂的颜色差别要大。

影响显色反应的因素有:溶液的酸度、显色剂用量、显色温度、显色时间、有机溶剂、表面活性剂和干扰组分。所有的显色条件都是通过实验来确定的。

显色剂:无机显色剂和有机显色剂,有机显色剂中一般含有生色团和助色团。常用的显色剂是有机显色剂。

5. 提高分析结果准确度的方法

分光光度计因电子元件不稳定、电流的影响等偶然因素引起的测量误差在透射比(T)0.15~0.70 范围内，或吸光度(A)在 0.15~0.80 范围内比较小，超出此范围则测量误差很大。其测量误差在 $T=0.368$，或 $A=0.434$ 时最小。

为减小光度分析误差，应从以下几方面考虑：①选择合适波长；②控制吸光度在合适范围内；③选择合适的参比溶液。

6.提高分析灵敏度和选择性的方法

①增大有机分子的共轭体系，从而增大显色分子光吸收的有效截面积。②在显色剂中引入适当的助色团与生色团上的不饱和键作用引起电荷移动，减小分子的激发能，使吸收波长向长波方向移动，并增加吸收强度。③形成多元络合物。

7.吸光光度法的应用

(1)定量分析

1)单组分测定时，根据朗伯-比尔定律 $A=Kbc$，采用标准曲线法。

2)高浓度组分测定时，用示差法测定，即以浓度比被测溶液浓度稍低的标准溶液为参比溶液测定待测溶液的吸光度。

3)多组分的同时测定：在各组分的最大吸收峰处测定吸光度，利用吸光度具有加和性建立联立方程组。

(2)络合物组成的测定

1)摩尔比法：固定金属离子浓度，改变显色剂浓度，配制一系列的溶液，测定各溶液的吸光度，通过绘图找配位比(见图 9-12)。

2)等摩尔连续变化法：保持溶液中 c_M+c_L 为常数，配制一系列连续改变 c_L 和 c_M 之比的溶液，测定各溶液的吸光度，通过绘图找配位比(见图 9-13)。

(3)酸碱解离常数的测定

对于有色有机弱酸或弱碱，配制 pH 值不同，浓度相同的溶液，测各溶液的吸光度，当 pH$\ll$pK_a，可以认为弱酸几乎全部以 HB 的型体存在，测定的吸光度即是 HB 在测定波长下的吸光度 A_{HB}；当 pH$\gg$pK_a，可以认为弱酸几乎全部以 B$^-$ 的型体存在，测定的吸光度即是 B$^-$ 在测定波长下的吸光度 A_{B^-}；其余 pH 值条件下的吸光度为 A。有 pK_a=pH=$\lg\dfrac{A-A_{B^-}}{A_{HB}-A}$，绘制 $\lg\dfrac{A-A_{B^-}}{A_{HB}-A}$ 随 pH 的变化图，并将直线延长与 x 轴和 y 轴相交，横坐标上和纵坐标上的交点即为 pK_a 值(见图 9-13)。

第十章 分析化学中常用的分离和富集方法

第一节 概 述

在前面学习的滴定分析法、重量分析法和分光光度法中，只有在络合滴定一章中讨论过用掩蔽方法消除干扰问题。实际在分析较复杂的试样时，共存组分的存在有时产生的干扰影响定量测定的准确度，干扰严重时使测定无法进行，因此在分析测定时需要选择适当的方法消除干扰。一般在采用掩蔽法和控制测定条件达不到消除干扰时，需要将被测组分与干扰组分分离（separation）。

如果试样中待测组分的含量较低，而所采用的测定方法灵敏度又不够高，则需要在分离的同时，将待测组分进行富集，即设法将待测组分的浓度加大以满足测定方法的要求。

分离过程中待测组分是否有损失，常用待测组分的回收率来衡量分离富集的效果，待测组分回收率可表达为

$$回收率 = \frac{分离后测得待测组分质量}{试样原来所含待测组分质量} \times 100\%$$

理想的回收率应该是 100%，但是实际分离时总会造成被分离组分的损失，随着待测组分含量的不同，对回收率的要求也不同。对相对含量较大的常量组分的分离，回收率应大于 99%；而对于相对含量较低的微量组分，回收率可以在 90%~95%，有时甚至更低一些也是允许的。但试样中待测组分的真实含量是不知道的，在实际工作中，一般采用加入标准物质于试样中以测定加标回收率。

分析化学中常用的分离方法有沉淀分离法、萃取分离法、离子交换分离法、液相色谱分离法、挥发、蒸馏和升华分离法等。这些分离方法的共同特点都是使待分离的组分分别处在不同的两相，并且该两相之间都有明显的界面，较容易用物理方法将其分离。以分离两个组分为例，沉淀分离法是使这两个组分分别处于液相和固相；萃取分离法是使它们分别处于水相（aqueous phase）和有机相；而液相色谱分离法则使它们分别处于流动相和固定相，挥发、升华与蒸馏法使两组分处于气相和固相或液相。

对于常量组分的分离和痕量组分的富集，总的要求是分离、富集要完全，即待测组分回收率要符合一定的要求，且不要引入新的干扰物质，操作尽可能简单、快速等。

本章讨论几种常用的分离方法。

第二节 沉淀分离法

利用沉淀反应进行分离的方法称为沉淀分离法，它是一种经典的分离方法。在试液中加入适当的沉淀剂，控制沉淀条件使被测组分沉淀或将干扰组分沉淀，分离被测组分和干扰组分。关于沉淀的类型、沉淀的形成过程、沉淀的生成条件以及影响沉淀纯度的

因素等在重量分析法中已经详细阐述。

对于被沉淀物质，可分为常量组分和微量组分，相应的沉淀分离法分为常量组分的沉淀分离和微量组分的共沉淀分离和富集。

一、常量组分的沉淀分离

1. 无机沉淀剂

无机沉淀剂很多，形成沉淀的类型也很多。常见的有氢氧化物、硫化物、卤化物、硫酸盐、磷酸盐、碳酸盐等无机物沉淀。

(1) 氢氧化物沉淀分离法

氢氧化物沉淀分离与沉淀的溶度积 K_{sp} 和 pH 值有关。以沉淀 Fe^{3+} 为例，若 $[Fe^{3+}]=0.01\ mol \cdot L^{-1}$，$K_{sp}=4 \times 10^{-38}$，要析出氢氧化铁沉淀，则要求 $[OH^-] > 1.6 \times 10^{-12}\ mol \cdot L^{-1}$，pH>2.2，当 Fe^{3+} 的离子浓度降低 10^4 倍时，可以认为沉淀已经完全，此时 $[OH^-] \geq 3.4 \times 10^{-11}\ mol \cdot L^{-1}$，pH>3.5。一些常见金属离子氢氧化物开始沉淀和沉淀完全时的 pH 值见表 10-1。

表 10-1 常见金属氢氧化物开始沉淀和沉淀完全时的 pH 值

氢氧化物	溶度积 K_{sp}	开始沉淀时 pH 设$[M]=1\times 10^{-2}\ mol \cdot L^{-1}$	沉淀完全时 pH 设$[M]=1\times 10^{-6}\ mol \cdot L^{-1}$
$Sn(OH)_4$	1×10^{-56}	0.5	1.5
$TiO(OH)_2$	1×10^{-29}	0.5	2.5
$Sn(OH)_2$	1.4×10^{-28}	2.2	4.2
$Fe(OH)_3$	4×10^{-38}	2.2	3.5
$Al(OH)_3$	1.3×10^{-33}	3.7	5.0
$Cr(OH)_3$	6×10^{-31}	4.6	5.9
$Zn(OH)_2$	1.2×10^{-17}	6.5	8.5
$Fe(OH)_2$	8×10^{-16}	7.5	9.5
$Co(OH)_2$(新析出)	2×10^{-15}	7.6	9.6
$Ni(OH)_2$(新析出)	2×10^{-15}	7.6	9.6
$Cd(OH)_2$(新析出)	2.5×10^{-14}	8.2	10.2
$Cu(OH)_2$	2.2×10^{-20}	5.2	7.2
$Mn(OH)_2$	1.9×10^{-13}	8.6	10.6
$Mg(OH)_2$	1.8×10^{-11}	9.6	11.6

注意，表 10-1 所列出的各种 pH 值，是从表中所假定的条件，根据溶度积计算而得。实际上沉淀开始和沉淀完全时的 pH 值可能与表中差异较大，因为表中的 pH 值是根据附录的 K_{sp} 计算出来，附录 K_{sp} 是一种理想状态，即在稀溶液中没有其他离子存在时的溶度积。计算值与实际数值将有一定的差距。为了使某种金属离子沉淀完全所需的 pH 往往比表 10-1 所列要高，因为有沉淀剂和其他共存离子存在，从而使离子的活度系数减小，

所需$[OH^-]$增大，pH 增大。例如，为了使 $Fe(OH)_3$ 沉淀完全所需 pH，并不是表中所列出的 3.5，而是在 4 以上。当然，为了使氢氧化物沉淀完全，并不是 pH 值愈高愈好。许多两性氢氧化物当 pH 值超过一定数值时将要溶解。因此利用氢氧化物沉淀分离，关键在于根据实际情况，适当选择和严格控制溶液的 pH 值。氢氧化物沉淀分离时通过控制溶液 pH 和使用不同的沉淀剂进行沉淀。

1) NaOH 溶液：控制溶液的 pH≥12，可使 Al^{3+}、Cr^{3+}、Zn^{2+}、Sb(III, V)、Sn^{2+}、Pb^{2+} 等两性氢氧化物溶解而与 Cu^{2+}、Fe^{3+}、Cd^{2+}、Bi^{3+}、Hg^{2+}、Co^{2+}、Ni^{2+}、Mg^{2+}、Mn^{2+} 等氢氧化物沉淀分离。

2) 氨水-铵盐缓冲溶液：控制 pH 9 左右，Ag^+、Cu^{2+}、Cd^{2+}、Co^{2+}、Ni^{2+}、Zn^{2+} 等金属离子形成氨络离子不沉淀，而一些金属离子 Bi^{3+}、Fe^{3+}、Al^{3+}、Cr^{3+}、Pb^{2+}、Sb(III, V)、Sn(II, IV) 等形成氢氧化物沉淀分离，从而使氢氧化物沉淀与氨络离子和碱金属以及碱土金属离子分离。但注意控制 pH，防止 $Mg(OH)_2$ 沉淀析出和两性氢氧化物 $Al(OH)_3$ 溶解。

氢氧化物沉淀分离法的选择性较差，且氢氧化物是非晶形沉淀，共沉淀现象较为严重。常选择 NH_3-NH_4^+ 缓冲体系，大量 NH_4^+ 存在，可减少氢氧化物沉淀对其他金属阳离子的吸附，促进胶状沉淀的凝聚，使金属氢氧化物易于沉淀、过滤、洗涤。灼烧氢氧化物时，铵盐在低温下可挥发除去。

(2) 硫化物沉淀分离法

能形成硫化物沉淀的金属离子较多，并且形成硫化物的溶解度相差悬殊，可以通过控制溶液中$[S^{2-}]$使硫化物沉淀分离。

在$[H^+]$约为 $0.3\ mol \cdot L^{-1}$ 时，Ag^+、Hg^{2+}、Pb^{2+}、Bi^{3+}、Cu^{2+}、Cd^{2+}、Au^{3+}、As(III, V)、Sb(III, V)、Sn(II, IV) 等生成硫化物沉淀；在 pH 9 NH_3-NH_4^+ 缓冲溶液中，有 Fe^{3+}、Fe^{2+}、Co^{2+}、Ni^{2+}、Zn^{2+}、Mn^{2+} 等形成硫化物沉淀。根据硫化物沉淀在 HCl、HNO_3、NaOH、Na_2S 等中的溶解度不同可进一步分离。

硫化物沉淀分离所用的主要沉淀剂是 H_2S，在溶液中 H_2S 存在如下解离平衡

$$H_2S \underset{+H^+}{\overset{-H^+}{\rightleftharpoons}} HS^- \underset{+H^+}{\overset{-H^+}{\rightleftharpoons}} S^{2-}$$

通过控制溶液的酸度控制$[S^{2-}]$，即可实现硫化物沉淀分离。硫化物沉淀与氢氧化物沉淀相似，选择性较差，为非晶形沉淀，吸附现象严重。常用硫代乙酰胺为沉淀剂代替硫化氢，利用硫代乙酰胺在酸性、氨性或碱性溶液中水解产生 H_2S、HS^- 和 S^{2-} 进行均相沉淀，使沉淀性能和分离效果有所改善。硫代乙酰胺在酸性、氨性或碱性溶液中的反应如下

$$CH_3CSNH_2 + 2H_2O + H^+ \xrightarrow{\triangle} CH_3COOH + H_2S + NH_4^+$$

$$CH_3CSNH_2 + 2NH_3 \xrightarrow{\triangle} CH_3C(NH)NH_2 + HS^- + NH_4^+$$

$$CH_3CSNH_2 + 3OH^- \xrightarrow{\triangle} CH_3COO^- + S^{2-} + NH_3 + H_2O$$

(3) 硫酸盐沉淀分离法

消除大量 Ba^{2+}、Pb^{2+}、Sr^{2+} 和硫酸根干扰的主要方法，需要避免形成碳酸盐和磷酸盐沉淀以及易水解金属离子沉淀，选择酸性较强的溶液。硫酸作沉淀剂时浓度不能太高，

以避免形成 $MHSO_4$ 盐而使溶解度增大。加入乙醇可降低某些硫酸盐沉淀的溶解度。

(4) 卤化物沉淀分离法

Ba^{2+}、Sr^{2+}、Ca^{2+}、Mg^{2+}、Pb^{2+} 的氟化物沉淀，Ag^+、Hg_2^{2+}、Cu_2^{2+}、Pb^{2+} 的氯化物、溴化物和碘化物沉淀，为了消除其他弱酸盐沉淀或其他金属离子水解析出，它们多在较强的酸性介质中析出。

2. 有机沉淀剂

由于有机沉淀剂的选择性高，生成沉淀的溶解度小，吸附杂质少，易形成晶型沉淀等优点，显示出了有机沉淀剂的优越性。有机沉淀剂分为有机螯合物沉淀剂与离子缔合物沉淀剂。

(1) 形成螯合物沉淀

有机沉淀剂，一方面具有酸性官能团—COOH、—OH、—SH、—SO_3H、=NOH 等，这些官能团中的氢原子可被金属离子置换；另一方面具有碱性基团—NH_2、=NH、=N—、C=O、C=S 等，这些基团中的 N、O、S 等原子具有孤对电子、与金属离子形成配位键。有机螯合沉淀剂的共性是在一分子中有多个可键合的原子，沉淀剂与金属离子形成具有五元环或六元环的螯合物。如 8-羟基喹啉、丁二酮肟、铜铁试剂、铜试剂、钽试剂、草酸等。8-羟基喹啉与 Zn^{2+} 反应的方程式如下

形成的螯合物不带电荷，含有较多的疏水基团，因而难溶于水。

形成螯合物沉淀的溶解度大小，与沉淀剂本身的结构有关，当沉淀剂结构中疏水基团增多或增大时，沉淀的溶解度减小。

(2) 形成离子缔合物沉淀

有机沉淀剂在溶液中解离成大体积的阳离子或阴离子形成沉淀剂离子，与带相反电荷的离子以较强的静电引力结合，形成不带电荷的难溶于水的中性分子而沉淀。

$$K^+ + B(C_6H_5)_4^- \Longrightarrow KB(C_6H_5)_4 \downarrow$$

形成离子缔合物沉淀的沉淀剂较多，例如，卤汞阴离子、季铵盐阳离子、阳离子表面活性剂、阴离子表面活性剂、有机颜料的阴离子或阳离子等，可与带相反电荷的阳离子、阴离子或络离子形成离子缔合物，这在很多领域得到了广泛应用。

$$2(C_6H_5)_4As^+ + HgCl_4^{2-} \Longrightarrow [(C_6H_5)_4As]_2 \cdot HgCl_4 \downarrow$$

二、痕量组分的富集和共沉淀分离

利用共沉淀现象来进行分离和富集的方法叫共沉淀分离法。共沉淀现象是由于沉淀的表面吸附作用、混晶、吸留或包夹等原因引起的。在重量分析中，由于共沉淀现象的发生、使所得沉淀混有杂质，影响沉淀的纯度而引起误差，要设法消除或减少共沉淀现象，但在微量或痕量组分的分离与分析中，却要利用共沉淀现象分离和富集痕量组分。例如，用双硫腙分光光度法测定铅，方法的最低检测浓度为 $0.01\ mg \cdot L^{-1}$，当水体中铅

的浓度为 1 μg·L^{-1}，由于浓度太低不能直接测定，在水中加入适量的石灰和碳酸钠，生成 $CaCO_3$ 沉淀作载体，可使 $PbCO_3$ 共沉淀而富集，分离后沉淀用少量酸溶解，溶液中 Pb^{2+} 浓度大大提高，此时可以用该方法测定溶液中的 Pb^{2+} 浓度，同时可以消除水体中其他离子的干扰。下面介绍几种常见的分离富集方法。

1. 无机共沉淀剂

(1) 利用吸附作用共沉淀分离

吸附共沉淀分离法中，常采用无定形沉淀或凝乳状沉淀作为共沉淀剂，如氢氧化物或硫化物等。因为它们的比表面积较大，有利于吸附待分离的微量组分。例如，痕量 Hg^{2+} 可用 CuS 作载体共沉淀 HgS 而富集；痕量 Al^{3+} 在 NH_3-NH_4^+ 难以沉淀下来，可加入 Fe^{3+}，生成 $Fe(OH)_3$ 作为沉淀载体，吸附 Al^{3+} 而富集；同理痕量 Fe^{3+} 可用 $Al(OH)_3$ 作为沉淀载体富集；微量的稀土离子，用草酸难以沉淀完全，加入 Ca^{2+}，利用生成 CaC_2O_4 沉淀作载体，可将稀土离子的草酸盐吸附而共沉淀。

(2) 利用形成混晶进行共沉淀分离

两种金属离子生成沉淀时，如果它们的晶格相同，就可能生成混晶而共沉淀析出。例如，$BaSO_4$-$PbSO_4$、$SrSO_4$-$PbSO_4$、$RaSO_4$-$BaSO_4$、$SrCO_3$-$CdCO_3$、$MgNH_4PO_4$-$MgNH_4AsO_4$ 均可形成混晶，因此可以用 $SrSO_4$ 沉淀富集痕量 Pb^{2+}、用 $BaSO_4$ 沉淀富集痕量 Ra^{2+} 或用 $MgNH_4PO_4$ 沉淀富集 AsO_4^{3-}。混晶共沉淀的最大优点是选择性高，因而分离效果好。

2. 有机共沉淀剂

有机共沉淀的选择性较高，沉淀机理为形成离子缔合物或金属螯合物沉淀或胶体凝聚三种。沉淀中的有机组分可灼烧除去，使待测微量组分与载体分离，消除沉淀剂对待测组分的干扰。

(1) 利用胶体凝聚进行共沉淀

分离富集试液中微量的 W(VI)、Mo(VI)、Si(IV)、Nb(V)、Ta(V) 等，在酸性条件下形成带负电荷的含氧酸胶体不易凝聚，此时可加入带正电荷的有机物（如：动物胶、辛可宁、丹宁等）使胶体凝聚进行共沉淀。例如，H_2WO_4 在 HNO_3 条件下以带负电荷的胶体粒子存在，加入带正电荷的生物碱辛可宁，使 H_2WO_4 胶体凝聚而沉淀。

(2) 利用形成离子缔合物共沉淀

利用欲分离富集试液中微量或痕量金属离子或金属离子络离子与带相反电荷的有机离子形成离子缔合物而共沉淀分离富集。例如，富集试液中微量 Zn^{2+}，可加入甲基紫 (MV) 和 NHSCN，在酸性条件下，MV 质子化后形成带正电荷的 MVH^+ 与 SCN^- 形成离子缔合物沉淀 ($MVH^+ \cdot SCN^-$)。该沉淀作为共沉淀载体可将 $Zn(SCN)_4^{2-}$ 与 MVH^+ 形成的离子缔合物 $[(MVH^+)_2 \cdot Zn(SCN)_4^{2-}]$ 一起沉淀出来。

常用在酸性溶液中以阳离子形式存在的甲基紫、罗丹明 B、孔雀绿、品红和亚甲基蓝等有机化合物，与 Cl^-、Br^-、I^- 和 SCN^- 等离子形成的金属络阴离子作用形成离子缔合物而共沉淀，被共沉淀的金属离子有 Zn^{2+}、Cd^{2+}、Hg^{2+}、Bi^{3+}、Au^{3+} 和 In^{3+} 等。

(3) 利用惰性共沉淀剂进行共沉淀

利用金属离子与络合剂反应生成不带电荷的螯合物，但浓度太小不容易沉淀出来，加入不与螯合物发生任何化学反应的惰性共沉淀剂使螯合物沉淀。例如，分离富集试液中微量的 Ni^{2+}，Ni^{2+} 与丁二酮肟作用生成丁二酮肟镍螯合物，虽然该螯合物的溶解度小，但由于浓度很小，并不容易形成沉淀。此时可以加入丁二酮肟二烷酯的乙醇溶液，由于加入水中的溶解度变小沉淀出来，而丁二酮肟镍螯合物与之共沉淀而被沉淀下来。

第三节 溶剂萃取分离法

一、萃取分离的原理

利用物质对水的亲疏性不同将与水不相混溶的有机溶剂与含有被分离组分的试液一起振荡，被分离组分进入有机相而与其他组分分离的方法，称为液-液萃取分离法，又叫溶剂萃取分离法，简称萃取。用水溶液从有机相中萃取被分离组分，称为反萃取。

萃取分离的原理是"相似相溶"，带电荷的物质如各种无机离子是亲水性的，不易被有机溶剂萃取留在水相；呈电中性的物质具有疏水性，易被有机溶剂萃取。如 Hg^{2+} 是亲水的，但 Hg^{2+} 与双硫腙的螯合物是疏水性的，用 $CHCl_3$ 萃取，双硫腙称为萃取剂，$CHCl_3$ 称为萃取溶剂。

萃取分离法的优点是分离效果好，通过反复多次萃取，可以达到很高的回收率。萃取分离法的操作简便易行，应用范围广。它不仅适用于常量组分的分离，也适用于微量组分的分离富集；不仅适用于实验室少量试样的分离，而且适用于工业生产中大量物质的分离和纯化。如果被萃取的组分是有色化合物，可以取有机相直接进行光度法测定，称为萃取光度法，该法具有较高的选择性和灵敏度。例如，控制试样的pH，用双硫腙作萃取剂，氯仿作萃取溶剂，用萃取光度法可以分别测定 Hg^{2+}、Zn^{2+}、Pb^{2+}、Cd^{2+} 等微量离子的浓度。

二、分配系数、分配比、萃取率和分离系数

1. 分配系数

用有机溶剂从水相中萃取物质 A，当水相和有机相充分接触后，经过一段时间，A 物质在两相中分配得到达到动态平衡：$A_水 \rightleftharpoons A_有$。在给定的温度下，分配达到平衡时 A 物质在两相中的平衡浓度比称为分配系数，是一个常数，有

$$K_D = \frac{[A]_有}{[A]_水} \tag{10-1}$$

注意，K_D 仅适用于 A 物质浓度较低的溶液，浓度较高时，须用活度代替浓度。另外溶质在两相中存在形式必须相同，不发生解离、缔合反应等。

2. 分配比

由于 A 物质在一相或两相中常会发生解离、聚合或与其他组分发生化学反应，使得

A 物质在两相中以多种形式存在，不能简单地用分配系数来说明整个萃取过程的平衡问题，知道 A 物质在两相中的总量是重要的，于是引入分配比 D。分配比 D 是 A 物质在两相中的总浓度之比，分配比 D 除与温度有关外，还与离子强度、酸度等有关。

$$D=\frac{c_{A,有}}{c_{A,水}}=\frac{[A_1]_有+[A_2]_有+\cdots+[A_n]_有}{[A_1]_水+[A_2]_水+\cdots+[A_m]_水} \tag{10-2}$$

只有当 A 物质在两相中以最简单的形式存在时，$K_D=D$，但在多数情况下 $K_D \neq D$。当 $D>1$ 时，说明 A 物质在有机相中的溶解能力比在水相中的溶解能力大，有价值的萃取体系一般分配比 $D>10$。

3. 萃取率

萃取率是衡量萃取效果的一个重要指标，表明物质 A 被萃取到有机相的程度。萃取率用 E 表示

$$E=\frac{A 在有机相中的总质量}{A 在两相中的总质量}\times 100\% \tag{10-3}$$

$$E=\frac{m_有}{m_有+m_水}\times 100\%=\frac{c_有 V_有}{c_有 V_有+c_水 V_水}\times 100\% \tag{10-4}$$

分子、分母同除以 $c_水 V_有$

$$E=\frac{D}{D+\dfrac{V_水}{V_有}}\times 100\% \tag{10-5}$$

由(10-5)可见萃取效率由分配比 D 和体积比 $V_水/V_有$ 决定。但当两相体积比一定时，分配比越大，萃取率就越高。例如，当 $V_水/V_有=1$，E 与 D 的关系为

$$D=1,\ E=50\%$$
$$D=10,\ E=91\%$$
$$D=100,\ E=99\%$$

当分配比 D 一定时，体积比 $V_水/V_有$ 越小，萃取率越大，但通过减小 $V_水/V_有$，即增加有机溶剂的用量，对于提高萃取率的效果并不理想。另一方面，增加有机溶剂的体积，使萃取后溶质在有机相中的浓度降低，不利于下一步的分离和测定。因此在实际工作中，对于分配比较小的溶质，常常采取分几次加入溶剂的办法，以提高萃取率。

设在体积 $V_水$ 的水溶液中含有待分离物质 A 的浓度为 c_0，其质量为 m_0，若用体积为 $V_有$ 的有机溶剂萃取一次，水相中剩余 A 的浓度为 c_1，质量为 m_1，萃取到有机相的 A 的浓度为 $c_有$，质量为 m_0-m_1。则

$$c_0 V_水=c_1 V_水+c_有 V_有=c_1 V_水+Dc_1 V_有 \tag{10-6}$$

$$c_1=\frac{c_0 V_水}{V_水+DV_有}=c_0 \times\left(\frac{1}{1+D\times\dfrac{V_有}{V_水}}\right) \tag{10-7}$$

$$m_1=c_1 V_水=c_0 V_水 \times\left(\frac{1}{1+D\times\dfrac{V_有}{V_水}}\right)=m_0\times\left(\frac{1}{1+D\times\dfrac{V_有}{V_水}}\right) \tag{10-8}$$

如再用 $V_有$ 萃取第二次后，水溶液中 A 的浓度为 c_2，按照同样方法可得

$$c_2 = c_1 \times \left(\frac{1}{1+D \times \frac{V_{有}}{V_{水}}}\right) = c_0 \times \left(\frac{1}{1+D \times \frac{V_{有}}{V_{水}}}\right)^2$$

$$m_2 = m_0 \times \left(\frac{1}{1+D \times \frac{V_{有}}{V_{水}}}\right)^2$$

如果每次都用 $V_{有}$ 的新鲜有机溶剂对水相中的 A 进行萃取，共萃取了 n 次，水相中剩余 A 浓度为 c_n，质量为 m_n。则

$$c_n = c_0 \times \left(\frac{1}{1+D \times \frac{V_{有}}{V_{水}}}\right)^n \tag{10-9}$$

$$m_n = m_0 \times \left(\frac{1}{1+D \times \frac{V_{有}}{V_{水}}}\right)^n \tag{10-10}$$

萃取率

$$E = \left(1 - \frac{c_n}{c_0}\right) \times 100\% = \left(1 - \frac{m_n}{m_0}\right) \times 100\% = \left[1 - \left(\frac{1}{1+D \times \frac{V_{有}}{V_{水}}}\right)^n\right] \times 100\% \tag{10-11}$$

例 10-1 有 90 mL 含 A 20 mg 的水溶液，用 90 mL 的 CCl_4，分别按照下列情况进行萃取：(1)全量一次萃取；(2)每次用 30 mL 分 3 次萃取。求萃取率各为多少？已知 $D=10$。

解 (1)全量一次萃取时

$$E = \left(1 - \frac{m_1}{m_0}\right) \times 100\% = \left(1 - \frac{1}{1+D \times \frac{V_{有}}{V_{水}}}\right) \times 100\% = \left(1 - \frac{1}{1+10 \times \frac{90}{90}}\right) \times 100\% = 90.9\%$$

(2)每次用 30 mL 分 3 次萃取时

$$E = \left[1 - \left(\frac{1}{1+D \times \frac{V_{有}}{V_{水}}}\right)^n\right] \times 100\% = 100\% - \left(\frac{1}{1+10 \times \frac{30}{90}}\right)^3 \times 100\% = 98.8\%$$

计算表明，用同样总体积的有机溶剂进行萃取，"少量多次"比全量一次的萃取率要高，分离效果要好，在实际应用中常用这种方法来提高萃取率。但是增加萃取次数必然会增加萃取操作的工作量，也会加大被分离组分的损失，因此过多地增加萃取次数也是不恰当的，应根据实际情况而定。

4. 分离系数

为了达到分离目的，不仅要求萃取率要高，而且还要考虑共存组分间的分离效果，引入分离系数这个概念

$$\beta_{A/B} = \frac{D_A}{D_B}$$

分离系数表示 A、B 两种物质在萃取中被分离的程度，也是衡量萃取效果的一个重要指标。当 D_A 和 D_B 比较接近时，分离系数接近于 1，表明 A 与 B 两组分不能被萃取分离。当 D_A 和 D_B 相差较大时，分离系数远大于 1 或者远小于 1，表明 A 与 B 可以被萃取分离。且 D_A 和 D_B 相差越大，二者被分离的程度就越好。

三、重要的萃取体系

无机物大多数为离子化合物和极性共价化合物,亲水性好,不能直接被有机溶剂萃取;无机物中只有少数非极性或弱极性的共价分子,如 I_2、Br_2、HgI_2、$HgCl_2$、$GeCl_4$、$AsCl_3$ 等可以直接用有机溶剂萃取。为了使无机离子能被有机溶剂萃取,必须在水中加入某种试剂使被萃取的无机离子与试剂反应生成不带电荷的难溶于水的物质才能被有机溶剂萃取,加入的这种试剂称萃取剂。根据被萃取组分与萃取剂所形成的可被萃取分子的性质不同,主要的萃取体系有螯合物萃取体系和离子缔合物萃取体系。

1. 螯合物的萃取体系

螯合物萃取体系广泛应用于金属阳离子的萃取,是最重要且应用最广的萃取体系。所用的螯合剂应能与待萃取的金属离子形成不带电荷的中性螯合物,并应带有较多的疏水基团,才有利于螯合物被有机溶剂萃取。例如,8-羟基喹啉,可与 Pd^{2+}、Fe^{3+}、Ga^{3+}、Al^{3+}、Zn^{2+}、Co^{2+}、Mg^{2+} 等离子作用生成螯合物(以 M^{n+} 代表金属离子)

这类螯合物难溶于水,可用有机溶剂 $CHCl_3$ 萃取。双硫腙的 CCl_4 溶液萃取 Zn^{2+},即属于螯合物萃取体系。

螯合物萃取体系的化学反应涉及萃取剂的分配和解离、螯合物的形成和分配等多个平衡。若以 M^{n+} 代表金属离子,HR 代表质子化的螯合剂(螯合剂多为有机弱酸),MR_n 代表螯合物,则萃取体系的各个平衡可以表示为

若萃取剂 HR 易解离,它与金属离子所形成的螯合物 MR_n 越稳定,螯合物的分配系数越大,而萃取剂的分配系数越小,则萃取越容易进行,萃取率越高。对于不同的金属离子由于所生成螯合物的稳定性不同,螯合物在两相中的分配系数不同,选择和控制适

当的萃取条件，包括萃取剂和萃取溶剂的选择、溶液的酸度控制和干扰离子的消除等，可使不同的金属离子得以萃取分离。

2. 离子缔合物萃取体系

阳离子和阴离子能通过静电引力相结合而形成疏水的中性离子缔合物。许多金属络阳离子或金属络阴离子以及某些酸根离子能与阴离子或阳离子形成疏水性的离子缔合物，能被有机溶剂萃取。

(1) 金属络阳离子的离子缔合物

主要是金属阳离子与大体积的络合剂作用，形成大体积的络阳离子，然后与适当的阴离子缔合，形成疏水性的离子缔合物。例如，Fe^{2+} 与邻二氮菲的螯合物带正电荷，能与 ClO_4^- 生成可被 $CHCl_3$ 萃取的离子缔合物；Cu^+ 与 2,9-二甲基-1,10-二氮杂菲的络阳离子与 Cl^- 形成离子缔合物，可被氯仿萃取。

(2) 金属络阴离子的离子缔合物

主要是金属离子与溶液中简单阴离子络合形成络阴离子，然后与大体积的有机阳离子通过静电作用形成疏水性的离子缔合物。常见有含氨基的大分子如三苯甲烷类、季铵盐类等作为萃取剂，它们在酸性溶液中可以形成大阳离子，再与络阴离子形成离子缔合物。例如，Sb(V) 在 HCl 溶液中可形成 $SbCl_6^-$ 络阴离子，能与结晶紫阳离子缔合，形成被甲苯等萃取的离子缔合物；Au(III) 在 HCl 溶液中可形成 $AuCl_4^-$ 络阴离子与罗丹明 B 阳离子缔合，形成被氯仿萃取的离子缔合物；Hg(II) 能与 SCN^- 作用形成 $[Hg(SCN)_4]^{2-}$，再与十二烷基三甲基溴化铵阳离子($DTAB^+$)形成不溶于水的离子缔合物 $(DTAB)_2 \cdot [Hg(SCN)_4]$；用乙醚从 HCl 溶液中萃取 Fe^{3+} 时，Fe^{3+} 与 Cl^- 形成配阴离子 $FeCl_4^-$，乙醚与 H^+ 结合成𨦡离子$[(C_2H_5)_2OH]^+$，然后形成离子缔合物$[(C_2H_5)_2OH]^+ \cdot [FeCl_4^-]$溶于乙醚，乙醚既是萃取剂又是萃取溶剂。

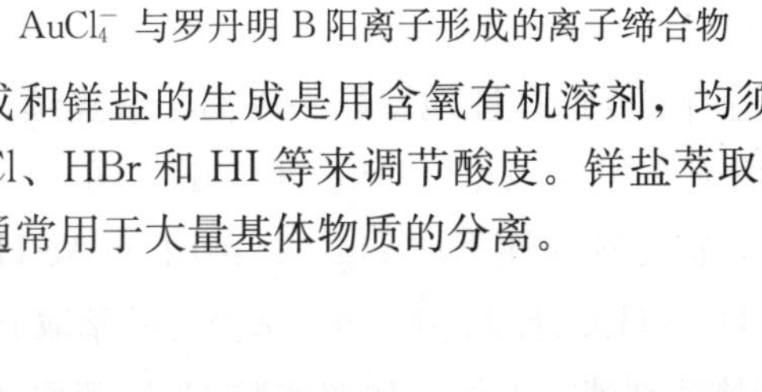

$AuCl_4^-$ 与罗丹明 B 阳离子形成的离子缔合物

注意：𨦡离子的形成和𨦡盐的生成是用含氧有机溶剂，均须在较高的酸度下实现，常用不含氧的强酸如 HCl、HBr 和 HI 等来调节酸度。𨦡盐萃取体系的特点是萃取能力较强，但选择性较差，通常用于大量基体物质的分离。

四、萃取条件的选择

1. 萃取剂的选择

萃取剂应该是螯合剂或离子缔合剂，当螯合剂与金属离子生成的螯合物为中性分子，且越稳定或金属络阳离子或络阴离子与离子缔合剂形成的离子缔合物越难溶于水,则萃取率就越高;螯合剂和缔合剂含疏水基团越多、亲水基团越少,萃取率就越高。

2. 溶液的酸度

酸度影响萃取剂的离解、络合物的稳定性、金属离子的水解,所以萃取酸度的选择很重要。萃取剂一般含有酸性基团(—COOH、—OH、—SH、=NOH等)和碱性基团(—NH_2、=NH、=N—、C=O等),溶液的酸度越低,越有利萃取剂与金属离子络合,越有利于萃取。但是,若溶液的酸度太低时,金属离子可能发生水解,或引起其他干扰反应,对萃取反而不利,必须控制萃取时的酸度。适应酸度是通过实验作金属离子的萃取酸度曲线。同一萃取剂萃取不同金属离子时适宜酸度是不同的,所以可通过控制酸度选择性的萃取某种金属离子。

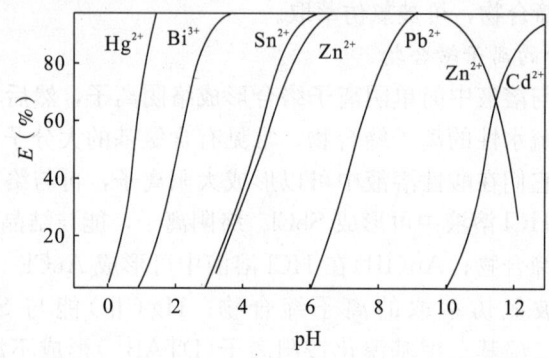

图 10-1　双硫腙-CCl_4 萃取几种金属离子的萃取酸度曲线

3. 萃取溶剂的选择

萃取溶剂的选择通常根据螯合物的组成和结构,根据"相似相溶"原理选择合适的有机溶剂作为萃取溶剂。含烷基的螯合物可用卤代烷烃如 CCl_4 或 $CHCl_3$ 作萃取溶剂,含芳香基的螯合物可用芳香烃如苯或甲苯作为萃取溶剂。萃取溶剂的要求是:被萃取物在溶剂中的溶解度尽可能大,萃取溶剂与萃取组分不发生副反应,与水的密度差别要大,黏度要小,易分层;还要求萃取溶剂毒性小、挥发性小和不易燃烧。

4. 干扰离子的消除

首先考虑通过控制适当酸度选择性地萃取一种离子或连续萃取几种离子,使其与干扰离子分离。例如,在含有 Hg^{2+}、Zn^{2+}、Pb^{2+} 和 Cd^{2+}(图 10-1)的溶液中,用双硫腙-CCl_4 萃取,控制 pH=1,首先选择性萃取 Hg^{2+};再用 NaAc-HAc 控制 pH=5,选择性的萃取 Zn^{2+};然后用 NH_3-NH_4Cl 控制 pH=9,选择性的萃取 Pb^{2+};最后在 NaOH 溶液中萃取 Cd^{2+}。其次使用掩蔽剂消除干扰,如双硫腙-CCl_4 萃取 Ag^+ 时,许多离子都要干扰,控制 pH 等于 2,加入 EDTA 可以掩蔽许多金属离子,除 Hg^{2+}、Au^{3+} 外,许多金属离子都不被萃取。

除上述条件外,温度、离子强度、振荡时间等因素也会影响萃取效率。

五、萃取操作方法

分析化学中常用的萃取操作常为间歇法，常在梨形分液漏斗中进行。取一定体积的含待测组分的试液，加入适当的萃取剂，调节到所需的分离条件（如酸度、掩蔽剂等），然后移入分液漏斗中，加入一定体积的萃取溶剂，充分振荡至达到平衡为止。静置待两相分层后，轻轻转动分液漏斗的旋塞，使下层流入另一容器中，从而使两相得到分离。如果被萃取物质的分配比足够大，则一次萃取即可达到定量分离的要求。如果分配比不够大，可在水相中再加入新鲜有机溶剂，进行二次、三次萃取。

萃取静置分层时，两相交界处应有清晰的界面。但有时在交界处会出现一层乳化层，其原因可能是由于振荡过于激烈，使一相高度分散在另一相中；也可能是反应中生成的某种微溶化合物，既不溶于水相也不溶于有机相，以致在界面上沉淀。一般来说，采用增大有机溶剂的用量、加入电解质、改变溶液酸度、振荡不过于激烈等方法，都有可能避免乳化层的产生。

在萃取过程中，在待测组分进入有机相的同时，往往还有少量干扰组分亦转入有机相中。可以通过反萃取、洗涤或改变酸碱度等手段消除干扰组分。

第四节 离子交换分离法

利用离子交换剂与溶液中的离子发生交换反应来进行分离的方法叫离子交换分离法。这种分离方法不仅可以用来分离带不同电荷的离子，也可以用来分离带相同电荷的离子，广泛应用于富集微量或痕量组分和制备纯物质。这种方法的分离效果好，但是操作麻烦，周期长。所以分析化学中只用它解决某些比较困难的分离问题。

一、离子交换剂的种类和性质

离子交换剂的种类很多，主要有无机离子交换剂和有机离子交换剂两大类。目前应用较多的是有机离子交换剂，即离子交换树脂。

离子交换树脂是一种具有网状骨架结构的高分子聚合物，骨架部分一般很稳定，不溶于酸、碱和一般溶剂，并与一般氧化剂、还原剂和化学试剂不反应。在网状结构的骨架上有许多可以被交换的活性基团，根据活性基团的不同，离子交换树脂可分为阳离子交换树脂、阴离子交换树脂和特种树脂。下面介绍阳离子交换树脂和阴离子交换树脂。

1. 阳离子交换树脂

阳离子交换树脂的交换基团是酸性基团，酸性基团上的 H^+ 可以和溶液中的阳离子发生交换作用，如磺酸基—SO_3H，羧基—COOH 和酚羟基—OH 等酸性基团，若以—R 代表树脂的网状骨架部分，R—SO_3H 为强酸性阳离子交换树脂，R—COOH 和 R—OH 为弱酸性阳离子交换树脂。强酸性阳离子交换树脂在酸性、碱性和中性溶液中均可应用，交换反应速度快，应用范围广。弱酸性阳离子交换树脂的交换能力受外界酸度的影响较大，R—COOH 在 pH>4、R—OH 在 pH>9.5 时才具有离子交换能力，因此其应用受到一定限制，但选择性较好，可用来分离不同强度的有机碱。

阳离子交换树脂与溶液中的其他阳离子例如 Ca^{2+} 发生的交换反应，可以简单地表示如下

$$2R—SO_3H + Ca^{2+} \underset{\text{洗脱过程}}{\overset{\text{交换过程}}{\rightleftharpoons}} (R—SO_3)_2Ca + 2H^+$$

溶液中的 Ca^{2+} 进入树脂网状结构中与 H^+ 交换，H^+ 进入溶液，树脂就转变为钙型强酸性阳离子交换树脂。由于交换过程是可逆过程，如果以适当浓度的盐酸处理已经交换的树脂，反应将向反方向进行，树脂又恢复原状，这一过程称为树脂的再生或洗脱过程。再生后的树脂经过洗涤又可以再次使用。

2. 阴离子交换树脂

阴离子交换树脂的交换基团是碱性基团，碱性基团为伯氨基—NH_2、仲胺基—$NHCH_3$、叔胺基—$N(CH_3)_2$ 和季铵盐—$N(CH_3)_3^+ X^-$。其中季铵盐型 $R—N(CH_3)_3^+ X^-$ 为强碱性阴离子交换树脂，X^- 可以是 OH^-、Cl^-、NO_3^- 等，应用较广，在酸性、中性和碱性溶液中都能应用；而 $R—NH_2$、$R—NHCH_3$ 和 $R—N(CH_3)_2$ 为弱碱性阴离子交换树脂，在碱性条件下将失去交换能力，不宜在碱性条件下使用，树脂在水中首先发生水化作用

$$R—NH_2 + H_2O \rightleftharpoons R—NH_3^+ \cdot OH^-$$

阴离子交换树脂与溶液中的其他阴离子例如 SO_4^{2-} 发生的交换反应，可以简单地表示如下

$$2R—NH_3^+ \cdot OH^- + SO_4^{2-} \underset{\text{洗脱过程}}{\overset{\text{交换过程}}{\rightleftharpoons}} (R—NH_3^+)_2 \cdot SO_4^{2-} + 2OH^-$$

$$2R—N(CH_3)_3^+ + SO_4^{2-} \underset{\text{洗脱过程}}{\overset{\text{交换过程}}{\rightleftharpoons}} [R—N(CH_3)_3^+]_2 \cdot SO_4^{2-} + 2OH^-$$

阴离子交换树脂为氢氧型阴离子交换树脂，经交换后则转变为硫酸根型阴离子交换树脂。交换后的树脂经适当浓度的 NaOH 溶液处理后可以再生。

3. 离子交换树脂的性质

(1) 交联度

在由苯乙烯和二乙烯苯聚合生成的离子交换树脂中，苯乙烯只能生成链状聚合物，要形成网状结构聚合物必须有二乙烯苯的参与。在合成离子交换树脂的过程中，将链状

聚合物分子相互连接而形成网状结构的过程称为交联。苯乙烯和二乙烯苯聚合生成离子交换树脂的过程中，二乙烯苯为交联剂。交联剂用量的多少反映了树脂的交联程度，通常将树脂中交联剂的质量百分率称为树脂的交联度。

$$交联度 = \frac{交联剂质量}{干树脂的总质量} \times 100\% \tag{10-12}$$

交联度(extent of crosslinking)直接影响树脂的性质，交联度越小，树脂网状结构的孔径越大，溶胀性能好，交换速度快，选择性差，机械强度也差；交联度大的树脂网状孔径小、孔眼密，交换时体积大的离子不能进入孔眼发生交换，选择性高，树脂结构紧密，机械强度好，但交换时速度较慢。交联度一般控制在4%～14%为宜。

(2) 交换容量

指每克干树脂所能交换的相当于一价离子的物质的量($mmol \cdot g^{-1}$)，决定于树脂网状结构内所含活性基团的数目。用酸碱滴定法可测定树脂的交换容量，离子交换树脂的交换容量一般以 3～6 $mmol \cdot g^{-1}$ 为宜。

例 10-2 称取 1.2000 g 氢型阳离子交换树脂，以 0.1250 $mol \cdot L^{-1}$ NaOH 溶液 50.00 mL 浸泡 24 h，使树脂上的 H^+ 全部交换到溶液中，再用 0.1105 $mol \cdot L^{-1}$ HCl 标准溶液滴定过量的 NaOH，用去20.10 mL，计算该阳离子交换树脂的交换容量。

解 该树脂的交换容量

$$\frac{c_{NaOH}V_{NaOH} - c_{HCl}V_{HCl}}{m_{干树脂}} = \frac{0.1250 \ mol \cdot L^{-1} \times 50.00 \ mL - 0.1105 \ mol \cdot L^{-1} \times 20.10 \ mL}{1.2000 \ g} = 3.357 \ mmol \cdot g^{-1}$$

二、离子交换树脂的亲合力

用离子交换树脂分离带相同电荷的离子是基于各种离子对树脂的亲和力的不同。

离子交换树脂的活性基团进行离子交换过程表示如下

$$nR\text{—}SO_3H + M^{n+} \underset{洗脱过程}{\overset{交换过程}{\rightleftharpoons}} [(R\text{—}SO_3)]_n \cdot M^{n+} + nH^+$$

$$nR\text{—}N(CH_3)_3^+ \cdot OH^- + X^{n-} \underset{洗脱过程}{\overset{交换过程}{\rightleftharpoons}} [(R\text{—}N(CH_3)_3^+)]_n \cdot X^{n-} + nOH^-$$

交换过程的快慢和难易程度反映了离子交换树脂对离子的亲合力，亲合力与被交换离子的水合离子半径、电荷、离子的极化程度等有关。水合离子半径越小，电荷越高，离子极化程度越大，其亲合力也越大。例如，Li^+、Na^+、K^+ 和 Rb^+，它们水合离子的电荷数相同，但水合离子半径依次减小，所以树脂对它们的亲合力依次增强。

实验表明，常温稀溶液中，强酸性阳离子交换树脂和强碱性阴离子交换树脂对常见离子的亲合力大小顺序如下。

1. 强酸性阳离子交换树脂

不同价态的离子，电荷越高，亲合力越大，如

$$Na^+ < Mg^{2+} < Al^{3+}$$

离子价态相同时，亲合力随着水合离子半径减小而增大，如

$$Li^+ < H^+ < Na^+ < NH_4^+ < K^+ < Rb^+ < Cs^+ < Ag^+$$

$$Mg^{2+} < Zn^{2+} < Co^{2+} < Cu^{2+} < Cd^{2+} < Ni^{2+} < Ca^{2+} < Sr^{2+} < Pb^{2+} < Ba^{2+}$$

稀土金属的离子半径随其原子序数的增大而减小,但水合离子的半径却增大,即有

$Lu^{3+} < Yb^{3+} < Tm^{3+} < Er^{3+} < Ho^{3+} < Dy^{3+} < Tb^{3+} < Gd^{3+} < Eu^{3+} < Sm^{3+} < Nd^{3+} < Pr^{3+} < Ce^{3+} < La^{3+}$

对于弱酸性阳离子交换树脂,树脂对 H^+ 的亲合力大于其他阳离子,而对其他阳离子的亲合力顺序与强酸性阳离子交换树脂相似。

2. 强碱型阴离子交换树脂

对常见阴离子的亲合力大小顺序如下

$F^- < OH^- < CH_3COO^- < Cl^- < CN^- < Br^- < NO_3^- < HSO_4^- < I^- < ClO_4^- < CrO_4^{2-} < SO_4^{2-}$

而对于弱碱型阴离子交换树脂对 OH^- 的亲合力强于其他阴离子。

由于树脂对于不同离子的亲和力大小不同,在进行离子交换时,树脂就有一定的选择性。当溶液中各离子的浓度大致相同时,总是亲和力大的离子先被交换到树脂上;而在洗脱时,亲和力较小的离子总是先被洗脱下来,这样在反复的交换和洗脱过程中才能使不同的离子互相得到分离。

三、离子交换分离法的操作

1. 树脂的选择和处理

分析化学中应用最多的树脂为强酸性阳离子交换树脂和强碱性阴离子交换树脂。市售树脂颗粒大小不够均匀,在使用前应过筛除去太大和太小的颗粒,也可以用水溶胀后用筛在水中选取大小一定的颗粒备用。

市售树脂都含有一定量的杂质,在使用前通常用 $4\sim6$ mol·L^{-1} HCl 溶液浸泡两天,以除去杂质并使其溶胀,然后用蒸馏水洗涤至中性,浸于去离子水中备用。这样阳离子交换树脂处理成 H-型,阴离子交换树脂转化为 Cl-型。

2. 装柱

离子交换分离操作一般都在交换柱中进行。常用的离子交换柱如图 10-2。先在柱下端铺一层玻璃纤维,防止树脂流出。处理好的树脂在交换柱装有水的情况下倒入,使树脂自动下沉而形成交换层。保持树脂处在液面下,最好在树脂上层放一层玻璃纤维,以防止加入试样溶液搅动树脂。装好的树脂柱中不能有气泡,以免影响液体流动,影响交换和洗脱。图 10-2(a)比图 10-2(b)优越,因其曲管的顶端比树脂层约高,可防止树脂层干涸而混入空气,但液面差小,流速慢。

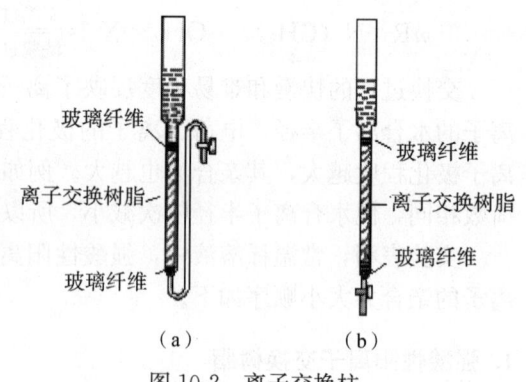

图 10-2 离子交换柱

3. 交换过程

将待分离的试液缓慢地倾入交换柱内,从上到下流经交换柱进行交换作用,以旋塞控制适当的流速。如果柱中装的是阳离子交换树脂,试液中的阳离子与树脂上的 H^+ 交换而留在柱中,阴离子不交换而流出,在阴离子交换树脂上的分离情况与此相似。交换完成后,用蒸馏水洗去残留的试液和交换出来的离子。

4. 洗脱过程

洗脱(淋洗)就是将交换到树脂上的离子,用洗脱剂置换下来的过程,是交换过程的逆过程。对于阳离子交换树脂常采用 HCl 溶液作为洗脱液,洗脱剂中的 H^+ 把最上层的 M^{n+} 取代下来,流向柱子下层又与未交换的树脂进行交换,如此反复,使交换层向下推移。在洗脱过程中,开始流出的离子是没有被交换上去的或亲合力小的阳离子,随着 HCl 不断加入,流出液中某离子的浓度逐渐增大,呈现峰值后又逐渐减小。以流出液中某离子浓度 c 为纵坐标,洗脱液体积 V 为横坐标作图,可得到如图 10-3 所示的洗脱曲线(淋洗曲线)。如果有几种离子同时交换在柱上,洗脱过程就是分离过程。亲合力小的离子向下移动的速度快,最先被洗脱下来,亲合力大的离子向下移动的速度慢,最后被洗脱下来。

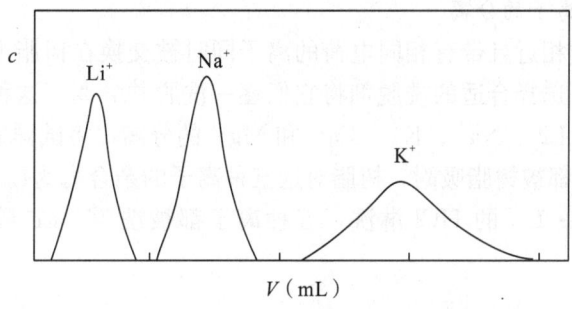

图 10-3　Li^+、Na^+ 和 K^+ 的洗脱曲线

用 HCl 洗脱阳离子交换树脂,经过洗脱之后树脂转化成 H-型;阴离子交换树脂常采用 NaOH 溶液作为洗脱液,经过洗脱之后树脂转化成 OH-型。因此洗脱之后的树脂已得到再生,用蒸馏水洗涤干净即可再次使用,故洗脱过程往往也是再生过程。

四、离子交换分离法的应用

1. 去离子水的制备

将强酸型阳离子交换树脂处理成 H-型,强碱型阴树脂处理成 OH-型,再让待纯化的水通过阳离子交换树脂柱交换除去水中的各种阳离子,然后再通过阴离子交换树脂柱以交换除去水中的各种阴离子,从阳离子交换柱上交换下来的 H^+ 和从阴离子交换柱上交换下来的 OH^- 结合生成 H_2O 得到去离子水,这种方法制备的水称为"去离子水"。将阳、阴离子交换树脂柱串联起来使用称为复柱法。若要求水的纯度更高,可再串联一个混合柱(阳、阴离子交换树脂按交换容量 1∶1 混合装柱),它相当于将阳、阴离子交换树脂柱多级串联起来使用，称为混合柱法。

树脂使用过一段时间后，树脂上的活性基团就会逐渐被水中交换上来的离子所饱和，最终将完全丧失交换能力，就需要用强酸和强碱来分别洗脱阳、阴离子交换柱，使树脂再生。

2. 干扰离子的分离

(1) 带相反电荷干扰离子的分离

用离子交换法分离消除带相反电荷离子的干扰非常简单。例如，用重量法测定硫酸根，当有大量 Fe^{3+} 存在时，由于产生严重的共沉淀现象而影响测定。可将试液的稀酸溶液通过 H-型强酸性阳离子交换树脂，则 Fe^{3+} 被树脂交换，HSO_4^- 进入流出液，从而消除 Fe^{3+} 的干扰。例如，硼镁矿的主要成分是 $Mg_2B_2O_5$，也含有硅酸盐。为了测定硼镁矿中的硼，可把试样熔融分解后溶于稀酸中，然后让试液通过 H-型强酸性阳离子交换树脂，以交换除去阳离子和硅酸，而硼以 H_3BO_3 形式进入流出液，用碱中和交换下来的 H^+，用甘油强化 H_3BO_3 生成络合酸，再用酸碱滴定法测定硼含量。又如，用光度法测定钢铁中微量的 Mg^{2+} 时，试液中大量的 Fe^{3+} 干扰测定，试样用 $9\ mol \cdot L^{-1}$ HCl 处理，使 Fe^{3+} 转化为 $FeCl_4^-$，而 Mg^{2+} 仍然以阳离子存在，将试样用 Cl-型强碱性阴离子交换树脂处理，$FeCl_4^-$ 被 Cl^- 交换留在树脂上而 Mg^{2+} 不被交换流出，在流出液分析 Mg^{2+}。

(2) 带相同电荷离子的分离

如果有几种性质相近且带有相同电荷的离子同时被交换在树脂上，根据离子与树脂的亲合力的不同，可选择合适的洗脱剂将它们逐一洗脱并分离，这种方法称为离子交换色谱分离法。例如，Li^+、Na^+、K^+、Ca^{2+} 和 Mg^{2+} 的分离，将试样通过强酸型阳离子交换树脂柱，5 种离子都被树脂吸附，树脂对这五种离子的亲合力为 $Li^+ < Na^+ < K^+ < Mg^{2+} < Ca^{2+}$，用 $0.1\ mol \cdot L^{-1}$ 的 HCl 淋洗，五种离子都被洗脱。Li^+ 最先被洗脱，最后是 Ca^{2+} 流出。

3. 微量组分的富集

离子交换树脂是富集微量组分的有效方法。例如，矿石中痕量铂、钯的测定，可将矿石溶解后加入较浓的 HCl，使 Pt(Ⅳ) 和 Pd(Ⅱ) 转化为 $PtCl_6^{2-}$ 和 $PdCl_4^{2-}$ 阴离子，稀释之后，将试液通过装有 Cl-型强碱性阴离子交换树脂柱，使 $PtCl_6^{2-}$ 和 $PdCl_4^{2-}$ 附着于交换树脂上。取出树脂，高温灰化。再用王水浸取残渣，得到含浓度较高的 Pt(Ⅳ) 和 Pd(Ⅱ) 的试液，再用分光光度法测定。

例如，降水 K^+、Na^+、Ca^{2+}、Mg^{2+}、Cl^-、NO_3^-、SO_4^{2-} 等组分的测定，可取数升水样，使之流过 H-型阳离子交换柱和 OH-型阴离子交换柱，以使各种组分分别交换于柱上。然后用几十毫升稀盐酸洗脱阳离子，另用几十毫升稀氢氧化钠洗脱阴离子，在洗脱液中分别测定各种离子。

第五节 色谱分离法

色谱分离法简称色谱法，又称层析法和色层法。色谱法是根据被分离物质的分子在两相中分配系数的微小差别进行分离的,一相是固定相,另一相是流动相。当两相作相对移动时,被分离物质在两相之间进行反复多次分配,由于不同物质的分配系数不同,在固定相中的迁移速度不同使各组分分离。这一分离方法的分离效率高,能将各种性质相似的物质彼此分离。

色谱分离法可以有不同的分类方法。如按流动相的状态分类,可分为气相色谱法和液相色谱法;如以固定相的固定方式分类,可分为柱色谱、纸色谱和薄层色谱;如以分离机理分类,则可分为吸附色谱、分配色谱、凝胶色谱和离子交换色谱等。色谱分离法的气相色谱和高效液相色谱发展极快,在仪器分析课程中详细讨论。本节只简要介绍属于经典液相色谱法的吸附柱色谱法、纸色谱法和薄层色谱法。

一、吸附柱色谱法

吸附柱色谱法简称柱色谱法,又称柱层析法,是最早出现的一种液相色谱法。固定相硅胶或氧化铝等填充在玻璃柱中,试液由柱顶加入,待分离组分被吸附在柱的上端,再用流动相(淋洗液)加在柱子的上方,流动相靠重力自上而下通过固定相实现组分的分离。

例如,有 A 和 B 两组分,设固定相对 A 的吸附力大于对 B 的吸附力,则 A 首先被吸附到固定相上,然后 B 才被吸附。但由于二者的吸附力差别往往很小,开始并不能在柱中完全分开。当用适当的有机溶剂进行洗脱时,A 和 B 都要在固定相和流动相之间发生反复的解吸、吸附、再解吸和再吸附的过程。经过一段时间以后,它们都会从色谱柱的上方移动到下方。但由于 A 受的吸附力较大,使得 A 下行的速度较慢。经过一段时间,在色谱柱中 A 组分在 B 组分的上方并逐渐分离开来。如果 A 和 B 都具有颜色,分离后的色谱柱上就会出现两条色带,"色谱"一词即来源于此。如果继续洗脱,并用不同的容器分别接收,就会得到 A、B 的纯组分。

柱层析法的柱效不高,目前已很少用于分析检测,但由于柱的容量大,又不需要特殊的仪器设备,现普遍用于复杂混合物的预分离,如广泛应用于有机合成、植物化学、中药材活性成分的提取等方面的初步分离。

吸附色谱法对吸附剂的基本要求是:具有较大的比表面积;对分离组分有适当的吸附能力;不溶解于溶剂和洗脱剂;不与分离组分、溶剂和洗脱剂发生化学反应;颗粒较均匀,有一定的粒度,在使用过程中不易破碎。

吸附柱色谱法最常用的吸附剂是硅胶和氧化铝,其次是聚酰胺、活性炭、氧化镁和高聚物微球等。

吸附剂对一些化合物的吸附能力的大小顺序为

饱和烃<不饱和烃<醚<酯<醛<酮<胺<羟基化合物<酸和碱

吸附色谱法对洗脱剂的基本要求是:对分离组分有足够的溶解能力;不与分离组分和吸附剂发生化学反应;黏度小,易流动;有足够的纯度;毒性尽可能小。

洗脱剂和吸附剂选择的一般原则:根据待分离组分的极性选择洗脱剂和吸附剂。一般来说,采用吸附性较弱的吸附剂分离极性较大的物质时,应选用极性较大的洗脱剂如水和甲醇等;采用吸附性较强的吸附剂分离极性较小的物质时,应选用极性较小的有机溶剂作洗脱剂。

洗脱剂可以是一种有机溶剂，也可以是两种或两种以上有机溶剂以适当比例混配，可调成极性梯度更细的混合溶剂。常见有机溶剂的极性大小顺序为

石油醚＜环己烷＜四氯化碳＜苯＜甲苯＜二氯甲烷＜氯仿＜乙醚＜乙酸乙酯
＜丙酮＜正丙醇＜乙醇＜甲醇＜吡啶＜酸

柱色谱的装柱：柱色谱中吸附剂的装填是影响柱效的因素之一。装柱方法有干法和湿法两种。干法是直接将吸附剂加入管中并轻敲柱侧使之填装均匀和结实，然后用溶剂淋洗；湿法是将吸附剂悬浮于溶剂中缓慢注入柱中，注意保持吸附剂不露出溶剂面，吸附剂层内无气泡、裂缝。

柱色谱的上样和淋洗：将试样溶解在少量低极性溶剂或将试样经一定处理后得到的试液倾入柱顶，使之均匀地被吸附在吸附剂表面，然后以溶剂进行淋洗。淋洗是色谱分离的关键操作。

二、纸色谱分离法

纸色谱法具有所需仪器廉价，操作简单，分离效果好等优点，在分析化学、有机化学、生物化学和药物分析等方面得到了一定的应用。

1. 纸色谱分离法的基本原理

纸色谱属于分配色谱。纸纤维素是由葡萄糖分子聚合成的大分子，其中含有亲水性的羟基。当纸吸附水分时，水分子通过氢键与纤维素上的羟基结合，水分子被牢牢地吸附在纸的表面，其中有约6%的水分与纤维素形成复合物，这部分水和被水饱和的有机溶剂形成类似不相溶的两相。常把纸纤维吸附的水作固定相；被水饱和的有机溶剂作流动相（展开剂）。被分离组分在两相之间进行分配时，由于各组分分配系数不同，使它们在滤纸上的迁移速率不同，从而使各组分得到分离。

操作时在长条滤纸的一端用玻璃毛细管点上待分离的试样，待晾干后将滤纸吊放在一个密闭的盛有展开剂的容器内，使滤纸被展开剂的蒸气所饱和。把点有试样的滤纸一端浸入流动相溶剂中约1 cm（图10-4），由于滤纸的毛细作用，待分离的各组分将随着展开剂的上移而在固定相和流动相之间不断地进行分配和再分配。此时，在流动相中溶解度较小而在固定相中溶解度较大的物质，随流动相上升的速率较慢；反之则上升较快。当经过一定的时间，流动相溶剂前沿到达滤纸上端时，立即取出并在溶剂前沿处划线，风干。如果被分离组分是有色物质，被分离后在纸的不同位

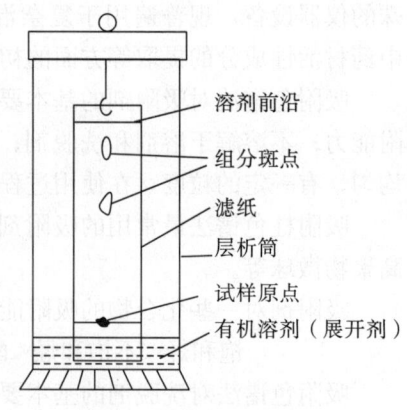

图10-4 纸色谱分离图

置就会呈现有色斑点；若为无色物质，根据组分的性质喷洒显色剂使它们显色。若要进行定量测定，可将色斑分别剪下并将组分溶出或灰化后用溶剂溶解，再用适宜的方法测定。

2. 比移值

在平面色谱(纸色谱和薄层色谱)中,常用比移值(R_f)表示某组分在滤纸或薄层板上的迁移情况和衡量各组分的分离情况,如图 10-5 所示。

$$R_{f(A)} = \frac{原点至斑点中心的距离}{原点至溶剂前沿的距离} = \frac{a}{c}$$

$$R_{f(B)} = \frac{原点至斑点中心的距离}{原点至溶剂前沿的距离} = \frac{b}{c}$$

相对比移值

$$R_{st(A/B)} = \frac{a}{b}$$

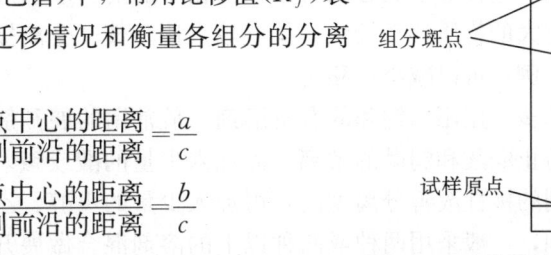

图 10-5 比移值的计算示意图

当 $R_f=1$ 时,表明该组分随溶剂前沿一起移动,完全不溶于固定相;当 $R_f=0$ 时,表明该组分留在原点不动,不随展开剂上升。通常情况下组分的 $R_f=0\sim1$ 之间,而 $R_{st}>1$ 或 $R_{st}<1$。在所用滤纸或薄层板和展开剂等条件一定的情况下,不同的物质都有其特定的 R_f 值,据此可进行定性鉴定,也可以根据不同组分比移值的差别来判断它们彼此分离的可能性,R_f 差别越大,分离效果越好。

影响 R_f 值的因素较多,主要有分离组分的化学结构、固定相和展开剂的组成与性质、展开剂 pH、温度、展开的距离等。由于影响 R_f 的因素很多,用平面色谱进行定性时必须用对照品溶液和试样溶液点于同一张平面板上,展开、显色,根据 R_f 相同定性。

3. 色谱滤纸的选择

在纸色谱中,分离在作为载体的滤纸上进行,因此滤纸是影响分离效果的重要因素之一。对滤纸的要求如下。

1)质地和厚薄必须均匀,边沿整齐,平整无折痕,无污渍。
2)纸纤维疏松度适当。过于疏松易使斑点扩散,过于紧密则展开剂上升速度太慢。
3)有一定的强度,不易断裂,被展开剂湿润后仍保持原状。
4)纯度高,不含填充剂,灰分在 0.01% 以下。否则金属离子与某些组分结合,影响分离效果。

实验中应根据分析对象、分离目的、展开剂性质选择色谱滤纸。R_f 差异小的化合物,应选择慢速滤纸;展开剂黏度大,如正丁醇,可选疏松的薄型快速滤纸;展开剂黏度小,如石油醚、氯仿等宜选择结构紧密的厚型滤纸。

4. 固定相的选择

纸色谱中使用的色谱滤纸由纤维素组成,具有极强的吸收性,可吸留 20%~25% 的水分,其中 6% 的水以氢键与纤维素上的羟基结合在一起较难脱出,纸色谱实际上是滤纸纤维上的水分作固定相,而纤维素则起惰性载体的作用,用于分离一些极性较强的物质;用纸色谱分离一些极性较小的物质,滤纸先用甲酰胺或二甲基甲酰胺或丙二醇等处理滤纸,以增加分离物质在固定相中的溶解度,提高分离效果,则固定相就为甲酰胺或二甲基甲酰胺或丙二醇等。

5. 展开剂的选择

展开剂的选择应根据分离对象在两相中的溶解度和展开剂的极性来考虑。在展开剂中溶解度较大的物质移动较快,具有较大比移值。分离极性化合物,增加展开剂中非极性溶剂的比例,可以减小比移值。

展开剂多采用用水饱和的有机溶剂。最常用的展开剂是用水饱和的正丁醇、正戊醇等;为了防止弱酸和弱碱的解离,需加入少量的酸或碱,如甲酸、乙酸或吡啶等;若需增加展开剂的极性改善分离度时,可加入少量的甲醇、乙醇等。挥发性太大的溶剂不适合作展开剂,一般采用两种或两种以上的溶剂混合做展开剂,使用前先用水饱和,以免在展开过程中夺取固定相中的水。如分离氨基酸时可采用正丁醇:醋酸:水(12:3:5)为展开剂。

三、薄层色谱法

薄层色谱法是将柱色谱与纸色谱相结合而发展起来的一种色谱分离方法。它将柱色谱的分离效果好、适用范围广的优点与纸色谱设备简单、灵敏快速和显色方便的优点相结合,具有独特的优越性。

1. 薄层色谱法的基本原理

薄层色谱法的固定相为吸附剂(如硅胶、活性氧化铝、纤维素等)均匀地涂在玻璃板上制成薄层板,试样点于薄层板的一端离边沿 1~2 cm 处,晾干,在被展开剂蒸气饱和的密闭层析缸中展开。由于固定相吸附剂的毛细管作用,流动相沿着固定相薄层上升,遇到试样点,试样溶于流动相并在流动相和固定相之间进行吸附—解吸—再吸附—再解吸的多次过程中慢慢向上移动,易被吸附的物质移动较慢,较难吸附的物质移动较快,最后试样中各组分对吸附剂的亲合力因强弱不同而得以分离。组分的迁移情况或各组分离情况用比移值 R_f 表示(见纸色谱的

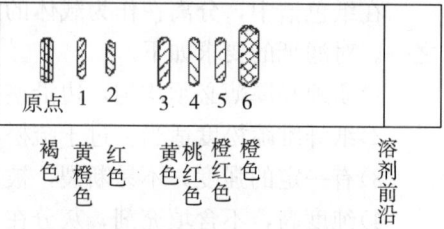

图 10-6 氨基蒽醌薄层色谱示意图

R_f)。例如,主成分 1-氨基蒽醌中混有 2-氨基蒽醌、1,5-二氨基蒽醌、1,6-二氨基蒽醌、1,7-二氨基蒽醌和 1,8-二氨基蒽醌的薄层色谱分离。将试样用二氧六环或丙酮配成试液,用毛细管点于中性氧化铝的薄层板上,将薄层板放入装有展开剂为丙酮—四氯化碳—乙醇(1:3:0.04)的层析缸中展开,晾干。在薄板上可以清楚看出离原点最远处有一个面积最大、颜色最深的橙色斑点是主成分 1-氨基蒽醌,其次是橙红色的 1,5-二氨基蒽醌、桃红色的 1,8-二氨基蒽醌、黄色的 2-氨基蒽醌、红色的 1,6-二氨基蒽醌和黄橙色的 1,7-二氨基蒽醌,原点则显褐色,层析谱图如图 10-6 所示。

2. 薄层色谱的固定相

薄层色谱的固定相必须选择适当的吸附剂,吸附剂必须具有适当的吸附力,与溶剂、

展开剂和分离组分不发生任何化学反应，有一定的比表面积和机械强度。吸附剂都做成细粉状，一般在 150~250 目。其吸附能力的强弱，往往和所含的水分有关。含水增加吸附能力就减弱，需把吸附剂在一定温度下烘焙驱除水分，这个过程叫薄层板的"活化"。在薄层色谱中用的最多的吸附剂是氧化铝和硅胶。

氧化铝是一种吸附能力、分离能力较强的吸附剂，用于分离中性和碱性物质。层析用的氧化铝，按生产条件的不同，又可分为酸性、碱性和中性三种，其中中性氧化铝应用最广。氧化铝一般不加黏合剂就用粉铺成薄层进行层析，这样的层析板称"软板"。软板制备涂层的操作，将氧化铝撒在玻璃板上，用两端套有圆环的玻璃棒或不锈钢制的铺层棒，压在氧化铝上，按一定方向用同一速度缓缓移动，如图 10-7 所示，即得平滑均匀的薄层板。

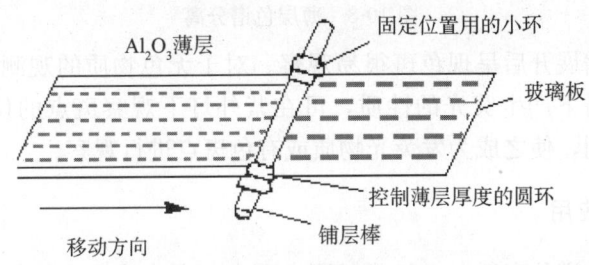

图 10-7　薄层色谱"软板"制作图

硅胶是一种微带酸性的吸附剂，常用于分离中性和酸性物质。硅胶一般和黏合剂粉按一定比例混合，加水调成糊，均匀涂于玻璃板上制成薄层，然后加热烘干，使之活化，这样制成的薄层板为"硬板"，保存于干燥器中备用。薄层色谱中常用的硅胶有以下几种：硅胶 G(掺有煅石膏的硅胶)，硅胶 H(不含黏合剂的硅胶)，硅胶 HF_{254}(含荧光指示剂的硅胶)，硅胶 GF_{254}(加煅石膏和荧光剂的硅胶)，硅胶 CMC(硅胶中加羧甲基纤维素)。

3. 薄层色谱的展开剂

薄层色谱按其分离机理可分为吸附色谱和分配色谱两种，两种色谱所用的展开剂是不同的。

吸附色谱是利用吸附剂对试样中各组分吸附能力的不同来进行分离的，一般是用非极性或弱极性展开剂来处理弱极性化合物。例如，氨基蒽醌的薄层色谱分离。根据试样中各组分的极性和吸附剂的活化程度来选择适当的弱极性的溶剂或混合溶剂作展开剂。一些常用溶剂的极性强弱次序可参见柱色谱中的流动相。

分配色谱一般是用极性展开剂处理极性化合物，例如，蒽醌磺酸的薄层色谱分离。展开剂用正丁醇－氨水(相对密度为 0.88)－水(2∶1∶1)混合配成。分配色谱是利用试样中各组分在流动相和固定相中溶解度的不同，在两相间不断进行分配而达到分离目的。分配色谱是利用薄层板的吸附剂吸附的少量水分作固定相(类似于纸色谱的固定相)。

4. 薄层色谱的展开

薄层色谱展开操作一般采用上升法。对于软板，应采用近水平方向展开，如图 10-8(a)所示；对于硬板，采用近垂直方向展开，如图 10-8(b)所示。对于组成复杂而难以分离的试样,如一次层析不能使各组分完全分离,可用双向展开法。为此,点试样于薄层板的一角,用一种展开剂展开,层析完毕待溶剂挥发后,再用另一种展开剂,朝着与原来垂直的方向进行第二次展开。如果前后两种展开剂选择适当,可以使各组分完全分离。

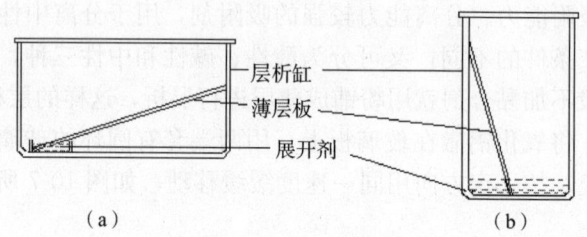

图 10-8 薄层色谱分离

有色物质经色谱展开后呈现色斑很易观察。对于无色物质的观测可利用许多有机化合物在紫外光的照射下产生荧光的性质,可在紫外灯下观察斑点的位置并用铅笔圈上;或喷洒某些化学试剂,使之成为发荧光物质或有色斑点进行观察。

5. 薄层色谱的分析应用

试样通过薄层色谱分离后,一般通过测定斑点面积大小和比较颜色的深浅,并与标准物质比较进行定性分析和半定量分析;也可将有色斑点刮下,用适当溶剂将其溶解,过滤,定容,再用适当分析方法测定其含量;还可用薄层扫描光度计或荧光光度计直接测定斑点的吸光度和荧光强度来确定待测物质含量。

薄层色谱法不仅可以定性和定量分析,还可以用于分离提纯,从复杂混合物中分离制备纯化合物,一般适合分离几十毫克到几百毫克试样。在多块薄板上重复分离也可制备更大量的纯物质。

薄层色谱法在染料、制药、生化、农药、有机合成等方面被广泛地应用在产品质量检验、反应终点控制、生产工艺选择、未知试样分析等。此外,它在天然化合物的提取以及药物分析、香精分析、氨基酸及其衍生物的分析等方面应用也很广泛。

例如,农药马拉松、稻瘟净在粮食、水果和蔬菜中残留量的测定。样品用甲醇提取,点样于 GF_{254} 的薄层板,同时点上马拉松、稻瘟净的对照品,以石油醚-乙酸乙酯(8:2)的混合溶液作为展开剂展开,晾干,将薄层板在紫外灯(254 nm)下显色,可进行定性和半定量分析。

思考题与习题

1. 分析化学中为什么要进行分离富集?怎样衡量分离富集的效果?
2. 在等浓度的 Fe^{3+}、Al^{3+}、Cr^{3+}、Cu^{2+}、Zn^{2+}、Mn^{2+}、Ca^{2+}、Mg^{2+}、Ag^+、K^+ 的混合溶液中,加入 NH_4Cl-NH_3 的缓冲溶液控制 pH 9 左右,存在于溶液中的离子是哪些且它们的存在形式是怎样的?存在于沉淀中的离子且它们的存在形式是怎样的?
3. 何谓分配系数、分配比?萃取率与哪些因素有关?采取哪些措施可以提高萃取率?
4. 形成螯合物的有机沉淀剂和形成离子缔合物的有机沉淀剂分别有什么特点?举例说明?

5. 采用无机沉淀剂怎样从锌合金试液中分离出微量 Fe^{3+}？

6. 比较吸附柱色谱、薄层色谱、纸色谱和离子交换色谱分离机理的异同？

7. 离子交换树脂分几类？各有什么特点？离子交换分离法的操作步骤？

8. 举例说明强酸性阳离子交换树脂和强碱性阴离子交换树脂的交换原理？如果在较浓 HCl 溶液中分离铁离子和铝离子用什么树脂？能否将 Fe^{3+} 和 Al^{3+} 分开？

9. 用硫酸钡重量法测定硫酸根时，大量 Fe^{3+} 会产生共沉淀。试问当分析硫铁矿（FeS）中的硫时，如果用硫酸钡重量法进行测定，用什么方法可以消除 Fe^{3+} 的干扰？

10. 在分析浓度分别为 $0.01\ mol \cdot L^{-1}$ 的 Al^{3+} 和 Mg^{2+} 溶液中，若使 $NH_3 \cdot H_2O$ 的浓度为 $0.10\ mol \cdot L^{-1}$，NH_4Cl 浓度为 $0.2\ mol \cdot L^{-1}$，能使 Al^{3+} 和 Mg^{2+} 分离完全吗？

11. 在 25 ℃时，Br_2 在 CCl_4 和水中的分配比为 29.0，水溶液中的 Br_2 用(1)等体积 CCl_4 萃取 1 次；(2)每次用一半体积 CCl_4 萃取，共萃取 2 次；(3)每次用三分之一体积 CCl_4 萃取，共萃取 3 次；每种情况的萃取率各为多少？

12. 某弱酸 HB 的 $Ka=1.0\times10^{-5}$，在某有机溶剂和水中的分配系数为 30.0，当水溶液的(1)pH=2；(2)pH=5 时，分配比各为多少？用等体积的有机溶剂萃取，萃取率各为多少？

13. 称取 1.0000 g H-型阳离子交换树脂，以 $0.1025\ mol \cdot L^{-1}$ NaOH 溶液 50.00 mL 浸泡 24 h，使树脂上的 H^+ 全部交换到溶液中，再用 $0.1050\ mol \cdot L^{-1}$ HCl 标准溶液滴定过量 NaOH，用去 25.00 mL，计算该阳离子交换树脂的交换容量。

14. 现有 $0.1000\ mol \cdot L^{-1}$ 某有机一元弱酸（HB）100 mL，若用 50.00 mL 甲苯萃取后，取水相 20.00 mL，用 $0.02000\ mol \cdot L^{-1}$ NaOH 溶液滴定至终点，消耗 15.00 mL，计算一元弱酸在两相中的分配系数 K_D。

15. 含 A、B 两组分的混合溶液用纸色谱分离，已知 $R_{f(A)}=0.40$，$R_{f(B)}=0.65$，欲使 A、B 组分分离后的斑点中心相距 4 cm，问滤纸条至少多少 cm？

16. 含有纯 NaCl 和 KCl 混合物 0.2548 g，溶解后使之通过 H-型阳离子交换树脂，经充分交换后，流出液需要用 $0.1012\ mol \cdot L^{-1}$ NaOH 溶液 35.28 mL 滴定至终点。求混合物中 NaCl 和 KCl 的质量分数分别为多少？

本章小结

1. 分离和富集在分析化学中占有重要的地位，是消除干扰最根本的方法和扩大微量以及痕量组分测定范围的常用方法。一般用回收率表示分离方法的效果，各种分离方法的原理虽然不同，但本质上都是使待分离组分分别处于不同的两相中，当用物理方法将两相分离后，待分离组分随之分离。

2. 沉淀分离法是利用沉淀反应进行分离的方法，不仅可以用于常量组分的分离，还可以利用共沉淀现象对微量组分进行分离和富集。沉淀剂可分为无机沉淀剂和有机沉淀剂，常用无机沉淀剂形成氢氧化物、硫化物、卤化物、硫酸盐、磷酸盐、碳酸盐等无机物沉淀；有机沉淀剂主要形成螯合物沉淀和离子缔合物沉淀。有机沉淀剂的选择性高，生成沉淀的溶解度小，吸附杂质少，易形成晶形沉淀等优点，显示出有机沉淀剂的优越性而受到越来越多的关注。

3. 溶剂萃取分离法是利用物质对水的亲疏性不同而进行分离的方法。通常利用萃取剂把易溶于水的待测离子或干扰离子转化为疏水的螯合物或离子缔合物，再用难溶于水的有机溶剂萃取螯合物或离子缔合物而实现待分离组分的分离。为了得到理想的分离效果，必须选择适当的萃取剂、萃取溶剂、掩蔽剂和 pH 条件等。

4. 离子交换分离法是利用离子交换树脂与溶液中的离子发生交换反应而使离子分离的方法。目前广泛应用的是阳离子交换树脂和阴离子交换树脂，树脂可以通过适当的方法再生而重复使用。该法不仅可用于阳离子和阴离子的分离，还可用于性质相似或具有相同电荷离子的分离，在富集微量或痕量组分以及制备纯物质方面得到了广泛的应用。

5. 色谱分离法是根据被分离组分在固定相和流动相中的分配系数的微小差别而进行分离，当两相作相对移动时，被分离组分在两相之间进行反复多次的分配，由于不同物质的分配系数不同，在固定相中的迁移速度不同而实现各组分分离。根据流动相状态不同分为气相色谱法和液相色谱法；经典的液相色谱法按固定相的形状和操作方式不同分为柱色谱、薄层色谱和纸色谱。

第十一章 分析试样的采集、处理和分析方法的选择

定量分析工作通常包括下列步骤：①试样的采取与制备；②试样的预处理；③干扰组分的掩蔽与分离；④测定；⑤分析数据的处理与结果表达。干扰组分的掩蔽和分离，各类测定方法的原理与特点，分析数据的处理与结果表达在前面的章节已经系统的学习了，为了对定量分析的过程有比较全面的了解，本章将讨论分析试样的采取、处理以及分析方法的选择。

试样的采集和处理是复杂样品分析首先要解决的问题，是分析工作中的重要环节，直接影响试样的代表性和分析结果的可靠性。因此，要想所得分析结果能反映试样的真实情况，首先就要注重试样的采集和处理。由于分析试样的形态和性质各异，因此试样的采集和处理的方法也不相同。本章仅仅简单介绍试样采集和制备的一般原则。

第一节 试样的采集和制备

从被分析检测的大批物料中取得有代表性原始试样的过程叫采样。采集的试样往往需要经过加工制备后才能用于分析测定，用分析结果来反映原始物料的实际情况。因此试样的采集和制备必须具有代表性，否则，后续分析工作将毫无意义，更为严重的是无代表性的分析结果可能给实际工作带来巨大的损失。为了保证分析结果的代表性，又不致花费过多的人力和财力，在采样和制备的过程中必须遵循一定的原则。不同物料的形态和性质差异很大，因此采样的具体操作方法也相差较大，各类物料采样的具体操作方法可参阅有关的国家标准或行业标准进行。这里只简单介绍试样采集和制备的一般原则和方法。

一、采样的基本原则

采样的基本原则是采得的样品必须具有充分的代表性。

对于均匀物料，原则上可在物料的任意部位采样。采样过程中不应带入任何杂质，且尽量避免引起物料的变化。

对于非均匀物料，物料的采样误差往往大于测定误差对分析结果的影响。因此，科学合理的采样对获得具有代表性的物料样品尤为重要。对于不均匀物料，采样前必须进行现场勘察并收集有关资料，详细了解采样对象及其周围的环境等，科学合理确定采样单元、采样量和布置采样点，再在采样点随机采样，将各采样单元的份样混合得到原始试样，将原始试样按试样制备的基本程序制得分析试样，根据试样性质采取合理的方法保存试样。

二、采样的基本要求

采样时首先设计采样方案。采样方案设计应该考虑的因素有:被采总体物料的性质、物理状态和范围;总体物料在生产过程中或产出后被污染或变质的可能性;允许的采样误差;被检物料的规格;检测方法的精密度;物料的价值等。采样方案的基本内容包括:确定总体物料的范围、采样单元和二次采样单元;确定试样数、试样量和采样部位;规定采样操作方法和采样工具、试样的加工方法以及采样安全等。

1. 采样单元数和试样量

为了使采集的样品具有代表性,采集的试样数应该足够多。试样量必须满足制样处理、测定和留存备份样等的需要。在满足需要的前提下,能够给出试样所需信息的最少单元数和最少试样量为最佳单元数和最佳试样量。采样单元数取决于总体物料的单元数或总体物料的批量以及对准确度的要求;采样量取决于物料的性质、均匀性和粒径大小等。

2. 采样记录和采样报告

采样时应该做好详细的采样记录,包括物料名称、被采物料的状态、采样方法、来源、编号、数量、包装情况、存放环境、采样部位、采样单元数和采样量、采样日期、采样者等。填写详细的采样报告。

3. 采样安全

确保采样的安全性。采样点应该布置在采样者和采样器能够安全到达的地方,采样前对采样过程的不安全因素应该有充分的估计和应急措施等,采样不能单个人进行。

三、固体试样的采集

固体物料种类繁多,形态各异,试样的性质和均匀程度差别较大,采样的难度较液体和气体物料的难度大。常见固体物料组成相对较均匀的有金属产品、水泥、化肥和粮食等;大部分的天然物料组成不均匀,如矿石、煤炭、土壤等,其颗粒大小不等,硬度相差也大。由于固体物料组成不均匀性的特点,为了保证所采试样具有代表性,必须按一定方式选取不同点进行采样。采样点的选择方法有:随机性选择采样点的随机采样法;有选择性地选取采样点的判断采样法;按一定规则选择采样点的系统采样法等。若是物料堆,根据堆的形状和采样份数,将采样点分布在堆的顶、腰和底部,底层离底部 0.5 m 以上,顶层距表面 0.2 m 以上;若物料是采用输送带传送的,根据物料批量、物料的流量和采样份数采用等时间间隔采样;若物料用车或船装载的,可按散装固体随机抽样,再在每车或船的不同部位多点取样。一般来说,取样份数越多,试样的组成越具有代表性,但所耗人力、财力将大大增加。因此,采样的数量应在能达到预期准确度的情况下尽可能做到节省。

例如，一列载原煤的货车有 25 节车厢，每节车厢的载煤量为 50 吨。25 节车厢可视为 25 个单元，按有关的标准可确定最少的采样单元 11 个（一级采样单元），原煤的总量为 1250 吨，采样的份样数最少 67 份，每个采样单元最少采 6 份（可作为二级采样单元）。为了便于采样，25 节车厢可选偶数节车厢采样，就有 12 个采样单元，每节车厢采 6 份，共采 72 份，符合采样份样数的要求。具体布点时可将 6 点分布在车厢的一条对角线上，首、末采样点距车角至少 1 m，6 点等距离分布；采样深度距车厢底部 0.5 m 以上和距表层 0.2 m 以下的都符合要求。

平均试样采取量与试样的均匀度、粒度、易破碎度有关。根据经验，可按切乔特采样公式估算

$$Q \geqslant Kd^2 \tag{11-1}$$

式中，Q 为采取平均试样的最低质量（kg）；d 为试样中最大颗粒的直径（mm）；K 为体现物料特性的缩分系数，取值在 $0.02 \sim 1$，物料越不均匀，K 值越大。

例 11-1 有一铁矿石最大颗粒直径为 5 mm，取 K 值取 0.2，求应采集的原始试样最低质量（Q）为多少？

解 $Q \geqslant Kd^2 = 0.2 \times 5^2 = 5$ kg

例 11-2 有试样 50 kg，粗碎后最大颗粒直径为 5 mm，设 K 值为 0.3，用四分法缩分，问样品可以缩分几次？缩分后的样品再破碎成最大粒径 1 mm，问又可缩分几次（设 K 值仍然为 0.3）？

解 当 $d = 5$ mm，$K = 0.3$ 时，最小质量

$$Q_1 = Kd^2 = 0.3 \times 5^2 = 7.5 \text{ kg}$$

50 kg 缩分 1 次留下质量为 25 kg，缩分 2 次留下质量为 12.5 kg，缩分 3 次留下质量为 6.25 kg，缩分 3 次留下的质量小于试样的最小质量，所以可以缩分 2 次，缩分后留下样品 12.5 kg。

将 12.5 kg 继续破碎直至最大粒径 1 mm，保留最小样品质量

$$Q_2 = Kd^2 = 0.3 \times 1^2 = 0.3 \text{ kg}$$

12.5 kg 缩分 1 次质量为 6.2 kg，缩分 2 次为 3.1 kg，缩分 3 次为 1.6 kg，缩分 4 次为 0.8 kg，缩分 5 次为 0.4 kg，缩分 6 次只有 0.2 kg，因此，可再缩分 5 次。

由此看出，由于固体物料粒径大而不均匀，试样采样量大。必须通过多次破碎、过筛、混匀、缩分等手续，制成量小（$100 \sim 300$ g）且均匀的分析试样。

固体试样的采样工具有采样探子、采样钻、气动探针和真空探针等。

固体试样加工的一般程序包括了破碎、过筛、混匀和缩分。将原始试样采用机械或人工的方法将大块物料分散成一定细度的物料的过程叫破碎，破碎方法有机械破碎和人工破碎（破碎机有锷式破碎机、球磨机、圆盘粉碎机、铁碾槽、锤击式粉碎机等，人工用锤子逐级敲碎）；破碎后的物料过筛处理得到所需粒径的物料，我国标准筛的筛号与孔径的对应关系见表 11-1，试样过筛时未通过的粗粒，应再破碎至全部通过，决不能随意弃去，否则会影响试样的代表性，过筛的方法有人工操作和机械振动两种；试样过筛至一定细度后，将试样混匀进行缩分，混匀的方法有人工混匀和机械混匀；缩分目的是使破碎试样的质量减小，并保证缩分后试样中的组分含量与原始试样一致，常用的缩分法有分样器缩分法、四分法和棋盘法，人工缩分常用四分法。每次缩分后保留的试样，其最低质量也应符合切乔特采样公式。

表 11-1 标准筛的筛号和孔径

筛号（网目）	3	6	10	20	40	60	80	100	120	140	200
筛孔直径(mm)	6.72	3.36	2.00	0.83	0.42	0.25	0.177	0.149	0.125	0.105	0.074

注：筛号网目指每平方英寸内的孔数。

将制好的试样分装成两瓶，贴上标签，注明试样的名称、来源和采样日期。一瓶作为分析样，另一瓶作为备份样。试样收到后，应妥善保存并尽快分析，避免试样受潮、风干或变质等。

四、液体试样的采集

液体物料的组成相对于固体物料一般都比较均匀，但对于江河、湖泊、海域、地下水等水质监测，要考虑到可能存在的不均匀性，应根据具体情况采集具有代表性的试样。

如果液体物料贮于较小的容器中，可在搅拌或振荡混匀后直接取样；如果物料贮存于大的容器中如槽车、罐车、船舱或大池子等，搅拌混匀困难，应从容器上部、中部和下部分别采取试样，采得的试样若分别进行分析，其结果代表相应部位物料的组成，若将各部位采集试样混合后进行分析，其结果代表物料的平均组成。对于水样，应根据具体情况，采取不同的方法采样。如采集水管或有泵水井中的水样时，取样前需让水龙头或泵先放一段时间，然后再收集水样；在采集江、河、池、湖中的水样时，根据分析目的和水系情况以及采样断面的水面宽度和水深布置采样点，采集瞬时水样、混合水样或综合水样；管网中的水样，一般需定时收集 24 h 试样，混合后作为分析试样；采集废水水样，根据监测目的、检测项目和产生废水的周期性确定采集废水的地点、时间和频率。

液体试样的采样工具有采样勺、采样杯、采样管或采样瓶等；根据材质可分为塑料采样器和玻璃采样器，一般情况下两种材质的采样器均可使用。但当要检测试样中的有机物时，宜选用玻璃采样器；而要测定试样中微量的金属元素时，宜选用塑料采样器。

液体试样的化学组成易因液体中的物理、化学或生物作用而发生变化。有些项目宜现场测定，如温度、pH、电导率和溶解氧等；有些项目不能现场测定，必须采取适当的保存措施，以防止在运输和保存期间被测组分的变化。水样保存方法有：冷藏或冷冻、调节 pH、加入生物抑制剂、加入氧化剂或还原剂、避光和密封等，这些保存方法的作用在于抑制微生物的活动，减缓被测组分化学反应速度和挥发等。保存期长短与多种因素有关，如组分的稳定性、浓度、共存组分以及保存方法等。有关水样的保存方法和保存期可参见水和废水监测的有关书籍。

五、气体试样的采集

常见气体试样有汽车尾气、工业废气、大气、压缩气体以及气溶物等。根据采样气体压力与大气压力的相对大小，把气体分为正压气体、常压气体和负压气体。气体试样的组成比较均匀，采样时可以借助气体本身的压力、流向或抽气泵将气体充入采样器中，一定时间后将其封好即可，由于气体试样的化学成分常较稳定，一般不需采取特别保存措施;但对于贮存于大容器内的物料,因密度不同可能影响其均匀性时,应在上、中、下等不同高度处采取部分试样混匀;对于大气试样,污染物成分随时间空间变化,受气象、季节、地形和地貌等因素的影响很大,因此采取大气污染物试样时必须进行多点采样,才能准确代表监测区域大气的现状。

根据被测组分在气体试样中的存在状态、浓度和分析方法的灵敏度,气体采样的方法分为直接采样法和浓缩采样法。当待测组分的浓度较高或测定方法较灵敏时,可使用直接采样法采集少量气体试样直接分析测定。常用的采样器有注射器、球胆、气袋和采样管等。当被测物质浓度低或所用测定方法的灵敏度较低,需要对待测组分进行富集,采用浓缩采样法。浓缩法是使大量气体试样通过收集器吸收或吸附待测组分,采样的时间一般较长,测得的结果是在采样时段内的平均浓度。浓缩采样法主要有溶液吸收法、固体阻留法,低温冷凝法或自然降尘法等。

溶液吸收法主要用于采集气态、蒸气态或某些气溶胶态物质,采样时将一定流量的气体试样抽入装有吸收液的吸收管(瓶),采样后测定吸收液中待测组分的量,根据采样体积可计算气体试样中待测组分的浓度,如空气中 SO_2 和 NO_x 的测定。固体阻留法是利用一定流速的气体试样通过内装固体填充剂的采样管,其中待测组分因吸附、溶解、化学反应或物理阻留等作用被阻留在填充剂上,采样后待测组分经加热吹气解附或溶剂洗脱后再进行测定,如空气中有机氯农药、多氯联苯和颗粒物等的测定。某些沸点比较低的气态物质,如烯烃类及醛类等,在常温下用固体吸附剂难以被全部阻留,可使用低温冷凝法采样。低温冷凝法将采样管做成 U 形或蛇形插入冷阱中,当气体试样流经采样管时,被测组分因冷凝而凝结在采样管底部而被富集。自然降尘法是利用物质自然重力、空气动力和浓差扩散等作用采集气体试样中的被测组分,如空气自然降尘量、硫酸盐化速率等样品的采集。

第二节 试样的分解

在一般分析工作中,除干法分析(如光谱分析、差热分析等)外,通常都用湿法分析。若试样为固体,需要通过一定的方法将被测组分转入溶液,这个过程称为试样的分解。试样分解的目的是将固体试样处理成溶液或将复杂试样处理成简单、便于分离和测定的形式。分解试样时必须使试样分解完全,防止被测组分损失,不能引入待测组分和干扰物质。

分解试样的方法有溶解法、熔融法、烧结法、干法灰化法和湿法消解法等,可根据试样的组成和特性、待测组分性质和分析目的,选择适当的方法进行试样的分解。

一、无机试样的分解

无机试样的分解常用溶解法、熔融法、烧结法。

1. 溶解法

溶解法是指采用适当的溶剂将试样溶解制成溶液。此法比较简单快速,常用的溶剂有水、酸和碱等。

（1）水溶解

水是溶解无机试样最常用的溶剂之一。可溶性无机物可直接用水溶解制成溶液。如碱金属盐类、铵盐、硝酸盐和大多数卤化物、硫酸盐和碱土金属盐等可溶于水。不溶于水的无机物通常采用酸、碱、混合酸或在酸碱中加入辅助氧化剂或还原剂等作为溶剂。

（2）酸或碱溶解

水不能溶解的试样，通常采用酸、碱或混合酸溶解。常用的酸有盐酸、硝酸、硫酸、高氯酸、氢氟酸和磷酸以及混合酸，常用的碱为 NaOH 或 KOH。常见酸、碱可用于分解的试样见表 11-2 和表 11-3。

表 11-2　常见酸、碱的主要性质和适用范围

酸	酸的性质	适用范围	注　意
HCl	H^+ 有酸性，Cl^- 有络合能力和弱的还原性	(1)溶解金属活泼顺序中氢以前的金属和合金 (2)多数金属氧化物、氢氧化物、碳酸盐、磷酸盐和部分硫化物等 (3)软锰矿、褐铁矿、铅丹等	砷、锑、硒、锗的氯化物加热易挥发损失
HNO_3	酸性和强氧化性	(1)溶解除铂族金属、金和某些稀有金属以外的所有金属及合金 (2)溶解多数氧化物、氢氧化物、碳酸盐、磷酸盐和绝大部分硫化物等	浓硝酸对铁、铝和铬金属有钝化现象；锑、锡、钨生成不溶性酸
H_2SO_4	酸性，热浓硫酸的强氧化性和脱水性，沸点高	(1)稀硫酸可溶解多数氧化物、氢氧化物、碳酸盐和部分硫化物等 (2)Ba、Sr、Ca、Pb 的硫酸盐难溶于水，硫酸可溶解除铂族金属、金和某些稀有金属以外的硫酸盐溶于水的金属、合金和矿石 (3)绝大多数有机物都能被热的浓硫酸氧化	用浓硫酸分解试样加热至冒白烟，防止生成焦硫酸盐
H_3PO_4	中强酸和 PO_4^{3-} 的络合能力	(1)溶解铬矿、钛铁矿、硅酸盐矿石和炉渣等 (2)溶解合金钢	加热注意温度和时间，防止生成难溶性的焦磷酸盐
$HClO_4$	酸性，热浓的高氯酸具有强氧化性和脱水性，沸点较高	(1)溶解不锈钢、合金、铬矿石和钨铁矿等 (2)破坏有机物等	避免与有机物接触引起爆炸，先用 HNO_3 氧化，再用 $HClO_4$
HF	弱酸性 强的络合能力	(1)分解硅酸盐 (2)主要以 HNO_3、HCl、H_2SO_4、$HClO_4$、H_3PO_4 配合使用，分解硅酸盐、磷矿石、石英、铌矿石、银矿石等	在铂或聚四氟乙烯的器皿中进行
KOH NaOH	强碱性	(1)溶解铝、锌等两性金属的单质、合金以及其氧化物、氢氧化物等 (2)溶解 WO_3、MoO_3、V_2O_5 等酸性氧化物	在银、铂或聚四氟乙烯的器皿中进行

表 11-3　几种混合溶剂

混合溶剂	性　质	适用范围
浓 HNO_3 + 浓 HCl	强氧化性和络合能力	溶解铂、金等贵金属；单一酸不能溶解的硫化物；氧化硫；溶解铬-镍合金钢、钼-铁合金、铜合金等
$HCl+Br_2$ $HCl+H_2O_2$	强氧化性，络合能力	分解大多数硫化矿物 溶解钢、铝、钨、铜以及其合金

续表

混合溶剂	性 质	适用范围
$H_2SO_4+H_3PO_4$	强氧化性、络合能力和沸点高	分解合金钢、铁矿、钒钛矿、铌矿、钽矿、钨矿和钼矿等
$H_2SO_4+HNO_3$	强氧化性	溶解钢、铁以及其合金;溶解金属钼、锆、锡等;分解黄铁矿、方铅矿、锌矿等
$H_2SO_4+HClO_4$	强氧化性、高沸点	溶解金属,铬矿石等;处理有机试样
H_2SO_4+HF $H_2SO_4+HClO_4+HF$	酸性、强氧化性和络合能力	分解硅铁、硅酸盐和含钨、铌、钛等试样

2. 熔融法

熔融法是指将试样与酸性或碱性固体熔剂混合,在高温下进行复分解反应,使待测组分转变为可溶于水或酸的化合物,如钠盐、钾盐、硫酸盐或氯化物等。不溶于水、酸或碱的无机试样一般可采用熔融法分解。熔融法分解能力强,但熔融时要加入大量熔剂(一般为试样量的 6~12 倍),故会带入熔剂本身的离子和其中的杂质。熔融时坩埚材料的腐蚀也会引入杂质。因此,如果试样的大部分组分可溶于酸等溶剂,则先用酸等使试样的大部分溶解,将不溶于酸的部分过滤,然后再用较少量的熔剂进行熔融,将熔融物的溶液与溶于酸的溶液合并,制成分析试液。

根据熔剂的性质可分为酸熔法和碱熔法两种。酸熔法用于分解碱性试样,常用的熔剂有氟氢化钾、焦硫酸钾(钠)、硫酸氢钾(钠)、强酸的铵盐等;碱熔法用于熔融酸性试样,常用的碱性熔剂有碳酸钠(钾)、氢氧化钠(钾)、过氧化钠等。常见熔剂的应用见表 11-4。

表 11-4 常见熔剂的应用

熔 剂	坩埚材料	原 理	应 用
硫酸氢钾 焦硫酸钾	铂、瓷、石英	$K_2S_2O_7$ 在 420 ℃ 以上分解产生 SO_3,与矿石或氧化物发生反应生成硫酸盐	分解 Al_2O_3、Cr_2O_3、Fe_3O_4 等氧化物;钛铁矿、铬铁矿、中性和碱性耐火材料等
混合铵盐	瓷、镍、刚玉	铵盐在加热时分解产生的无水酸具有很强的熔解能力	分解含硫化物、硅酸盐、碳酸盐、氧化物的矿物等
氟氢化钾	铂	弱酸性、F^- 络合能力和生成 SiF_4 气体	分解硅酸盐、稀土和钛、锆矿石等
碳酸钠、碳酸钾或其混合熔剂	铂、镍、刚玉	试样中的阳离子转变为碳酸盐或氧化物,阴离子转变为钠盐或钾盐	分解硅酸盐、不溶性矿渣、粘土、耐火材料等
碳酸钠加硝酸钾或氯酸钾	铂、镍、刚玉	利用强氧化性和碱性,使元素转化为可溶于水的高价含氧酸钠盐	测定矿石中全硫、砷、铬、锰、钒等
碳酸钠加硫	瓷	硫化熔剂,使一些元素转化为可溶的硫代酸盐	分解含砷、锑、锡等的矿石
过氧化钠,过氧化钠加氢氧化钠或加碳酸钠	铁、镍、刚玉	强氧化性和强碱性	分解铁、铬、镍、钼、钨、铂等金属及其合金;分解铬矿石、钛铁矿、钽矿石、硅铁等;分解硫、砷等矿石
氢氧化钠 氢氧化钾	铁、镍、银	低熔点的强碱性熔剂	分解铝土矿、硅酸盐等

3. 烧结法

烧结法又称为半熔法，它是在低于熔点的温度下，使试样与熔剂发生反应。与熔融法相比，半熔法的温度较低，加热时间较长，但不易损坏坩埚，通常可以在瓷坩埚中进行，不需要贵金属器皿。常用 MgO 或 ZnO 与一定比例的 Na_2CO_3 混合物作为熔剂，可用来分解铁矿及煤中的硫。例如，煤样与艾氏卡试剂（2 份 MgO＋1 份 Na_2CO_3）混合，在 800～850 ℃燃烧测定煤中全硫；硫铁矿与烧结剂（2 份 ZnO＋3 份 Na_2CO_3）混合，在 700～750 ℃灼烧测定全硫。其中 Na_2CO_3 是熔剂，MgO 或 ZnO 其熔点高，可以预防 Na_2CO_3 在灼烧时熔合，而保持松散状态，有利于氧气将硫化物氧化为硫酸盐。为了使硫定量氧化，可在烧结剂中加入少量的氧化剂，如 $KMnO_4$ 等。

用 $CaCO_3＋NH_4Cl$ 作烧结剂，在 750～800 ℃可分解硅酸盐，测定其中的 K^+ 和 Na^+。例如，用它分解钾长石

$$2KAlSi_3O_8+6CaCO_3+2NH_4Cl = 6CaSiO_3+Al_2O_3+2KCl+6CO_2\uparrow+2NH_3\uparrow+H_2O$$

采用熔融法和烧结法分解试样后，用水或酸浸取熔块，然后根据分析要求，制成分析试液。溶解法与熔融法、烧结法相比，溶解法分解试样比较简便快速，得到的溶液也较纯净；而熔融法和烧结法，分解试样不仅手续麻烦，而且带入大量的熔剂和杂质，只有在溶解法不行的情况下才使用熔融法和烧结法。

二、有机试样的分解

为了测定有机试样中的金属元素、硫、氮、磷及卤素等的含量，必须将其分解处理。对分解处理试样应满足待测元素应能定量回收并转变为易于测定的某一价态，避免引入干扰物质。有机试样的分解方法有干式灰化法和湿式消化法两类。

1. 干式灰化法

干式灰化法主要是依靠加热或燃烧使试样灰化分解，将所得灰分溶解或吸收产生的气体后进行分析测定，主要包括坩埚灰化法、氧瓶燃烧法、燃烧法和低温灰化法。

坩埚灰化法将试样置于坩埚中，先在喷灯或电热板上加热，将试样烘干并预灰化，然后移入马弗炉内，借助大气中的氧气作为氧化剂使试样分解完全，剩下无机残渣。在干式灰化过程中，根据需要加入少量某种氧化剂于试样中，可以提高灰化效率，如加入硝酸镁。干式灰化法主要用于测定有机试样中的金属元素的含量。

氧瓶燃烧法由薛立格（Schoniger）在 1955 年创立的。该法是将试样包在定量滤纸内，用铂金片夹牢，放入充满氧气的密闭瓶内，用电火花引燃有机试样进行燃烧，燃烧产物用适当的吸收液吸收，这种方式叫氧瓶燃烧法。试样中的卤素、硫、磷及金属元素分别形成卤素离子、硫酸根、磷酸根及金属氧化物溶解在吸收液中。氧瓶燃烧法分解试样完全，燃烧产物吸收液可直接进行元素分析，适于少量试样的分解。

燃烧法通常用于测定有机试样中碳及氢元素的含量。将试样置于铂舟内，在氧气流中并有适量金属氧化物作催化剂的条件下充分燃烧，碳定量转化为 CO_2，氢定量转化为 H_2O，将燃烧生成的 CO_2 和 H_2O 分别用预先称量并盛有适当吸收剂的吸收管吸收，由吸

收管增加的质量和试样的质量,可分别计算出有机试样中碳和氢元素的含量。一般采用烧碱石棉吸收 CO_2,高氯酸镁吸收 H_2O。

低温灰化法采用射频放电产生强活性氧游离基,能在低温下破坏有机物质。该法一般保持温度低于 100 ℃,其特点是可以最大限度地减少挥发损失。适用于有机试样中的砷、硒、汞等易挥发元素的测定。

干式灰化法的优点是不需加入或只加入少量试剂,可以避免外部引入的杂质,且方法简便;其缺点是因少数元素挥发及器皿壁黏附而造成损失。

2. 湿式消化法

用硝酸和硫酸的混合物与试样一起置于长颈烧瓶内,在一定温度下进行消解,硝酸破坏大部分的有机物,在消解过程中,硝酸逐渐挥发,最后剩余硫酸。继续加热使其产生浓厚的 SO_3 白烟并在烧瓶内回流,直至溶液变为透明为止,该过程称为消化。在消化过程中,酸将有机物氧化为二氧化碳、水和其他挥发性产物,金属元素转变为硝酸盐、硫酸盐或氧化物,非金属转变为相应的阴离子。用体积比为 3∶1∶1 的硝酸-硫酸-高氯酸的混合物消化有机试剂,效果更好。高氯酸在脱水和受热时是一种强氧化剂,能破坏微量的有机物。为了防止高氯酸氧化有机物引起爆炸,不能将高氯酸直接加入到有机试样中,应先加入过量的硝酸氧化绝大部分有机物,再加高氯酸氧化少量难氧化的有机物。该法主要用于测定有机物中的金属元素、硫、卤素等。

克氏定氨法测定有机物中氮含量就是采用湿式消化法。该法是在有机试样中加入硫酸和硫酸钾溶液进行消化,硫酸钾的作用是提高酸的沸点,可加入铜盐作催化剂提高消化效率。在消化过程中,试样中的氮定量转化为 NH_4HSO_4 或 $(NH_4)_2SO_4$,然后采用蒸馏滴定法测定氨的量,可计算试样中氮的含量。

湿式消化法的优点是速度快,缺点是因加入试剂而引入杂质,因此,应尽可能使用高纯度的试剂。干式灰化法一般需 2~4 h,湿式消化法一般需 30 min 左右。试样选用干式灰化法还是湿式消化法分解,应根据试样的性质和分析要求确定。

三、微波辅助消解法

除在常温和常规加热条件下溶解试样外,还可采用微波辅助溶解试样。是利用试样和溶剂吸收微波的能量产生热能加热试样和溶剂;同时微波产生的交变磁场使极性分子极化,极化分子在高频磁场交替排列导致分子高速转动,使分子获得高的能量,整体的温度迅速升高,加热效果好。由于极化分子高速转动,使试样的表层不断被搅动和破裂,促进组分迅速溶解。

微波消解一般采用密闭容器,这样可以保证消解在较高温度和较高压力下,消解效果更好;同时减少溶剂和待测组分的挥发损失,具有试样和溶剂用量少,环境友好等优点。微波辅助消解法可用于有机试样和无机试样的处理。

微波消解的装置由专用微波炉和密封消解容器组成。消解容器一般由聚四氟乙烯、聚碳酸酯等材料制成,容器可通过微波而本身不吸收微波,抗腐蚀和承受一定的压力。由于金属容器反射微波,溶解时不能用金属容器。

四、超声波振荡溶解法

超声波具有空化效应、热效应、机械效应和化学效应等特点,能破碎颗粒和动植物组织、加速溶解组分、促进扩散和传质,因此可加速试样的溶解,在分析试样的处理方面得到了比较广泛的应用。超声波振荡溶解法一般在室温下进行,超声溶解试样的容器材料可以是玻璃的、金属的和聚四氟乙烯的。无机试样和有机试样均适用。

第三节 分析方法的选择

随着分析化学的不断发展,一种元素或一种物质的测定方法往往有多种,具体选择哪种分析方法,要根据分析要求、待测组分的性质和含量、共存组分以及实验室条件等情况综合考虑,选择与分析试样相适应的分析方法。

一、对测定的具体要求

首先应明确测定的目的及要求,其中主要包括需要测定的组分、准确度及完成测定的时间等。如对标准试样、基准物质和成品中常量组分的分析等,测定结果的准确度要求较高;而对试样中微量组分的分析则对方法的灵敏度要求较高;而对中间控制分析则要求快速简便。例如,钢铁中硅含量的测定可采用重量法、容量法和分光光度法等,目前应用最广泛的是光度法。硅酸盐中二氧化硅含量的测定,GB/T 176-2008 规定的基准法是用氯化铵重量法测定的二氧化硅的量与用分光光度法测定滤液中可溶性二氧化硅的量之和;在一般分析中二氧化硅含量就用氯化铵重量法测定值来表示;而在生产过程中的例行分析,一般采用 GB/T 176-2008 规定的代用法,即采用速度较快的氟硅酸钾滴定法。

二、待测组分的性质

测定方法的选择依赖于待测组分的某种性质。例如,大部分金属离子均可与 EDTA 形成稳定的螯合物,因此配位滴定法是测定金属的重要方法;金属的基态原子都能吸收其特征共振线,因此金属元素都可采用原子吸收分光光度法测定。对于碱金属,大部分盐的水溶性好,配合物一般都很不稳定,碱金属离子在水溶液中又不具有氧化还原性质,但能发射或吸收特征谱线,因此火焰光度法和原子吸收分光光度法是较好的测定方法。如锰含量的测定,试样分解时处理成 Mn^{2+},可利用测定金属离子的常用方法测定,如 EDTA 络合滴定法和原子吸收光谱法等;若把锰处理成 MnO_4^-,利用氧化性可在加热和 H_2SO_4 条件用 $Na_2C_2O_4$ 滴定,根据颜色可用分光光度法等。

三、待测组分的含量范围

在选择测定方法时应考虑待测组分的含量范围。常量组分多采用滴定分析法和重量分析法，它们的相对误差为千分之几。由于滴定法简便、快速，因此当两种方法均可应用时，一般选用滴定法。对于微量组分的测定，则选用灵敏度较高的仪器分析法，如分光光度法、原子吸收光谱法、色谱分析法等，这些方法的相对误差一般是百分之几，但对微量组分的测定，这些方法的准确度已能满足要求了。例如硅的测定，钢铁中的硅用分光光度法或原子吸收光谱法；而硅酸盐中的硅用重量法和滴定法；磷的测定，钢铁中的磷选用磷钼蓝分光光度法测定，磷肥中磷选用磷钼酸喹啉重量法和磷钼酸喹啉容量法。

四、共存组分的影响

选择测定方法时，必须同时考虑共存组分对测定的影响。例如测定铜矿中的铜时，用 HNO_3 分解试样，选用碘量法测定，其中所含 Fe^{3+}、$Sb(V)$、$As(V)$ 及过量 HNO_3 都能氧化 I^- 而干扰测定；若选用配位滴定法，Fe^{3+}、Al^{3+}、Pb^{2+}、Zn^{2+} 等都能与 EDTA 配位而干扰测定；若用原子吸收光谱法，铜原子对其特征谱线吸收而具有很好的选择性，Fe^{3+}、Al^{3+}、Zn^{2+}、$Sb(V)$、$As(V)$、Pb^{2+} 等均不干扰。如果共存组分有干扰，测定前采取化学掩蔽和沉淀、萃取、离子交换等分离方法消除干扰；或在试样中加入辅助剂如催化剂、增敏剂和显色剂等使被测组分能较好的检出。

五、实验室的条件

选择测定方法时，最好在实验室的仪器设备和环境条件具备的范围内选择。要考虑现有仪器的精密度和灵敏度，所需试剂和水的纯度以及实验室的温度、湿度等实际情况。有些方法虽能在很短时内分析成批试样，很适合于例行分析，但需要比较昂贵的仪器，需要考虑实验室是否具有相应的仪器。如测定微量重金属离子，选用选择性好的原子吸收光谱法和原子发射光谱法比较理想，但需要比较昂贵的原子吸收分光光度计和原子发射光谱仪，可见分光光度法的选择性相对较差，但仪器较便宜，很多实验室都能开展工作。

一个理想的分析方法应该是灵敏度高、检出限低、精密度好、准确度高及操作简便，但在实际工作中往往很难同时满足这些要求，所以需要综合考虑各个指标，对选择的各方法进行评价。评价定量分析方法一般从精密度、准确度、检出限、灵敏度、标准曲线的线性范围和相关系数等指标进行评价。

选择分析方法时，首先查阅有关文献，根据分析要求、待测组分的性质和含量、共存组分的情况以及实验室的仪器条件等拟定分析方案，通过实验来优化实验条件，不断修改完善实验方案。用标准样或标准加入法判断方法的准确度，确认能满足分析的要求后，再进行试样的测定。

思考题和习题

1. 在试样采集、制备和分解时应注意哪些问题？
2. 在选择分析方法时应该考虑哪些因素？

3. 欲测定硅酸盐中 SiO_2 的含量，应采用什么方法分解试样？若只需测定水泥中铁、铝、钙、镁的含量，怎样处理水泥试样？

4. 欲测定铁合金中锰、铬、镍等的含量，可用什么溶剂溶解试样？

5. 分解无机试样和有机试样的主要异同？

6. 为了了解某工厂排污沟中重金属离子的聚集情况。某分析人员在排污沟的任意位置取了一小铲，送回实验室风干，碾磨细，过筛、缩分，不同的分析人员用不同的方法溶解试样并用不同的分析方法测定几种重金属元素的含量。该分析中有哪些环节做得不对？为什么？

7. 某矿石试样的原始质量为 16 kg，若该样品的 K 值为 0.2，当破碎至颗粒直径为 1 mm 时，最低可靠质量是多少？用四分法缩分时样品是否可以缩分？若可以缩分，可缩分几次？

本章小结

1. 定量分析工作一般包括 5 个步骤。
(1)试样的采取与制备。
(2)试样的预处理。
(3)干扰组分的掩蔽与分离。
(4)分析测定。
(5)分析数据的处理与结果表达。

2. 分析试样的采集必须使采集的试样具有充分的代表性，采样单元数和试样量因物料的均匀性、状态和总量的不同也不同，采集的原始试样按科学的方法制备成供分析所用的分析试样。

3. 试样分解的目的是将固体试样处理成溶液或将复杂试样处理成简单便于分离和测定的形式。试样分解时必须使试样分解完全，防止被测组分损失，不能引入待测组分和干扰组分。

分解试样的方法有溶解法、熔融法、烧结法、干法灰化法和湿法消解法等。无机试样的分解主要采用溶解法、熔融法、烧结法；有机试样的分解主要采用干法灰化法和湿法消解法。

近年来发展很快的微波辅助消解法和超声波振荡溶解法在无机试样和有机试样的处理方面都显示出许多优越性。

4. 分析方法的选择主要根据分析的具体要求，待测组分的性质和含量，共存组分的干扰以及实验室现有条件等因素综合考虑，在滴定分析法、重量法和仪器分析法中选择与试样相适应的分析方法。

主要参考书目

[1] 武汉大学. 分析化学(上册). 第5版. 北京：高等教育出版社，2007.
[2] 华中师范大学，东北师范大学，陕西师范大学，等. 分析化学(上册). 第4版. 北京：高等教育出版社，2011.
[3] 林树昌，胡乃非，曾泳淮. 分析化学(化学分析部分). 第2版. 北京：高等教育出版社，2004.
[4] D. A. Skoog, D. M. West, F. J Holler, et al. Fundamentals of Analytical Chemistry. 8th ed. CBS College Publishing, 2004.
[5] 华中师范大学，东北师范大学，陕西师范大学，等. 分析化学实验. 第3版. 北京：高等教育出版社，2001.
[6] 四川大学化工学院，浙江大学化学系. 分析化学实验. 第3版. 北京：高等教育出版社，2002.
[7] 奚旦立，孙裕生，刘秀英. 环境监测. 第3版. 北京：高等教育出版社，2004.
[8] 华东理工大学分析化学教研组，四川大学工科化学基础课程教学基地. 分析化学. 第6版. 北京：高等教育出版社，2009.
[9] 李广超. 工业分析. 北京：化学工业出版社，2008.
[10] 刘珍. 化验员读本(上册，化学分析). 第4版. 北京：化学工业出版社，2004.
[11] 刘珍. 化验员读本(上册，化学分析). 配套VCD光盘. 北京：化学工业出版社，2004.
[12] 张锦柱. 分析化学简明教程. 北京：冶金工业出版社，2006年.
[13] 刘淑萍，高筠，孙晓然，等. 分析化学实验教程. 北京：冶金工业出版社，2004.
[14] 李克安. 分析化学教程. 北京：北京大学出版社，2009.
[15] 廖力夫. 分析化学. 武汉：华中科技大学出版社，2008年.
[16] 胡传训. 定量分析化学. 成都：四川大学出版社，2008.
[17] 靳素荣，王志花. 分析化学实验. 武汉：武汉理工大学出版社，2009.
[18] 王淑美. 分析化学. 郑州：郑州大学出版社，2007.
[19] 葛新，石军，分析化学简明教程. 北京：中国林业出版社，2008.
[20] 谢天俊. 简明定量分析化学. 广州：华南理工大学出版社，2003.
[21] 杨梅，梁信源，黄富嵘. 大学基础化学丛书－分析化学. 上海：华东理工大学出版社，2005.
[22] 北京师范大学，华中师范大学，南京师范大学. 无机化学(下). 第4版. 北京：高等教育出版社，2003.
[23] 李吉学. 仪器分析. 北京：中国医药科技出版社，2003.
[24] 浙江大学普通化学教研组. 普通化学. 第5版. 北京：高等教育出版社，2002.
[25] 武汉大学化学与分子科学学院实验中心. 分析化学实验. 武汉：武汉大学出版社，2003年.
[26] 北京师范大学无机化学教研室等. 无机化学实验. 第3版. 北京：高等教育出版社，2006.
[27] 蔡蒳，徐丽芳，丁蕙，等. 分析化学实验. 上海：上海交通大学出版社，2010.
[28] 冯成武，袁存光，鞠美庭，等. 分析化学实验. 东营：石油大学出版社，1994.
[29] 敬永升. 分析化学实验. 郑州：郑州大学出版社，2008.
[30] 李季，邱海鸥，赵中一. 分析化学实验. 武汉：华中科技大学出版社，2008.
[31] 赵一中，邱海鸥. 分析化学辅导与习题详解. 武汉：华中科技大学出版社，2008.
[32] 江万全，金谷. 分析化学——要点·例题·习题·真题. 合肥：中国科学技术大学出版社，2003.
[33] 严拯宇，倪坤仪，沈卫阳，等. 研究生入学考试分析化学学习指导与试题解答. 南京：东南大学出版社，2003.
[34] 徐文嘉. 分析化学解题精粹. 合肥：中国科学技术大学出版社，2005.
[35] 樊行雪. 分析化学学习与考研指津. 第2版. 上海：华东理工大学出版社，2010.
[36] 李健颖，石军. 分析化学学习指导与习题精解. 天津：南开大学出版社，2004.
[37] 王福来. 有机化学实验. 武汉：武汉大学出版社，2001.
[38] 卢荣，高新，顾玲，等. 分析化学. 第四版. 西安：西北工业大学出版社，2004年.

[39] 武汉大学分析化学教研室. 分析化学例题与习题. 北京：高等教育出版社，1999.
[40] 辛述元，河北化工学校，新疆化工学校. 分析化学例题与习题. 北京：化学工业出版社，1997.
[41] 许国根，吴婉娥. 分析化学辅导讲案. 西安：西北工业大学出版社，2009.

附录一 实验室安全知识

在分析实验中，为了确保环境不受污染，人身安全和实验室仪器安全，以保证实验的正常进行，必须严格遵守实验室安全规则。

1. 严禁在实验室内吸烟，严禁一切化学药品入口，水、电、气用后立即关闭并进行检查。
2. 实验完后要洗手，离开实验室时，检查水、电、气和门窗是否关好。
3. 使用腐蚀性试剂（如浓酸、浓碱）时，切记注意安全，不要溅到皮肤、衣服和鞋袜上，一旦溅上应立即用水冲洗。夏天在开启氨水、HCl 时，一定先用自来水冷却，再打开瓶盖。
4. 使用易燃的试剂（如乙醚）时，应远离火源，用完后立即盖紧瓶盖置于阴凉处。用过的试剂倒入回收瓶中。低沸点溶剂应在水浴中加热。
5. 使用高压气体钢瓶（如氢气）时，应严格按照操作规程操作。
6. 使用各种仪器时，应在老师的指导下使用。
7. 如发生烫伤或割伤应及时处理，严重者应立即到医院就医。
8. 实验室若发生火灾，应冷静处理，切断电源或燃气源，再进行针对性的灭火措施。
9. 使用汞盐等剧毒物品时要特别小心，用完后不可乱扔、乱倒，应回收集中处理。

附录二 分析化学实验的一般知识

表1 化学试剂的分类和一般试剂的规格

等级	名称	符号	适用范围	标签颜色
一级	优级纯	GR	精密分析实验	绿
二级	分析纯	AR	一般分析实验	红
三级	化学纯	CP	一般化学实验	蓝
四级	实验试剂	LR	纯度较低，使用于实验辅助试剂	棕色或其他色
	生物试剂	BR 或 CR		黄色或其他等

表2 分析实验室用水的级别和主要技术指标

名称	一级	二级	三级
pH 值范围(25 ℃)	—	—	5.0～7.5
电导率(25 ℃)/(mS·m^{-1})≤	0.01	0.10	0.50
可氧化物质(以 O 计)/(mg·L^{-1})<	—	0.08	0.4
吸光度(254 nm，1 cm 光程)≤	0.001	0.01	—
蒸发残渣(105±2 ℃)/(mg·L^{-1})≤	—	1.0	2.0
可溶性硅(以 SiO$_2$ 计)/(mg·L^{-1})≤	0.01	0.02	—

注释：一级水用于严格要求的分析实验，如高压液相色谱分析用水。二级水用于无机痕量分析等试验，如原子吸收光谱分析用水。三级水用于一般化学分析试验。

纯水的制备有3种方法：蒸馏法、离子交换法和电渗析法。蒸馏法就是将自来水在蒸馏器中加热气化，水蒸气冷却即得蒸馏水；离子交换法就是用离子交换树脂分离水中杂质的方法；电渗析法是在外加电场的作用下，利用阴、阳离子交换膜对溶液中的离子选择性透过，使杂质离子从自来水中分离出来的方法。

表3 定量分析中其他常用的玻璃仪器

仪器	规格	用途及注意事项
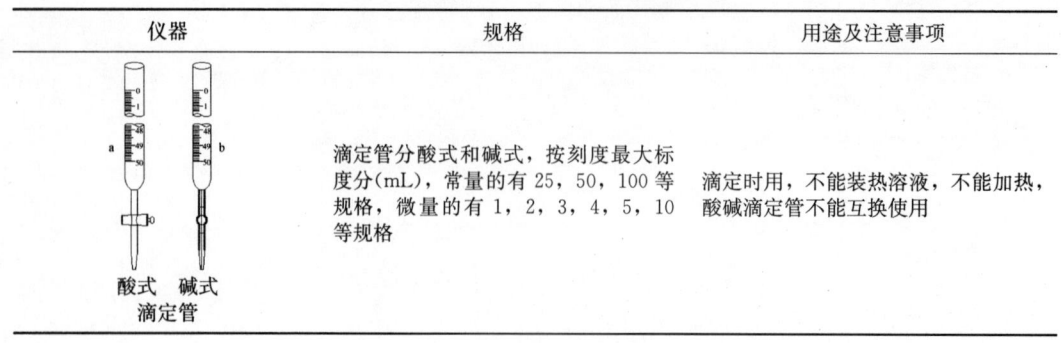 酸式 碱式 滴定管	滴定管分酸式和碱式，按刻度最大标度分(mL)，常量的有 25，50，100 等规格，微量的有 1，2，3，4，5，10 等规格	滴定时用，不能装热溶液，不能加热，酸碱滴定管不能互换使用

续表

仪器	规格	用途及注意事项
塑料洗瓶	250 mL，500 mL	装纯水，用于蒸馏水润洗烧杯、容量瓶和锥形瓶等玻璃仪器，用于溶液的定量转移、沉淀的洗涤和转移等
锥形瓶	规格有 5 mL ~5 L 不等	滴定分析反应器，便于振荡，该容器可以在水浴、酒精灯和电炉上加热，酒精灯和电炉上加热时应垫石棉网
容量瓶	分无色和棕色两种，规格有 10~2000 mL 不等	用于准确配制一定浓度的标准溶液和试样溶液。不能加热和装热溶液，瓶塞不可互换
移液管和吸量管	有刻度吸量管和大肚移液管之分，规格有 1~50 mL 不等	用于准确移取一定体积的液体。不能加热，管口无"吹"或"快"字样者，尖端液体不可吹出
称量瓶	分扁型和高型两种	减量法称量时，用于称取固体样品，不能直接加热
普通干燥器	规格以外径(mm)表示	用于保持试剂干燥。不可放入过热物品，温度较高物品放入后，在短时间内必须打开干燥器盖1~2次，以免容器内形成负压
烧杯	规格有 10~1000 mL 不等	溶解固体，配制溶液。加热前要将烧杯外壁擦干，烧杯底要垫石棉网
漏斗	有长颈和短颈区分，规格按斗径分，一般在 50~120 mm	过滤液体。不可直接加热，过滤时漏斗颈尖端必须紧靠承接滤液的容器壁
坩埚钳	有大小、长短不同	夹持坩埚或往高温电炉(马弗炉)中放、取坩埚。使用后应将尖端向上平放在实验台上，以保证坩埚钳尖端洁净，并防止烫坏实验台

仪器	规格	用途及注意事项
坩埚	材质有瓷、石英、铁、镍、银、铂等。规格按容量（mL）分，有 10，25，50，…	灼烧反应时用，按反应物性质选用不同材质的坩埚。加热或反应完毕后用坩埚钳取下时，坩埚钳应预热，取下后应放置在石棉网上
石棉网	由铁丝编成，中间涂有石棉，有大、小之分	使受热物体均匀受热。不能与水接触
泥三角	用铁丝弯成，套上瓷管。有大、小之分	灼烧坩埚时放置坩埚用
量筒 量杯	规格按容量分，有 5~2000 mL 等规格	量取要求不太严格的一定体积的液体。不能加热或量取热溶液，不可作为反应容器，不可用于配制溶液

表 4 常用缓冲溶液的配制

pH 值	配制方法
0	1 mol·L^{-1} HCl 溶液（当不允许有 Cl$^-$ 时，用硝酸）
1	0.1 mol·L^{-1} HCl 溶液（当不允许有 Cl$^-$ 时，用硝酸）
2	0.01 mol·L^{-1} HCl 溶液（当不允许有 Cl$^-$ 时，用硝酸）
3.6	8 g NaAc·3H$_2$O 溶于适量水中，加 6 mol·L^{-1} HAc 溶液 134 mL，用水稀释至 500 mL
4.0	将 60 mL 冰醋酸和 16 g 无水醋酸钠溶于 100 mL 水中，用水稀释至 500 mL
4.5	将 30 mL 冰醋酸和 30 g 无水醋酸钠溶于 100 mL 水中，用水稀释至 500 mL
5.0	将 30 mL 冰醋酸和 60 g 无水醋酸钠溶于 100 mL 水中，用水稀释至 500 mL
5.4	将 40 g 六次甲基四胺溶于 90 mL 水中，加入 20 mL 6 mol·L^{-1} HCl 溶液
5.7	100 g NaAc·3H$_2$O 溶于适量水中，加 6 mol·L^{-1} HAc 溶液 13 mL，用水稀释至 500 mL
7	77g NH$_4$Ac 溶于适量水中，用水稀释至 500 mL
7.5	66 g NH$_4$Cl 溶于适量水中，加浓氨水 1.4 mL，用水稀释至 500 mL
8.0	50 g NH$_4$Cl 溶于适量水中，加浓氨水 3.5 mL，用水稀释至 500 mL
8.5	40 g NH$_4$Cl 溶于适量水中，加浓氨水 8.8 mL，用水稀释至 500 mL
9.0	35 g NH$_4$Cl 溶于适量水中，加浓氨水 24 mL，用水稀释至 500 mL
9.5	30 g NH$_4$Cl 溶于适量水中，加浓氨水 65 mL，用水稀释至 500 mL
10	27 g NH$_4$Cl 溶于适量水中，加浓氨水 175 mL，用水稀释至 500 mL
11	3 g NH$_4$Cl 溶于适量水中，加浓氨水 207 mL，用水稀释至 500 mL

续表

pH 值	配制方法
12	0.01 mol·L^{-1} NaOH 溶液(当不允许有 Na$^+$ 时,用 KOH)
13	0.1 mol·L^{-1} NaOH 溶液(当不允许有 Na$^+$ 时,用 KOH)

表 5　常用洗涤剂

名称	配制方法	备注
合成洗涤剂[①]	将合成洗涤剂粉用热水搅拌配成浓溶液	用于一般的洗涤
铬酸洗液	将 $K_2Cr_2O_7$(LR)20 g 于 500 mL 烧杯中,加水 40 mL,加热溶解,冷后,缓缓加入 320 mL 浓 H_2SO_4(注意边加边搅),贮于磨口细口瓶中	用于洗涤油污及有机物,使用时防止被水稀释。用后倒回原瓶,可反复使用,直至溶液变为绿色[②]
$KMnO_4$ 碱性洗液	取 $KMnO_4$(LR)4 g,溶于少量水中,缓缓加入 100 mL 100 g·L^{-1} NaOH 溶液中,混匀。	用于洗涤油污及有机物,洗后玻璃壁上附着的 MnO_2 沉淀,可用亚铁盐或 Na_2SO_3 溶液洗去
碱性酒精溶液	300~400 g·L^{-1} NaOH 酒精溶液	用于洗涤油污
酒精-浓硝酸溶液		用于洗涤粘有有机物或油污的结构较复杂的仪器。洗涤时先加入少量酒精于脏仪器中,再加入少量浓硝酸,即产生大量红红棕色 NO_2,将有机物氧化破坏

注解：①也可以是肥皂水。
②已还原为绿色的铬酸洗液,可加入固体 $KMnO_4$ 使其再生,这样可减少铬对环境的污染。

附录三　部分习题参考答案

第二章

第二节

5. 0.036%，0.35%，0.046%，0.44%。

6. 0.04%，0.06%，0.05%，0.07%，0.022%。

7. 20.54%，20.54%，0.12%，0.04%，0.05%，0.2%，0.09%，0.4%。

8. 10 g。

9. $E_{r,甲}=-0.10\%$，$s_甲=0.045\%$，$s_{r,甲}=0.011\%$，$E_{r,乙}=+0.13\%$，$s_乙=0.045\%$，$s_{r,乙}=0.011\%$，

第三节

8. (1)无；(2)6.222 舍去。

9. 28.56%，0.06%，置信度分别为 0.90 时的平均值的置信区间为 28.56%±0.05%，置信度分别为 0.95 时的平均值的置信区间为 28.56%±0.06%。

10. 0.01%，1.13%±0.03%，21 次。

11. $t_计=2.50$。

12. 7.6±0.1 mmol·L^{-1}，有显著性差异。

13. 在置信度为 0.90 时，这两组实验数据不存在显著性差异

16. 40.15%±0.02%。

第三章

第三节

3. 0.1000 mol·L^{-1}；0.03351 g·mL^{-1}；0.04791 g·mL^{-1}。

5. 121.6 mL。

6. 11.1 mL。

7. 9.0 mL。

8. 43.63 mL

11. 0.11~0.13 g。

12. 5.549×10^{-3} g·mL^{-1}。

第六节

1. 3.47%。
2. 0.4583 g。
3. 0.9331。
4. 0.2400 mol·L^{-1}。

第四章

第一节

5. 1.64，6.80，11.88。

第二节

3. pH=4.88 时，0.145，0.710，0.145，pH=5.0 时，0.109，0.702，0.189。1.4×10^{-3} mol·L^{-1}，7.1×10^{-3} mol·L^{-1}，1.4×10^{-3} mol·L^{-1}。

4. 0.51 g。

5. 0.0818，0.918，0.001。

7. (1)6.62，(2)5.13，(3)9.95，(4)6.54，(5)9.23，(6)4.20，(7)0.96，(8)2.48，(9)4.4。

第三节

7. pH=5.45。
9. 50 mL。
10. 1.23 g。
11. 6.1，25.7。

第五节

11. 2.44；6.88；8.29；9.70；0.02%。
12. 10.97，9.38，5.34，2.88。
13. 337.1 g·mol^{-1}；1.3×10^{-5}，8.76。
14. 0.08280 mol·L^{-1}；8.43。
15. 51%。

第六节

3. 12.5。
4. 63.46%,20.58%。
5. 13.33 mL。
6. $NaOH+Na_2CO_3$, 34.40%, 65.57%。
7. 23.78%。
8. 53.25%。

第五章

第二节

2. $[Zn^{2+}] = 9.8 \times 10^{-3}$ mol·L^{-1}, $[Zn(NH_3)^{2+}] = 1.8 \times 10^{-4}$ mol·L^{-1}, $[Zn(NH_3)_2^{2+}] = 4.0 \times 10^{-6}$ mol·L^{-1}, $[Zn(NH_3)_3^{2+}] = 1.0 \times 10^{-7}$ mol·L^{-1}, $[Zn(NH_3)_4^{2+}] = 1.1 \times 10^{-9}$ mol·L^{-1}。

第三节

3. 8.25。
4. −0.1。
5. 1.4×10^{-8} mol·L^{-1}。
6. 3.80×10^{-8} mol·L^{-1}。
7. $10^{7.27}$。

第四节

3. $\alpha_{Zn}=10^{5.25}$, $\lg K'_{ZnY}=10.80$, $[Zn]_{sp}=2.2 \times 10^{-12}$ mol·L^{-1}。
4. 5.00, 6.80, 8.59, 11.59。

第七节

8. 4.5~8.4。
9. $\lg K'_{ZnY}=9.61$。
10. $\lg K'_{CdY}=11.40$。

第八节

7. 4.61%，6.59。
8. 30.40%。
9. 3.21%。
10. 60.75%，35.05%，3.99%。
11. 43.73%。

第六章

第一节

3. $K=2.8\times10^{36}$，$[Br_2]=3.6\times10^{-3}$ mol·L^{-1}。
4. $K=10^{56.9}$，$[H]=2.1\times10^{-3}$ mol·L^{-1}。
5. $[Cu^{2+}]=0.025$ mol·L^{-1}，$[Ag^+]=2.3\times10^{-9}$ mol·L^{-1}。
6. 3.2×10^6 mol·L^{-1}；3.10×10^{-4} mol·L^{-1}。

第三节

4. 0.73 V，1.33 V，1.45 V。
5. 0.14 V。

第六节

16. 0.77 mg。
17. 0.06760 mol·L^{-1}。
18. $w_{Fe}=54.69\%$，$w_{Fe_2O_3}=78.19\%$，$m_{H_2O_2}=30.00$ g。
19. $w_{PbO}=36.18\%$，$w_{PbO_2}=19.38\%$。
20. 8.779 g。
21. $w_{Cr}=15.13\%$，$w_{Cr_2O_3}=22.69\%$。
22. 92.55%。
23. 89.80%。

第七章

第二节

7. 0.4152。

8. 2.717 g。
9. 99.17%。
10. c_{AgNO_3}=0.06707 mol·L^{-1}, $T_{AgNO_3/KCl}$=0.005000 g·mL^{-1}。
11. c_{AgNO_3}=0.1711 mol·L^{-1}, c_{NH_4SCN}=0.2053 mol·L^{-1}。

第八章

第三节

6. $[C_2O_4^{2-}] \geqslant 1.5 \times 10^{-3}$ mol·L^{-1}。

第八节

1. 4.003%。
2. 6.11%。
3. 56.40%, 56.70%, 0.30%。
4. 8.58%, 8.72%。
5. 0.2570 g。

第九章

第二节

6. 86.2 L·g^{-1}·cm^{-1}, 1.8×10^4 L·mol^{-1}·cm^{-1}, 1.2×10^2 μg·cm^{-2}。

第五节

6. 0.16 g。
7. 52.6%。

第七节

3. 7.5 mg·mL^{-1}。
4. 15.69 mg·mL^{-1}。
5. 152 μg·g^{-1}, 323 μg·g^{-1}。
6. 0.079 mg。
7. 4.64。
8. 1:1, 6.9×10^{-2}。

附录四 物理、物理化学常数

表1 弱酸弱碱在水中的解离常数（25 ℃，$I=0$）

弱酸	化学式	K_a	pK_a
砷酸	H_3AsO_4	$6.3\times10^{-3}(K_{a_1})$ $1.0\times10^{-7}(K_{a_2})$ $3.2\times10^{-12}(K_{a_3})$	2.20 7.00 11.50
亚砷酸	$HAsO_2(H_3AsO_3)$	6.0×10^{-10}	9.22
硼酸	H_3BO_3	5.8×10^{-10}	9.24
碳酸	$H_2CO_3(CO_2+H_2O)$	$4.2\times10^{-7}(K_{a_1})$ $5.6\times10^{-11}(K_{a_2})$	6.38 10.25
氢氰酸	HCN	7.2×10^{-10}	9.14
铬酸	$HCrO_4^-$	$3.2\times10^{-7}(K_{a_2})$	6.50
氢氟酸	HF	7.2×10^{-4}	3.14
磷酸	H_3PO_4	$7.6\times10^{-3}(K_{a_1})$ $6.3\times10^{-8}(K_{a_2})$ $4.4\times10^{-13}(K_{a_3})$	2.12 7.20 12.36
亚磷酸	H_3PO_3	$5.0\times10^{-2}(K_{a_1})$ $2.5\times10^{-7}(K_{a_2})$	1.30 6.60
氢硫酸	H_2S	$5.7\times10^{-8}(K_{a_1})$ $1.2\times10^{-15}(K_{a_2})$	7.24 14.92
硫酸	HSO_4^-	1.0×10^{-2}	2.00
亚硫酸	$H_2SO_3(SO_2+H_2O)$	$1.3\times10^{-2}(K_{a_1})$ $6.3\times10^{-8}(K_{a_2})$	1.90 7.20
偏硅酸	H_2SiO_3	$1.7\times10^{-10}(K_{a_1})$ $1.6\times10^{-12}(K_{a_2})$	9.77 11.80
甲酸(蚁酸)	$HCOOH$	1.8×10^{-4}	3.74
乙酸(醋酸)	CH_3COOH	1.8×10^{-5}	4.74
一氯乙酸	$CH_2ClCOOH$	1.4×10^{-3}	2.86
二氯乙酸	$CHCl_2COOH$	5.0×10^{-2}	1.30
氨基乙酸盐	$^+NH_3CH_2COOH$ $^+NH_3CH_2COO^-$	$4.5\times10^{-3}(K_{a_1})$ $2.5\times10^{-10}(K_{a_2})$	2.35 9.60
乳酸	$CH_3CHOHCOOH$	1.4×10^{-4}	3.86
苯甲酸	C_6H_5COOH	6.2×10^{-5}	4.21

续表

弱酸	化学式	K_a	pK_a
草酸	$H_2C_2O_4$	$5.9\times10^{-2}(K_{a_1})$	1.22
		$6.4\times10^{-5}(K_{a_2})$	4.19
d-酒石酸	CH(OH)COOH CH(OH)COOH	$9.1\times10^{-4}(K_{a_1})$	3.04
		$4.3\times10^{-5}(K_{a_2})$	4.37
邻苯二甲酸	C₆H₄(COOH)₂	$1.1\times10^{-3}(K_{a_1})$	2.95
		$3.9\times10^{-6}(K_{a_2})$	5.41
柠檬酸	CH₂COOH C(OH)COOH CH₂COOH	$7.4\times10^{-4}(K_{a_1})$	3.13
		$1.7\times10^{-5}(K_{a_2})$	4.76
		$4.0\times10^{-7}(K_{a_3})$	6.40
苯酚	C_6H_5OH	1.1×10^{-10}	9.95
乙二胺四乙酸 (EDTA)	H_6Y^{2+}	$0.1(K_{a_1})$	0.9
	H_5Y^+	$3\times10^{-2}(K_{a_2})$	1.6
	H_4Y	$1\times10^{-2}(K_{a_3})$	2.0
	H_3Y^-	$2.1\times10^{-3}(K_{a_4})$	2.67
	H_2Y^{2-}	$6.9\times10^{-7}(K_{a_5})$	6.16
	HY^{3-}	$5.5\times10^{-11}(K_{a_6})$	10.26

弱碱	化学式	K_b	pK_b
氨水	NH_3的水溶液	1.8×10^{-5}	4.74
联氨	H_2NNH_2	$3.0\times10^{-6}(K_{b_1})$	5.52
		$7.6\times10^{-15}(K_{b_2})$	14.12
羟氨	NH_2OH	9.1×10^{-9}	8.04
甲胺	CH_3NH_2	4.2×10^{-4}	3.38
乙胺	$C_2H_5NH_2$	5.6×10^{-4}	3.25
三乙醇胺	$(HOCH_2CH_2)_3N$	5.8×10^{-7}	6.24
六亚甲基四胺	$(CH_2)_6N_4$	1.4×10^{-9}	8.85
乙二胺	$H_2NCH_2CH_2NH_2$	$8.5\times10^{-5}(K_{b_1})$	4.07
		$7.1\times10^{-8}(K_{b_2})$	7.15
吡啶	C_5H_5N	1.7×10^{-9}	8.77

表 2　部分络合物的形成常数（18~25 ℃）

络合剂	金属离子	n	$\lg\beta_n$
NH_3	Ag^+	1, 2	3.40, 7.40
	Cd^{2+}	1, ⋯, 6	2.60, 4.65, 6.04, 6.92, 6.6, 4.9
	Co^{2+}	1, ⋯, 6	2.05, 3.62, 4.61, 5.31, 5.43, 4.75
	Cu^{2+}	1, ⋯, 4	4.13, 7.61, 10.48, 12.59

续表

络合剂	金属离子	n	$\lg\beta_n$
	Ni^{2+}	1, ⋯, 6	2.75, 4.95, 6.64, 7.79, 8.50, 8.49
	Zn^{2+}	1, ⋯, 4	2.27, 4.61, 7.01, 9.06
Cl^-	Ag^+	1, ⋯, 4	2.9, 4.7, 5.0, 5.9
	Hg^{2+}	1, ⋯, 4	6.7, 13.2, 14.1, 15.1
	Ag^+	1, ⋯, 4	—, 21.10, 21.80, 20.7
	Cd^{2+}	1, ⋯, 4	5.50, 10.6, 15.3, 18.9
	Cu^+	1, ⋯, 4	—, 24.0, 28.6, 30.3
CN^-	Fe^{2+}	6	35.4
	Fe^{3+}	6	43.6
	Hg^{2+}	1, ⋯, 4	18.0, 34.7, 38.5, 41.5
	Ni^{2+}	4	31.3
	Zn^{2+}	4	16.7
	Al^{3+}	1, ⋯, 6	6.1, 11.15, 15.0, 17.7, 19.4, 19.7
	Fe^{3+}	1, ⋯, 3	5.2, 9.2, 11.9
F^-	Sn^{4+}	6	25
	Th^{4+}	1, ⋯, 3	7.7, 13.5, 18.0
	TiO^{2+}	1, ⋯, 4	5.4, 9.8, 13.7, 17.4
	Zr^{4+}	1, ⋯, 3	8.8, 16.1, 21.9
	Ag^+	1, ⋯, 3	6.58, 11.74, 13.68
I^-	Cd^{2+}	1, ⋯, 4	2.4, 3.4, 5.0, 6.15
	Hg^{2+}	1, ⋯, 4	12.9, 23.8, 27.6, 29.8
	Ag^+	1, ⋯, 4	—, 7.57, 9.08, 10.08
SCN^-	Fe^{3+}	1, ⋯, 5	2.3, 4.2, 5.6, 6.4, 6.4
	Hg^{2+}	1, ⋯, 4	—, 16.1, 19.0, 20.9
$S_2O_3^{2-}$	Ag^+	1, 2	8.82, 13.5
	Hg^{2+}	1, 2	29.86, 32.26
	Al^{3+}	1, ⋯, 3	8.1, 15.7, 21.2
乙酰丙酮	Cu^{2+}	1, 2	7.8, 14.3
	Fe^{3+}	1, ⋯, 3	9.3, 17.9, 25.1
	Al^{3+}	1	20.0
	Cu^{2+}	1	18.0
柠檬酸	Fe^{3+}	1	25.0
	Ni^{2+}	1	14.3
	Pb^{2+}	1	12.3
	Zn^{2+}	1	11.4

续表

络合剂	金属离子	n	$\lg\beta_n$
乙二胺	Ag^+	1, 2	4.7, 7.7
	Cd^{2+}	1, 2	5.47, 10.02
	Co^{2+}	1, ⋯, 3	5.89, 10.72, 13.82
	Cu^{2+}	1, 2	10.55, 19.60
	Hg^{2+}	2	23.42
	Ni^{2+}	1, ⋯, 3	7.66, 14.06, 18.59
	Zn^{2+}	1, ⋯, 3	5.71, 10.37, 12.08
磺基水杨酸	Al^{3+}	1, ⋯, 3	12.9, 22.9, 29.0
	Fe^{3+}	1, ⋯, 3	14.4, 25.2, 32.2
OH^-	Al^{3+}	4	33.3
	Bi^{3+}	1	12.4
	Cu^{2+}	1	6.0
	Cd^{2+}	1, ⋯, 4	4.3, 7.7, 10.3, 12.0
	Co^{2+}	1, ⋯, 3	5.1, —, 10.2
	Cr^{3+}	1, 2	10.2, 18.3
	Fe^{2+}	1	4.5
	Fe^{3+}	1, 2	11.0, 21.7
	Hg^{2+}	2	21.7
	Mg^{2+}	1	2.6
	Mn^{2+}	1	3.4
	Ni^{2+}	1	4.6
	Pb^{2+}	1, ⋯, 3	6.2, 10.3, 13.3
	Zn^{2+}	1, ⋯, 4	4.4, 10.1, 14.2, 15.5
邻二氮菲	Ag^+	1, 2	5.02, 12.07
	Cd^{2+}	1, ⋯, 3	6.4, 11.6, 15.8
	Co^{2+}	1, ⋯, 3	7.0, 13.7, 20.1
	Cu^{2+}	1, ⋯, 3	9.1, 15.8, 21.0
	Fe^{2+}	1, ⋯, 3	5.9, 11.1, 21.3
	Hg^{2+}	1, ⋯, 3	—, 19.65, 23.35
	Ni^{2+}	1, ⋯, 3	8.8, 17.1, 24.8
	Zn^{2+}	1, ⋯, 3	6.4, 12.15, 17.0

表3 金属离子与某些氨羧络合剂络合物的形成常数($18\sim25$ ℃, $I=0.1$ mol·L^{-1})

金属离子	EDTA			CyDTA	EGTA	HEDTA	TTHA
	$\lg K_{MHY}$	$\lg K_{MY}$	$\lg K_{M(OH)Y}$	$\lg K_{ML}$	$\lg K_{ML}$	$\lg K_{ML}$	$\lg K_{ML}$
Ag^+	6.0	7.32			6.88	6.71	8.67
Al^{3+}	2.5	16.3	8.1	17.63	13.9	14.3	19.7
Ba^{2+}	4.6	7.86		8.0	8.41	6.3	8.22
Bi^{3+}		27.94		32.3		22.3	
Ca^{2+}	3.1	10.7		12.10	10.97	8.3	10.06
Cd^{2+}	2.9	16.46		19.23	16.7	13.3	19.8
Ce^{3+}		15.98		16.76			
Co^{2+}	3.1	16.31		18.92	12.39	14.6	17.1
Co^{3+}	1.3	36				37.4	
Cr^{3+}	2.3	23.4	6.6				
Cu^{2+}	3.0	18.80	2.5	21.30	17.71	17.6	19.2
Fe^{2+}	2.8	14.32		19.0	11.87	12.3	
Fe^{3+}	1.4	25.1	6.5	30.1	20.5	19.8	26.8
Hg^{2+}	3.1	21.80	4.9	25.00	23.2	20.30	26.8
La^{3+}		15.50		16.26	15.6	13.2	22.22
Mg^{2+}	3.9	8.7		11.02	5.21	7.0	8.43
Mn^{2+}	3.1	13.87		16.78	12.28	10.9	14.65
Ni^{2+}	3.2	18.62		20.3	13.55	17.3	18.1
Pb^{2+}	2.8	18.04		19.68	14.71	15.7	17.1
Sn^{2+}		22.1					
Sn^{4+}		34.5					
Sr^{2+}	3.9	8.73		10.59	8.50	6.9	9.26
Th^{4+}		23.2		25.6			31.9
TiO^{2+}		17.3					
Zn^{2+}	3.0	16.50		18.67	12.7	14.7	
ZrO^{2+}		29.5					16.65

EDTA：乙二胺四乙酸。
CyDTA(或 DCTA)：1,2-二氨基环己烷四乙酸。
EGTA：乙二醇二乙醚二胺四乙酸。
HEDTA：N-β-羟基乙基乙二胺三乙酸。
TTHA：三亚乙基四胺六乙酸。

表4 EDTA 的酸效应系数 $\lg\alpha_{Y(H)}$

pH	$\lg\alpha_{Y(H)}$	pH	$\lg\alpha_{Y(H)}$	pH	$\lg\alpha_{Y(H)}$	pH	$\lg\alpha_{Y(H)}$	pH	$\lg\alpha_{Y(H)}$
0.0	23.64	2.5	11.9	5	6.45	7.5	2.78	10	0.45
0.1	23.06	2.6	11.62	5.1	6.26	7.6	2.68	10.1	0.39
0.2	22.47	2.7	11.35	5.2	6.07	7.7	2.57	10.2	0.33
0.3	21.89	2.8	11.09	5.3	5.88	7.8	2.47	10.3	0.28
0.4	21.32	2.9	10.84	5.4	5.69	7.9	2.37	10.4	0.24
0.5	20.75	3	10.6	5.5	5.51	8	2.27	10.5	0.2
0.6	20.18	3.1	10.37	5.6	5.33	8.1	2.17	10.6	0.16
0.7	19.62	3.2	10.14	5.7	5.15	8.2	2.07	10.7	0.13
0.8	19.08	3.3	9.92	5.8	4.98	8.3	1.97	10.8	0.11
0.9	18.54	3.4	9.7	5.9	4.81	8.4	1.87	10.9	0.09
1	18.01	3.5	9.48	6	4.65	8.5	1.77	11	0.07
1.1	17.49	3.6	9.27	6.1	4.49	8.6	1.67	11.1	0.06
1.2	16.98	3.7	9.06	6.2	4.34	8.7	1.57	11.2	0.05
1.3	16.49	3.8	8.85	6.3	4.2	8.8	1.48	11.3	0.04
1.4	16.02	3.9	8.65	6.4	4.06	8.9	1.38	11.4	0.03
1.5	15.55	4	8.44	6.5	3.92	9	1.28	11.5	0.02
1.6	15.11	4.1	8.24	6.6	3.79	9.1	1.19	11.6	0.02
1.7	14.68	4.2	8.04	6.7	3.67	9.2	1.1	11.7	0.02
1.8	14.27	4.3	7.84	6.8	3.55	9.3	1.01	11.8	0.01
1.9	13.88	4.4	7.64	6.9	3.43	9.4	0.92	11.9	0.01
2	13.51	4.5	7.44	7	3.32	9.5	0.83	12	0.01
2.1	13.16	4.6	7.24	7.1	3.21	9.6	0.75	12.1	0.01
2.2	12.82	4.7	7.04	7.2	3.1	9.7	0.67	12.2	0.005
2.3	12.5	4.8	6.84	7.3	2.99	9.8	0.59	13	0.0008
2.4	12.19	4.9	6.65	7.4	2.88	9.9	0.52	13.9	0.0001

表5 某些络合剂的酸效应系数 $\lg\alpha_{L(H)}$

络合剂 \ pH	0	1	2	3	4	5	6	7	8	9	10	11	12
C$_y$DTA	23.77	19.79	15.91	12.54	9.95	7.87	6.07	4.75	3.71	2.70	1.71	0.78	0.18
EGTA	22.96	19.00	15.31	12.48	10.33	8.31	6.31	4.32	2.37	0.78	0.12	0.01	0.00
TTHA	35.28	29.30	23.43	18.25	14.16	10.83	7.98	5.65	3.61	1.74	0.47	0.06	0.00
HEDTA	17.70	14.71	11.79	9.23	7.10	5.23	3.82	2.74	1.74	0.81	0.19	0.02	0.00
乙酰丙酮	9.0	8.0	7.0	6.0	5.0	4.0	3.0	2.0	1.04	0.30	0.04	0.00	
酒石酸	7.0	5.0	3.1	1.4	0.4	0.05							

续表

络合剂 \ pH ($\lg\alpha_{L(H)}$)	0	1	2	3	4	5	6	7	8	9	10	11	12
草酸盐	5.45	3.62	2.26	1.23	0.41	0.06	0.00						
柠檬酸	13.5	10.5	7.5	4.8	2.7	1.2	0.25	0.05					
氰化物	9.14	8.14	7.14	6.14	5.14	4.14	3.14	2.14	1.17	0.38	0.06	0.00	
氨	9.4	8.4	7.4	6.4	5.4	4.4	3.4	2.4	1.4	0.5	0.1		
氟化物	3.17	2.17	1.16	0.37	0.06	0.00							

表6 部分金属离子的水解效应系数 $\lg\alpha_{M(OH)}$

金属离子	pH=1	2	3	4	5	6	7	8	9	10	11	12	13	14
Al^{3+}					0.4	1.3	5.3	9.3	13.3	17.3	21.3	25.3	29.3	33.3
Bi^{3+}	0.1	0.5	1.4	2.4	3.4	4.4	5.4							
Ca^{2+}													0.3	1.0
Cd^{2+}									0.1	0.5	2.0	4.5	8.1	12.0
Co^{2+}								0.1	0.4	1.1	2.2	4.2	7.2	10.2
Cu^{2+}								0.2	0.8	1.7	2.7	3.7	4.7	5.7
Fe^{2+}									0.1	0.6	1.5	2.5	3.5	4.5
Fe^{3+}			0.4	1.8	3.7	5.7	7.7	9.7	11.7	13.7	15.7	17.7	19.7	21.7
Hg^{2+}			0.5	1.9	3.9	5.9	7.9	9.9	11.9	13.9	15.9	17.9	19.9	21.9
La^{3+}										0.3	1.0	1.9	2.9	3.9
Mg^{2+}											0.1	0.5	1.3	2.3
Mn^{2+}											0.1	0.5	1.4	2.4	3.4
Ni^{2+}									0.1	0.7	1.6			
Pb^{2+}							0.1	0.5	1.4	2.7	4.7	7.4	10.4	13.4
Zn^{2+}									0.2	2.4	5.4	8.5	11.8	15.5

表7 铬黑T和二甲酚橙的 $\lg\alpha_{In(H)}$ 及其变色点的 $pM(pM_t)$

铬黑T

pH	$\lg K_{MIn}$	6.0	7.0	8.0	9.0	10.0	11.0	12.0
$\lg\alpha_{In(H)}$		6.0	4.6	3.6	2.6	1.6	0.7	0.1
pCa_t(至红)	5.4			1.8	2.8	3.8	4.7	5.3
pMg_t(至红)	7.0	1.0	2.4	3.4	4.4	5.4	6.3	6.9
pMn_t(至红)	9.6	3.6	5.0	6.2	7.8	9.7	11.5	
pZn_t(至红)	12.9	6.9	8.3	9.3	10.5	12.2	13.9	

二甲酚橙

pH	0	1.0	2.0	3.0	4.0	4.5	5.0	5.5	6.0
$\lg\alpha_{In(H)}$	35.0	30.0	25.1	20.7	17.3	15.7	14.2	12.8	11.3
pBi_t(至红)		4.0	5.4	6.8					
pCd_t(至红)					4.0	4.5	5.0	5.5	
pHg_t(至红)							7.4	8.2	9.0
pLa_t(至红)					4.0	4.5	5.0	5.6	
pPb_t(至红)			4.2	4.8	6.2	7.0	7.6	8.2	
pTh_t(至红)		3.6	4.9	6.3					
pZn_t(至红)					4.1	4.8	5.7	6.5	
pZr_t(至红)	7.5								

表8 部分氧化还原电对的标准电极电势(18～25 ℃)

半反应	$E^{\ominus}$(V)
$Ag_2S+2e^- \rightleftharpoons 2Ag+S^{2-}$	−0.71
$AgI+e^- \rightleftharpoons Ag+I^-$	−0.152
$AgBr+e^- \rightleftharpoons Ag+Br^-$	0.071
$AgCl+e^- \rightleftharpoons Ag+Cl^-$	0.224
$Ag(NH_3)_2^+ +e^- \rightleftharpoons Ag+2NH_3$	0.37
$Ag^+ +e^- \rightleftharpoons Ag$	0.7994
$AsO_4^{3-}+H_2O+2e^- \rightleftharpoons AsO_3^{3-}+2OH^-$	−0.67
$H_3AsO_4+2H^+ +2e^- \rightleftharpoons H_3AsO_3+H_2O$	0.559
$Br_2(液)+2e^- \rightleftharpoons 2Br^-$	1.087
$BrO_3^- +6H^+ +6e^- \rightleftharpoons Br^- +3H_2O$	1.44
$BrO_3^- +6H^+ +5e^- \rightleftharpoons \frac{1}{2}Br_2+3H_2O$	1.52
$2CO_2+2H^+ +2e^- \rightleftharpoons H_2C_2O_4$	−0.49
$Ce^{4+}+e^- \rightleftharpoons Ce^{3+}$	1.61
$Cl_2(气)+2e^- \rightleftharpoons 2Cl^-$	1.36
$2ClO_3^- +12H^+ +10e^- \rightleftharpoons Cl_2+6H_2O$	1.47
$2ClO^- +4H^+ +2e^- \rightleftharpoons Cl_2+2H_2O$	1.63
$CrO_4^{2-}+4H_2O+3e^- \rightleftharpoons Cr(OH)_3+5OH^-$	−0.13
$HCrO_4^- +7H^+ +3e^- \rightleftharpoons Cr^{3+}+4H_2O$	1.195
$Cr_2O_7^{2-}+14H^+ +6e^- \rightleftharpoons 2Cr^{3+}+7H_2O$	1.33
$Cu^{2+}+e^- \rightleftharpoons Cu^+$	0.16
$Cu^{2+}+Cl^- +e^- \rightleftharpoons CuCl$	0.57
$Cu^{2+}+I^- +e^- \rightleftharpoons CuI$	0.87
$FeY^- +e^- \rightleftharpoons FeY^{2-}$	0.12

续表

半反应	$E^{\ominus}(V)$
$Fe(CN)_6^{3-} + e^- \rightleftharpoons Fe(CN)_6^{4-}$	0.36
$FeF_6^{3-} + e^- \rightleftharpoons Fe^{2+} + 6F^-$	0.4
$Fe^{3+} + e^- \rightleftharpoons Fe^{2+}$	0.77
$H_2O_2 + 2H^+ + 2e^- \rightleftharpoons 2H_2O$	1.77
$Hg_2Cl_2 + 2e^- \rightleftharpoons 2Hg + 2Cl^-$	0.2680
$2HgCl_2 + 2e^- \rightleftharpoons Hg_2Cl_2 + 2Cl^-$	0.63
$IO_3^- + 3H_2O + 6e^- \rightleftharpoons I^- + 6OH^-$	0.26
$I_3^- + 2e^- \rightleftharpoons 3I^-$	0.54
$IO_3^- + 6H^+ + 6e^- \rightleftharpoons I^- + 3H_2O$	1.085
$2IO_3^- + 12H^+ + 10e^- \rightleftharpoons I_2 + 6H_2O$	1.19
$MnO_4^- + e^- \rightleftharpoons MnO_4^{2-}$	0.56
$MnO_4^- + 2H_2O + 3e^- \rightleftharpoons MnO_2 + 4OH^-$	0.60
$MnO_2 + 4H^+ + 2e^- \rightleftharpoons Mn^{2+} + 2H_2O$	1.23
$MnO_4^- + 8H^+ + 5e^- \rightleftharpoons Mn^{2+} + 4H_2O$	1.51
$MnO_4^- + 4H^+ + 3e^- \rightleftharpoons MnO_2 + 2H_2O$	1.69
$NO_3^- + 3H^+ + 2e^- \rightleftharpoons HNO_2 + H_2O$	0.94
$HNO_2 + H^+ + e^- \rightleftharpoons NO + H_2O$	0.99
$O_2 + 2H^+ + 2e^- \rightleftharpoons H_2O_2$	0.682
$H_2O_2 + 2H^+ + 2e^- \rightleftharpoons H_2O$	1.77
$PbO_2 + 4H^+ + 2e^- \rightleftharpoons Pb^{2+} + 2H_2O$	1.455
$SO_4^{2-} + H_2O + 2e^- \rightleftharpoons SO_3^{2-} + 2OH^-$	−0.93
$S + 2e^- \rightleftharpoons S^{2-}$	−0.48
$S_4O_6^{2-} + 2e^- \rightleftharpoons 2S_2O_3^{2-}$	0.09
$S + 2H^+ + 2e^- \rightleftharpoons H_2S$	0.14
$SO_4^{2-} + 4H^+ + 2e^- \rightleftharpoons H_2SO_3 + H_2O$	0.17
$S_2O_3^{2-} + 6H^+ + 4e^- \rightleftharpoons 2S + 3H_2O$	0.5
$S_2O_8^{2-} + 2e^- \rightleftharpoons 2SO_4^{2-}$	2.01
$Sn(OH)_6^{2-} + 2e^- \rightleftharpoons HSnO_2^- + 3OH^- + H_2O$	−0.93
$SnCl_6^{2-} + 2e^- \rightleftharpoons SnCl_4^{2-} + 2Cl^-$	0.14
$Sn^{4+} + 2e^- \rightleftharpoons Sn^{2+}$	0.15
$Ti^{3+} + e^- \rightleftharpoons Ti^{2+}$	−0.37
$Ti^{4+} + e^- \rightleftharpoons Ti^{3+}$	0.092
$VO_2^+ + 2H^+ + e^- \rightleftharpoons VO^{2+} + H_2O$	1.00
$Zn(CN)_4^{2-} + 2e^- \rightleftharpoons Zn + 4CN^-$	−1.26
$Zn^{2+} + 2e^- \rightleftharpoons Zn$	−0.763

表 9　部分氧化还原电对的条件电势(18~25 ℃)

半反应	$E^{\theta'}$(V)	介质
$Ag^+ + e^- = Ag$	0.792	1 mol·L^{-1} HClO$_4$
	0.228	1 mol·L^{-1} HCl
$H_3AsO_4 + 2H^+ + 2e^- = H_3AsO_3 + H_2O$	0.577	1 mol·L^{-1} HCl, HClO$_4$
	0.07	1 mol·L^{-1} NaOH
$Ce^{4+} + e^- = Ce^{3+}$	1.70	1 mol·L^{-1} HClO$_4$
	1.75	3 mol·L^{-1} HClO$_4$
	1.61	1 mol·L^{-1} HNO$_3$
	1.44	1 mol·L^{-1} H$_2$SO$_4$
	1.42	4 mol·L^{-1} H$_2$SO$_4$
	1.28	1 mol·L^{-1} HCl
$Cr_2O_7^{2-} + 14H^+ + 6e^- = 2Cr^{3+} + 7H_2O$	1.00	1 mol·L^{-1} HCl
	1.08	3 mol·L^{-1} HCl
	1.10	2 mol·L^{-1} H$_2$SO$_4$
	1.15	4 mol·L^{-1} H$_2$SO$_4$
	1.025	1 mol·L^{-1} HClO$_4$
$CrO_4^{2-} + 2H_2O + 3e^- = CrO_2^- + 4OH^-$	−0.12	1 mol·L^{-1} NaOH
$Fe^{3+} + e^- = Fe^{2+}$	0.70	1 mol·L^{-1} HCl
	0.68	3 mol·L^{-1} HCl
	0.68	0.1~4 mol·L^{-1} H$_2$SO$_4$
	0.732	1 mol·L^{-1} HClO$_4$
	0.51	1 mol·L^{-1} HCl +0.25 mol·L^{-1} H$_3$PO$_4$
$FeY^- + e^- = FeY^{2-}$	0.12	0.1 mol·L^{-1} EDTA, pH=4~6
$Fe(CN)_6^{3-} + e^- = Fe(CN)_6^{4-}$	0.56	0.1 mol·L^{-1} HCl
$I_3^- + 2e^- = 3I^-$	0.5446	0.5 mol·L^{-1} H$_2$SO$_4$
$Hg_2^{2+} + 2e^- = 2Hg$	0.28	1 mol·L^{-1} KCl
$2Hg^{2+} + 2e^- = Hg_2^{2+}$	0.28	1 mol·L^{-1} HCl
$MnO_4^- + 8H^+ + 5e^- = Mn^{2+} + 4H_2O$	1.45	1 mol·L^{-1} HClO$_4$
$SnCl_6^{2-} + 2e^- = SnCl_4^{2-} + 2Cl^-$	0.14	1 mol·L^{-1} HCl
	0.10	5 mol·L^{-1} HCl
$Sn^{2+} + 2e^- = Sn$	−0.20	1 mol·L^{-1} HCl 或 0.5 mol·L^{-1} H$_2$SO$_4$
$Sb(V) + 2e^- = Sb(III)$	0.75	3.5 mol·L^{-1} HCl

表10 难溶化合物的活度积（18～25 ℃，$I=0$）

难溶化合物	K_{sp}	pK_{sp}	难溶化合物	K_{sp}	pK_{sp}
$Al(OH)_3$ 无定形	1.3×10^{-33}	32.9	$Ag_2C_2O_4$	3.5×10^{-11}	10.46
Ag_3AsO_4	1×10^{-22}	22	Ag_3PO_4	1.4×10^{-16}	15.84
$AgBr$	5.0×10^{-13}	12.3	Ag_2SO_4	1.4×10^{-5}	4.84
Ag_2CO_3	8.1×10^{-12}	11.09	Ag_2S	2×10^{-49}	48.7
$AgCl$	1.8×10^{-10}	9.75	$AgSCN$	1.0×10^{-12}	12
Ag_2CrO_4	2.0×10^{-12}	11.7	$BaCO_3$	5.1×10^{-9}	8.29
$AgCN$	1.2×10^{-16}	15.92	$BaCrO_4$	1.2×10^{-10}	9.93
$AgOH$	2.0×10^{-8}	7.71	BaF_2	1×10^{-6}	6
AgI	9.3×10^{-17}	16.03	$BaC_2O_4 \cdot H_2O$	2.3×10^{-8}	7.64
$BaSO_4$	1.1×10^{-10}	9.96	CuI	1.1×10^{-12}	11.96
$Bi(OH)_3$	4×10^{-31}	30.4	$CuOH$	1×10^{-14}	14
$BiOOH$	4×10^{-10}	9.4	Cu_2S	2×10^{-48}	47.7
BiI_3	8.1×10^{-19}	18.09	$CuSCN$	4.8×10^{-15}	14.32
$BiOCl$	1.8×10^{-31}	30.75	$CuCO_3$	1.4×10^{-10}	9.86
$BiPO_4$	1.3×10^{-23}	22.89	$Cu(OH)_2$	2.2×10^{-20}	19.66
Bi_2S_3	1×10^{-97}	97	CuS	6×10^{-36}	35.2
$CaCO_3$	2.9×10^{-9}	8.54	$FeCO_3$	3.2×10^{-11}	10.5
CaF_2	2.7×10^{-11}	10.57	$Fe(OH)_2$	8×10^{-16}	15.1
$CaC_2O_4 \cdot H_2O$	2.0×10^{-9}	8.7	FeS	6×10^{-18}	17.2
$Ca_3(PO_4)_2$	2.0×10^{-29}	28.7	$Fe(OH)_3$	4×10^{-38}	37.4
$CaSO_4$	9.1×10^{-6}	5.04	$FePO_4$	1.3×10^{-22}	21.89
$CaWO_4$	8.7×10^{-9}	8.06	Hg_2Br_2	5.8×10^{-23}	22.24
$CdCO_3$	5.2×10^{-12}	11.28	Hg_2CO_3	8.9×10^{-17}	16.05
$Cd_2[Fe(CN)_6]$	3.2×10^{-17}	16.49	Hg_2Cl_2	1.3×10^{-18}	17.88
$Cd(OH)_2$ 新析出	2.5×10^{-14}	13.6	$Hg_2(OH)_2$	2×10^{-24}	23.7
$CdC_2O_4 \cdot 3H_2O$	9.1×10^{-8}	7.04	Hg_2I_2	4.5×10^{-29}	28.35
CdS	7.1×10^{-28}	27.15	Hg_2SO_4	7.4×10^{-7}	6.13
$CoCO_3$	1.4×10^{-13}	12.84	Hg_2S	1×10^{-47}	47
$Co_2[Fe(CN)_6]$	1.8×10^{-15}	14.74	$Hg(OH)_2$	3.0×10^{-26}	25.52
$Co(OH)_2$ 新析出	2×10^{-15}	14.7	HgS 红色	4×10^{-53}	52.4
$Co(OH)_3$	2×10^{-44}	43.7	黑色	2×10^{-52}	51.7
$Co[Hg(SCN)_4]$	1.5×10^{-6}	5.82	$MgNH_4PO_4$	2×10^{-13}	12.7
$\alpha\text{-}CoS$	4×10^{-21}	20.4	$MgCO_3$	1.0×10^{-5}	5
$\beta\text{-}CoS$	2×10^{-25}	24.7	MgF_2	6.4×10^{-9}	8.19
$Co_3(PO_4)_2$	2×10^{-35}	34.7	$Mg(OH)_2$	1.8×10^{-11}	10.74
$Cr(OH)_3$	6×10^{-31}	30.2	$MnCO_3$	1.8×10^{-11}	10.74

续表

难溶化合物	K_{sp}	pK_{sp}	难溶化合物	K_{sp}	pK_{sp}
CuBr	5.2×10^{-9}	8.28	$Mn(OH)_2$	1.9×10^{-13}	12.72
CuCl	1.2×10^{-6}	5.92	MnS 无定形	2×10^{-10}	9.7
CuCN	3.2×10^{-20}	19.49	MnS 晶形	2×10^{-13}	12.7
$NiCO_3$	6.6×10^{-9}	8.18	Sb_2S_3	2×10^{-93}	92.8
$Ni(OH)_2$ 新析出	2×10^{-15}	14.7	$Sn(OH)_2$	1.4×10^{-28}	27.85
$Ni_3(PO_4)_2$	5×10^{-31}	30.3	SnS	1×10^{-25}	25
α-NiS	3×10^{-19}	18.5	$Sn(OH)_4$	1×10^{-56}	56
β-NiS	1×10^{-24}	24	SnS_2	2×10^{-27}	26.7
γ-NiS	2×10^{-26}	25.7	$SrCO_3$	1.1×10^{-10}	9.96
$PbCO_3$	7.4×10^{-14}	13.13	$SrCrO_4$	2.2×10^{-5}	4.65
$PbCl_2$	1.6×10^{-5}	4.79	SrF_2	2.4×10^{-9}	8.61
PbClF	2.4×10^{-9}	8.62	$SrC_2O_4 \cdot H_2O$	1.6×10^{-7}	6.8
$PbCrO_4$	2.8×10^{-13}	12.55	$Sr_3(PO_4)_2$	4.1×10^{-28}	27.39
PbF_2	2.7×10^{-8}	7.57	$SrSO_4$	3.2×10^{-7}	6.49
$Pb(OH)_2$	1.2×10^{-15}	14.93	$Ti(OH)_3$	1×10^{-40}	40
PbI_2	7.1×10^{-9}	8.15	$TiO(OH)_2$	1×10^{-29}	29
$PbMoO_4$	1×10^{-13}	13	$ZnCO_3$	1.4×10^{-11}	10.84
$Pb_3(PO_4)_2$	8.0×10^{-43}	42.1	$Zn_2[Fe(CN)_6]$	4.1×10^{-16}	15.39
$PbSO_4$	1.6×10^{-8}	7.79	$Zn(OH)_2$	1.2×10^{-17}	16.92
PbS	8×10^{-28}	27.1	$Zn_3(PO_4)_2$	9.1×10^{-33}	32.04
$Pb(OH)_4$	3×10^{-66}	65.5	ZnS	1.2×10^{-23}	22.92
$Sb(OH)_3$	4×10^{-42}	41.4			

表 11 常用酸碱的相对密度和浓度

试剂名称	$\rho(g \cdot mL^{-1})$	$w(\%)$	$c(mol \cdot L^{-1})$
盐酸	1.18~1.19	36~38	11.7~12.4
硝酸	1.39~1.40	65.0~68.0	14.4~15.3
硫酸	1.83~1.84	95~98	17.8~18.4
磷酸	1.71	85	14.6
高氯酸	1.75	70.0~72.0	11.7~12.5
冰醋酸	1.05	GR, 99.8; AR, 99.5; CP, 99.0	17.4
醋酸	1.04	36.0~37.0	6.2~6.4
氢氟酸	1.14	40	27.4
氢溴酸	1.49	47.0	8.6
氨水	0.88~0.90	25.0~28.0	12.9~14.8

表 12 化合物的相对分子质量表

化合物	相对分子质量	化合物	相对分子质量
$AgBr$	187.78	CH_3COCH_3	58.07
$AgCl$	143.32	C_6H_5COOH	122.11
$AgCN$	133.89	C_6H_5COONa	144.09
Ag_2CrO_4	331.73	$C_6H_4COOHCOOK$(苯二甲酸氢钾)	204.20
AgI	234.77	$HCOOH$	46.03
$AgNO_3$	169.87	HCl	36.46
$AgSCN$	165.95	$HClO_4$	100.46
Al_2O_3	101.96	HF	20.01
$Al_2(SO_4)_3$	342.15	HI	127.91
As_2O_3	197.84	HNO_2	47.01
As_2O_5	229.84	HNO_3	63.01
$BaCO_3$	197.34	H_2O	18.02
BaC_2O_4	225.35	H_2O_2	34.02
$BaCl_2$	208.24	H_3PO_4	98.00
$BaCl_2 \cdot 2H_2O$	244.27	H_2S	34.08
$BaCrO_4$	253.32	H_2SO_3	82.08
BaO	153.33	H_2SO_4	98.08
$Ba(OH)_2$	171.35	$HgCl_2$	271.50
$BaSO_4$	233.39	Hg_2Cl_2	472.09
CH_3COONa	82.02	$KAl(SO_4)_2 \cdot 12H_2O$	474.39
C_6H_5OH	94.11	$KB(C_6H_5)_4$	358.32
CO_2	44.01	KBr	119.01
Cr_2O_3	151.99	$FeCl_3$	162.20
CuO	79.54	$FeCl_3 \cdot 6H_2O$	270.29
Cu_2O	143.09	FeO	71.84
$CuSCN$	121.62	Fe_2O_3	159.69
$CuSO_4$	159.61	Fe_3O_4	231.53
$CuSO_4 \cdot 5H_2O$	249.69	$FeSO_4 \cdot H_2O$	169.92
$CaCO_3$	100.09	$FeSO_4 \cdot 7H_2O$	278.02
CaC_2O_4	128.10	$Fe_2(SO_4)_3$	399.88
$CaCl_2$	110.99	$FeSO_4 \cdot (NH_4)_2SO_4 \cdot 6H_2O$	392.15
$CaCl_2 \cdot H_2O$	129.00	H_3BO_3	61.83
CaF_2	78.08	HBr	80.91
$Ca(NO_3)_2$	164.09	$H_2C_4H_4O_6$(酒石酸)	150.09
CaO	56.08	HCN	27.03

续表

化合物	相对分子质量	化合物	相对分子质量
$Ca(OH)_2$	74.09	H_2CO_3	62.02
$CaSO_4$	136.14	$H_2C_2O_4$	90.03
$Ca_3(PO_4)_2$	310.18	$H_2C_2O_4 \cdot 2H_2O$	126.07
$Ce(SO_4)_2$	332.24	K_2SO_4	174.26
CH_3COOH	60.04	$MgCO_3$	84.31
CH_3OH	32.04	$MgCl_2$	95.21
$MgNH_4PO_4$	137.33	$NH_3 \cdot H_2O$	35.05
MgO	40.31	$NH_4Fe(SO_4)_2 \cdot 12H_2O$	480.18
$Mg_2P_2O_7$	222.60	$(NH_4)_2HPO_4$	132.05
MnO	70.94	$(NH_4)_3PO_4 \cdot 12MoO_3$	1876.53
MnO_2	86.94	NH_4SCN	76.12
$Na_2B_4O_7$	201.22	$(NH_4)_2SO_4$	132.14
$Na_2B_4O_7 \cdot 10H_2O$	381.37	$NiC_8H_{14}O_4N_4$（丁二酮肟镍）	288.91
$NaBiO_3$	279.97	P_2O_5	141.95
$NaBr$	102.90	$PbCrO_4$	323.18
$NaCN$	49.01	PbO	223.19
Na_2CO_3	105.99	PbO_2	239.19
$Na_2C_2O_4$	134.00	Pb_3O_4	685.57
$NaCl$	58.44	$PbSO_4$	303.26
NaF	41.99	SO_2	64.06
$NaHCO_3$	84.01	SO_3	80.06
NaH_2PO_4	119.98	Sb_2O_3	291.52
Na_2HPO_4	141.96	Sb_2S_3	339.72
$Na_2H_2Y \cdot 2H_2O$	372.24	$NaNO_2$	69.00
$KBrO_3$	167.01	Na_2O	61.98
KCN	65.12	$NaOH$	40.01
K_2CO_3	138.21	Na_3PO_4	163.94
KCl	74.56	Na_2S	78.05
$KClO_3$	122.55	Na_2SO_3	126.04
$KClO_4$	138.55	Na_2SO_4	142.04
K_2CrO_4	194.20	$Na_2S_2O_3$	158.11
$K_2Cr_2O_7$	294.19	$Na_2S_2O_3 \cdot 5H_2O$	248.19
$KHC_2O_4 \cdot H_2C_2O_4 \cdot 2H_2O$	254.19	Na_2SiF_6	188.06
$KHC_2O_4 \cdot H_2O$	146.14	$NH_2OH \cdot HCl$	69.49
KI	166.01	NH_3	17.03

续表

化合物	相对分子质量	化合物	相对分子质量
KIO_3	214.00	SiF_4	104.08
$KIO_3 \cdot HIO_3$	389.92	SiO_2	60.08
$KMnO_4$	158.04	$SnCl_2$	189.62
KNO_2	85.10	SnO_2	150.71
K_2O	94.20	TiO_2	79.87
KOH	56.11	WO_3	231.84
$KSCN$	97.18	$ZnCl_2$	136.30
NH_4Cl	53.49	ZnO	81.39
$(NH_4)_2C_2O_4 \cdot H_2O$	142.11	$ZnSO_4$	161.45

表13 国际性相对原子质量表(2003年)

符号	元素	A_r	符号	元素	A_r	符号	元素	A_r	符号	元素	A_r
Ac	锕	227.03	Er	铒	167.259	Mn	锰	54.93805	Ru	钌	101.07
Ag	银	107.8682	Es	锿	252.08	Mo	钼	95.94	S	硫	32.065
Al	铝	26.98154	Eu	铕	151.964	N	氮	14.00672	Sb	锑	121.760
Am	镅	243.06	F	氟	18.99840	Na	钠	22.98977	Sc	钪	44.95591
Ar	氩	39.948	Fe	铁	55.845	Nb	铌	92.90638	Se	硒	78.96
As	砷	74.92160	Fm	镄	257.10	Nd	钕	144.24	Si	硅	28.0855
At	砹	209.99	Fr	钫	223.02	Ne	氖	20.1797	Sm	钐	150.36
Au	金	196.96655	Ga	镓	69.723	Ni	镍	58.6934	Sn	锡	118.710
B	硼	10.811	Gd	钆	157.25	No	锘	259.10	Sr	锶	87.62
Ba	钡	137.327	Ge	锗	72.64	Np	镎	237.05	Ta	钽	180.9479
Be	铍	9.01218	H	氢	1.00794	O	氧	15.9994	Tb	铽	158.92534
Bi	铋	208.98038	He	氦	4.00260	Os	锇	190.23	Tc	锝	98.907
Bk	锫	247.07	Hf	铪	178.49	P	磷	30.97376	Te	碲	127.60
Br	溴	79.904	Hg	汞	200.59	Pa	镤	231.03588	Th	钍	232.0381
C	碳	12.0107	Ho	钬	164.93032	Pb	铅	207.2	Ti	钛	47.867
Ca	钙	40.078	I	碘	126.90447	Pd	钯	106.42	Tl	铊	204.3833
Cd	镉	112.411	In	铟	114.818	Pm	钷	144.91	Tm	铥	168.93421
Ce	铈	140.116	Ir	铱	192.217	Po	钋	208.98	U	铀	238.02891
Cf	锎	251.08	K	钾	39.0983	Pr	镨	140.90765	V	钒	50.9415
Cl	氯	35.453	Kr	氪	83.798	Pt	铂	195.078	W	钨	183.84
Cm	锔	247.07	La	镧	138.9055	Pu	钚	244.06	Xe	氙	131.293
Co	钴	58.93320	Li	锂	6.941	Ra	镭	226.03	Y	钇	88.90585
Cr	铬	51.9961	Lr	铹	260.11	Rb	铷	85.4678	Yb	镱	173.04
Cs	铯	132.90545	Lu	镥	174.967	Re	铼	186.207	Zn	锌	65.409
Cu	铜	63.546	Md	钔	258.10	Rh	铑	102.90550	Zr	锆	91.224
Dy	镝	162.500	Mg	镁	24.3050	Rn	氡	222.02			

附录五 部分演示实验

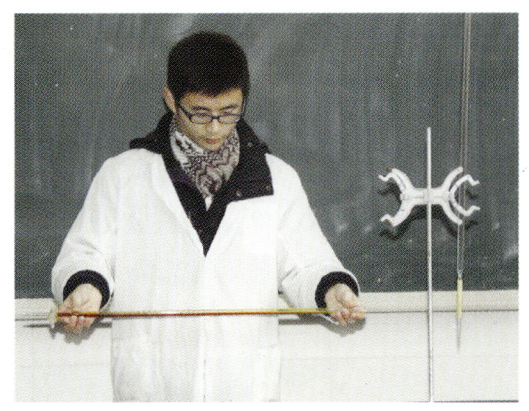

图1 滴定管洗涤(1)

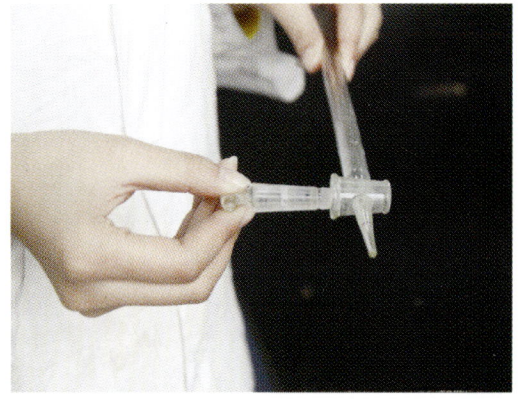

图4 酸式滴定管涂油(2)

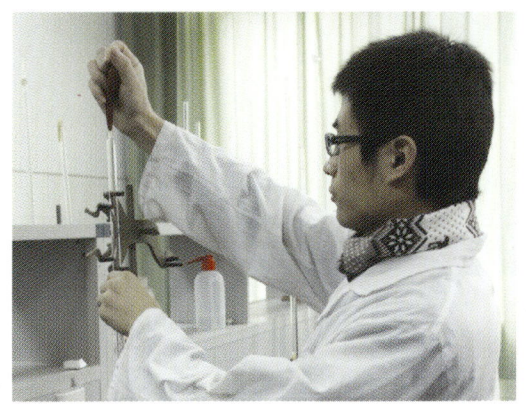

图2 滴定管洗涤(2)

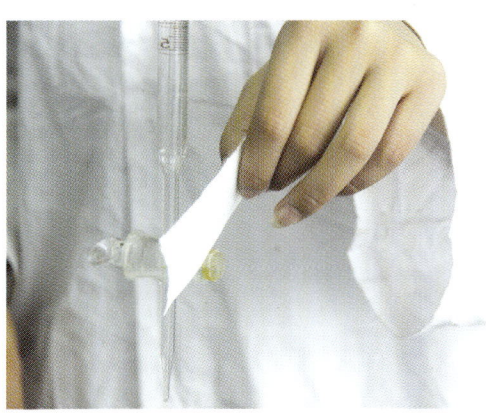

图5 酸式滴定管的试漏

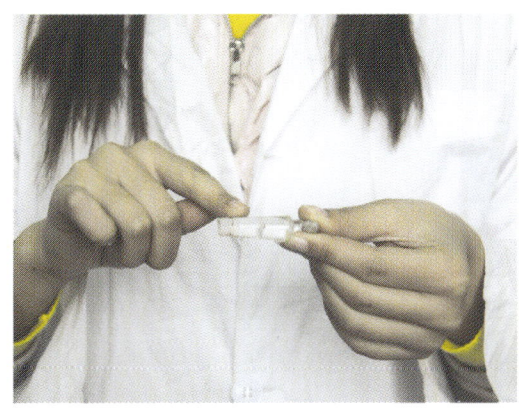

图3 酸式滴定管涂油(1)

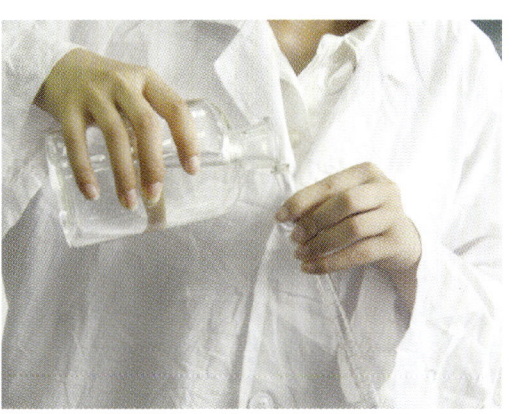

图6 滴定管装溶液(1)

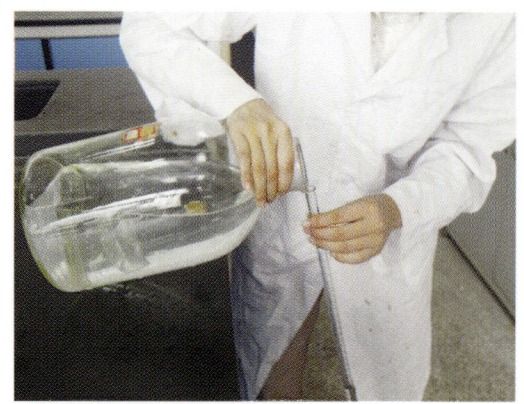

图 7　滴定管装溶液(2)

图 10　手持碘量瓶的滴定操作

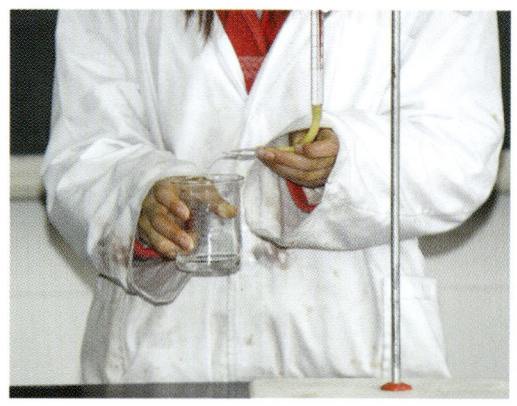

图 8　碱式滴定管排气泡

图 11　烧杯中溶液的的滴定方式

图 9　酸式滴定管的操作

图 12　读取滴定管中溶液的体积方式

附录五　部分演示实验

图 13　半机械加码电光分析天平

图 15　称量瓶的使用方法

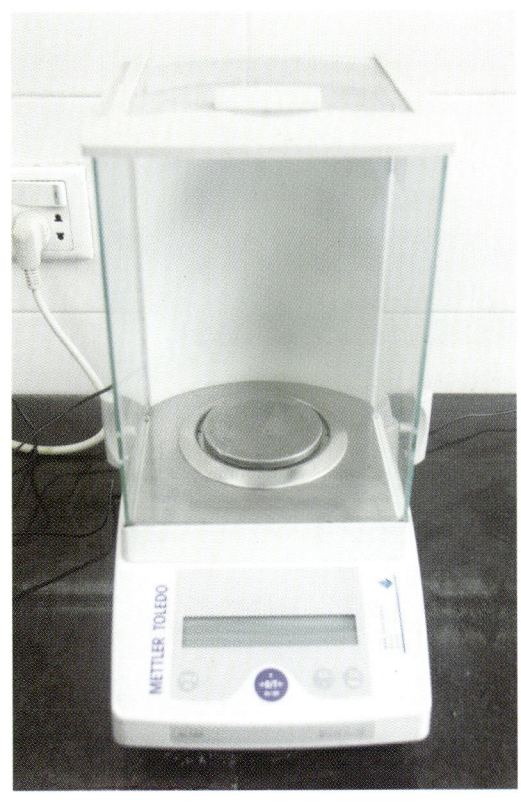

图 14　梅特勒-托利多电子分析天平

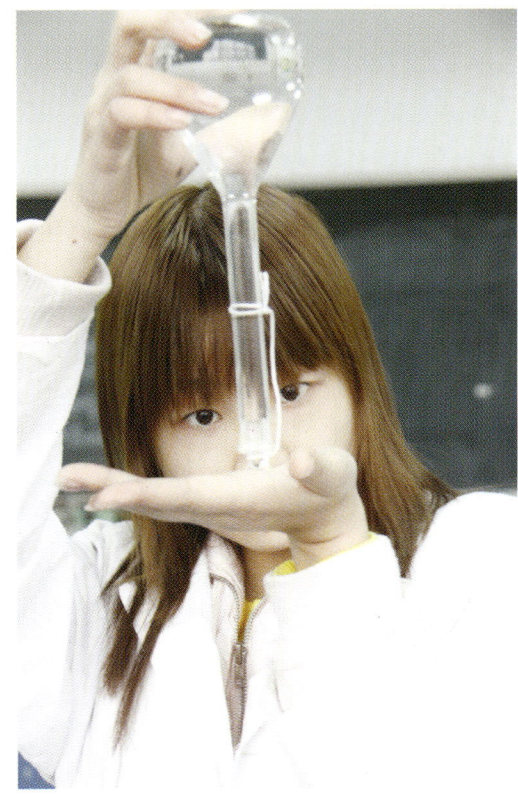

图 16　容量瓶查漏

图 17　容量瓶转移溶液

图 18　容量瓶混匀操作(1)

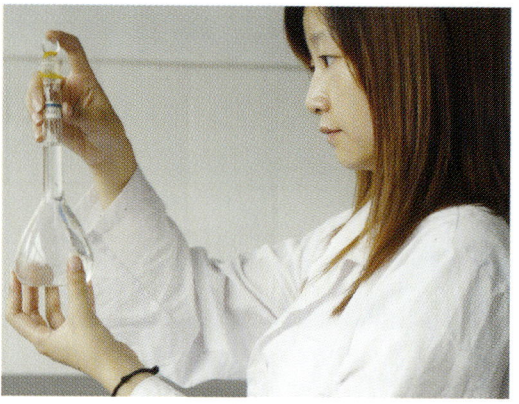

图 19　容量瓶混匀操作(2)

附录五 部分演示实验

图 21 移液管的洗涤

图 20 移液管的使用

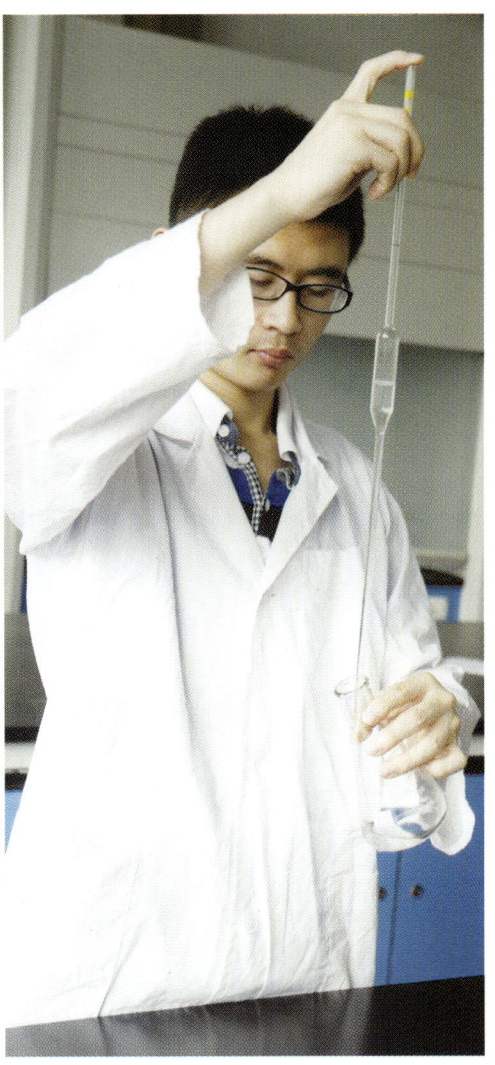

图 22 移取溶液于容器中

图 23 倾注法过滤

图 25 滤纸的碳化和灰化

图 24 沉淀转移